Wolfgang Manekeller

Die Kunst des Textens

Wolfgang Manekeller

Die Kunst des Textens

Genauer denken – klarer formulieren

Stilistik, Grammatik, Rechtschreibung,
Zeichensetzung
Schreib- und Diktierregeln
Sprachlogik
Musterbriefe

Mit Beiträgen von
Dipl.-Kfm. Frank Manekeller
und
Dipl.-Kfm. Werner Möhl

Wirtschaftsverlag Langen Müller/Herbig

Besuchen Sie uns im Internet unter
http://www.herbig.net

Schutzumschlag: Atelier Bachmann & Seidel, Reischach
Umschlagmotiv: Bildagentur Tony Stone, München
Satz: Fotosatz Völkl, Puchheim
Druck: Jos. C. Huber KG, Dießen
Binden: Thomas Buchbinderei, Augsburg
Printed in Germany
ISBN 3-7844-7405-5

Inhalt

Wozu dient dieses Buch?

Wer Geschäftsbriefe, Werbetexte, Protokolle, Berichte, Presseinformationen, Zeugnisse, Fachartikel usw. zu schreiben hat – fehlerfrei und gedanklich-stilistisch überzeugend –, der braucht eine ganze Reihe hilfreicher Bücher. Der Rechtschreibduden ist ein Muss. Aber was ist mit Themen wie Grammatik, neue Rechtschreibung und Zeichensetzung (Umgang mit rund zwanzig Kann-Regelbereichen!), was ist mit den neuen Schreibregeln für den PC (DIN 5008), mit juristischen Fachbegriffen, was ist mit anregenden und wegweisenden Musterbriefen?

In dem vorliegenden Buch finden Sie diese Themen, aufeinander abgestimmt, zu schneller Orientierung in Abc-Form. Mehrere Autoren haben dieses Standardwerk geschaffen, Fachleute, die jahrzehntelange Erfahrung in der Wirtschaftspraxis haben – als Führungskräfte, Seminarleiter und Fachschriftsteller.

Ein besonders wichtiges Kapitel, das in der bisherigen Literatur so gut wie übersehen worden ist, behandelt das Thema »Sprachlogik«. Fehlerhafte Begründungen, unzulässige Verkürzungen, falsche Wortwahl oder Wortstellung, Fehler bei der Verwendung von Modalverben und Konjunktionen, falsche Vergleiche ... eine Art Büchlein im Buche, das Anschauungsunterricht und Anleitung zu der Doppelfrage liefert: Was sind typische Denkfehler, und wie können wir sie vermeiden?

Dieses neue und neuartige Werk auf neuestem Stand ermöglicht es – Führungskräften, Sekretärinnen, Schreibprofis –, in der täglichen Arbeit mit *einem* Buch auszukommen, statt immer wieder in einem Dutzend verschiedener Ratgeber, mal hier und mal da, nachschlagen zu müssen. Nicht zuletzt: Dieses Handbuch ist so geschrieben, dass es *auch* Spaß macht, einfach darin zu lesen und, ganz nebenbei, Vergessenes aufzufrischen und Neues dazuzulernen.

Die Rechtschreibung in diesem Buch

Am 22. August 1997 brachte der Dudenverlag eine neue Ausgabe seines Bandes 1, »Die deutsche Rechtschreibung«, »Auf der Grundlage der neuen amtlichen Rechtschreibregeln« heraus. Die allgemeine Einführung dieser neuen Regeln wurde auf den 1. August 1998 festgesetzt. Eine Übergangsfrist bis Ende 2004 lässt die alten Schreibweisen bis dahin, neben den neuen, als korrekt gelten.

Aber inzwischen hat es viel Streit gegeben, öffentlichen und amtlichen. Geklärt ist nichts. Einige Verlage gingen schnell dazu über, ihre Bücher in der neuen Rechtschreibung erscheinen zu lassen, andere zögerten lange.

In Schulen und in der Verwaltung – also bei denen, die nach Vorschrift zu handeln haben – war ähnliches Durcheinander zu beobachten.

Seit Mitte 1999 erreichen uns die Tageszeitungen, Wochenzeitungen, Magazine … in neuer Rechtschreibung. Der Durchbruch!

Besonderen Schwierigkeiten sahen und sehen sich die Unternehmen ausgesetzt. Tun sie nichts, so werden sie bald diese, bald jene Schreibweisen in ihren Geschäftsbriefen und anderen Schriftstücken finden – eine Entwicklung, die ihnen nicht gefallen kann. Doch *wann* sollten sie umstellen? Und *wie?* Das heißt, welche Entscheidungen sollen sie bei den zahlreichen Kann-Regeln treffen? Ganz abgesehen davon: *Wer* soll allen Mitarbeiterinnen und Mitarbeitern beibringen, was es da zu lernen gibt – eine ganze Menge nämlich?

Und in welcher Rechtschreibung stellt sich Ihnen dieses Buch vor? In der neuen natürlich. In welcher neuen? Wie haben sich Verlag und Autoren im großen Bereich der Kann-Regeln entschieden?

Die Antwort finden Sie in Teil 1 unter »Rechtschreibung und Zeichensetzung: Kann-Regeln«. Wir haben diese Kann-Regeln wie alternative Textbausteine dargestellt, wobei Fettdruck unsere Präferenzen kennzeichnet.

Wo in einem Unternehmen die Entscheidungen noch nicht getroffen worden sind, lässt sich diese »Textbaustein-Darstellung« als Entscheidungshilfe auffassen und benutzen.

Wie gesagt: Die Autoren kommen aus der Praxis!

TEIL 1

Stilistik, Grammatik, Rechtschreibung, Zeichensetzung von A wie A – a bis Z wie Zahlen

Von A bis Z

Von A bis Z

A – a

Für die Redewendung »von Anfang bis Ende« ist auch die abgekürzte Form »von A bis Z« üblich. Meistens sehen wir sie in der Fassung »von A – Z«. In Drucksachen: »A–Z«, also ohne Leerzeichen vor und hinter dem Bindestrich. Bindestrich? Nein, das Zeichen »–« ist hier natürlich gar kein Bindestrich, sondern ein Wortersatz-Strich. Der Mittestrich – er hat viele Aufgaben – ersetzt das Wort »bis«. Daraus geht schon hervor, dass er vor und hinter sich ein Leerzeichen verlangt; das Wort »bis« bekäme diese Leerzeichen ja auch. Zurück zu »A – Z«! In einem Programm könnte stehen:

13:15 – 14:30 Uhr Seminar
14:30 – 15:00 Uhr Kaffeepause
15:00 – 16:30 Uhr Seminar

Hier werden die meisten den bis-Strich dem Wort »bis« vorziehen. In Textzusammenhängen dagegen *sollte* das Wort bevorzugt werden. Also:

Diese Konzeption hat von A bis Z versagt.

Dies empfehlen übrigens auch die »Schreib- und Gestaltungsregeln für die Textverarbeitung« (DIN 5008).

Dasselbe gilt für den bedeutungsähnlichen Ausdruck: das A und O – der Anfang und das Ende (nach dem ersten und dem letzten Buchstaben des griechischen Alphabets). Gemeint ist mit dieser Formulierung vor allem: das Wesentliche. Zum Glück wird wohl niemand auf den Gedanken kommen, »das A + O« zu schreiben. Oder doch? Werbetextprofis vielleicht?

Mit der Erwähnung von DIN sind wir bereits bei einer weiteren Verwendungsart des großen Buchstabens »A«. Er ist in den Bezeichnungen der Papiergrößen enthalten. Früher schrieb man zum Beispiel: DIN A 4. Da »A 4« eng zusammen gehören, sogar ohne das DIN verwendet werden, ist die »4« an das »A« herangerückt. Also: A4.

Benutzen Sie ausschließlich A4-Blätter.

Dementsprechend:

DIN A4

Fehler sind oft in Zusammensetzungen dieser DIN-Bezeichnungen mit angehängten Grundwörtern zu sehen: DIN A4-Blätter. Der alte Fehler! Hier muss durchgekoppelt werden. Also:

DIN-A4-Blätter

Der Fehler entsteht dadurch, dass man denkt: Wenn ich »DIN A4« und ein Wort, zum Beispiel »Blätter« verbinde, braucht doch nur ein Bindestrich zwischen »A4« und »Blätter« zu stehen. Machen ließe sich's, nämlich so: »DIN A4«-Blätter. Aber zu empfehlen ist das nicht.

Genauso verhält es sich bei der Verwendung des Buchstabens in der Tonartbezeichnung »A Dur«. In Zusammensetzungen:

A-Dur-Sonate

Übergang zum kleinen »a«: Das kleine »a« wird zur Unterscheidung für die Bezeichnung einer entsprechenden Moll-Tonart benutzt: a-Moll. Entsprechend:

a-Moll-Walzer

Auch wenn wir den Laut »a« bezeichnen wollen, schreiben wir den Buchstaben klein:

a-Laut

Mit Punkt kennen wir das »a« als Jahresbezeichnung:

a. 1492 (anno 1492)

Allerdings ist anstelle des kleinen »a« auch das große »A« möglich: A. = Anno.

Die Verdoppelung von »a.« ergibt die Bedeutung: zu den Akten.

a. a. = zu den Akten

Abc – ABC

Dieses Buch hat in allen Teilen eine Abc-Gliederung. Wir kennen das Abc aus dem Schulunterricht, ein Abc-Buch (Abecebuch – Lexikon), als Fibel, die Abc-Schützen (Schulanfänger). Es gibt einen Abc-Code, das ist ein internationaler Telegrammschlüssel. In all diesen Fällen: Abc.

Die entsprechende Verbindung mit Großbuchstaben – ABC – wird in Bezeichnungen wie ABC-Flug (verbilligter Flug mit einem Linienflugzeug), ABC-Staaten (zusammenfassend für: Argentinien, Brasilien, Chile) und ABC-Waffen (atomare, biologische, chemische Waffen) verwendet.

Abkürzungen

Abkürzungen können nützlich, aber auch schädlich sein. Sehen Sie sich Kleinanzeigen in den Tageszeitungen an. Wer kein Wohnungsexperte, kein Arbeitsplatz-Suchanzeigen-Spezialist oder Autofan ist, wird manches nur mit Mühe und manches überhaupt nicht verstehen. Hier wird das Abkürzen oft auf die Spitze getrieben. Dass dabei der Anzeigenpreis eine Rolle spielt, ist klar. Aber was nützt eine ganz kurze und vergleichsweise billige Information, wenn sie kaum noch verstanden wird?

Zugegeben: In Kleinanzeigen, Notizen, Tabellen und Wörterbüchern kann selbst eine Vielzahl von Abkürzungen zweckmäßig und notwendig sein (Kosteneinsparungen, Platzmangel), zumal es, wenigstens in Wörterbüchern, dann ein Abkürzungsverzeichnis gibt. In anderen Texten dagegen sind Abkürzungen eine fragwürdige Sache.

1. Wir können nicht immer sicher sein, richtig verstanden zu werden. In »bzw.« erkennen die einen »beziehungsweise«, andere »beziehentlich« und wieder andere »bezwecks«. Die beliebte Abkürzung »u. a.« kann »unter anderem« sowie »und andere« bedeuten.

   Falsch verstanden werden können wir auch in anderer Weise. Viele benutzen gern die Abkürzungen »m. E.« (meines Erachtens), gelegentlich auch »u. E.« (unseres Erachtens). Sie tun das meistens, um ihrer Aussage mehr Nachdruck zu verleihen, erreichen aber nicht selten das Gegenteil. Denn eigentlich sind diese Ausdrücke ja eine Einschränkung, die man seinem Text gleich mit auf den Weg gibt, im Sinne von: Bitte berücksichtigen Sie, das ist lediglich meines Erachtens so; ich will das nicht grundsätzlich behaupten. Das heißt, die Überzeugung steht auf leicht wackeligen Füßen. Jedenfalls mögen manche Lesende das denken.

2. Abkürzungen, die nicht sehr gebräuchlich sind, lassen manchen Lesenden stocken. Dieses Stocken und, wenn auch kurzes, Überlegen »Was heißt das?« verschlechtert die Informationsaufnahme, ähnlich wie ein zu lang geratener Satz. Weiß wirklich jede und jeder auf Anhieb, was folgende Abkürzungen bedeuten: k. H. – k. J. – m. a. W. – o. O. – p. m. – seq. – u. d. ä. – u. R. – w. o. – z. E. – z. w. V.? Diese und viele ähnlich einleuchtende Abkürzungen finden sich in einem kleinen Abkürzungsheft, das einmal ein Schreibmaschinenlieferant herausgegeben hat. Damit niemand ins Grübeln gerät, hier die Auflösungen: kurzerhand, künftigen Jahres, mit anderen Worten, ohne Obligo, post meridium (oder: post mortem; oder: pro memoria), folgend, und dem ähnliches, unter Rückerbittung, wie oben, zum Exempel, zur Wiedervorlage oder zur weiteren Veranlassung.

3. Viele Abkürzungen vermitteln, in einem Brieftext zum Beispiel, den Eindruck des Bürokratischen und schwächen den Eindruck des Persönlichen.

Neben den echten Abkürzungen mit Abkürzungspunkt (usw., z. B., i. A., i. V.) kennen wir Abkürzungen, die wir auch Kürzel oder Kurzwörter nennen können:

AG, BGB, GmbH, PC, Pkw, RKW, SO, TEE …

Diese Kurzbezeichnungen werden in der Regel auch als Kürzel gesprochen. Kaum jemand wird noch sagen »Gesellschaft mit beschränkter Haftung«; in der Gebrauchssprache und der Umgangssprache hat die »Ge-em-be-ha« die ausführliche Bezeichnung ersetzt.

Kurzbezeichnungen ähnlicher Art, die uns allerdings doch als etwas anderes erscheinen, sind Kurzwörter wie:

Abi, Auto, Bus, Foto, Multis, Steno, Uni, Zoo …

Wir benutzen sie wie richtige Wörter, weil uns die vollständigen Begriffe zu lang und zu umständlich erscheinen.

Mit den Kurzwörtern wie »PC« und »Pkw« haben viele ihre kleinen Rechtschreibschwierigkeiten. Wie ist der Genitiv zu bilden? Und der Plural? Etwa, wie meistens zu sehen: des PC's, die PC's, des Pkw's, die Pkw's? Nein. Der Apostroph ist falsch. Also: des PCs, die PCs, des Pkws, die Pkws. Zur Genitiv- und zur Pluralbildung benutzen wir das »s« auch dann, wenn bei ausgeschriebenem Wort gar kein »s« vorkommt: des/die Personenkraftwagen! Übrigens empfiehlt es sich beim Pkw und beim Lkw Großbuchstaben zu bevorzugen; das »s« hebt sich dann besser ab. Also: des PKWs, die LKWs.

Zur Schreibweise gehört auch das Thema »Abkürzungspunkt«, genauer: Abkürzung mit oder ohne Punkt?

Abkürzungen, die als Wörter gesprochen werden, erhalten einen Abkürzungspunkt; eine Ausnahme bilden »technische« Abkürzungen.

Abk.	Abkürzung
Dr.	Doktor
f.	folgende (Seite)
ff.	folgende (Seiten)
i. V.	in Vertretung
min.	minimal
Prof.	Professor
Sek.	Sekunde
u. Ä.	und Ähnliche(s)
u. a.	und andere(s)
z. B.	zum Beispiel
zz.	zurzeit (jetzt)
z. Z.	zur Zeit (zum Beispiel: zur Zeit der Rezession)

In einigen Fällen werden mehrere Wörter zu *einer* Abkürzung zusammengezogen.

ppa.	per procura

usf.	und so fort
usw.	und so weiter

Wenn eine Abkürzung am Satzende steht, dient der Abkürzungspunkt zugleich als Satzpunkt.

Dies gilt für Werbebriefe, Prospekte usw.

Kürzel und zahlreiche Fachwörter stehen ohne Abkürzungspunkt.

AA	Auswärtiges Amt
AG	Aktiengesellschaft
BGB	Bürgerliches Gesetzbuch
DIN	Deutsche Industrie-Norm
g	Gramm
GmbH	Gesellschaft mit beschränkter Haftung
LadschlG	Ladenschlussgesetz
m	Meter
min	Minute
Na	Natrium
N	Norden
NO	Nordosten
RücklVO	Rücklagenverordnung
s	Sekunde
sfr	Schweizer Franken
t	Tonne

Für einige Abkürzungen gibt es zwei Schreibweisen.

Co, Co.	Company

In solchen Fällen am besten, der Regel entsprechend, ohne Punkt schreiben, es sei denn, in der Korrespondenz schreibt jemand die eigene Unternehmensbezeichnung mit Punkt (zum Beispiel: GmbH & Co. KG).

ablehnen

Wenn uns etwas abgelehnt wird, pflegen wir nicht erfreut zu sein, ob es sich nun um einen Antrag auf höhere Zahnersatzleistungen, eine Bitte um Gehaltserhöhung oder eine Bewerbung handelt. Je nachdem, wie wir die Ablehnung beurteilen, sind wir betrübt, verärgert oder empört.

Ein Verb wie »ablehnen« und ein Substantiv wie »Ablehnung« gehören zu den Entmutigungs- und Reizwörtern. Die einen reagieren darauf deprimiert, die anderen werden bockig, trotzig, wütend. Wer solchen Entwicklungen entgegenwirken möchte, wird versuchen, solche Wörter zu umgehen.

Während dieser schreibt »Ihre Kündigung zum Monatsende müssen wir ablehnen«, formuliert jene: »Eine Kündigung zum Monatsende ist nicht möglich.« Derselbe Sachverhalt! Aber die Wirkung mag unterschiedlich sein. »Ihre … müssen wir ablehnen« klingt hart und persönlich. »Eine … ist nicht möglich« wirkt eher sachlich (siehe Vertrag) und neutral. Warum bittere Pillen verabreichen, wenn's auch weniger bitter geht?

Des Öfteren kommt ein erschwerendes Wort hinzu.

> Ihre Kündigung zum Monatsende müssen wir leider ablehnen.

Dieses häufig verwendete »leider« ist meistens gut gemeint oder nur gedankenlos diktiert. Der Eindruck kann aber fatal sein – immer dann nämlich, wenn die Empfangsperson nachdenkt. Das sieht ungefähr so aus: »Aufgrund dieser Ablehnung haben die den Vertrag noch drei Monate länger, kassieren mein Geld, lachen sich 'nen Ast – und dabei soll ich ihnen das »leider« abnehmen? Unglaubwürdig!« Vorsicht also mit der Kombination »leider ablehnen«!

Absatz

Absätze sind ein Gliederungsmittel. Sehr große Absätze wirken oft, vor allem in Geschäftsbriefen, langweilig bis abschreckend, mehrere sehr kleine Absätze hintereinander wirken abgehackt und im Ganzen unübersichtlich. Gute Absatzgestaltung:

> Sehr geehrter Herr Hartlaub,
>
> Ihre Anzeige verspricht hohe Anforderungen, viel Arbeit und eine gut dotierte berufliche Daueraufgabe. Ich glaube, dass ich Ihren Ansprüchen gerecht werden kann, und deshalb bewerbe ich mich bei Ihnen.
>
> Meine Qualifikation: dreijährige Lehrausbildung zur Versicherungskauffrau, vierjährige Tätigkeit als Sekretärin, davon zwei Jahre als Nachwuchskraft, zwei Jahre als Chefsekretärin.
>
> Über die Qualität meiner Arbeit, über meine Arbeitsweise und über meine Art und mein Verhalten informieren die beigefügten Zeugnisse.
>
> Weitere Auskünfte wird Ihnen gern mein bisheriger Chef, Herr Dr. Walter Grothe, geben [ABC AG, Postfach 12 34 56, 51427 Bergisch Gladbach; Telefon: (0 22 04) 12 34 56].
>
> Ich würde mich freuen, wenn ich versuchen dürfte, Sie in einem persönlichen Gespräch davon zu überzeugen, dass ich für Ihre Aufgabe »die Richtige« bin.
>
> Freundliche Grüße

Die Antwort des Personalleiters:

Sehr geehrte Frau Wilkening,

Ihre Bewerbung hat auf uns einen guten Eindruck gemacht; in Ihrer Qualifikation sind Sie den meisten Mitbewerberinnen überlegen, gegenüber einigen wenigen gleichwertig. Das heißt: Sie sind in der engeren Wahl.

Aufgrund einer schriftlichen Bewerbung machen sich die Lesenden ein Bild von dem Menschen, der dahinter steht; aber dieses Bild kann auch täuschen. Das Vorstellungsgespräch ist deshalb ein mindestens gleichwertiger Bestandteil einer Bewerbung.

Zu einem solchen Gespräch laden wir Sie ein. Ist Ihnen der 12. Februar recht? Um 10 Uhr?

Bitte geben Sie uns telefonisch Bescheid. Falls ein Treffen zu diesem Zeitpunkt nicht möglich ist, können wir dann gleich einen anderen Termin vereinbaren.

Wir freuen uns auf ein persönliches Kennenlernen und hoffen, in Ihnen *die* Fachkraft zu finden, die zu uns passt.

Freundlich grüßt Sie

Ein Fehler, der beim Gliedern durch Absätze immer wieder passiert, ist dieser: Erstens werden die Absätze unterschiedlich eingeleitet. Zum Beispiel beginnt der zweite Absatz mit »Andererseits«, während der erste Absatz gar kein »Einerseits« hat.

Zweitens sind die Absätze inhaltlich in ihrer Gewichtung so unterschiedlich, dass ihnen die Balance fehlt.

So, und nun haben Sie beim Lesen der beiden letzten Absätze erfahren, worum es *vor allem* geht: Da ist ein Dachsatz, der heißt:

Ein Fehler, der beim Gliedern durch Absätze immer wieder passiert, ist dieser:

Zu diesem einleitenden Dachsatz gehören zwei Aussagen. Die erste Aussage ist direkt an den Dachsatz gebunden, während die zweite Aussage einen Absatz für sich beansprucht. Logisch ist nur, *beiden* Aussagen einen eigenen Absatz zu spendieren. Das heißt, zurück zum Text: Auch vor dem Wort »Erstens« ist ein Absatz zu realisieren.

abschlägig bescheiden

Ein Personalsachbearbeiter schrieb einem Mitarbeiter, der um ein Darlehen für den Kauf eines Hauses bat, folgenden Text:

> Da Sie noch nicht die vorgeschriebene Mindestdienstzeit bei uns erreicht haben, können wir Ihnen das beantragte Darlehen zum jetzigen Zeitpunkt nicht gewähren und müssen Ihren Antrag leider abschlägig bescheiden.

Wirkt dieses »abschlägig bescheiden« nicht bürokratisch und deprimierend? Dazu: das leicht gönnerhafte »gewähren«. Außerdem: Auf den Gedanken, dem Antragsteller die vorgeschriebene Mindestdienstzeit mitzuteilen, ist der Korrespondent nicht gekommen. Er hätte auch schreiben können:

> Sobald Sie fünf Jahre bei uns tätig sind – also in acht Monaten – können wir Ihnen das Darlehen geben. Falls Sie dann noch daran interessiert sind, schicken Sie bitte den beigefügten Fragebogen ausgefüllt und unterschrieben zurück.

Ist das nicht etwas ganz anderes als »abschlägig bescheiden«? Oft ist es gar nicht so sehr die Sache als vielmehr die Wortwahl, die verärgert.

abschließend

Das Wort »abschließend« steht zwar inhaltlich meistens an der richtigen Stelle, zum Beispiel am Schluss eines Briefes, ist aber fast immer überflüssig.

> Wir weisen abschließend ausdrücklich darauf hin, dass wir uns gerichtliche Schritte vorbehalten.

Dass dies abschließend geschieht, sieht der Empfänger, denn die Aussage ist der letzte Satz des Briefes. Es würde genügen zu sagen:

> Gerichtliche Schritte behalten wir uns vor.

Faustregel: Überlegen, ob »abschließend« sinnvoll und nicht selbstverständlich ist. Empfehlung: Das Wort »abschließend« sparsam verwenden – überlegt.

absolut

Der Superlativ »absolut« ist nicht steigerbar; das wird oft vergessen.

> Dies ist der absoluteste Höhepunkt unseres diesjährigen Schlussverkaufs.

Also muss es »absolute« heißen. Da aber der »Höhepunkt« auch schon die Spitze und damit ein Superlativ ist, hat das Wort »absolut« an dieser Stelle überhaupt nichts zu suchen.

Allgemein: In der Werbung wird das Wort »absolut« dauernd missbraucht. Dadurch hat es längst seine Wirkung verloren. Im Gegenteil: Viele Menschen argwöhnen, dass Werbeaussagen, ebenso politische Aussagen, die »absolut« enthalten, mit Vorsicht aufzunehmen sind; nur selten wird das Versprochene gehalten; nur selten stimmt, was behauptet wird.

> Wir erwarten von unseren Mitarbeiterinnen und Mitarbeitern absoluten Einsatz.

Was soll das heißen? Einsatz bis zum Umfallen? Einsatz um jeden Preis? In der Regel ist niemand so unvernünftig, dergleichen zu fordern. Also ist es besser, sich auch nicht so unvernünftig auszudrücken.

Akkusativ am Satzanfang

Der Akkusativ, der vierte Fall, hat oft dieselbe Form wie der Nominativ, der erste Fall. Das führt manchmal zu einem kleinen Problem.

> Die Dame, die vor kurzem ihre Tätigkeit bei uns aufgenommen hat, beschäftigen wir nur als Aushilfskraft.

Lesend denken wir, die Dame, um die es hier geht, habe etwas getan oder unterlassen. Grammatisch: »Die Dame« identifizieren wir als Nominativ. Erst spät merken wir: Das stimmt nicht. »Die Dame« steht im Akkusativ, ist also nicht Subjekt, sondern Objekt der Aussage. Wen beschäftigen wir? Die Dame.

Mit anderen Worten: Die Lesenden werden durch solche Formulierungen auf einen falschen Weg geschickt. Lässt sich das vermeiden? Zum Beispiel, indem wir das Subjekt nach vorn ziehen.

> Wir beschäftigen die Dame, die vor kurzem Ihre Tätigkeit bei uns aufgenommen hat, nur als Aushilfskraft.

Falls wir die Dame jedoch aus Betonungsgründen in Spitzenstellung haben möchten, hilft uns das Passiv.

> Die Dame, die vor kurzem ihre Tätigkeit bei uns aufgenommen hat, wird nur als Aushilfskraft beschäftigt.

Nun ist »die Dame«, wie gewünscht, Subjekt des Satzes.

anfallen

Das Verb »anfallen« hat etwas Bedrohliches an sich. »Anfall« auch.

Ein Raubtier fällt einen Menschen an. Der Patient hatte wieder einen Anfall.

Trotzdem werden »anfallen« und »Anfall« gern auch in harmlosen Zusammenhängen benutzt.

Gerne erledigen Sie alle anfallenden Sekretariatsaufgaben selbstständig.

Wegen eines überraschend hohen Arbeitsanfalls kurz vor der Urlaubszeit konnten wir Ihr Angebot noch nicht prüfen.

In solchen Formulierungen werden die bedrohlichen Wörter »anfallen« und »Anfall« zu sprachlichen Hilfsmitteln der Bürokratie. Der erste Satz stammt aus einer Personalanzeige, der zweite aus einem unternehmensinternen Bericht.

In beiden Fällen können wir den bürokratischen Unterton leicht loswerden, indem wir die Verursachungswörter einfach streichen.

Gern erledigen Sie alle Sekretariatsaufgaben selbstständig. Gern lösen Sie alle Sekretariatsaufgaben selbstständig.

Da wir kurz vor der Urlaubszeit sehr viel Arbeit hatten, konnten wir Ihr Angebot noch nicht prüfen.

Über den Arbeitsanfall machen sich manche Leute bereits lustig: »Bei starkem Arbeitsanfall nicht nervös werden. Einfach stillhalten, bis der Anfall vorüber ist!«

Anführungszeichen

1. Anführungszeichen umschließen wörtlich wiedergegebene Äußerungen, Gedanken und Zitate.

   a) Sie schrieben uns: »Die Adresse des Schuldners ist nicht zu ermitteln.«
   b) Wir stellen uns die Frage: »Ist dieses Testament echt?«
   c) Der Titel »Werbebriefe gut gestalten« mit dem Untertitel »inhaltlich, sprachlich, äußerlich« entspricht genau dem Inhalt dieses Buches; alle angeführten Bereiche werden ausführlich behandelt.
   d) Vorrätig ist auch das Buch »Außergewöhnliche Bewerbungen«.
   e) »Es ist nicht fair«, sagte die Sprecherin, »uns von dieser Möglichkeit auszuschließen.«
   f) »Gefällt Ihnen die Formulierung nicht?«, fragte die Werbetexterin, »oder geht es Ihnen um den Inhalt?«
   g) »Bitte, akzeptieren Sie diese Bedingung!«, drängte der Anwalt der Gegenseite.

Das Komma nach ?« und nach !« ist nach der alten Rechtschreibung falsch, nach der neuen richtig; man hat damit zwischen dem Fall e und den Fällen f und g Einheitlichkeit hergestellt.

2. Ein durch Deklination veränderter Artikel eines Buch-, Film-, Gedicht-, Zeitungstitels usw. steht außerhalb der Anführungszeichen.

   Die Glosse »Frisch erstellt« der »Zeit« weist auf eine Verarmungstendenz in unserer Sprache hin.
   In der »Geburt der Tragödie aus dem Geiste der Musik« scheinen fast alle späteren Nietzsche-Werke bereits angelegt.

3. Anführungszeichen dienen dazu, einzelne Buchstaben, Zahlen, Wörter, Wendungen hervorzuheben.

   Die »3« in dieser Telefonnummer ist falsch.
   Das »e« am Ende von »gerne« wird in Norddeutschland meistens weggelassen, in Süddeutschland meistens gesetzt.
   Der Ausdruck »Corporate Identity« wird oft missbraucht.
   Oft wird das Wort »Technologie« benutzt, obwohl »Technik« gemeint ist.

4. Anführungszeichen dienen manchmal dazu, einen ironischen Unterton deutlich zu machen.

   Die Arbeitslosenzahlen sind im Sommer von 4,4 Millionen auf »nur« 4,2 Millionen zurückgegangen.
   Unsere »Partner« in den USA haben uns sitzen gelassen.

5. Halbe Anführungszeichen umschließen eine wörtliche Rede, ein Zitat usw. innerhalb einer Anführung.

   Die Aussage lautet: »Der Beklagte hat den Titel ›Die kleine Schwester‹ widerrechtlich übernommen.«
   Die Aussage »Der Beklagte hat den Titel ›Die kleine Schwester‹ widerrechtlich übernommen« steht nicht im Protokoll.

Angemessenheit

Immer wieder wurde versucht, einen Dachbegriff für die Anforderungen an Gebrauchstexte zu finden; immer wieder wurde gefahndet nach Kriterien für die Qualität dieser Texte. Als entscheidendes Stichwort hat sich »Angemessenheit« herausgebildet,

Angemessenheit gegenüber:

- Textinhalt,
- Äußerungsabsicht,

– Empfänger,
– »Sender«,
– Schreibsituation.

Wir können die Textqualität also nicht an sich beurteilen, sondern müssen uns zuvor fragen: In welcher Reihenfolge sind diese fünf Angemessenheitskriterien in dem vorliegenden Fall zu bewerten?

Ein Bewerbungsbrief zum Beispiel kann in vier Punkten sehr gut wegkommen und dennoch schwach sein: wenn er etwas ganz anderes wiedergibt als die Persönlichkeit der Schreiberin oder des Schreibers. Spätestens im Vorstellungsgespräch wird sie oder er eine Enttäuschung abliefern, eben weil die Bewerbung der Persönlichkeit, die dahinter steht, nicht entspricht. Der Text vermittelt, zum Beispiel, das Bild einer dynamischen, gewandten, schlagfertigen Chefassistentin, und was sich dann zeigt, ist eher der Typ einer Buchhalterin.

Um bei dem Beispiel zu bleiben: Wer sich bewirbt und sich dafür unterstützende Formulierungen aus guten Büchern holt, handelt umsichtig und klug – sofern er aus dem dann sicherlich reichhaltigen Angebot an Formulierungen treffsicher solche auswählt, die zu ihm passen.

anheim stellen

Der Ausdruck »anheim stellen« wird zur Papiersprache gerechnet, wirkt manchmal unhöflich und erschwert gelegentlich die Verständigung.

Wir stellen Ihnen anheim, Weiterungen zu ergreifen.

Viele, die »anheim stellen« gerade noch verstehen, können mit »Weiterungen« nichts mehr anfangen, und so bleibt ihnen der Sinn des ganzen Satzes verborgen. Mit »Weiterungen ergreifen« ist gemeint: den Rechtsweg gehen. Und »stellen Ihnen anheim« soll sagen: stellen Ihnen frei.

Diese Aussage hat drei Nachteile.

Erstens: Dass die andere Seite in einer umstrittenen Sache den Rechtsweg gehen kann, ist selbstverständlich; dazu braucht sie weder die Erlaubnis noch die Zustimmung des Gegenspielers.

Zweitens: Der Anheimsteller weist sich durch seine Ausdrucksweise als bürokratischer Abwickler, als richtlinientreuer, vielleicht sogar sturer Angelegenheitserlediger aus, mit dem zu verhandeln meistens schwierig ist.

Drittens: Der Anheimsteller erweckt den Eindruck, als wenn er sagen wollte: »Es ist uns gleichgültig, ob Sie zum Gericht rennen oder nicht. Sie werden schon sehen, was Sie davon haben.« Das abweisende »anheim stellen« hat hier einen Beigeschmack von Überheblichkeit, Nichtachtung, Ironie.

In manchen Briefen von Rechtsanwälten lautet der Schlusssatz: »Wir stellen Ihnen anheim, uns Ihre Rechnung (oder gar: Ihre Honorarnote) einzureichen.« Zweckmäßig? Überflüssig? Gut formuliert? Wieder spricht dreierlei dagegen.

Erstens: Wenn eine Sache abgeschlossen ist und der anderen Seite eine Gebühr zusteht, wird man sie daran nicht zu erinnern brauchen. Schon gar nicht mit einer solchen Formulierung. Die andere Seite wird ihre Rechnung schicken – ob es dem Anheimsteller gefällt oder nicht.

Zweitens: Wenn der Anheimsteller eine Sache abschließen möchte, empfiehlt es sich, dies unbürokratischer und deutlicher auszudrücken. Zum Beispiel: »Bitte schicken Sie uns Ihre Rechnung.« Oder: »Obwohl noch ein paar Kleinigkeiten zu klären sind, können Sie uns jetzt schon Ihre Rechnung schicken.«

Drittens: Das »anheim stellen« im Zusammenhang mit dem beliebten Ausdruck »einreichen« macht den Eindruck, als hänge es vom Wohlwollen des Briefschreibers ab, ob der andere sein Geld bekomme. Er soll seine Rechnung erst einmal einreichen – zur Genehmigung vorlegen; dann wird man sehen. Sinnvoll? Nein.

Eine Bausparkasse schreibt:

> Das Finanzamt hat Sie aufgefordert, diesen Betrag zurückzuzahlen, und uns eine Kopie geschickt. Wir stellen Ihnen anheim, Ihr Bausparkonto entsprechend belasten zu lassen. Sie können den Betrag aber auch selbst an das Finanzamt überweisen. Wir bitten Sie, uns dann schriftlich zu informieren, damit wir Ihr Konto berichtigen können.

Und was tut der Bausparer? In vielen Fällen, so ist aus der Praxis zu erfahren – nichts. Er missdeutet offenbar den Ausdruck »anheim stellen« und meint, wenn er nicht selbst zurückzahle und also die Bausparkasse auch nicht von einer persönlichen Rückzahlung in Kenntnis setze, werde die Bausparkasse die Überweisung für ihn übernehmen, automatisch.

»Wer mag denn auf eine so abwegige Idee kommen?« Fragen wir lieber: »Wer fragt so?« Wahrscheinlich Büroarbeiter, für die »anheim stellen« eine Alltagsvokabel ist. Denken wir daran, dass unser Papierdeutsch für Menschen, die in ihrem Beruf »mit Schriftkram nichts zu tun« haben, alles andere als selbstverständlich, dafür aber eher unsympathisch ist.

> Wir stellen Ihnen anheim, dafür oder dagegen zu entscheiden.

Wie lässt sich diese Aussage anders formulieren? Zum Beispiel:

> Es steht Ihnen frei, dafür oder dagegen zu entscheiden.
> Wir überlassen es Ihnen, dafür oder dagegen zu entscheiden.
> Sie können dafür oder dagegen entscheiden.

Mit dieser Abwertung von »anheim stellen« für die Geschäftskorrespondenz soll nicht gesagt sein, dass dieses Wort in jedem Fall zu vermeiden sei, dass es sozusagen aus unserer Sprache am besten entfernt werden solle.

> Diese Entscheidung sei einer höheren Macht anheim gestellt.

In solchen Sätzen wirkt »anheim stellen« angemessener als ein schlichtes »überlassen«.

> Ich stellte mich dem Schicksal anheim.
> (Luise Rinser in »Mitte des Lebens«; Beispiel aus Dudens »Das große Wörterbuch der deutschen Sprache«)

Wörter wie »anheim stellen«, »anlässlich« und »angesichts« gehören einer höheren Stilschicht an als »überlassen«, »bei«, »wegen«.

Anlagen – anliegend

Wenn in Geschäftsbriefen von »Anlage« die Rede ist, zielt das Wort bestimmt nicht auf eine Gartenanlage, meistens auch nicht auf eine Geldanlage. Gemeint ist: dem Brief Beigefügtes. Wenn jemand schreibt

> Ich schicke Ihnen die Urteilsbegründung des Gerichts,

so weiß man nicht genau, ob er diese Begründung jetzt, mit diesem Brief, oder erst später schickt. Erschwerend: Es mag sein, dass er die Begründung tatsächlich mit diesem Brief schicken will, aber vergisst, das Schriftstück wirklich beizufügen. Der andere findet es nicht vor und denkt vielleicht: »Aha, er will es mir mit getrennter Post schicken.« Oder: »Er hat die Urteilsbegründung selbst noch nicht, will sie aber schicken, sobald er sie erhält.« Weil er sich dergleichen denkt, fragt er nicht nach und wundert sich nur, dass die Sache lange auf sich warten lässt.

Zur Sicherheit drücken wir an der Textstelle klar aus, dass wir das Gemeinte mit diesem Brief schicken wollen: als Anlage.

> Als Anlage sende ich Ihnen die Urteilsbegründung des Gerichts.

Dieser Ausdruck wird von manchen Leuten als etwas bürokratisch empfunden, aber auf jeden Fall ist er ebenso klar wie üblich.

Schwieriger wird die Beurteilung, wenn statt »als Anlage« eine ähnliche, gleichermaßen übliche Formulierung verwendet wird.

> In der Anlage sende ich Ihnen die Urteilsbegründung.

Wenn die Sekretärin diesen Satz selbst so formuliert hat, kann es passieren, dass ihr Chef sie fragt: »Wollen Sie im Park spazieren gehen?« Falls die Sekretärin schlagfertig ist, wird sie vielleicht antworten: »Dass Sie bei diesem Satz an den Park denken, verstehe ich gut; Sie blicken ja aus Ihrem schönen Büro unmittelbar in einen herrlichen Park. Aber – das Wort ›Anlage‹ hat ja, wie die meisten Wörter, mehrere Bedeutungen. Und welche gemeint ist, geht aus dem Zusammenhang hervor.«

Der Chef lässt nicht locker: »Außerdem liegt die Begründung nicht *in* der Anlage, wie in einer Tüte; sie ist die Anlage selbst.« Die Sekretärin: »Auch das Wort ›in‹ hat mehrere Bedeutungen. Wenn ich sage ›Ich habe in Ihnen einen verständnisvollen Chef‹, stelle ich Ihre Identität mit einem verständnisvollen Chef fest; eine Tüte ist nicht im Spiel.«

Das sieht der Chef ein. »Aber viele meinen doch, diese Redewendung sei falsch. Und kürzlich, im Korrespondenz-Training, wurde sie ebenfalls mit ›falsch‹ bewertet!?«

Was sagt der Duden? Band 9 bestätigt, dass beide Formulierungen möglich sind. Wie entscheiden? Sehr einfach. Da viele Lesende davon überzeugt sind, dass die Wendung falsch sei, ist es ratsam, sie nicht zu benutzen. (Wir können ja nicht jedem eine kopierte Dudenseite mitschicken.)

Also: als Anlage!? Und wenn einem dieser Ausdruck nicht gefällt?

> Anliegend sende ich Ihnen die Urteilsbegründung.

Auch das ist üblich, und es wird sicher richtig verstanden. Aber dieser Ausdruck hat einen grammatischen Haken.

> Lachend kam sie herein.

Wer lacht da? Sie. Das Partizip Präsens »Lachend« bezieht sich auf das Subjekt des Satzes. Übertragen auf unseren Praxissatz: »Anliegend« bezieht sich auf »ich«, während es sich auf »Urteilsbegründung« beziehen soll. Nicht besser wird's, wenn wir statt eines Partizips Präsens ein Partizip Perfekt wählen.

> Beigefügt senden wir Ihnen die Urteilsbegründung.
> Beigefügt erhalten Sie die Urteilsbegründung.

Im ersten Satz sind wir beigefügt, im zweiten Fall ist der Empfänger beigefügt. In einem Auslassungsatz wäre alles kein Problem:

> Anliegend die Urteilsbegründung.
> Beigefügt die Urteilsbegründung.

In vollständigen Sätzen ist es gut, eine andere Formulierung zu wählen. Und welche? Beispiele:

> Mit diesem Brief senden wir Ihnen die Urteilsbegründung.
> Mit diesem Brief erhalten Sie die Urteilsbegründung.
> Hiermit senden wir Ihnen die Urteilsbegründung.
> Hiermit erhalten Sie die Urteilsbegründung.

Wie schon gesagt: Auch »als Anlage« ist möglich. Ebenfalls als korrekt gilt:

Anbei senden wir Ihnen die Urteilsbegründung.
Sie erhalten die Urteilsbegründung anbei.

Dieses »anbei« hat allerdings auch seine Gegner. Sie meinen, die Anlage liege entweder an diesem Brief oder bei diesem Brief. Mit anderen Worten: Das »anbei« sei ein Doppelausdruck. Gut, wer's so genau nimmt, kann leicht auf eine der vier vorher genannten Formulierungen ausweichen.

Auch wenn im Kerntext eindeutig und korrekt gesagt ist, dass der Empfänger etwas mit diesem Brief erhalte, pflegen wir dennoch unter den Brief das Wort »Anlage« oder »Anlagen« zu setzen. Und meistens schreiben wir noch darunter, um welche Anlage oder welche Anlagen es sich handelt.

Mit freundlichem Gruß	Anlage Urteilsbegründung

(Unterschrift handgeschrieben)

(Unterschrift maschinengeschrieben)

Oder so:

Mit freundlichem Gruß

(Unterschrift handgeschrieben)

(Unterschrift maschinengeschrieben)

Anlagen
Urteilsbegründung
Stellungnahme des Mandanten

Das Wort »Anlage« oder »Anlagen« darf also neben den Gruß oder unter den Grußblock geschrieben werden; es darf mager oder fett geschrieben werden. (Mehr dazu unter »Schreib- und Diktierregeln«.)

Anrede

Hinter der Anrede im Brief ist das Komma üblich geworden. Das Ausrufezeichen ist jedoch nicht falsch. Nach dem Komma wird klein, nach dem Ausrufezeichen groß weitergeschrieben.

a) Sehr geehrte Damen und Herren,

mit dem korrigierten Angebot, das wir heute von Ihnen erhalten haben, sind wir einverstanden.

b) Sehr geehrte Frau Fröhlich,
   lieber Herr Fröhlich,

c) Sehr verehrte Frau Dr. Walterberg,
   sehr geehrter, lieber Herr Walterberg,

d) Guten Tag, Frau Frielingsheim,

e) Sehr geehrter Herr Fahrenberg,

f) Mein lieber Herr Vogt!

   Die Nachricht von Ihrem Erfolg hat mich natürlich erfreut.

Des Öfteren in der Schweiz, gelegentlich auch in Deutschland wurde und wird die Anrede ohne Satzzeichen geschrieben, und der Kerntext beginnt dann mit großem Anfangsbuchstaben. Diese Schreibweise hat sich allerdings nicht durchgesetzt.

Zu d: Anreden dieser Art sind in Werbebriefen beliebt. Aber: Vorsicht! Der einen gefällt die lockere Art, dem anderen erscheint sie als primitive Anbiederei.

Apostroph

Abkürzungen

Kein Apostroph steht für Auslassungen in Abkürzungen.

des Pkws, des PKWs
des Lkws, des LKWs
die AGs
die GmbHs
die PCs
die CDs

Auslassungen, allgemein

Ein Apostroph steht für Auslassungen in Wörtern.

D'dorf
Wie geht's?
Wenn man's genau bedenkt, wird's klar.
's ist nicht zu fassen.

Verkürzte Imperativformen erhalten keinen Apostroph.

Lass das, bitte!
Geh gleich los!
Schreib, wie du sprichst!

Kein Apostroph steht für ein ausgelassenes Schluss-e bei Substantiven und bestimmten Verbformen.

… die Reu ist lang.
Ich hör mir das nicht länger an.
Ich geb mir Mühe.
Ich mach das schon richtig.

Kein Apostroph steht in gebräuchlichen Verschmelzungen von Präposition und Artikel.

am	an dem
ans	an das
aufs	auf das
beim	bei dem
durchs	durch das
fürs	für das
hinterm	hinter dem
im	in dem
ins	in das
übers	über das
überm	über dem
übern	über den
unterm	unter dem
unters	unter das
vorm	vor dem
vors	vor das
zum	zu dem
zur	zu der

Ungewöhnliche Zusammensetzungen dieser Art – wie »auf'm, durch'n, in'n« stehen mit Apostroph.

Kein Apostroph steht bei gebräuchlichen Nebenformen.

Bursch	
gern	(scheint sich gegen »gerne« durchzusetzen)
leis	

Kein Apostroph steht für ein ausgelassenes »e« im Wortinnern, wenn die so verkürzten Formen allgemein gebräuchlich sind.

andre Lesarten
edle Weine
finstre Machenschaften
Wir gehn weg.
Sie sehn das nicht.

Sie stehn da rum.
trockne Bemerkungen
unsre beste Ware
Verwechslung
wacklige Rechtslage
wässriges Getränk

Ein Apostroph steht bei Auslassungen in Namen.

Brahms' Klaviermusik
Grass' Romane
Voß' Übersetzungen
Fritz' (Fritzens) Streiche
Marx' Voraussagen

Ein Apostroph darf in Namen vor einem Genitiv-s stehen, obwohl nichts ausgelassen ist, wenn der Name in seiner Grundform dargestellt werden soll.

Erikas Änderungsschneiderei – Erika's Änderungsschneiderei
Mümmelmanns Tierfutter – Mümmelmann's Tierfutter
breitenbachsche Steuerbriefe – Breitenbach'sche Steuerbriefe
die grimmenschen Märchen – die Grimm'schen Märchen

Zu den beiden Letzten: Wie die Beispiele zeigen, sind adjektivisch gebrauchte Eigennamen ausnahmsweise großzuschreiben, wenn sie mit Hilfe eines Apostrophs von der Adjektivendung getrennt werden.

Aufwand

Eine große Hausverwaltungsfirma schreibt:

Betr.: Im Feuerbusch 13, 51427 Bergisch Gladbach
Hier: Ihr Schreiben vom 22.07.99/ml

Sehr geehrter Herr Mellinghaus,

wir danken für Ihr Schreiben vom o. g. Tage.

Der Eigentumswechsel und Besitzübergang der Wohneinheit Nr. 22 wurde bereits von uns vermerkt.

Eine Neuermittlung des monatlichen Wohngeldbetrages, bedingt durch die Änderung der Personenzahl, ist nicht erforderlich.

Höflichst erlauben wir uns diesbezüglich den Hinweis auf das Protokoll der letzten Eigentümerversammlung, TOP 3. Unabhängig von der späteren Abrechnung der Gemeinschaftskosten beschloß die Gemeinschaft zur Festlegung der neuen monatlichen Wohngelder, dass zur Berechnung derselben für die Verwaltungskosten die Wohneinheiten und für die restlichen Kosten die anteiligen Wohnflächen zugrunde gelegt werden.

Die entsprechende Protokollnotiz legen wir diesem Schreiben in Fotokopie bei.

Wir hoffen Ihnen mit diesen Angaben gedient zu haben und verbleiben –

mit freundlichen Grüßen

Von vielen Fehlern und altertümlichen Wendungen und Anordnungsweisen abgesehen: Der Aufwand steht in sehr ungünstigem Verhältnis zur Menge der Information. Zu sagen gewesen wäre:

Wohnung 22, Im Feuerbusch 13, 52427 Bergisch Gladbach
Ihr Brief vom 22. Juli 1999

Sehr geehrter Herr Mellinghaus,

den Eigentumswechsel und den Besitzübergang dieser Wohnung haben wir vermerkt.

Das monatliche Wohngeld ändert sich nicht (Anlage: Kopie des Protokolls über die Eigentümerversammlung vom 15. Januar 1999).

Wir wünschen Ihnen viel Freude an Ihrer neuen Wohnung.

Mit freundlichen Grüßen **Anlage**

Der Weiterbildungsleiter einer großen Versicherungsgesellschaft schrieb nach Beendigung einer Seminarserie, die alle schreibenden Mitarbeiterinnen und Mitarbeiter umfasst hatte, an den Seminarleiter unter anderem:

Obwohl bei den Seminaren nicht die Texteinsparung im Vordergrund stand, sondern verständliches Formulieren, konnten in einigen Betriebsstätten die Texte um durchschnittlich 42 Prozent gekürzt werden.

Bei Hunderten solcher Seminare, in denen »Aufwandsverringerung« nur eins der Ziele war, ergaben sich im Durchschnitt Textkürzungen von 30 Prozent! 30 Prozent weniger Diktieren, Schreiben, Korrekturlesen beim Absender und Lesen, oft mehrfaches Lesen, beim Empfänger – hier geht es nicht um Kleinigkeiten.

Aufzählungen

Aufzählungsglieder sind meistens einzelne Wörter, in der Regel derselben Wortart.

a) Wir haben zu den Festtagen Karten, Briefe, Päckchen und Pakete verschickt.
b) Der neue Wagen ist sicher, komfortabel, schnell und robust.
c) Die Spieler rannten, tricksten, kämpften.

Die Beispiele a und b zeigen Typisches: Zwischen den Aufzählungsgliedern steht ein Komma; die beiden letzten Glieder – durch »und« verbunden – werden dagegen nicht durch Komma getrennt.

Im Beispiel c fehlt das verbindende »und«; daher auch an dieser Stelle – statt des »und« – ein Komma.

Der einzige Fall, in dem wir aufpassen müssen, ist dieser: Vor einem Substantiv mit vorangehender Aufzählung steht scheinbar ein weiteres Aufzählungsglied, aber es ist gar keins.

> Wir haben dazu schwierige, umfangreiche physikalische Versuche durchgeführt.

Auch »physikalische« ist ein Adjektiv wie die vorangehenden Aufzählungsglieder, sieht aus wie ein drittes Aufzählungsglied, bildet aber in Wirklichkeit einen Gesamtbegriff mit »Versuche«. In solchen Fällen – sie sind gar nicht so selten – steht kein Komma.

Aufzählungsglieder können auch Sätze sein.

> Wir haben erinnert, wir haben gemahnt, wir haben gedroht.

> Wir wissen, dass er kommt, dass er eine Woche bleiben wird und dass er in dieser Zeit genaue Untersuchungen anstellen wird.

> Wir bitten Sie, uns rechtzeitig zu informieren, die notwendigen Vorkehrungen zu treffen und die schriftlichen Unterlagen vor dem Treffen zu verschicken.

Wenn bei solchen satzartigen Aufzählungsgebilden unübersichtliche Aussagen entstehen, empfiehlt es sich, das Ganze sinnvoll zu zerlegen.

> Der Darlehensnehmer tritt hiermit alle ihm aus dem oben im Abschnitt »Darlehenszweck« genannten Bausparvertrag zustehenden und künftig zur Entstehung kommenden Ansprüche und Rechte jeder Art, insbesondere auf Zuteilung und Auszahlung des jeweiligen Bausparguthabens, auf Annahme der Zuteilung, auf Auszahlung eines gegebenenfalls von der Bausparkasse zu gewährenden Zwischendarlehens, das Recht auf Kündigung und Übertragung des Bausparvertrages sowie den An-

spruch auf Auszahlung der Wohnungsbauprämie, auch wenn diese auf einem Prämiensonderkonto verbucht wird, an die Bank ab.

Das ist nicht zumutbar. Wie ändern?

Der Darlehensnehmer tritt alle Ansprüche und Rechte an die Bank ab, die ihm aus dem unter »Darlehenszweck« genannten Bausparvertrag zustehen oder zustehen werden. Diese Abtretung betrifft insbesondere:

1. Zuteilung und Auszahlung des jeweiligen Bausparguthabens,
2. Annahme der Zuteilung,
3. Auszahlung eines gegebenenfalls von der Bausparkasse zu gewährenden Zwischendarlehens,
4. das Recht auf Kündigung und Übertragung des Bausparvertrages,
5. den Anspruch auf Auszahlung der Wohnungsbauprämie, auch wenn sie auf einem Prämiensonderkonto gebucht wird.

So wird aus einer unübersichtlichen eine übersichtliche Aufzählung.

Oft ist es ratsam, die freigestellten Aufzählungsglieder durchzunummerieren. Die Aufzählung mit Ziffern (erstens, zweitens, drittens ... mit Punkt, weil es sonst eins, zwei, drei ... hieße) hat den Vorteil, dass wir uns im Folgenden leicht auf einzelne Punkte beziehen können.

Ebenfalls sehr gebräuchlich ist die Kennzeichnung von Aufzählungsgliedern durch kleine Buchstaben; sie erhalten zur Abgrenzung eine Klammer (aber keinen Punkt!).

a) Begrüßung
b) Beurteilung der Marktsituation
c) Werbeaktionen
d) Zeitplan
e) Personelle Zuständigkeiten

Auch bei dieser Form der Aufzählung ist es leicht, sich auf einzelne Glieder zu beziehen.

Eine weitere Möglichkeit bieten Mittestriche.

- Hauptsätze
- Nebensätze
- Wortgruppen

Das sieht ebenfalls übersichtlich aus. Nachteil: Wenn wir uns auf einen einzelnen Punkt beziehen wollen, müssen wir den Inhalt dieses Punktes angeben. In vielen Fällen kommt dieses Anführen einzelner Punkte aber gar nicht vor, so dass der Mittestrich als Gliederungsmerkmal für Aufzählungen durchaus seine Berechtigung hat.

Auslassungspunkte

Es sind drei Punkte ... nicht zwei oder fünf, wie des Öfteren zu sehen ist. Was bedeuten sie? Dass etwas ausgelassen ist.

Wenn Sie diesen Rat nicht befolgen, dann ...

Wer hier angesprochen wird, weiß, was ihn bei Nichtbefolgung des Rates erwartet. Es mag auch sein, dass etwas sehr Negatives nicht ausgesprochen werden soll – vielleicht, weil andere Lesende es nicht zu erfahren brauchen.

Wir haben zu bedenken gegeben ... gewarnt ... nein, dringend gewarnt, diesen Schritt zu wagen.

In diesem Fall wird der begonnene Gedanke zweimal abgebrochen und mit verstärkenden Worten neu aufgenommen.

Ich habe den Unfallort verlassen und bin mit der Straßenbahn ... mit dem Bus fortgefahren.

In diesem Fall deuten die Auslassungspunkt eine Korrektur an.

Peter Sloterdijk in »Kritik der zynischen Vernunft« (Suhrkamp Verlag): »Nietzsches subversivster Gedanke ... trifft ein Wiedervordringen kynischer Motive ...«

Nach »Gedanke« folgt eine Parenthese, und nach »Motive« wird der Satz fortgeführt. Für die Schreiberin genügt es jedoch an dieser Stelle ihrer Ausführung, den Hauptgedanken zu zitieren; deshalb lässt sie ihrer Meinung nach entbehrliche Satzteile aus.

Sie wissen selbst, dass ...

Wenn die Auslassungspunkte am Satzende stehen, schließen sie den Satzpunkt ein. Das gilt nicht für Ausrufe- und Fragezeichen, auch nicht für einen Abkürzungspunkt.

Ist Ihnen klar, dass ...?
Es ist ja wohl klar, dass ...!
Das gilt für Inhaltsangaben, Wörterlisten, Abk.-Verz. ...

Ausrufezeichen

Das Ausrufezeichen kann ein bisschen gefährlich werden; manche bezeichnen es als Lärmstange. Und wenn dann jemand die Gewohnheit entwickelt, hinter Aussagen, die ihm wichtig erscheinen, gleich zwei oder sogar drei Ausrufezeichen zu setzen ... Besonders einladend und glaubwürdig wirkt das auf die meisten Lesenden nicht. Also: Vorsicht!

Ein Ausrufezeichen soll hinter betonten Aufforderungssätzen stehen.

Bitte, sorgen Sie dafür, dass der Betrag sofort überwiesen wird!

Das Komma hinter »Bitte« lässt schon erwarten, dass diese Aufforderung eine sehr bestimmte, betonte Aufforderung ist. Anderenfalls würde man das Komma weglassen und das »Bitte« dadurch zu einer beiläufigen Höflichkeitsbitte machen.

Wie unangenehm! – Gar nicht auszudenken!

Hinter betonten Ausrufen steht ebenfalls ein Ausrufezeichen.

Oh! Das wussten wir nicht.

Auch Empfindungswörter rechtfertigen ein Ausrufezeichen. Natürlich ist gleichfalls eine mildere Art möglich.

O ja, das lässt sich machen.

In diesem Fall kann man das »O« auch ohne »h« schreiben.

Ein Ausrufezeichen, das wir »Umdenk-Ausrufezeichen« nennen können, wird verwendet, wenn der Form nach eine Frage formuliert, aber inhaltlich ein Ausrufesatz gemeint ist.

Warum haben Sie diese Aktien bloß gekauft?
Warum haben Sie diese Aktien bloß gekauft!

Das Ausrufezeichen zeigt, das keine Antwort erwartet wird.

Warum haben Sie diese Aktien bloß gekauft!?

Ausnahmsweise mag auch ein Doppelzeichen angebracht sein: wenn der Satz halb als Ausruf, halb als fragend gedacht ist.

Sehr geehrte Frau Meinert!

Dieses Ausrufezeichen hinter der Anrede im Brief hat so gut wie ausgedient. Es ist nicht verboten, gilt aber als veraltet. Zu steif! Ein Komma hinter der Anrede macht den Briefanfang etwas weniger offiziell.

Bezug

Die Bezeichnung »Bezug« ist eine feste Größe im Geschäftsbrief. Die Bezugszeichenzeile (oder an deren Stelle: der Informationsblock) gibt Auskunft über Daten, Diktatzeichen, Telefon-Telefax-Nummern, Datum …

Außerdem finden wir die Ausdrücke »Bezug auf«, »Bezugnahme auf« und »sich beziehen auf« auch im Kerntext des Briefes, meistens am Anfang.

Beispiele:

Wir nehmen Bezug auf Ihr Schreiben vom …
Unter Bezugnahme auf Ihr Telefax vom …
Wir beziehen uns auf Ihre Zeilen vom …

Solche Einleitungen sind stets überflüssig, wenn eine Mitteilung, auf die man sich bezieht, bereits in der Bezugszeichenzeile oder im Informationsblock genannt ist.

Das Wort »Bezug« wird auch in der Bedeutung von »hinsichtlich« benutzt. Nach den alten Rechtschreibregeln wurde es teilweise mit kleinem Anfangsbuchstaben geschrieben (in bezug auf), nach den neuen Regeln wird es immer mit großem Anfangsbuchstaben geschrieben. Also:

In Bezug auf (Mit Bezug auf) die Klageausarbeitung sind wir jetzt ein gutes Stück weiter.

Auf gleicher Ebene wie »in Bezug auf« arbeiten die Ausdrücke »bezüglich« und »diesbezüglich«.

Bezüglich der neuen Preise werden wir bei unseren Lieferanten nachhaken.
So viel zu den neuen Preisen; wir werden diesbezüglich nachhaken.
Wegen der neuen Preise werden wir bei unseren Lieferanten nachhaken.
So viel zu den neuen Preisen; wir werden nachhaken.

Die Ausdrücke »Bezug auf«, »Bezugnahme auf«, in Bezug auf«, »sich beziehen auf«, »bezüglich« und »diesbezüglich« gelten als kaufmännisch üblich, allerdings mit leichtem Bürokratieklang; wer den vermeiden will, versucht – fast immer erfolgreich –, ohne diese Ausdrücke auszukommen. Beispiele:

a) Sehr geehrte Frau Winter,

wir nehmen Bezug auf Ihr Schreiben vom 1. Dezember und teilen Ihnen dazu mit, dass die Kalender für Ihre Kunden noch in dieser Woche fertig werden.

b) Sehr geehrte Frau Winter,

die Kalender für Ihre Kunden werden noch in dieser Woche fertig.

a) Sehr geehrte Damen und Herren,

unter Bezugnahme auf Ihre gestrige Anfrage teilen wir Ihnen mit, dass die bestellte Ware morgen geliefert wird.

b) Sehr geehrte Damen und Herren,

die bestellte Ware wird morgen geliefert.

a) Sehr geehrte Frau Dr. Winter,
sehr geehrter Herr Kalz,

wir beziehen uns auf Ihre Zeilen vom 4. Januar und teilen Ihnen mit, dass wir die Werbeagentur gewechselt haben.

b) Sehr geehrte Frau Dr. Winter,
sehr geehrter Herr Kalz,

wir haben die Werbeagentur gewechselt.

Diese Briefanfänge sind natürlich nur möglich, wenn das Bezugnehmen schon in der Bezugszeichenzeile oder im Informationsblock geleistet ist.

Bilder

Bildhaftes Schreiben ist zu begrüßen, denn die Wirkung bildhaft geschriebener Texte im Vergleich zu brav formulierten Aussagen ist in oft verblüffendem Maße stärker. Ein Beispiel mag das verdeutlichen.

Da schreibt jemand ordentlich:

> Meine Vergangenheit kam mir in den Sinn. Ich erinnerte mich an so manchen Schmerz, den ich fast schon vergessen hatte.

In Friedrich Nietzsches Zarathustra liest sich das so:

> Meine Vergangenheit brach ihre Gräber, manch lebendig begrabner Schmerz wachte auf –: ausgeschlafen hatte er sich nur, versteckt in Leichen-Gewänder.

Und dieses Zarathustra-Werk ist voll davon. Das ist nicht lehrbar. Doch auch wir weniger Begabten können für unser alltägliches Schreiben davon profitieren: indem wir – natürlich wo es hingehört – das Bildhaft-Schreiben-Potenzial nutzen, das in kleinen Dosierungen auch in uns steckt und geweckt werden will.

Versuchen Sie es einmal … besser: immer wieder. Zum Beispiel, wenn Sie einen Geburtstagsbrief zu verfassen haben oder eine Bewerbung. Ein Nebenbei-Erfolg: Es macht Freude.

Bindestrich

Bindestrich + Buchstaben

In Zusammensetzungen werden einzelne Buchstaben, Abkürzungen, Kurzwörter usw. mit Bindestrich vorangestellt oder angehängt.

> A-Dur-Sonate, Abc-Schüler, ABC-Staaten, Abt.-Budget, Dehnungs-h, DM-Umstellung auf Euro, EC-Fahrplan, Fugen-s, i-Punkt, MwSt.-

Berechnung, Kfz-Mechaniker, UNO-Beschluss, x-ter Versuch, ZDF-Programm

Zu Abkürzungen: Der zweite Teil der Zusammensetzung wird mit großem Buchstaben begonnen, auch dann, wenn er ohne die Abkürzung des ersten Teils mit diesem Teil zusammengeschrieben würde. Beispiel: Reg.-Direktor → Regierungsdirektor.

Bindestrich + Formelzeichen

Formelzeichen am Anfang einer Zusammensetzung werden mit Bindestrich vorangestellt.

n-Eck, y-Strahlen

Bindestrich + Ziffern

Das Hin und Her war und ist verwirrend. Früher, zum Beispiel: 50-prozentig, 17-jährig. Dann: 50prozentig, 17jährig. Jetzt wieder: 50-prozentig, 17-jährig; aber: 3fach. Über den Sinn oder die Berechtigung der nun geltenden So- oder So-Schreibung sind sich die Fachleute nicht einig. Also:

1. Zusammensetzungen mit Ziffern werden mit Bindestrich geschrieben.

   100-prozentig, 17-jährig, 5-Tonner, 6-Zylinder, 10-mal, 2-silbig, 1:1-Ergebnis, 6/8-Takt

2. Aber: Kein Bindestrich vor Nachsilben!

   3fach, das 3fache, 100%ig

3. Bilden Verbindungen aus Ziffern und Nachsilben den ersten Teil einer Zusammensetzung, so werden die beiden Teile der Zusammensetzung durch Bindestrich verbunden.

   10er-Gruppe, 10tel-Millimeter, 60er-Jahre (aber auch: 60er Jahre, Sechzigerjahre)

Bindestrich in Wortzusammensetzungen

Der Bindestrich soll in umfangreichen Zusammensetzungen die Übersichtlichkeit verbessern; in manchen Fällen erleichtert er bei der Informationsaufnahme die inhaltlich richtige Auflösung der Bestandteile.

1. Der Bindestrich kann in unübersichtlichen Zusammensetzungen stehen (am Zeilenende dient der Bindestrich zugleich als Trennstrich).

   Kindergeldinanspruchnahme → Kindergeld-Inanspruchnahme
   Einkommensteuergesetzbestimmung → Einkommensteuergesetz-Bestimmung

Motorhaubenlackierungsarbeiten → Motorhauben-Lackierungsarbeiten
Korrespondenzrationalisierung → Korrespondenz-Rationalisierung
Werbegrafikgestaltungsregeln → Werbegrafik-Gestaltungsregeln
Tischtennisturniersetzliste → Tischtennisturnier-Setzliste

2. Der Bindestrich kann stehen, wenn ungewöhnliche Bestandteile einer Zusammensetzung hervorgehoben oder inhaltlich unübliche Interpretationen verdeutlicht werden sollen.

   Istzustand → Ist-Zustand, Sollvorgabe → Soll-Vorgabe
   Wir-Stil oder Sie-Stil in der Korrespondenz?
   Vom Be-greifen zum Begreifen!
   Die Hoch-Zeit der Koalition ist vorüber.

3. Der Bindestrich kann stehen, wenn die Lesbarkeit von Zusammensetzungen mit drei gleichen Buchstaben verbessert werden soll.

   Eisschnellläufer → Eisschnell-Läufer
   Flussschlingpflanzen → Fluss-Schlingpflanzen
   Sauerstoffflasche → Sauerstoff-Flasche
   Schlammmassen → Schlamm-Massen
   Schwimmmeister → Schwimm-Meister
   Schlusssatz → Schluss-Satz
   Teeernte → Tee-Ernte
   Verschlusssache → Verschluss-Sache

4. Bindestriche stehen in Aneinanderreihungen, das gilt auch für Zusammensetzungen mit Fremdwörtern.

   Heinrich-von-Kleist-Straße, eine Als-ob-Handlung,
   Januar-Februar-Ausgabe (auch: Januar/Februar-Ausgabe),
   das Hin-und-her-Gezerre, eine Entweder-oder-Entscheidung,
   das unerträgliche An-den-Haaren-Herbeiziehen,
   ein 3-Sekunden-Vorsprung, die 10-km-Distanz,
   im Boogie-Woogie-Takt, der Make-up-Aufwand, Off-road-Test

5. Übliche, übersichtliche Aneinanderreihungen werden zusammengeschrieben.

   die Ewiggestrigen, das Inbetriebsetzen, das Infragestellen, das Sichausweinen, das Sichwohlfühlen

   In Aneinanderreihungen mit einem Infinitiv als Grundwort (das letzte Wort) werden das erste und das letzte Wort mit großem Anfangsbuchstaben, die Zwischenwörter wie immer geschrieben (Beispiele: das

Aus-der-Patsche-Helfen, das Von-der-Hand-in-den-Mund-Leben; aber: Haarnadel-Kurven-reich).

6. Zusammensetzungen mit Namen können mit Bindestrich geschrieben werden.

   Faustregel: Sehr bekannte Namen vertragen auch die bindestrichlose Schreibweise.

   das Winterich-Getriebe, das Winterfeldt-Gesamtwerk
   die Dudenredaktion, eine Mozartsonate

   Großes Durcheinander ist bei der Verbindung mit Unternehmensbezeichnungen als Grundwort zu beobachten. Vielleicht ist dieser überall erscheinende Zusammensetzungsfall deshalb weder in den neuen »amtlichen Regeln der deutschen Rechtschreibung« noch im Duden und anderen Wörterbuch-Regelteilen erwähnt?

   Korrekt:

   Hyundai-Händler, Ferrari-Team, Honda-Kribbeln, BBS-Partner, Opel-Fahrzeuge, ADAC-Straßenwachtfahrer

   Andere Unternehmen haben offenbar Berührungsängste und scheuen deshalb den Bindestrich:

   Lancia Partner, BMW Niederlassungen, Allianz versichert, Toyota Händler, Sachs Partner-Werkstatt, Gabler Wirtschafts-Lexikon (und ganz »toll« – die neue Masche: Gabler FernAkademie)

   Auch zu den Berühungsängstlichen gehört »Mercedes-Benz«: Mercedes-Benz Partner. Im Übrigen erfahren wir nicht genau, wie es die Mercedes-Benz-Werbeprofis (Entschuldigung: Mercedes-Benz Werbeprofis!) mit dem Bindestrich halten. Sehr schön richtig: V-Klasse, 6-Zylinder-Motor. Aber leider daneben: 2,8 Liter 6-Zylinder-Motor. Zwei Bindestriche zu wenig!

   Auseinander zu halten sind übrigens Koppelungen mit einer Firmenbezeichnung und ins Handelsregister eingetragene Firmennamen. Schon erwähnt: BBS-Partner. Aber: BBS Kraftfahrzeugtechnik AG. Man hätte auch schreiben können »BBS-Kraftfahrzeugtechnik-AG« oder »BBS-Kraftfahrzeugtechnik AG« – ebenso wie man den eigenen Familiennamen zum Beispiel »Preuß« oder »Preus« oder (ungewöhnlich) »Preuhs« schreiben darf. Die Namensgebung folgt besonderen Regeln mit vielerlei Freiheiten.

7. Verbindungen von gleichrangigen Adjektiven dürfen mit und ohne Bindestrich geschrieben werden; längere Zusammensetzungen legen wegen besserer Übersichtlichkeit nahe, einen Bindestrich zu setzen.

süßsaure Sahne, schwarzweißes Foto, ein ironisch-heiterer Text, das schwarz-rot-goldene Trikot

8. Kein Bindestrich steht, wenn das erste Adjektiv das zweite verstärkt oder genauer bestimmt.

   eiskaltes Wetter, saudummes Gerede, grundsolide Aussage

9. Getrennt geschrieben wird eine Verbindung von Farbbezeichnungen, wenn die erste Farbbezeichnung auf »lich« endet.

   rötlich blaue Morgendämmerung, grünlich silberne Autofarbe, bläulich grauer Belag

Bindestrich als Ergänzung

Durch einen Bindestrich lassen sich Wörter oder Wortteile einer Zusammensetzung einsparen.

auf- und abwärts, Fahrstabilitäts- und Traktionshilfe, Ex- und Importgeschäft, Vitamin-A- und Vitamin-B-Gehalt, Vitamin-A- und -B-Gehalt

DM

»DM« und andere Währungseinheiten werden ohne Punkt geschrieben. In Verbindung mit Zahlen dürfen wir sie vor oder hinter die Zahl schreiben. Also:

40,00 DM – DM 40,00

Was ist zweckmäßiger? Viele meinen, die Dahinter-Schreibweise sei es. Aus mehreren Gründen:

1. Wir sprechen »vierzig Mark« und nicht »Mark vierzig«.
2. Beim Diktieren von DM-Kolonnen müssten die Diktierenden eigentlich bei der ersten DM-Zahl angeben, wie die größte DM-Zahl aussehen wird. Wenn ich mit 40,00 DM beginne, wird die Schreiberin das so gestalten: DM 40,00

   Nun mag an zweiter oder vierter oder achter Stelle eine größere Zahl folgen: DM 1.350,00

   Wie kann sie das richtig untereinander schreiben? Gar nicht. Sie muss korrigieren: DM 40,00

   DM 1.350,00

   Steht »DM« hinter den Zahlen kann dergleichen nicht passieren.

Statt der beiden Nullen hinter dem Komma werden oft zwei Mittestriche gesetzt, im Druck meistens sogar nur ein Mittestrich. Beides ist falsch. Zwei Nullen sind richtig.

Aber – wenn bei einzelnen Zahlen im Text oder auch in Zahlenkolonnen überhaupt keine Pfennigbeträge vorkommen, sind die Nullen überflüssig.

Bei der Gelegenheit: Beträge (und auch andere Zahlen) dürfen durch Punkte oder Leerzeichen gegliedert werden. Beispiele:

1.540.320,00 DM 1 540 320,00 DM

Doppelausdrücke und Doppelaussagen

Echte Doppelausdrücke sind relativ selten. Ein paar Beispiele:

> Wie wir Ihnen *bereits schon* vorgeschlagen haben, sollten wir *einander gegenseitig* unterstützen, so dass die Konkurrenz *höchstens nur* in der Endphase der Werbeaktion *ebenso auch* auf die Idee kommen kann, mit unseren neuen Mitteln zu arbeiten; *leider* haben Sie zu unserem *Bedauern* zu spät auf unseren Vorschlag reagiert.

Die Ausdrücke »bereits schon«, »einander gegenseitig«, »höchstens nur«, »ebenso auch« und »leider zu unserem Bedauern« sind echte Doppelausdrücke, weil jedes Wort auch allein aussagt, was gemeint ist.

Im Gegensatz dazu gibt es ausgesprochen viele partielle Doppelaussagen. Der berühmte »weiße Schimmel«, der »schwarze Rappe«, der »kleine Zwerg« gehören dazu. Die Adjektive »weiß«, »schwarz« und »klein« bezeichnen ja nicht dasselbe wie »Schimmel«, »Rappe« und »Zwerg«, sondern nur einen Teil dieser Substantive, ein einziges Merkmal: eine Eigenschaft.

Zu den Doppelaussagen (nicht nur einzelne Wörter) gehören zum Beispiel:

a) Wir haben die Erlaubnis erhalten, an dieser Stelle Werbeplakate aufstellen zu dürfen.
b) Sie hat die Fähigkeit, Menschen in Bezug auf ihre Glaubwürdigkeit richtig einschätzen zu können.

Einfach gesagt:

a) Wir haben die Erlaubnis erhalten, an dieser Stelle Werbeplakate aufzustellen.
   Oder: Wir dürfen an dieser Stelle Werbeplakate aufstellen.
b) Sie hat die Fähigkeit, Menschen in Bezug auf ihre Glaubwürdigkeit richtig einzuschätzen.
   Oder: Sie kann Menschen in Bezug auf ihre Glaubwürdigkeit richtig einschätzen.

Natürlich haben all diese Doppelausdrücke, partiellen Doppelausdrücke und Doppelaussagen etwas mit dem Denken zu tun. Dies: Die Sprechenden oder Schreibenden haben nicht die Absicht, etwas doppelt oder teilweise doppelt auszudrücken; es passiert ihnen nur. Wie kommt das? Es kommt daher, dass sie den Wortlaut, den sie wählen, nicht genau denken. Dächten sie ihn, würde ihnen die Verdoppelung oder Teilverdoppelung auffallen.

Solange Doppelausdrücke und -aussagen keine inhaltlichen Unsicherheiten und Missverständnisse hervorrufen (s. unter »Sprachlogik«), können wir sie als mehr oder weniger harmlose Besonderheiten des Stils behandeln. Jedem und jeder wird gelegentlich eine ungewollte Verdoppelung unterlaufen – nicht schlimm! Wenn sich solch kleine Nachlässigkeiten allerdings häufen, wird man sie als Merkmale schlechten Stils bewerten.

Wie entstehen in der Regel die partiellen Doppelausdrücke und Doppelaussagen? Es sind im Allgemeinen Mischformen aus zwei verschiedenen Wörtern oder Wendungen, die inhaltlich in dieselbe Richtung weisen. Ein typisches Beispiel ist »zusammenaddieren«, entstanden aus »zusammenzählen« und »addieren«.

Hier eine Liste von Verdoppelungen, denen einfache Wörter und Wendungen gegenüberstehen, aus denen sie wahrscheinlich entstanden sind. Außerdem enthält die Liste Mischformen, die zwar nichts doppelt sagen, aber Mixturen aus verschiedenen Aussagen sind.

Abfolge	Ablauf, Folge
abkopieren	ablichten, kopieren
ableugnen	abstreiten, leugnen
anbelangt	anlangt, angeht, betrifft
andauern	anhalten, dauern
aufoktroyieren	aufdrängen, aufzwingen
beistimmen	beipflichten, zustimmen
bereits schon	bereits, schon
Eigeninitiative, seine …	seine Initiative
einbeziehen, mit …	mit aufnehmen, einbeziehen
einschließen, mit …	mit reinnehmen, einschließen
entscheiden, sich … zu	sich entscheiden für sich entschließen zu
entschließen, sich … für	sich entschließen zu sich entscheiden für
Erlaubnis, … zu dürfen	Erlaubnis, zu (+ Vollverb)
Fähigkeit, … zu können	Fähigkeit, zu (+ Vollverb)
hinzuaddieren	hinzuzählen, addieren
imstande sein, … zu können	imstande sein zu (+ Vollverb)
in der Lage sein, … zu können	in der Lage sein (+ Vollverb)

Laut Aussage des Leiters soll die Mehrheit zugestimmt haben.	Laut Aussage des Leiters hat die Mehrheit zugestimmt.
loslösen	lösen, losmachen
eine überwiegende Mehrheit	eine Mehrheit eine starke Mehrheit eine überwältigende Mehrheit
Mithilfe	Hilfe, Mitwirkung
die Möglichkeit, … zu können	die Möglichkeit zu (+ Vollverb), können
neu renovieren	neu machen, neu gestalten, neu tapezieren …, renovieren
Rückantwort	Rückäußerung, Antwort (es sei denn: Antwort auf eine Antwort)
Rückerinnerung	Rückbesinnung, Rückschau, Erinnerung
Rückerstattung	Rückgabe, Erstattung (wenn nicht: Erstattung einer Erstattung)
übersenden	übermitteln, senden
vermeiden, dass nicht …	vermeiden, dass … erreichen, dass nicht …
meistbietend versteigern	meistbietend veräußern, versteigern
vollfüllen	vollschütten, füllen
Vorankündigung	Vorhersage, Ankündigung (wenn nicht: Ankündigung einer Ankündigung)
Vorbedingung	Bedingung (es sei denn: Voraussetzung für eine Verhandlung über Bedingungen)
vorprogrammieren	im Voraus festlegen, programmieren
wieder zurücksenden	meistens: wieder zusenden, zurücksenden (oder, korrekt: mindestens zum zweiten Mal zurücksenden)
ich wiederhole nochmals	meistens: ich wiederhole (oder, korrekt: mindestens zum zweiten Mal wiederholen)
zeitliche Verzögerung	Verzögerung
zum jetzigen Zeitpunkt	jetzt, zu diesem Zeitpunkt
zumindestens	zumindest, mindestens
zusammenaddieren	zusammenzählen, addieren
zusammenkoppeln	zusammenbinden, zusammenfügen usw., koppeln

Doppelpunkt

Der Doppelpunkt ist vielseitig verwendbar. Er kündigt an, ist so etwas wie: »Doppelpunkt: Scheinwerfer auf!«

Ein Pflicht-Doppelpunkt steht vor einer wörtlichen Rede. Aus einem Protokoll:

Der Beklagte beteuerte: »Davon war mir nichts bekannt.«

Der Doppelpunkt steht vor angekündigten Textstücken, die wir als selbstständige Ganzsätze auffassen.

Ein Hauptvorzug: Die DIN-5008-Regeln werden immer wieder der Praxisentwicklung angepasst.

Fraglich ist es, ob im Folgenden der Text nach dem Doppelpunkt als selbstständiger Ganzsatz aufzufassen ist oder nicht:

Wenn Sie irgendetwas darüber erfahren: G(g)eben Sie uns bitte sofort Bescheid.

Das Textstück nach dem Doppelpunkt ist ein selbstständiger Satz, ein Hauptsatz. Also: Großschreibung. Man kann ihn aber auch als dem einleitenden Wenn-Nebensatz zugehörig auffassen; dann wäre Kleinschreibung angebracht (s. dazu auch »Wörterbuchfehler?« im Buchteil »Sprachlogik«).

Nach der alten Rechtschreibung waren Ganzsätze, die eine Zusammenfassung oder eine Folgerung nach einem Doppelpunkt ausdrückten, nicht großzuschreiben. Diese Regel ist weg. Ein Fortschritt, der allerdings durch die Auffassungssache »Ganzsatz« wieder eingeschränkt worden ist.

Wesentlich ist: nie davon abzuweichen.

Ein Doppelpunkt statt des an solchen Stellen üblichen Kommas! Der Doppelpunkt gibt dem Folgenden mehr Gewicht.

Wie ist bei nachgestellten Erläuterungen zu verfahren? Vor Einleitungen wie »d. h.«, »d. i.« usw. steht ein Komma, dahinter nur dann, wenn ein Hauptsatz oder ein Gliedsatz folgt; für eine folgende Infinitivgruppe ist das Komma freigestellt.

a) Wir waren überrascht, d. h. empört.
b) Wir waren überrascht, d. h., wir waren empört.
c) Zuerst, d. h., als das Urteil verkündet wurde, waren wir überrascht.

Erstens: Die abgekürzten Formen sind nicht zu empfehlen. Wie die Beispiele b und c zeigen, kann nach solchen Erläuterungsankündigungen ein zweites Komma erforderlich werden. Eine Satzzeichenlandschaft wie », d. h.,« lädt gewiss nicht zum Lesen ein.

Zweitens: Statt eines zweiten Kommas einen Doppelpunkt zu setzen, das war und ist nicht vorgesehen, aber auch nicht verboten; manchmal kann der Doppelpunkt sinnvoll sein:

d) Seine Rede hat alle überrascht, das heißt: empört.
e) Seine Rede hat alle überrascht, genauer gesagt: empört.
f) Es ist nicht zutreffend, klarer gesagt: es ist gelogen.

Das heißt: Der Doppelpunkt anstelle gar keines Satzzeichens (Beispiel d) oder anstelle eines Kommas (Beispiele e, f) ist dann sicherlich ein gutes Ordnungsmittel – noch mehr aber ein gutes Stilmittel –, wenn die folgende Aussage wichtig ist.

Geld gefährdet den Charakter, das heißt: wenn Charakter vorhanden ist.

Ein Doppelpunkt dient als Wortersatzzeichen in Angaben von Sportresultaten.

Köln – Duisburg 2 : 2

Auch der Mittestrich zwischen den Gegnerbezeichnungen ist hier ein Wortersatzstrich. In Worten bedeuten solche Angaben:

Köln gegen Duisburg 2 zu 2

Mit der Neufassung von 1996 der »Schreib- und Gestaltungsregeln für die Textverarbeitung« (DIN 5008) hat sich der Doppelpunkt eine weitere Verwendung erobert.

Früher 15.20 Uhr Jetzt 15:20 Uhr

Der Punkt in Uhrzeitangaben wurde durch den Doppelpunkt ersetzt.

ersuchen

Ein Ausdruck der Beamtensprache. Dabei ist zu beachten, dass nur eine höhere Stelle eine untergeordnete ersuchen darf, etwas zu tun oder zu unterlassen. Umgekehrt wäre »ersuchen« ungehörig.

Wir ersuchen Sie, diese Fälle vorrangig zu bearbeiten.

Für die Geschäftskorrespondenz ist dieses Verb ungeeignet.

Firmenname: Deklination (Beugung)

Firmennamen werden gebeugt wie andere Substantive auch. Dabei gibt es zwei Probleme.

Erstes Problem:

Fords Neuentwicklungen

Die Anhängung des Genitiv-s ist in dieser Form korrekt. Sehr viele Unternehmen haben jedoch in der Vergangenheit eine fehlerhafte Form gewählt, indem sie einen Apostroph eingeschmuggelt haben.

Münch's Frischkostangebot

Da vor dem »s« nichts ausgelassen wurde, war auch kein Auslassungszeichen angebracht. Offenbar unter dem Eindruck dieser gängigen Praxis haben die Rechtschreibreformer den Apostroph an dieser Stelle inzwischen zu einem zulässigen Zeichen gemacht. Allerdings konnten sie das Zeichen »'« nicht länger als Auslassungszeichen behandeln. Der amtliche Text befindet:

> § 97 E: Von dem Apostroph als Auslassungszeichen zu unterscheiden ist der gelegentliche Gebrauch dieses Zeichens zur Verdeutlichung der Grundform eines Personennamens vor der Genitivendung *-s* oder vor dem Adjektivsuffix *-sch:*
>
> Carlo's Taverne, Einstein'sche Relativitätstheorie

Was ist in der Praxis zu tun? Drei Möglichkeiten:

1. Bei der alten nach wie vor korrekten Form (»s« ohne Apostroph anhängen) bleiben!
2. Die nun auch als korrekt geltende Form (mit Apostroph) wählen.
3. a) Die alte korrekte Form beibehalten, aber die neue Form wählen, wenn ein Geschäftspartner es für sein Unternehmen so vorgibt.
   b) Die neue Form bevorzugen, aber die alte Form wählen, wenn ein Geschäftspartner es für sein Unternehmen so vorgibt.
   c) Bei Firmennamen die neue Form wählen, bei Personennamen die alte Form bevorzugen.

   Zu c: Wenn von Münch's Frischkostangebot die Rede ist, wird der Apostroph niemanden stören. Wenn aber in einem Brief von »Herrn Walter's Vorschlag und Frau Müller's zustimmender Reaktion« zu lesen ist, so wird das manch einem seltsam vorkommen und die Betroffenen vielleicht sogar stören. – Auch bei dieser Entscheidung ist es natürlich möglich, angebracht, sinnvoll, von der festgelegten Form abzuweichen, wenn jemand in seinen Texten eine andere Schreibweise vorgibt.

Zweites Problem:

Wird ein Firmenname überhaupt gebeugt? Sehr oft ist eine Form wie diese zu lesen:

> das Interesse der Deutsche Bank AG
> das Interesse der »Deutsche Bank AG«

Beides ist falsch. Ob mit oder ohne Anführungszeichen – auch Unternehmensbezeichnungen werden gebeugt. Also:

> das Interesse der Deutschen Bank AG
> das Interesse der »Deutschen Bank AG«

Falls man das aus irgendeinem Grund nicht will, muss man eine Umschreibung wählen. Beispiel:

die Werbung der Chemiefirma Deutsche Lackfabrik AG
die Werbung der Chemiefirma »Deutsche Lackfabrik AG«

Firmenname: Numerus, Genus (Zahl, Geschlecht)

Heißt es »die Chemiewerke AG hat ...« oder »die Chemiewerke AG haben ...«? Um das zu entscheiden, müssen wir die Frage beantworten: Soll »Chemiewerke« oder »AG« betont werden?

In der Regel ist für die »Chemiewerke« zu entscheiden; »AG« ist lediglich Apposition. Will jemand mit Nachdruck die Gesellschaftsform betonen, empfiehlt es sich, »Aktiengesellschaft« statt »AG« zu schreiben.

Die »Bayer AG« hieß früher »Farbenfabriken Bayer AG«. Was *war* richtig: Singular oder Plural? Richtig war:

Die Farbenfabriken Bayer AG haben ...

Das Prädikat bezog sich nicht auf »AG«, sondern auf »Farbenfabriken«.

Und jetzt?

Die Bayer AG hat ...

»Die« und »hat« deutet darauf hin, dass »AG« nun nicht mehr als bloßer Zusatz, als Apposition, bewertet wird; sonst müsste es »der Bayer« heißen – wie in der häufig gebrauchten Redewendung »Arbeiten Sie beim [= bei dem] Bayer?«.

Wie ist zu verfahren, wenn der gebräuchliche Firmenname aus einer Abkürzung besteht? Nehmen wir BMW.

Der vollständige Firmenname ist: Bayerische Motoren Werke Aktiengesellschaft. (Damit die drei großen Buchstaben, die dann zu BMW verschmolzen werden, schön gleichberechtigt da stehen, nimmt man einen Rechtschreibschnitzer [fehlender Bindestrich] leichten Herzens in Kauf [oder bemerkt ihn gar nicht?].) Wenn diese vollständige Firmenbezeichnung in der Praxis verwendet würde, wüsste man zunächst nicht, ob es »Die Bayerischen Motoren Werke Aktiengesellschaft haben ...« oder »Die Bayerischen Motoren Werke Aktiengesellschaft hat ...« zu heißen hätte.

Doch in eine solche Verlegenheit kommt man nicht, denn man sagt und schreibt kurz und gut »BMW«. Der volle Name wird nur im Impressum des BMW Magazins und in Briefen benutzt (der fehlende Bindestrich stört natürlich auch hier nicht). Dazu kommt noch die Besonderheit, dass am Kopf von Briefen klein gedruckt und mager auf dem linken Rand »Bayerische Motoren Werke Aktiengesellschaft« steht und groß und fett gedruckt daneben **BMW AG.**

Wir haben also in der Praxis drei Bezeichnungen … Entschuldigung, vier, nämlich:

Bayerische Motoren Werke Aktiengesellschaft
BMW AG
BMW
BMW-Konzern

Die vierte Bezeichnung, neben der dritten, erscheint zum Beispiel oft in Interviews. Beispiel: **»BMW am Scheideweg«** – »Wieso ist der lange so erfolgreiche BMW-Konzern jetzt in Not geraten?« – »Kippt der BMW-Konzern jetzt sein Engagement in der Formel 1?« (mot). Im Allgemeinen aber heißt es nur: BMW.

BWM hat Rover an der langen Leine geführt. (mot)
Der Gesamtbetriebsratsvorsitzende von BMW … (mot)
Menschen bei BMW (BMW Magazin)

Sie sehen, unsere Unternehmen bescheren uns mit ihren Firmenbezeichnungen einiges Kopfzerbrechen.

Fragezeichen

Wer empfängt gern Anordnungen und Befehle. Kaum jemand. Wer lässt sich gern fragen? Viele in vielen Situationen. Umso verwunderlicher ist es, dass in Gebrauchstexten, zum Beispiel Geschäftsbriefen, kaum Fragen vorkommen. Aber – gibt es denn nichts zu fragen? O doch. Und wie fragt man ohne Fragezeichen? So:

Wir wären Ihnen sehr verbunden, wenn Sie uns mitteilen würden, ob Sie an dieser Besprechung teilnehmen können.

Warum muss derart umständlich – nämlich indirekt – gefragt werden. Die entsprechende direkte Frage:

Können Sie an dieser Besprechung teilnehmen?

Aus einem Brief, der sich mit einem Unfall befasst:

Wir bitten Sie, uns mitzuteilen, wer den Unfall gesehen hat, ob der Zeuge nahe genug am Unfallort gestanden hat und wann genau der Unfall seiner Meinung nach passiert ist.

Drei Fragen – kein Fragezeichen. Stattdessen ein langer, unübersichtlicher indirekter Fragesatz. Es geht auch so:

Bitte teilen Sie uns mit:
a) Wer hat den Unfall gesehen?
b) Hat der Zeuge nahe genug am Unfallort gestanden?
c) Wann genau ist der Unfall seiner Meinung nach passiert?

Direkte Fragen beleben den Text und machen ihn oft schneller aufnehmbar.

Wie es ein »Umdenk-Ausrufezeichen« gibt, so auch ein »Umdenk-Fragezeichen«.

Warum haben Sie sich nur auf diese Transaktion eingelassen!

Das ist eigentlich eine Frage, aber das Ausrufezeichen macht daraus einen Ausruf, der keine Antwort erwartet. Anders herum geht's mit dem folgenden Satz:

Die Vertragsunterlagen haben Sie erhalten.

Das ist eine Feststellung. Durch ein Fragezeichen können wir aus einem Aussagesatz, ohne die Wortstellung zu ändern, einen Fragesatz machen.

Die Vertragsunterlagen haben Sie erhalten?

Warum nicht in Frageform fragen?

Haben Sie die Vertragsunterlagen erhalten?

Die Frage in Aussagesatzform drückt, im Gegensatz zur direkten Frage in Frageform, deutlich aus, dass man ein Ja erwartet; es ist nur eine Art Kontrollfrage – um ganz sicher zu sein.

Fremdwörter

Beim Fremdwort scheiden sich die Geister. Die einen sind dagegen; die anderen kümmen sich nicht darum und nehmen die Fremdwörter, wie sie kommen, ohne sich Gedanken darüber zu machen; und wieder andere schwelgen in Fremdwörtern. Man kann über den Fremdwortstreit und über die Argumente der einen und der anderen Bücher schreiben. Man *hat* Bücher darüber geschrieben. Doch damit können wir hier nichts anfangen. Was wir brauchen, ist eine plausible Richtschnur. Um sie zu bekommen, haben wir nur an die entscheidende Frage für unsere Textarbeit zu erinnern: Was ist zweckmäßig?

1. Die Texte sollen unsere Informationsabsichten genau wiedergeben.

   Daraus folgt: Wir müssen die Wörter benutzen, die unsere Informationsabsichten am besten treffen. Und wenn die am besten treffenden Wörter Fremdwörter sind, dann wählen wir eben Fremdwörter.

Wenn wir zum Beispiel »Karriere« oder »Revanche« meinen, kann uns keiner einreden, dass wir »Laufbahn« oder »Vergeltung« meinen.

2. Die Texte sollen leicht zu verstehen sein.

Daraus folgt: Wir müssen zurückhaltend mit Wörtern umgehen, von denen wir nicht wissen, ob sie auf der anderen Seite verstanden werden, und wir müssen Wörter vermeiden, von denen zu vermuten ist, dass sie nicht »ankommen«.

Beispiel: »In rubrizierter Schadensache haben sich keine kontradiktorischen Aussagen der Zeugen ergeben.« Ob das für Nichtjuristen leicht zu verstehen ist?

Zu 1: Fremdwörter, die allgemeines Sprachgut geworden sind, dürfen wir unbedenklich verwenden, soweit sie das, was wir meinen, gut und genau ausdrücken. Wer sie allerdings ebenso treffenden deutschen Ausdrücken ständig vorzieht, gerät in den Verdacht, ein Bildungsprotzer zu sein. (Sportreportagen bieten oft schöne Beispiele dafür.)

Zu 2: Fremdwörter, die nicht allgemein verwendet und verstanden werden, dürfen wir nicht einsetzen, weil sie die beabsichtigte und notwendige Verständigung nicht fördern, sondern behindern. – Diese Regel zu befolgen, das ist leicht, soweit es um Wörter wie »eruieren«, »kontradiktorisch«, »rubriziert« oder »ventilieren« geht. Schwierig wird die Sache, wenn die Fremdwörter zugleich Fachwörter sind, deren Inhalt durch die deutschen »Übersetzungen« nur teilweise getroffen wird. Solche Ungefähr-Übersetzungen sind zum Beispiel in Rechtsfragen gefährlich. Man darf einfach nicht »Grundschuld« für »Hypothek« einsetzen, weil es wichtige Unterschiede gibt. Was also tun in solchen Fällen? Das Fachwort, das zugleich Fremdwort ist, verwenden, es aber erläutern. Manchmal genügt es, einen deutschen Ausdruck, der die Sache ungefähr trifft, als Plausibelmacher in Klammern anzufügen. Manchmal muss man einen Satz oder sogar mehrere Sätze zur Erläuterung ergänzen. – Mehr Aufwand also? Obwohl wir doch im Geschäftsleben damit geizen sollten? Ja, mehr Aufwand, aber dieser Aufwand dient der schnellen, einwandfreien Verständigung und damit unseren Korrespondenzpartnern. Gut angelegter Aufwand also!

Neu entflammt ist der Fremdwortstreit als Folge einer massiven Invasion von englischen Wörtern. Statt zum Friseur gehen wir nun vielleicht zur Hair Factory. Ein Beispiel, das für Hunderte steht. Ein neuer Verein hat es sich zur Aufgabe gemacht, diese Flut einzudämmen. Dabei – o Witz! – hat man beobachtet, dass es manche »englischen Wörter«, die uns aufgetischt werden, im Englischen gar nicht gibt oder dass sie dort etwas ganz anderes bedeuten. Hier ist in der Tat Zurückhaltung geboten – jedenfalls für alle, die mit ihren Äußerungen für seriös gehalten werden möchten.

Fremdwortschreibung

Fremdwörter können wir auf zwei Weisen schreiben:

1. als originale Fremdwörter
2. als eingedeutschte Fremdwörter

Beispiele für 1: Dies ist sine ira et studio zu betrachten. Dies ist *sine ira et studio* zu betrachten. Dies ist »sine ira et studio« zu betrachten. – Leider haben wir kein feedback bekommen. Leider haben wir kein *feedback* bekommen. Leider haben wir kein »feedback« bekommen. Das war eine ad-hoc-Entscheidung. Das war eine *ad-hoc*-Entscheidung. Das war eine »ad-hoc«-Entscheidung.

Kursivschrift oder Anführungszeichen dienen dazu, für die Lesenden hervorzuheben, dass es sich um Ausdrücke aus einer Fremdsprache handelt.

Beispiele für 2: Der Friseur macht gute Geschäfte. Der Frisör macht gute Geschäfte. Wir haben kein Feedback erhalten. Das war eine Ad-hoc-Entscheidung.

Meistens ist Großschreibung das erste Anzeichen für die Fremdworteindeutschung, zum Beispiel: Friseur, Feedback, Ad-hoc-Entscheidung, Accusativ. Manchmal bleibt die Eindeutschung auf dieser Stufe bestehen, manchmal schreitet sie fort. Fortgeschrittene Eindeutschungen: Frisör, Akkusativ, Portmonnee.

Der durch die neue Rechtschreibung gesetzte Trend heißt: Häufig gebrauchte Fremdwörter werden den deutschen Schreibweisen angeglichen. Das betrifft vor allem: Getrennt- und Zusammenschreibung, Groß- und Kleinschreibung, die Verwendung des Bindestrichs, Worttrennung (Silbentrennung).

Wie weit die Einzelnen, die Unternehmen, die Behörden diesem Trend folgen, wie schnell oder wie langsam sie das tun, ist ihre Sache. Da in der Regel über Jahrzehnte hinweg sowohl die leicht als auch die verstärkt eingedeutschten Schreibweisen gleichberechtigt nebeneinander stehen, ist es sinnvoll, in jeder Arbeitsgemeinschaft darüber zu entscheiden. Wer nichts entscheidet, muss mit einem munteren, für die Umwelt jedoch nicht besonders attraktiven Durcheinander zufrieden sein. Corporate Identity ade!

Einige alte und einige neue Angleichungen von Fremdwortschreibungen an unsere Sprache:

Communikation	Kommunikation	
Copie	Kopie	
Photographie	Fotografie	Foto

Telephon	Telefon
differentiell	differenziell
Exposeé	Exposee
Katarrh	Katarr
Kommuniqué	Kommunikee

Auffällig ist, dass Fachleute am längsten an ihren alten Fremdwortschreibweisen festhalten. Typisches Beispiel: Photographie – Foto.

Wenn wir das Ganze ein wenig zu ordnen versuchen, ergibt sich:

Exposeé	→	Exposee	é	→	ee
Parties	→	Partys	ies	→	ys
Bravour	→	Bravur	ou	→	u
Photo	→	Foto	ph	→	f
Katarrh	→	Katarr	rh	→	r
Joghurt	→	Jogurt	gh	→	g
Differential	→	Differenzial	tial	→	zial
substantiell	→	substanziell	tiell	→	ziell

Mit der Angleichung von Wörtern aus dem Lateinischen gibt es so gut wie keine Schwierigkeiten.

Bei Wörtern aus dem Französischen stellen sich hier und da Fragen, zum Beispiel bei Wörtern wie »Kommuniqué → Kommunikee«; vielen wird das Schriftbild »Kommunikee« noch lange ungewohnt bis verhasst bleiben. Oder: Aus »Portrait« wird »Porträt«, weil wir natürlich nicht »ai«, sondern »ä« sprechen. Aber was ist … was wird mit dem Schluss-t, das wir ja auch nicht sprechen?

Wörter aus dem Englischen übernehmen wir meistens so, wie sie sind, gleichen sie nur unseren Regeln für Groß- und Kleinschreibung, für Getrennt- und Zusammenschreibung sowie für die Verwendung des Bindestrichs an. Besondere Probleme können beim Gebrauch von Verben auftreten.

Eins der heutigen Modewörter ist »to relax«. Was wurde/wird daraus?

Ich bin völlig relaxed.
In dieser Situation müssen wir relaxen.
Er relaxte sehr schnell.

Mit »relaxed« behalten wir die englische Form bei. Mit »relaxen« hängen wir dem Verb »to relax« die deutsche Endung »en« an. Mit »relaxte« machen wir zwar nur dasselbe, aber diese Eindeutschung wird für diese oder jenen gewöhnungsbedürftig sein – obwohl wir doch etwa mit »Sie mixte ihm einen Drink« kein Problem haben.

Zwei Grundregeln:

1. Wortspezialitäten des Herkunftslandes werden unverändert übernommen.
2. Schon fest »eingebürgerte« Wörter und Wortgruppen werden den Regeln der deutschen Rechtschreibung angepasst.

Eine kleine Beispielauswahl:

> Angry young men (Vertreter einer Literaturrichtung Mitte des 20. Jahrhunderts), Event, Flaneur, Flash, Global Players, Jazzband, Jazz at the Philharmonic, Maître de Plaisir
>
> Der Partyservice hatte das Feld geräumt, die Party begann. Die Gastgeberin kredenzte dem Ehrengast den ersten Drink. Er war ein richtiger Partylöwe. Die Party-girls, mit makellosem Make-up versehen, umschwärmten ihn. Der Maître de Plaisir kündigte an: Music on demand! Die begeisterten Gäste spendeten der hervorragenden Band, einer schwungvoll swingenden Small Band, Standingovations (auch: Standing Ovations; auch: Standing-Ovations). Zu vorgeschrittener Stunde war der Swimmingpool (auch: Swimming-pool) ein begehrtes Ziel. Danach musste das Abend-Make-up der »beauties« (auch: Beautys) renoviert werden. Vom Tanzen und Schwimmen hungrig geworden, partizipierten viele nun noch einmal ausgiebig am kalten Buffet (auch: Büfett), das jetzt als Open-air-Meeting (auch: Openairmeeting) organisiert war. Mit ein bisschen Smalltalk (auch: Small Talk), ein paar Soft Drinks (auch: Softdrinks) oder Whiskysodas und einigen melancholischen Melodien klang die Open-end-Veranstaltung (auch: Openendveranstaltung) gegen Morgen harmonisch aus.

Ein besonderes Kapitel: Worttrennung (Silbentrennung). Grundsätzlich: Fremdwörter werden nach Sprachsilben getrennt. Beispiel: Inter- esse. Da viele solche Sprachsilben oft nicht erkennen können, weil sie die jeweilige Fremdsprache nicht gelernt haben, scheint sich ein Trend durchzusetzen, der heißt: Wörter aus fremden Sprachen wie unsere Wörter nach Sprechsilben trennen! Beispiele: Inte- resse, Diag- nose, Mag- net.

Fugenzeichen

1. Fugenzeichen – e, es, en, n, s – werden der Üblichkeit entsprechend gesetzt; in vielen Fällen sind beide Schreibweisen – mit und ohne Fugenzeichen – korrekt; ausnahmsweise setzt eine Großgruppe eine bestimmte Schreibweise durch.

   Zweifel gibt es fast nur bei der Frage »e oder en?«, »mit oder ohne s?«, »mit oder ohne e?«.

a) Speisekarte – Speisenkarte
b) Mondschein – Mondenschein
c) Werkzeitschrift – Werkszeitschrift
d) Schadenersatz – Schadensersatz
e) Einkommensteuer – Einkommenssteuer

Zu a: »Speisekarte« ist die gebräuchlichere Form.

Zu b: »Mondenschein« wird eher in Liedern und Gedichten verwendet.

Zu c: Beides üblich. Das Argument, da es die Zeitschrift des Werkes sei, müsse es »Werkszeitschrift« heißen, dringt nicht durch. Das Fugen-s ist zwar oft aus einer Beugungsendung übernommen worden; aber Wörter wie »Regierungserklärung« (Erklärung der Regierung) zeigen, dass dies längst nicht immer zutrifft.

Zu d und e: Im Versicherungswesen werden schon lange alle Verbindungen mit dem Bestimmungswort »Schaden« einheitlich ohne das Fugen-s geschrieben: Schadenfall, Schadenbegrenzung, Schadenvermeidung … Die Form mit Fugen-s hält sich in der Umgangssprache. – Ähnlich ist es bei den Zusammensetzungen mit »steuer«: Einkommensteuer, Vermögensteuer usw. Amtlich: ohne Fugen-s. Allgemein: oft noch mit Fugen-s.

2. Das End-e ist weitgehend verschwunden, in einigen Wörtern aber auch nach wie vor üblich oder möglich. Tendenz: Wegfall.

a) aus diesem Grund – aus diesem Grunde
b) gern – gerne

Zu b: Die Form »gern« klingt bestimmter, die Form »gerne« etwas weicher, gefälliger; »gern« in Norddeutschland, »gerne« in Süddeutschland mehr verbreitet.

Gedankenstrich

Wer keine Gedanken hat, wird sie auch nicht durch einen viel sagenden Gedankenstrich herbeizaubern oder vorgaukeln können. Aber – wo Gedanken sind, lassen sie sich manchmal durch Gedankenstriche wirkungsvoller machen.

Der Gedankenstrich im vorangegangenen Satz ist ein Pausenzeichen; die Lesenden werden indirekt gebeten, den Aber-Inhalt selbst zu ergänzen.

Einen Gedankenstrich wählen, wenn das Folgende mehr Gewicht bekommen soll! Dabei kann der Gedankenstrich ein Komma ersetzen.

Nicht allein auf die Qualifikation der Bewerberin – auch auf ihre Motivation kommt es an.

Wenn Sie an diesen Werbevorschlägen unbedingt festhalten wollen – sichern Sie sich wenigstens rechtlich ab!
Dies ist unsere dritte Zahlungsaufforderung – die letzte vor Einleitung des Rechtswegs.

Wer besonders dazu auffordern möchte, dass die Lesenden eine Aussage sorgfältig bedenken, kann auch dazu einen Gedankenstrich einsetzen.

Sind Sie damit wirklich einverstanden? –
Bedenken Sie die Folgen, bitte, sehr sorgfältig! –
Dies sollte man nicht auf die leichte Schulter nehmen. –

Wenn Sie mehrere Gedankengänge in Absätzen einander gegenüberstellen wollen, mag es passieren, dass sie innerhalb eines dieser Gedanken, eines Absatzes also, noch eine Trennung haben möchten. Kein zusätzlicher Absatz; der würde Ihre Dreiteilung zerstören. Einen kleinen Absatzersatz brauchen Sie. Der Gedankenstrich eignet sich dafür.

Zuerst haben wir den Arbeitsaufwand zu bestimmen und zu bedenken. – Außerdem müssen wir prüfen, wie viel Kapital wir brauchen und in welchem Verhältnis es zum wahrscheinlichen Erfolg steht.

Eine weitere Einsatzmöglichkeit ist der Abbruch-Gedankenstrich, mit dem wir den Rest des gemeinten Gedankengangs auslassen, weil wir meinen, den sollten die Lesenden am besten selbst hinzufügen.

In der nächsten Eigentümerversammlung werden wir diesen Antrag mit Sicherheit stellen. Das gibt Ihnen die Möglichkeit –

Dieser Gedankenstrich ist eine Art »Sie wissen schon«. Er hilft uns auch aus einer Verlegenheit, wenn wir das Gemeinte zwar klarmachen, aber nicht aussprechen wollen.

Die Parenthese – ein Gedankenstrich vor, einer nach einem Einschub – dient zur Erläuterung, zur Abgrenzung oder zur Betonung eines Zusatzgedankens. Der vorherige Satz zeigt Ihnen ein Beispiel. Bei der Gelegenheit können mehrere Satzzeichen hintereinander benötigt werden.

Wenn Sie dem zustimmen – Sie müssen es aufrichtig wollen –, ist das für uns eine große Hilfe.
Wenn Sie dem zustimmen – geben Sie sich einen Ruck! –, ist das für uns eine große Hilfe.
Wenn Sie dem zustimmen – wollen Sie wirklich? –, ist das für uns eine große Hilfe.
Der Befragte erklärte – er machte dabei einen guten Eindruck –: »Alle drei Zeugen waren anwesend.«

Der Gedankenstrich kann sich auch in Aufzählungen und in Darstellungen von Gegensätzen nützlich machen.

Die Themen ihres Vortrags: Cholesterinsenkung? – Eiweißmahlzeit: mittags oder abends? – Vitaminzusätze in Nahrungsmitteln – Butter oder Margarine? – Zutrauen zur eigenen Entscheidung in Zweifelsfällen

optimistisch – pessimistisch; schnelle Auffassung – langsame Auffassung; gründliches Analysieren – oberflächliches Analysieren

Der Gedankenstrich wird auch bei der Darstellung von Teilanweisungen benutzt.

Die Schreibkonkurrenz beginnt: Auf die Plätze – fertig – los!

In Romanen, aber auch zum Beispiel in Protokollen, kann der Sprecherwechsel durch Gedankenstrich gekennzeichnet werden.

Im Protokoll über die Betriebsversammlung ist der folgende Dialog zwischen Frau Markwort und Frau Hugenberg verzeichnet: »Haben Sie heute schon die Eingangspost durchgesehen?« – »Ja, aber die erwartete Mitteilung unserer Filiale in Hamburg ist nicht eingegangen.« – »Dann mahnen Sie bitte gleich.« – »Wird gemacht!«

Getrennt- und Zusammenschreibung

Von den 50er-Jahren bis in die 80er-Jahre hinein war die Tendenz: Mehr Zusammenschreibung! Diese Entwicklung wurde mit der Rechtschreibreform umgedreht: Mehr Getrenntschreibung!

Der alte Duden (der letzte seiner Art: 1991) enthielt zur »Zusammen- und Getrenntschreibung« viel weniger Regeln, als der neue Duden (erste Ausgabe: 1996) für die »Getrennt- und Zusammenschreibung« enthält. Spricht das für Vereinfachung? Zu beachten ist auch die veränderte Reihenfolge der beiden Stichwörter.

Damit Sie nicht im Regelgestrüpp hängen bleiben und dann vielleicht resigniert aufgeben, bietet Ihnen dieses Buch eine vereinfachte Gesamtlösung an, die von der Reformauffassung ausgeht, dass die Getrenntschreibung der Normalfall ist. Daraus lässt sich ableiten, dass nur die Zusammenschreibung der Regelung bedarf.

Die folgenden Regeln sind also »Regeln fürs Zusammenschreiben«. Nur wo die Bedeutung oder die Wortstellung über die Schreibweise entscheidet, sind beide Fälle mit Begründung aufgeführt. Um auch in diesen Fällen Zusammen- und Getrenntschreibung in den Regelangaben auf einen Blick unterscheiden zu können, erscheinen nur die Regeln fürs Zusammenschreiben in **Fettdruck**. Nicht enthalten sind Fälle, in denen sowohl Zusammen- als auch Getrenntschreibung erlaubt ist (zum Beispiel: Kurzform *drübergießen, drüber gießen* – aber nur: darüber gießen).

Regeln fürs Zusammenschreiben

Verbindungen mit einem Verb als zweitem Teil

1. **Feste Verbindungen mit einem Verb an zweiter Stelle (untrennbare Verbindungen) werden zusammengeschrieben.**

   widersprechen, widersprechend, widersprochen

2. **Unfeste Verbindungen mit einem Verb an zweiter Stelle (trennbare Verbindungen) werden im Infinitiv, Partizip Präsens, Partizip Perfekt und in Nebensatz-Endstellung zusammengeschrieben,** sonst aber getrennt.

   Zusammenschreibung:

   Wir müssen dies ausschließen. (Infinitiv)
   Dies alles ausschließend, machte er Fehler. (Partizip Präsens)
   Wir haben dies ausgeschlossen. (Partizip Perfekt)
   Es ist sicher, dass sie dies ausschließen. (Endstellung im Nebensatz)

   Getrenntschreibung:

   Diesen Gedanken schließen wir besser nicht aus.
   Schließen Sie das niemals aus!

3. **In bestimmten Verbindungen* mit einem Verb in Endstellung richtet sich die Schreibweise nach dem Inhalt. *(Zusammensetzungen aus Adverb oder Pronominaladverb und Verb – Wortgruppen aus Adverb oder Pronominaladverb und Verb)**

   Zusammenschreibung:

   Wir werden dableiben, bis die Sache geklärt ist.
   Gegenüberstehen werden wir der AC-Gruppe.

   Getrenntschreibung:

   Wir werden da bleiben, wo wir gebraucht werden.
   Gegenüber steht ein Zubehör-Verkaufszelt.

   Hilfreich ist in Zweifelsfällen die Betonung: In einer Zusammensetzung trägt der erste Teil den Hauptton; in einer Wortgruppe werden beide Teile annähernd gleichmäßig betont. Beispiel: Sie sollen zu*sam*menarbeiten! Sie werden im selben Raum zu*sam*men *ar*beiten.

4. **Wenn der erste Teil einer Verbindung mit einem Verb ein in diesem Zusammenhang verblasstes Substantiv ist (Zusammensetzung), wird zusammengeschrieben.**

   Ist der erste Teil ein auch in diesem Zusammenhang nicht verblasstes Substantiv (Wortgruppe), wird getrennt geschrieben. In einigen Fällen ist beides möglich.

handhaben, haltmachen, kopfstehen, lobpreisen, schlafwandeln, teilnehmen – Eis laufen, Maß nehmen, Rad fahren – danksagen, Dank sagen; gewährleisten, Gewähr leisten

Verbindungen mit einem Adjektiv oder Partizip als zweitem Teil

1. **Verbindungen mit einem Adjektiv oder Partizip als zweitem Teil werden zusammengeschrieben, wenn dadurch gegenüber einer gebräuchlichen Wortgruppe zum Beispiel eine Präposition oder ein Artikel eingespart wird.**

   angstgetrieben (von Angst getrieben), furchterfüllt (von Furcht erfüllt), herzerfrischend (das Herz erfrischend), windgepeitscht (vom Wind gepeitscht)

2. **Verbindungen mit einem Adjektiv oder Partizip in Endstellung werden zusammengeschrieben, wenn der erste Teil die Bedeutung verändert.**

   In Zweifelsfällen ist auch Getrenntschreibung zulässig.

   eiskalt, grundehrlich, halboffiziell, hellgrün, strohdumm – weitreichend, weit reichend; wohltuend, wohl tuend

3. **In Buchstaben ausgedrückte Zahlen unter einer Million werden zusammengeschrieben.**

   dreihundertsiebzehn, viertausendzweihundertelf

Ortsangaben – Personenbezeichnungen

1. **Geografische Bezeichnungen und Straßennamen, die auf »er« enden, werden zusammengeschrieben, ebenfalls wenn ihr erster Teil eine Ableitung auf »er« ist, die eine Person bezeichnet.**

   Getrennt werden diese Ableitungen geschrieben, wenn sie die geografische Lage bezeichnen.

   Brennerpass, Bodenwerderstraße, Danaergeschenk, Berliner Platz

2. **Straßennamen, die aus einem adjektivischen ungebeugten Bestimmungswort und einem substantivischen Grundwort bestehen, werden zusammengeschrieben.**

   Ist das Adjektiv gebeugt, wird getrennt geschrieben.

   Hochstraße, Hohe Straße

Weitere Regeln fürs Zusammenschreiben: s. Bindestrich.

Neue Kann-Regeln und Muss-Regeln: s. Seite 95 bzw. 102.

geschätzt

Der Ausdruck »geschätzt« war in der Geschäftskorrespondenz einmal ein »geschätztes« Wort.

> Ihr geschätztes Schreiben in Händen haltend, erlauben wir uns, wie folgt Stellung zu nehmen.
> Ihrer geschätzten Rückantwort mit Interesse entgegensehend, verbleiben wir …

Manche Sachbearbeitungskräfte schütteln ungläubig den Kopf, wenn sie dergleichen heute noch lesen; andere halten solche Sätze eher für normal. Aber keine Frage: Die Zeit fürs »geschätzte Schreiben« und ähnliche Schätzchen ist vorbei.

»Und wenn mir ›Ihr Schreiben‹ zu sachlich, zu kühl vorkommt, in diesem oder jenem Brief, wie formuliere ich dann?« Zum Beispiel so:

> Vielen Dank für Ihre freundlichen Zeilen.
> Wir danken Ihnen für Ihre aufschlussreichen Ausführungen.
> Über Ihren interessanten, humorvollen Brief haben wir uns gefreut.
> Ihre sympathische Art, mit Meinungsverschiedenheiten umzugehen, lässt uns folgenden Vorschlag machen: …

Es gibt Hunderte weiterer Möglichkeiten, jeweils zum Anlass und zur Situation passend. Die Fantasie ein wenig in Gang zu setzen, das ist erlaubt.

gezwungen

Eine nach wie vor wieder und wieder zu lesende Standardformulierung lautet: sehen wir uns gezwungen. Zum Beispiel:

> Falls Sie den überfälligen Betrag nicht umgehend überweisen, sehen wir uns leider gezwungen, den Erlass eines Mahnbescheides gegen Sie zu erwirken.

Wer zwingt uns eigentlich? Der Zahlungsunwillige natürlich. Ja, lassen wir uns denn von unserem Schuldner zu etwas zwingen? Es könnte doch sein, dass bei ihm nichts zu holen ist, wir also mit gerichtlichen Maßnahmen dem verlorenen Geld noch gutes Geld in der Form von Arbeitsaufwand, Gerichtskosten usw. nachwerfen. Und da lassen wir uns zwingen? Falls wir zumindest drohen wollen – vielleicht hilft's ja doch –, dann zum Beispiel klar und einfach:

> Wenn der Betrag am 30. September nicht auf unserem Konto eingegangen ist, werden wir den Rechtsweg gehen.

Ob es sinnvoll ist, ihn dann auch wirklich zu gehen – das ist eine andere Frage.

Glaubwürdigkeit

Wenn Apotheken nachgewiesen nutzlose Schlankheitsmittel anpreisen, wenn Kreditinstitute mögliche und sogar gesetzlich vorgeschriebene Senkungen variabler Zinssätze unterlassen, wenn Politiker entgegen ihrem Amtseid Parteiinteressen über Landesinteressen stellen, wenn Kirchen zur Schließung einer Gerechtigkeitslücke Steuern erhöhen, aber versehentlich selbst zugeben, dass sie wegen anderweitiger Steuerausfälle dringend Geld brauchen – halten Sie diese Unternehmen und Institutionen und ihre Vertreter für glaubwürdig?

Was vorherrscht

»Ein paar schwarze Schafe gibt es überall«, heißt es regelmäßig, wenn ein Skandal in Politik und Wirtschaft ruchbar wird. Fügen wir der Vollständigkeit halber hinzu: Auch ein paar weiße Schafe gibt es überall; der Rest ist dunkelgrau.

(Aus dem W.-Manekeller-Buch »Aus dem Dämmergrund abgelegener Jahre«, 1997, Athena-Verlag.)

Wo schwarze und dunkelgraue Schafe das Bild der Wirklichkeit bestimmen, haben die »paar weißen Schafe« wunderbare Chancen, sich weithin sichtbar auf sympathische Weise zu empfehlen.

Neben mir liegt ein 916-Seiten-Buch mit dem Titel »Grundlagen der Krankheitslehre«. Untertitel: »Das große Nachschlagewerk für Ärzte und Patienten«. Ist das nicht ein bisschen merkwürdig? Ein qualifiziertes medizinisches Werk für Ärzte ist für die meisten Patienten zu einem großen Teil unverständlich. Ein solches Werk für Patienten kann den fachlichen Ansprüchen von Ärzten nicht genügen. Also – für wen taugt dieses Buch? Aber es kommt noch besser. Der erste Satz des Vorworts lautet: »Mit dem vorliegenden Buch wagen Verlag, Herausgeber und Autoren den Schritt, Krankenpflegeschülerinnen und -schülern ein Lehrbuch für die Ausbildung in der Krankenpflege an die Hand zu geben …« Also ist das Buch weder für Ärzte noch für Patienten gedacht. Warum aber steht auf dem Buchdeckel dann »für Ärzte und Patienten«? Das kann sich jeder leicht denken. Glaubwürdigkeit? – Ganz hübsch, nebenbei: Der Titel »Grundlagen der Krankheitslehre« drückt nicht aus, was gemeint ist. Was über ein zusammengesetztes Wort gesagt wird, bezieht sich auf das Grundwort, auf den letzten Teil also. Hier: Grundlagen der Lehre. Welcher Lehre? Der Krankheitslehre. Das Buch soll demnach darüber informieren, auf welchen Grundlagen – Vorstellungen, Überlieferungen, Methoden usw. – die Krankheitslehre beruht? Mitnichten. Gemeint ist schlicht eine nicht zu schwierige Krankheitslehre oder »Grundwissen der häufigsten Erkrankungen« (dass es um die häufigsten Erkrankungen geht, steht ebenfalls auf dem Buchdeckel).

Die andere, die erfreuliche Seite: Als Robert Gerling sein Versicherungsgeschäft anfing, entwickelte er zwei Prinzipien, die ihn bekannt und begehrt machten. Erstens: In einem Schadenfall war er sogleich selbst zur Stelle, um zu sehen, was passiert war, und um mit den Schadenopfern zu besprechen, was zu tun sei. Zweitens: Seine Versicherungsnehmer bekamen sofort, ganz unbürokratisch, finanzielle Hilfe. Robert Gerling stand für Glaubwürdigkeit. Daraus erwuchs der angesehene, große Gerling-Konzern. Ein Beispiel für viele, vor allem aus jenen Gründerjahren.

Falls sich jemand so verhält, ist das schon an sich sehr lobenswert. In vollem Umfang positiv zu beurteilen ist es allerdings erst dann, wenn er es aus Überzeugung tut und nicht allein wegen kalkulierter geschäftlicher Erfolge. Natürlich denkt er an sein Geschäft, muss er an sein Geschäft denken; aber sein Prinzip – glaubwürdig zu werden, zu sein, zu bleiben – ist ihm das Wichtigste. Und nicht etwa, wie heute allgemein üblich, der geschäftliche Erfolg um fast jeden Preis.

Das bedeutet – für die Praxis – auch, dass es keinen Sinn macht, in Corporate-Identity-Aktionen, etwa in Werbung und Korrespondenz, nur glaubwürdig zu erscheinen. Die Erscheinung der Glaubwürdigkeit ist allein dann von Wert, wenn ein Glaubwürdig-Sein dahinter steht. (Und alle, die das beim großartigen Aufbau einer Unternehmenskultur nicht glauben wollten, mussten sich schon recht bald von ihren Corporate-Identity-Träumen verabschieden. Ob sie daraus etwas gelernt haben, ist zu bezweifeln: Nicht ihrer eigenen Unglaubwürdigkeit, nein, dem doch eher untauglichen Mittel einer Corporate-Identity-Entwicklung pflegen sie die Schuld zu geben.)

Gliederung

Das große A und das kleine a sowie die Folgebuchstaben werden zu Gliederungszwecken verwendet. Unterschied: Hinter den Großbuchstaben (wie hinter arabischen Ziffern) steht ein Punkt, hinter den Kleinbuchstaben eine Klammer. So:

I. Schriftliche Texte
A. Externtexte
1. Geschäftsbriefe
    a) Werbebriefe
    b) Angebote
    c) Auftragsbestätigungen
    …

Anführung der Abschnittskennzeichnungen im fortlaufenden Text: Nach den Dudenregeln von 1991 entfallen Punkt und Klammer; in den Dudenregeln 1997 wird *empfohlen,* sie wegfallen zu lassen. Also:

Wie in Teil A unter c aufgeführt wird, …
Wie in Teil A. unter c) aufgeführt wird, …

Während Gesamtgliederungen mit römischen Zahlen, Großbuchstaben, arabischen Ziffern und Kleinbuchstaben nur noch selten verwendet werden, sind die Kleinbuchstaben ein beliebtes »Aufzählungsmittel«.

In der Serienbrief-Produktion kennen wir verschiedene Varianten, die je nach Verwendungszweck eingesetzt werden:

a) Serienbriefe ohne Einfügungsstellen
b) Serienbriefe mit variablen Stellen, zum Beispiel Namen
c) Serienbriefe mit Ergänzungen durch Textbausteine
d) Serienbriefe mit b und c

Für umfangreiche Gliederungen benutzt man dagegen heute meistens das Dezimalsystem.

1 Schriftsprache
1.1 Grammatik
1.2 Rechtschreibung
1.3 Zeichensetzung
1.4 Stilistik

2 Gesprochene Sprache
2.1 Umgangssprache
2.2 …

Wenn die Textbestandteile der Gliederung nicht nur einzelne Wörter sind, lässt sich die Übersichtlichkeit durch Leerzeilen verbessern.

1 Schriftsprache

1.1 Grammatische Zweifelsfälle, die in der Praxis häufig vorkommen

1.2 Rechtschreibung – nach den alten Regeln (Duden 1991) und nach den neuen Regeln (Duden 1997)

1.3 …

Das große A kommt außerdem in Papiergrößen-Bezeichnungen vor. Früher schrieb man: Format DIN A 4. Heute: Format DIN A4 – dementsprechend: im DIN-A4-Format.

Groß- und Kleinschreibung

In den 60er-Jahren wurde heiß diskutiert, ob man zur totalen oder zur gemäßigten Kleinschreibung übergehen solle – ohne Ergebnis. Allerdings galt seitdem, bis in die 80er-Jahre hinein, der Grundsatz: Mehr Kleinschreibung! Diesen Trend haben die Rechtschreibreformer – wie den

Trend zu mehr Zusammenschreibung – radikal umgedreht. Nun also: Mehr Großschreibung!

Natürlich gibt es nach wie vor zu den Regeln zahlreiche Ausnahmen, die uns immer so erfreuen. Wie beim Thema »Getrennt- und Zusammenschreibung« liefert Ihnen der folgende Text auch zum Thema »Groß- und Kleinschreibung« eine neuartige Ordnung, die Ihnen das Rechtschreibleben erleichtert.

1. Substantivisch gebrauchte Wörter werden groß-, alle anderen Wörter kleingeschrieben.

   Der Hintergrund dieser einfachen Grundregel: Substantive (Großschreibung) können auch als Nicht-Substantive gebraucht werden (Kleinschreibung); Wörter aller anderen Wortarten (Kleinschreibung) können auch substantivisch gebraucht werden (Großschreibung).

   Substantive: Dank (ihm sei Dank), Kreuz (ein Kreuz auf den Wahlzettel machen), Trotz (mit Trotz reagieren), Schuld (er trägt die Schuld daran) – dank (dank ihrer Tüchtigkeit), kreuz (kreuz und quer), trotz (trotz dieser Ansicht), schuld (er ist schuld)

   Verben: binden, haben, können, pflegen → das Binden, das Haben, großes Können, geschicktes Pflegen

   Adjektive: schön, sieben (Zahladjektiv) → das Schöne, die böse Sieben

   Artikel: der, eine → Das Der in diesem Satz ist falsch.

   Pronomen: ich, dein, niemand → das Ich, Mein und Dein, ein Niemand

   Adverb: hin, her, voraus → das Hin und Her, im Voraus

   Präposition: ab, auf → das Auf und Ab

   Konjunktion: aber, wenn, und → dauerndes Wenn und Aber, das Und in diesem Satz

   Interjektion: ach, oh, pfui → ein bedauerndes Ach, dieses staunende Oh, ein Pfui über dieses Handeln

2. Großgeschrieben werden außer substantivierten Wörtern die Anfänge selbstständiger Sätze, wenn sie nicht mit einem Apostroph oder mit dem Adels-von (auch: v.) beginnen.

   Das wissen wir. Sie schrieben: »Kommt nicht in Frage!« S. § 8! (S. = Siehe) Seine Dauerausrede »Wie sollte ich das wissen?« kann nicht gelten. ’ist nicht zu fassen! v. Wedelstedt wird zuerst sprechen.

   Achtung: Nach Anführungen in Ganzsätzen, die mit einem Ausrufe- oder Fragezeichen abgeschlossen werden, ist kleinzuschreiben.

Die Anordnung lautet: »Dem Kunden nie direkt widersprechen!«, und sie ist ein kluger Rat. Sie fragte: »Gehen Sie mit?«, und ließ ihn dann stehen.

Großgeschriebene Substantiv-Adjektiv-Verbindungen!

Substantive werden auch dann großgeschrieben, wenn sie mit Hilfe eines Bindestrichs eine adjektivische Verbindung eingehen.

Frankreich-freundliche Maßnahmen, Berlin-schädliche Kulturpolitik, Brett-trockenes Material (aber: bretttrockenes Material)

Großgeschriebene Tageszeitangaben

Substantive, die Tageszeiten bezeichnen wie »Abend, Mittag, Nacht« werden – entgegen alter Rechtschreibung – auch dann großgeschrieben, wenn sie Adverbien wie »gestern, heute, morgen« folgen.

gestern Abend, heute Mittag, morgen Nacht

Großgeschriebene Bindewort-Zusammensetzungen

In substantivierten Verbindungen von Konjunktionen mit Bindestrich wird das erste Wort großgeschrieben.

das Als-ob, das Entweder-oder, das Sowohl-als-auch

Groß- beziehungsweise Kleinschreibung in Aneinanderreihungen

In Aneinanderreihungen mit einem Infinitiv am Ende werden das erste und das letzte Wort großgeschrieben. Die Wörter dazwischen werden wie immer geschrieben.

das Aus-zweiter-Hand-Leben, das Den-Kopf-in-den-Sand-Stecken, das Im-Dutzend-billiger-Verkaufen, das Mit-dem-Kopf-durch-die-Wand-Rennen, das Nicht-sehen-Wollen, das In-die-Falle-Laufen, das Auf-einen-gemeinsamen-Nenner-Bringen

Kleinschreibung in Sonderfällen

1. Die Pronomen »du«, »dein«, »ihr« und »euer« werden kleingeschrieben.

   Wie du mir geschrieben hast, ist dir deine Katze weggelaufen; jetzt habt ihr einen kleinen Hund, der euch sicher Freude machen wird.

2. Beginnt eine Zusammensetzung mit einem Wort oder einer Abkürzung, die immer kleingeschrieben wird, so bleibt diese Kleinschreibung auch in der Zusammensetzung erhalten:

der von-Wiese-Preis, die v.-Wiese-Einladung, die km-Pauschale, mm-Abstände

dass-Satz (alte Rechtschreibung: daß-Satz). Bei »daß-Satz« ging man offenbar davon aus, dass ein *dass-Nebensatz* immer im Innern des ganzen Satzes stehe. Diese Annahme war und ist falsch. Das berücksichtigend, in der neuen Rechtschreibung auch: *Dasssatz*. Da Zusammensetzungen mit drei gleichen Lauten auch mit Bindestrich geschrieben werden dürfen, auch: *Dass-Satz*.

3. Substantivierte Adjektive und Partizipien werden kleingeschrieben, wenn sie sich auf ein vor oder hinter ihnen stehendes Substantiv beziehen.

   Die schönsten aus der Masse dieser Fotos haben wir schon verkauft. Alle Bewerber mussten an diesem Test teilnehmen; nur die besten haben wir ausgewählt.

4. Superlative nach »am« werden kleingeschrieben, wenn sie Umstandsangaben sind (Frage: Wie? Das »am« kann nicht in »an dem« aufgelöst werden.)

   Es ist am schwersten, in solchen Situationen diszipliniert zu bleiben. Wir brauchen diese Teile am dringendsten.

5. Eine feste adverbiale Wendung, die aus Präposition und artikellosem Adjektiv besteht, wird kleingeschrieben.

   von ferne beurteilen, ohne weiteres verzichten, bis auf weiteres verzichten

6. Abkürzungen und Zeichen werden in Zusammensetzungen und Ableitungen wie immer geschrieben.

   das n-Eck, ein x-faches, die US-amerikanische Politik

7. Substantivierte Einzelbuchstaben werden großgeschrieben; sind Kleinbuchstaben gemeint, werden sie kleingeschrieben.

   das A und O, ein X für ein U vormachen, das Fugen-s, das Tüpfelchen auf dem i

Kann-Regeln

1. Feste adverbiale Wendungen, die aus »aufs« oder »auf das« und einem adjektivischen Superlativ bestehen, dürfen klein- und großgeschrieben werden.

   aufs äußerste überrascht/aufs Äußerste überrascht

2. Zahladjektive, die nicht als Zahlangabe verstanden werden sollen, dürfen klein- und großgeschrieben werden.

   die Kritik der anderen/Anderen (keine bestimmten anderen), die Suche der vielen/Vielen nach Sicherheit

3. Possessivpronomen + Artikel o. Ä. dürfen klein- und großgeschrieben werden.

   Jeder tue das seine/Seine. Die unsrigen/Unsrigen denken anders.

4. Vor unbezifferbaren Mengenangaben dürfen »Dutzende«, »Hunderte« und »Tausende« klein- und großgeschrieben werden.

   Dutzende/dutzende von Reportern, Hunderte/hunderte Wildkatzen, Tausende/tausende von Menschen

Hauptwortstil

Über den Hauptwortstil in Gebrauchstexten – auch spöttisch als Substantivitis bezeichnet – gibt es, wie es scheint, nichts zu streiten (in Gebrauchstexten, denn für manche andere Stilgattung gilt anderes). Wer seine Sätze mit Substantiven überlädt, schafft eine Art Felsbrocken-Stil. Wenn wir uns durch eine solche Wortlandschaft arbeiten müssen, kommen wir entweder schlecht voran, oder wir »überfliegen«, was uns im Wege steht.

> Die Erteilung eines Abbuchungsauftrages oder eines Dauerauftrages würde Ihnen hinsichtlich der Terminüberwachung für die Zahlung der halbjährlichen Tilgungsraten eine Entlastung bringen.

Sieben Substantive, dabei vier Zusammensetzungen, sollen von *einem* Verb »bewegt« werden, noch dazu von einem hilfsverbartigen Allerweltswort; das kann das arme »bringen« nicht bewirken. Wie können wir so etwas vermeiden? Indem wir nach versteckten Tätigkeitsdarstellungen Ausschau halten und dann versuchen, diese Tätigkeiten auch durch Tätigkeitswörter auszudrücken.

> Wenn Sie einen Abbuchungs- oder einen Dauerauftrag erteilen, brauchen Sie Zahlungstermine für die halbjährlichen Tilgungsraten nicht mehr zu überwachen.

Oft, wie hier, wird der Text dabei auch kürzer. Doch das muss nicht so sein. Selbst eine kleine Verlängerung wäre hinzunehmen, wenn so ein fließender Text, ein flüssiger Stil entstände.

> Auch wenn die Dauer Ihrer Arbeitslosigkeit über diesen Termin hinaus gegeben sein sollte, kann der Versicherungsvertrag bei Weiterzahlung der Prämien durch Sie fortgesetzt werden.

Ungefähr dasselbe Bild, und es ist in gleicher Weise aufzuhellen.

> Auch wenn Sie über diesen Termin hinaus arbeitslos sein sollten, können Sie den Versicherungsvertrag fortsetzen, indem *Sie* die Prämien weiterzahlen.

Das »Sie« ist hier betont gemeint, weil vorher offenbar jemand anderes gezahlt hat.

> Unter Bezugnahme auf den Eingang Ihres an unsere Filiale in Köln gerichteten Schreibens vom 23. April haben wir von der von Ihnen ausgesprochenen Kündigung des obigen Vertrages zum Ablauftermin Kenntnis genommen. Dementsprechend werden wir zu diesem Termin den in Rede stehenden Vertrag zur Aufhebung bringen.

»Kenntnis genommen« und »zur Aufhebung bringen« – das soll's an Tätigkeitsaussagen gewesen sein? Hier bieten sich, wie oft bei solchen Texten, Kürzungen an.

> Entsprechend Ihrer Kündigung vom 23. April erlischt Ihr Vertrag zum Ablauftermin.

Alles andere steht im Betreff. Also, wo immer möglich: Überflüssiges weglassen!

> Nach Durchführung der Anlegung des Grundbuchblattes bitten wir um Zusendung einer unbeglaubigten Grundbuchtabelle.

Kleiner Irrtum: Man bittet nicht nach …, sondern schon jetzt, eben mit diesem Satz. Also:

> Bitte schicken Sie uns, sobald das Grundbuchblatt angelegt ist, eine unbeglaubigte Grundbuchtabelle.

Und ein letztes Beispiel, sozusagen zum Abgewöhnen:

> Die anfänglichen Verfahren waren belastet mit mangelhafter diagnostischer Verwertbarkeit infolge des chemischen und kontrastgebenden Verhaltens der Präparate sowie deren Unverträglichkeit und auftretenden Nebenerscheinungen.

An einem Grammatikfehler können Sie erkennen, dass der Schreiber selbst seinen Satz nicht mehr ganz zu überschauen vermochte. Die »auftretenden Nebenerscheinungen« sind von »infolge« abhängig, müssen also im Genitiv stehen. Aber mit einer unwesentlichen Grammatikkorrektur ist hier wenig geholfen. Der Eingriff muss tiefer gehen.

> Die anfangs eingesetzten Verfahren waren diagnostisch nur mangelhaft verwertbar: Die Präparate reagierten chemisch ungünstig, ergaben schlechte Kontraste, waren unverträglich und riefen Nebenerscheinungen hervor.

Vor allem in Gebrauchstexten wirkt ein ausgeprägter Hauptwortstil einer schnellen, vollständigen Verständigung entgegen. Dass wir aus jedem Wort ein Hauptwort machen können, ist ein Reichtum unserer Sprache; der besonnene Umgang mit diesem Reichtum zeigt die Könnerschaft.

Individualität

Wer viele Geschäftsbriefe hintereinander lesen muss, zum Beispiel im Rahmen einer Textanalyse, braucht eine Menge Kaffee, um sich vor dem Einschlafen zu bewahren: So gleichartig, und zwar gleichartig langweilig, pflegen solche »Schreiben« formuliert zu sein. Schon kleine individuelle Abweichungen in Wortwahl und Satzbau fallen sofort positiv auf. Hier zwei kurze Brieftexte zum Vergleich:

a) Wohnung 14, Lustheide 7, 51427 Bergisch Gladbach
Badezimmer-Renovierung, Ihr Brief vom 14. Mai 1999

Sehr geehrter Herr Baum,

unter höfl. Bezugnahme auf Ihr o. g. Schreiben teile ich Ihnen mit, dass mir Ihre Weigerung, die vereinbarte Kostenbeteiligung von 800,00 DM zu übernehmen, unverständlich erscheint.

Mit Erstaunen stelle ich fest, dass Sie als Voraussetzung dafür ein bestimmtes Rohrmaterial festgelegt haben wollen. Meine diesbezügliche Meinung habe ich Ihnen bereits am 20. Mai ds. Js. mitgeteilt.

Da Sie auf meine einschlägigen Gegenargumente in keinster Weise eingegangen sind, eine Einigung also offenbar nicht zu erzielen ist, sehe ich mich leider gezwungen, das Gericht in Anspruch zu nehmen.

Bevor ich das jedoch tue, setze ich Ihnen eine letzte Frist bis zum 31. Mai 2000.

Hochachtungsvoll

b) Wohnung 14, Lustheide 7, 51427 Bergisch Gladbach
Badezimmer-Renovierung, Ihr Brief vom 14. Mai 1999

Sehr geehrter Herr Baum,

Sie wollen den zugesagten Kostenanteil von 800 DM nicht übernehmen, und auf Argumente, die Ihnen missfallen, gehen Sie nicht ein. Was bleibt? Der Rechtsweg.

Wenn Sie eine solche Entwicklung vermeiden wollen – bis zum 31. Mai können Sie es.

Mit freundlichem Gruß

Der a-Brief ist unangemessen lang, steckt voller floskelhafter Redewendungen und lässt keine Spur einer individuellen Ausdrucksweise erkennen.

Wer sich individuell ein bisschen vom alltäglichen Korrespondenzeinerlei abheben will, kann das schon mit wenigen Mitteln erreichen.

1. Keine Büroausdrücke und -wendungen benutzen, zum Beispiel: diesbezüglich, erstellen, möchten wir Ihnen mitteilen, umgehend …
2. Unterschiedliche Satzarten und entsprechende Satzzeichen verwenden: Hauptsatz, Nebensatz, Grundformgruppe, direkter Fragesatz, mittellanger Satz, kurzer Satz, Auslassungssatz … – Punkt, Komma, Semikolon, Doppelpunkt, Gedankenstrich, Fragezeichen, Ausrufezeichen, Klammern.

Schon allein durch diese beiden leicht zu verwirklichenden Maßnahmen erreichen wir, dass sich unsere Briefe von der Masse der täglichen Geschäftskorrespondenz angenehm abheben.

Klammerausdruck – prädikative Klammer

Was bedeutet »prädikative Klammer«? Ein Prädikat in Form eines zusammengesetzten Verbs oder einer mehrteiligen Aussage wird auseinander gerissen. Beispiel:

> Wir möchten Ihnen heute die Resultate unserer Untersuchungen, die wir in unserer Anwendungstechnischen Abteilung mit großer Sorgfalt durchgeführt haben, mitteilen.

Die mehrteilige Aussage heißt hier: möchten … mitteilen. Sie merken, das »mitteilen« kommt zu spät. Man lässt die Lesenden zappeln. Bis zum Schluss wissen sie nicht, wohin sich die Aussage wenden wird. Das Ende könnte auch lauten: trotzdem vorerst noch nicht mitteilen. Es wäre also günstiger, den zweiten Teil der Satzaussage weiter nach vorn zu ziehen. Also:

> Wir möchten Ihnen heute die Resultate unserer Untersuchungen mitteilen, die wir in unserer Anwendungstechnischen Abteilung mit großer Sorgfalt durchgeführt haben.

Gegen »möchten mitteilen« können wir einwenden: Wir *möchten* doch nicht nur mitteilen, wir teilen ja mit. Der ersten Fassung folgend, lautete der Satz dann so:

> Wir teilen Ihnen heute die Resultate unserer Untersuchungen, die wir in unserer Anwendungstechnischen Abteilung mit großer Sorgfalt durchgeführt haben, mit.

Noch schlimmer, nicht wahr? Auch dieses Malheur ist vermeidbar. Wir brauchen das »mit« nur weiter nach vorn zu ziehen: vor das Komma. Zwischen »teilen« und »mit« dürfen ruhig einige andere Wörter Platz nehmen – nur nicht zu viele. In unserem Beispielsatz »Wir teilen ... mit« ist der Satzbogen überspannt, die prädikative Satzklammer zu groß. In »Wir teilen ... mit, die ...«: Hier bleibt die Aussage »im Rahmen«.

Wer formuliert denn derart schwer verständliche Klammeraussagen? Manch eine und manch einer – sie sind recht beliebt. Beispiel 1, aus der Korrespondenz:

> Der hessische Minister für Wirtschaft und Technik hat um Einladung des für Fernleitungen zur Beförderung brennbarer Flüssigkeiten zuständigen Referenten seines Hauses zu den Sitzungen des Unterausschusses Fernleitungen gebeten.

Er »hat ... gebeten«! Dieser Weg ist für die Lesenden zu weit. Was zusammengehört, erscheint zu weit voneinander getrennt. Selbst wenn wir den Satz so lang lassen, wie er ist, können wir ihn besser verständlich machen – dadurch, dass wir die prädikative Klammer enger fassen. So:

> Der hessische Minister für Wirtschaft und Technik hat darum gebeten, zu den Sitzungen des Unterausschusses Fernleitungen den Referenten seines Hauses einzuladen, der für Fernleitungen zur Beförderung brennbarer Flüssigkeiten zuständig ist.

Beispiel 2, aus dem Suhrkamp-Taschenbuch »Ein Gedicht entsteht« von Karl Krolow:

> Dass die Frage nach der Länge oder der Kürze eines Gedichts, überhaupt nach seinem Umfang, heute wieder gestellt wird, deutet auf eine veränderte Lage in der Diskussion um dieses Gedicht, zunächst bei uns in Deutschland, hin.

Die verbale Klammer »deutet ... hin« ist überspannt. In diesem Fall ist die Klammer gar nicht einmal besonders weit gespannt; aber das »hin« klappert irgendwie hinterher. Eine Korrektur wäre in diesem Fall sehr einfach, denn das »hin« ist überflüssig. Es genügt zu schreiben: deutet auf. Und hinter »Deutschland« ist der Satz dann zu Ende.

Nun wäre es falsch, zu denken, dass weit gespannte Klammern immer und in jeder Art Text zu vermeiden seien. In einem umfangreichen Abschnitt, in dem Hegel über Kant schreibt, heißt es zum Beispiel:

> Es ist eine natürliche Vorstellung, dass ehe in der Philosophie an die Sache selbst, nämlich an das wirkliche Erkennen dessen, was in Wahrheit ist, gegangen wird, es notwendig sei, vorher über das Erkennen sich zu verständigen, das als das Werkzeug, wodurch man des Absoluten sich

bemächtigte, oder das Mittel, durch welches hindurch man es erblicke, betrachtet wird.

Die beiden Aussageklammern in diesem umfangreichen Satz sind: »... ehe ... an ... gegangen wird ...« und »das ... betrachtet wird«. Zu schwierig das Ganze? Für viele Lesende wahrscheinlich zu schwierig. Aber wer sich bei Hegel ein wenig eingelesen hat, wird solche Sätze nicht nur für »normal« halten, sondern sie sogar genießen.

Das gilt für heutige Lesende, noch mehr aber sicher für Lesende zur Zeit Hegels und noch lange danach. Vermutlich haben wir heute im Allgemeinen nicht mehr die nötige Geduld, bringen wir nicht mehr die erforderliche Konzentration auf, sind wir durch die Flut der Werbetexte und durch viele auf »Kurze Sätze! Kurze Sätze!« getrimmte Zeitungs- und Zeitschriftenartikel in unserem Aufnahmevermögen geschwächt.

Halten wir fest: Ein Geschäftsbrief und eine Bedienungsanleitung sind etwas anderes als eine philosophische Abhandlung. Was bei jenen Textsorten notwendig sein mag, wird bei dieser Textsorte nicht notwendig sein. Wer alles über einen Kamm scheren möchte – etwa in Richtung »Reader's-Digest-Stil« –, macht es sich mit der Beurteilung sprachlicher Merkmale zu einfach und verzichtet auf mancherlei wertvolle Möglichkeiten, die uns unsere Sprache bietet.

Klammern

Klammern können dazu dienen, Zusätze, Erläuterungen usw. unterzubringen.

Auf die letzte Sonnenfinsternis (am 11. August 1999) folgte, nur wenige Tage später, ein großes Erdbeben in der Türkei (Zufall?).

Die Reform der Orthographie (jetzt auch: Orthografie) gilt seit dem 1. August 1998.

Der zweite Weltkrieg (früher auch, jetzt nur noch: der Zweite Weltkrieg) war die (hoffentlich) letzte kriegerische Auseinandersetzung zwischen den Nachbarn Frankreich und Deutschland.

Durch diese (die Redaktion: Analysearbeiten) wird die Aufgabe so aufwendig, dass die meisten Organisationen davor kapitulieren.

Aus Nietzsches Götzen-Dämmerung:

Geschichte eines Irrtums

1. Die wahre Welt, erreichbar für den Weisen, den Frommen, den Tugendhaften – er lebt in ihr, *er ist sie.*
   (Älteste Form der Idee, relativ klug, simpel überzeugend. Umschreibung des Satzes »Ich, Plato, *bin* die Wahrheit«.)

2. Die wahre Welt, unerreichbar für jetzt, aber versprochen für den Weisen, den Frommen, den Tugendhaften (»für den Sünder, der Buße tut«).

Aus Duden 11: **wie geschmiert laufen** (ugs.)
Pack schlägt sich, Pack verträgt sich (abwertend)

Die unterordnende Konjunktion »wenn« verführt zu Denkfehlern (s. Kapitel »wenn« im Buchteil »Sprachlogik«).

Klammerausdrücke können der Ökonomie einer Mitteilung dienen.

Dieser Ausbildungsgang ist für (künftige) Mitarbeitende der Organisationsabteilung gedacht.

So wird angedeutet: Es geht in erster Linie um jetzige Mitarbeitende der Organisationsabteilung, es gilt aber auch für künftige Mitarbeitende dieser Abteilung.

Gern wird eingeklammert, was weggelassen oder hinzugefügt werden darf (wie man's nimmt).

Das ist allein(e) Ihre Sache.
Wir schicken Ihnen gern(e) den neuen Katalog.
Es stand in der Werk(s)zeitschrift.
Hier wird die Vorteil(s)regel angewandt.

Wenn ein Klammerausdruck innerhalb eines Klammerausdrucks untergebracht werden soll, werden eckige oder spitze Klammern benutzt.

(Streckformen [fachsprachlich: Funktionsverbgefüge] sind zwar eine Bereicherung unserer Sprache, können aber bei häufigem Einsatz die Informationsaufnahme erschweren [Substantivstil].)

Eine einfache Klammer steht hinter kleinen Buchstaben, die als Gliederungsmerkmale eingesetzt werden: a) – (alle anderen Gliederungskennzeichen [A., I., 1. <Ausnahme: Dezimalgliederung: 1.2.4>] erhalten am Ende statt der Klammer einen Punkt).

Das ist nun schon ein bisschen viel Klammerei. Klammern erlaubt! Aber an falschen Stellen (zum Beispiel beim Fußballspielen) wird Klammern bestraft (gelbe oder rote Karte). Zu viele Verklammerungen im Text bestrafen die Lesenden gern mit Nichtbeachtung.

Komma: Apposition

Nachgestellte Appositionen, Erläuterungen, Adjektive und Partizipien werden durch Komma abgetrennt.

Das System IDA (Inhalt, Darstellung, Aufwand), eine Korrespondenz-

Trainingskonzeption, wurde im Institut für moderne Kommunikation (ImK, Hilden) entwickelt.

Das IDA-Korrespondenz-Trainingssystem, 1985 vom Dudenverlag veröffentlicht, wird vom ImK erfolgreich eingesetzt.

Das IDA-System, alle Gestaltungsbereiche der Geschäftskorrespondenz umfassend, ist in dem 1992 veröffentlichten Humboldt-Taschenbuch »Bürokorrespondenz – professionell und überzeugend« dargestellt.

Komma: Partizipialgruppen (Kann-Regeln)

1. Partizipialgruppen werden durch Komma abgetrennt.

   Auf Ihren Widerspruch Bezug nehmend, erklären wir ausdrücklich Folgendes: ...
   Der Vorsitzende führte aus, jeden Einwand in seine Entgegnung einbeziehend: ...
   Dies ist, logisch und von der Praxis her gesehen, nicht schlüssig.
   Das Konzept in der Hand, gab er geduldig auf jede Frage eine ausführliche Antwort.

   Zum letzten Beispielsatz: Hier haben wir eine verkürzte Partizipialgruppe; das Wort »haltend« hinter »Hand« ist eingespart. Auslassungssätze (Hauptsätze, Nebensätze, Partizipialgruppen) werden in der Kommasetzung genauso behandelt, als wenn sie vollständig wären.

2 Nicht ergänzte Partizipien werden nicht durch Komma abgetrennt.

   Die Gegenseite gab nur zögernd ihr Einverständnis zu erkennen.

3. Bei »entsprechend«-Gruppen steht kein Komma, bei »betreffend«-Gruppen ist das Komma freigestellt.

   Dem Vorschlag entsprechend wurde die Diskussion dieses Punktes vertagt.
   Den neuen Vorschlag betreffend(,) haben wir noch keine einheitliche Meinung gebildet.

Komma: Infinitiv mit »zu« (Kann-Regeln)

1. Ein Komma steht meistens zur Abtrennung einer Infinitivgruppe (erweiterte Grundform mit »zu«).

   Wir sind nicht daran interessiert, die Immobilie zu diesem Preis zu kaufen.

Die Immobilie zu diesem Preis zu kaufen, sind wir nicht interessiert.
Wir bieten Ihnen an, die Immobilie zu diesem Preis abzüglich acht Prozent zu kaufen, und halten das für ein sehr günstiges Angebot.
Der Kunde hat abgelehnt, um zu bluffen.
Sie verzögerten die Verhandlung, statt zu entscheiden.
Wir haben den Restposten gekauft, ohne zu zögern.
Es ist günstiger, auf die Restzahlung zu verzichten, als noch mehr Geld in gerichtliche Maßnahmen zu investieren.
Die Möglichkeiten, sich zu irren, waren vielfältig.
Die Gläubiger beschlossen, abzuwarten und zu verhandeln.
Sie hatte schon damit gerechnet, befördert zu werden.
Ich kann mich nicht daran erinnern, zugesagt zu haben.
Die Patientin hatte keine Erinnerung daran, eingestiegen zu sein.
Der entlassene Angestellte gab vor, sich nicht daran zu erinnern, abgemahnt worden zu sein.

Die Beispiele zeigen, dass auch die Wörter »um«, »anstatt« und »ohne« als Infinitv-mit-»zu«-Erweiterungen zählen; außerdem, dass auch eine vergleichende Aussage mit »als + Infinitiv mit ›zu‹« das Komma verlangt; schließlich, dass nicht erweiterte, aber mehrgliedrige Infinitivformen wie erweiterte Infinitive behandelt werden (zum Beispiel: befördert zu werden).

2. Kein Komma steht bei Infinitivgruppen, wenn Hauptsatz und der erweiterte Infinitiv mit »zu« ineinander verzahnt sind. (Infinitivgruppe kursiv)

   Dieses Vorgehen wollen wir *zur Norm zu machen* versuchen.
   Normale Wortstellung: Wir wollen versuchen, dieses Vorgehen zur Norm zu machen.

   Wir haben *dieses Vorgehen zur Norm zu machen* versucht.
   Normale Wortstellung: Wir haben versucht, dieses Vorgehen zur Norm zu machen.

   Dieses Vorgehen bitten wir *zur Norm zu machen.*
   Normale Wortstellung: Wir bitten, dieses Vorgehen zur Norm zu machen.

3. Kein Komma steht bei Infinitivgruppen, wenn der vorangestellte Infinitiv mit »zu« das Subjekt des Satzes vertritt.

   Eine glaubwürdige Unternehmensidentität zu entwickeln ist nicht leicht.

   Subjekt (wer oder was ist nicht leicht?): eine glaubwürdige Unternehmensidentität zu entwickeln.

4. Ein Komma steht bei Infinitivgruppen, die in Spitzenstellung das Subjekt des Satzes vertreten, auf die jedoch durch ein Pronomen zurückverwiesen wird.

   Eine glaubwürdige Unternehmensidentität zu entwickeln, *das* ist nicht leicht.

5. Kein Komma steht bei Infinitivgruppen, wenn dem erweiterten Infinitiv mit »zu« ein ihm verbundenes Hilfsverb vorausgeht.

   Wir *haben* Ihnen zu danken.
   Der Puls *ist* deutlich zu fühlen.

6. Kein Komma steht bei Infinitivgruppen, wenn ein hilfszeitwörtlich gebrauchtes und mit ihnen verbundenes Verb vorausgeht, das nicht erweitert ist.

   Wir *brauchen* uns das nicht länger anzuhören.
   Wir *pflegen* in solchen Fällen kulant zu reagieren.
   Niemand von uns *vermag* das vollständig zu beurteilen.
   Die Gewerkschaften *scheinen* nicht mitmachen zu wollen.
   Trotz der eindeutigen Gesetzeslage *wusste* er nie die gebotene Trennlinie zu ziehen.
   Er *fürchtete* seinen Einfluss zu verlieren.
   Sie *versprach* eine gute Sekretärin zu werden.
   Er *drohte* ernsthaft krank zu werden.
   Wir *bitten* dies nicht zu übersehen.
   Die Gegenseite *hoffte* uns zu überzeugen.
   Er *wagte* dem Vorstand zu widersprechen.
   Sie *glaubte* das regeln zu können.
   Der Fahrer *begann* die Kontrolle zu verlieren.
   Sie *half* die Summe zu beschaffen.

   Die Beispielverben von »fürchten« bis »helfen« können natürlich auch als Vollverben verwendet werden; dann muss ein Komma stehen. Eine Ergänzung bedeutet immer: Vollverb.

   Beispiel: Sie glaubte fest, die Sache regeln zu können.

7. Kein Komma steht vor einer Infinitivgruppe, wenn sie durch »und« oder »oder« als Glied einer Aufzählung angeschlossen ist.

   Sie leitete die Ausschuss-Sitzung zügig, diplomatisch und ohne Zwischenfragen ausufern zu lassen.

8. Ein Komma darf nach einer Infinitivgruppe stehen, wenn sie letztes Glied einer Aufzählung ist und der Satz dahinter fortgeführt wird.

Sie leitete die Ausschuss-Sitzung zügig, diplomatisch und ohne Zwischenfragen ausufern zu lassen, vom Anfang bis zum Ende.

9. Kein Komma steht meistens beim nicht erweiterten Infinitiv mit »zu« (keine Infinitiv*gruppe*).

   Zu wählen ist in unserer Demokratie kein Zwang.
   Die Verpflichtung zu wählen ist bei uns nicht zwingend.
   Wir sind nicht verpflichtet zu wählen.

10. Ein Komma steht beim nicht erweiterten Infinitiv mit »zu«, wenn durch ein Hinweiswort darauf zurückverwiesen wird.

    Zu wählen, das empfand er als seine Pflicht.

11. Ein Komma steht beim nicht erweiterten Infinitiv mit »zu«, wenn er in einem Gleichsetzungssatz das Subjekt vertritt und dem am Anfang stehenden Prädikat folgt.

    Seine Absicht war, zuzustimmen.

12. Ein Komma steht beim nicht erweiterten Infinitiv mit »zu«, wenn »zu« im Sinne von »um zu« gebraucht wird.

    Sie ging hinaus, nachzusehen.

13. Ein Komma steht beim nicht erweiterten Infinitiv mit »zu«, wenn ohne Komma ein Missverständnis entstehen kann.

    Der Schlichter empfahl dem Partner zu vertrauen. (?)
    Der Schlichter empfahl, dem Partner zu vertrauen.
    Der Schlichter empfahl dem Partner, zu vertrauen.

14. Ein Komma darf vor einem nicht erweiterten Infinitiv mit »zu« stehen, wenn er durch einen folgenden Nebensatz oder eine folgende Infinitivgruppe näher bestimmt wird.

    Sie hatte vor, zu fragen, ob diese Regel zwingend ist.
    Er hatte nicht die Absicht, zu verbreiten, den Chef in dessen Abwesenheit vertreten zu haben.

    Dieses Komma zu setzen empfiehlt sich, weil es auf die Fortsetzung des Satzes nach dem Infinitiv vorbereitet.

Komma: Kann-Regeln für Hauptsätze, Infinitivgruppen, Partizipialgruppen und gleichrangige Nebensätze

Nach den Regeln der neuen Rechtschreibung brauchen viele Kommas nicht mehr gesetzt zu werden; man kann die alte Kommasetzung aber beibehalten, um die Gliederung des Satzes deutlich zu machen oder um Missverständnisse auszuschließen. Beispiele:

1. Hauptsätze:

   Frau Dr. Wagenbach empfängt die Führungskräfte des Kunden und deren ebenfalls eingeladene Ehepartner …

   Die Aussage ist eindeutig, nicht wahr? Sie nimmt jedoch kurz vor dem Satzende eine unvorhersehbare Wendung. Ein Komma verhindert, dass die Lesenden die Aussage zunächst falsch auffassen:

   Frau Dr. Wagenbach empfängt die Führungskräfte des Kunden, und deren ebenfalls eingeladene Ehepartner nehmen während dieses Empfangs an einer Werksführung teil.

   Mit dem »und« wird nicht, wie ohne Komma anzunehmen ist, der Hauptsatz fortgesetzt, sondern, wie ein Komma an dieser Stelle verdeutlicht, ein neuer Hauptsatz begonnen.

2. Infinitivgruppen:

   Wir bitten die eingeladenen Filialleiter gleich nach ihrer Ankunft …

   Erwartung: das und das zu tun. Aber es kommt anders. Nicht die Filialleiter werden um etwas gebeten, sondern Mitarbeitende des einladenden Unternehmens, die mit der Organisation betraut worden sind. Dies wird nur sofort deutlich, wenn hinter »bitten« ein Komma steht.

   Wir bitten, die eingeladenen Filialleiter gleich nach ihrer Ankunft über die Programmänderung zu informieren.

   Wer das Komma hinter »bitten« zur Einleitung der Infinitivgruppe auslässt, schickt die Lesenden anfangs auf eine falsche Fährte.

3. Partizipialgruppen:

   Das ist logisch und praxisnah gesehen …

   Auch hier scheint der Gedanke klar erkennbar zu sein. Ist er aber nicht: weil er anders fortgesetzt wird als erwartet und nur ein paariges Komma eine unbeabsichtigte Informationsaufnahme vermeidet.

   Das ist, logisch und praxisnah gesehen, durch und durch falsch.

4. Gleichrangige Nebensätze

Nach den alten Regeln werden gleichrangige (nebengeordnete) Nebensätze nicht durch Komma voneinander getrennt. Beispiel:

Wir wissen, dass die Situation schwierig ist und die Entwicklung noch mancherlei Überraschungen bringen kann.

Wir haben einen Hauptsatz vor uns, von dem zwei Nebensätze abhängig sind: zwei *dass-Sätze*, der zweite ohne Wiederholung der Einleitungskonjunktion »dass«.

Nach den neuen Regeln dürfen wir vor dem »und« ein Komma setzen. Ein Vorteil? Sinnvoll? Urteilen Sie selbst.

Wir wissen, dass die Situation schwierig ist, und die Entwicklung noch mancherlei Überraschungen bringen kann.

Wenn auf den ersten Satz ein »und« ohne Komma folgt, weiß ich sofort, dass die Aussage mit einem weiteren Nebensatz fortgesetzt wird und dass ich eine Aufzählung in der Form von Nebensätzen vor mir habe. Wenn auf den ersten Satz ein »und« mit Komma folgt, kann die Fortsetzung nach der neuen Kann-Regel ein Nebensatz, aber auch ein Hauptsatz mit einem neuen Gedanken sein. Beispiel:

Wir wissen, dass die Situation schwierig ist, und die Entwicklung dieser leidigen Angelegenheit wird zeigen, ob wir die Probleme richtig eingeschätzt haben.

Das bedeutet: Die kommalose Form ist sinnvoll; sie lässt mich wissen, dass mit »und« ein weiterer Nebensatz angeschlossen wird, nicht aber ein Hauptsatz folgt, vielleicht mit einem neuen Gedanken.

Manche Leute vermuten: Dieses Kann-Komma hat man nur deshalb eingeführt, weil so viele es – fehlerhaft – schon immer gesetzt haben.

Erleichterung, Erschwernis?

Die Beispiele zeigen, dass die Erleichterungen in der Kommasetzung einen Preis haben: Wir müssen bei jedem etwas längeren Satz prüfen, ob die kommalose Form das schnelle Erfassen der Gedanken nicht erschwert oder sogar Missverständnisse oder Mehrdeutigkeiten hervorruft. Dies gilt vor allem für Unternehmen, Behörden, Parteien usw., denn niemand wird sich den Luxus erlauben wollen, eigener Bequemlichkeit zuliebe die Informationsaufnahme zu behindern.

Was tun? Am einfachsten ist die Entscheidung für diejenigen, die in ihrer Arbeitsgemeinschaft Diktierende und/oder Schreibende haben, die sich in der Zeichensetzung besser auskennen, als es der Schulunterricht in der Regel vermittelt hat. Wenn die Kommas bei Diktierenden und/oder

Schreibenden wie automatisch gesetzt werden, ist das keine Belastung, während das dauernde Prüfen der Sätze auf Schwerverständlichkeit oder auf Missverständlichkeit durchaus belastend sein kann.

Wer so gute Diktierende und/oder Schreibende nicht hat und seine Mitarbeitenden auch nicht schulen lassen will, bekommt mit der Kommastreichung in den genannten Fällen wirklich eine erhebliche Erleichterung – allerdings um den erwähnten Preis. Da es Schreibkräften im Allgemeinen nicht zuzumuten ist, dass sie die Sätze auf Schwerverständlichkeit prüfen, wird diese Aufgabe den Diktierenden und Unterschreibenden zuzuordnen sein.

Warum ist in diesem Text mehrfach von den Diktierenden und/oder Schreibenden die Rede?

In einigen wenigen Unternehmen, Behörden usw. wird jedes Satzzeichen diktiert. Damit haben die Diktierenden allein die Verantwortung für Inhalt, Grammatik, Stil und Zeichensetzung ihrer Texte. Die Schreibkräfte können ihre Schreibgeschwindigkeit voll ausspielen. Dabei haben sie allerdings zum größten Teil die Verantwortung für die Rechtschreibung – zum größten Teil, weil die Texte ja noch von den Diktierenden gelesen und unterschrieben werden.

Praxiserfahrung: Meistens werden die Satzzeichen – vor allem die Kommas – nach Lust und Laune diktiert: mal ja, mal nein. (Eigentlich ein für die Schreibenden unzumutbarer Zustand!)

Zur Orientierung: Die Nachrichtenagenturen, Tages- und Wochenzeitungen haben die Kommasetzung an den Kann-Stellen beibehalten.

Konjunktiv

Im Deutschen haben wir die Aussageweisen (Modus, Modi): Indikativ (Wirklichkeitsform), Imperativ (Befehlsform), Konjunktiv (Möglichkeitsform). Da der Konjunktiv seinen Zeitcharakter weitgehend verloren hat, sprechen wir nicht mehr, wie früher, vom Konjunktiv der Gegenwart und von dem der Vergangenheit, sondern vom Konjunktiv I und Konjunktiv II.

Der Konjunktiv I dient vor allem zur Gestaltung der indirekten Rede (häufiges Vorkommen: Protokoll). Ferner kommt er in Wunsch- und Aufforderungssätzen vor. Beispiele:

Unser Werbeleiter gibt an, er habe Sie früh informiert.
Der Pförtner sagt, er sei nur eine Minute weg gewesen.
Die Ministerin versicherte, sie werde das nicht zulassen.
Er behauptet, er wisse genau, um was es gehe.
Sie vermutet, er sei ein Betrüger.

Er nimmt an, die Akte sei unvollständig.
Sie lebe hoch!
Man drehe zuerst den Schalter A auf die Stellung 0.

Der Konjunktiv II dient als Ersatz des Konjunktivs I in der indirekten Rede und als Ausdruck der Nichtwirklichkeit.

Indirekte Rede:

Viele meinen, Sie können das mit einer Diät erreichen.

Der Konjunktiv I stimmt hier mit dem Indikativ überein (sie können – sie können). Die Aussageform der Möglichkeit ist also nicht zu erkennen. Deshalb wird in diesem Fall und in allen gleichartigen Fällen auf den Konjunktiv II ausgewichen. Also:

Viele meinen, Sie könnten das mit einer Diät erreichen.

Die Umschreibung des Konjunktivs II mit »würde« steht, wenn die einfachen Formen unüblich oder missverständlich sind.

Es heißt, die neuen Öffnungszeiten würden ab 1. Mai gelten.
(Die Formen »gälten« oder »gölten« sind kaum noch bekannt.)
Es heißt, Sie würden das mit einer Diät erreichen.
(Die würde-Form, weil der Konjunktiv II in Sätzen wie »Es heißt, Sie erreichten das mit einer Diät« auch als Vergangenheitsform gesehen werden kann.)

Die folgende Tabelle zeigt, wo Indikativ und Konjunktiv I übereinstimmen.

	Konjunktiv I	*Konjunktiv II*
ich	schreibe, rede	schriebe, redete
du	schreibest, redetest	schriebest, redetest
er, sie, es	schreibe, rede	schriebe, redete
wir	schreiben, reden	schrieben, redeten
ihr	schreibet, redetet	schriebet, redetet
sie	schreiben, reden	schrieben, redeten

Nichtwirklichkeit:

Es wäre schön, wenn es mehr hilfreiche Menschen gäbe.
Er tat, als ob er sein ganzes Vermögen verloren hätte.
Wenn doch schon alles vorüber wäre!

Korrespondenzseminar

Korrespondenzseminare sind ebenso üblich wie notwendig. Aber – wie bei allen derartigen Veranstaltungen –: Es kommt auf die Qualität an.
Meistens werden im Wesentlichen landauf und landab gepredigte Stil-

grundsätze wie Dogmen verkündet (»Aktiv ist besser als Passiv« – »Schreibe, wie du sprichst!« – »Hauptsachen in Hauptsätze« – »Gegen die Substantivitis!« – »Sie-Stil statt Wir-Stil« usw.). Davor sei gewarnt! Denn ganz so einfach ist das nicht.

Korrespondenzseminare sollten ein Gesamtkonzept bieten, in das sich Einzelheiten – wie »Gedankenführung« oder »Rechtschreibung« oder »Satzgestaltung« – sinnvoll einfügen.

Um Ihnen für Ihre persönliche Weiterbildung und um für Unternehmen eine Anregung zu geben, hier ein Stichwortkonzept, das alle wichtigen Elemente »gewinnender« Korrespondenz einschließt.

Inhaltsstichworte

(**IDA**-System; **I** = Inhalt, **D** = Darstellung, **A** = Aufwand)**:**

Das IDA-System stimmt mit einem Dudenbuch von Wolfgang Manekeller überein.

Moderne Korrespondenz – kreativ und überzeugend

Was können wir tun, um unsere Korrespondenz zu verbessern? Stilistische Schwächen erkennen und überwinden! Aber das allein genügt nicht. Notwendig ist es vielmehr, dies im Rahmen einer vernünftigen, schlüssigen, sprachwissenschaftlich haltbaren Gesamtkonzeption zu leisten. In Stichworten:

1	**Auf den Inhalt kommt es an!**	**Inhalt**
1.1	Sorgfältige Sachbearbeitung – Voraussetzung für überzeugende Briefe	*Faktenangabe*
1.2	Haltbare Gedankengänge bauen!	*Gedankenführung*
1.3	Stimmen Informationsabsicht und Text überein?	*Kodierung*
2	**Die Darstellung ist mehr als Verpackung!**	**Darstellung**
2.1	Nur leicht verständliche Texte erreichen ihr Ziel	*Verständlichkeit*
2.2	Normen als Hilfe und Visitenkarte: Rechtschreibung, Zeichensetzung, Grammatik, äußere Briefgestaltung	*Normgerechtheit*
2.3	Wie sag' ich's höflich, freundlich, glaubwürdig?	*Leseransprache*
3	**Aufwand und Nutzen!**	**Aufwand**
3.1	Sinnvolle Einleitungs- und Schlusssätze	*Anfang, Schluss*

3.2 Genauigkeit und Klarheit statt gedankenloser Wiederholungen — *Sinnvolle Kürze*

3.3 Angemessene Ausdrucksweise statt aufwendiger, veralteter Papiersprache — *Natürliches Deutsch*

Ziele: Unnötigen Aufwand vermeiden beim Formulieren, Schreiben, Kontrollieren, Lesen und durch die Textstraffung zugleich das Wesentliche klarer hervorheben! – Verständlicher formulieren! – Die Leserinnen und Leser überzeugender ansprechen: Floskelhafte Scheinhöflichkeit durch natürliche Höflichkeit ersetzen, Reizformulierungen durch positive Ausdrucksweisen und, besonders in Problemfällen, durch Sachlichkeit ersetzen!

leider

Das beliebte »leider« hat den Hang, an die falsche Stelle im Satz zu rutschen (Sprachlogik!).

> Wir müssen Ihnen mitteilen, dass wir dieses Produkt leider aus unserem Sortiment gestrichen haben.

Ob denen das wirklich Leid tut? Sie werden doch dafür gute Gründe gehabt haben! Auf diesen Satz könnte die Antwort kommen: »Wenn Ihnen das Leid tut, nehmen Sie das Produkt doch einfach wieder auf.«

Natürlich soll der Satz etwas anderes ausdrücken: dass man leider keine günstigere Auskunft geben kann, dass man das Produkt leider nicht liefern kann. Also:

> Wir müssen Ihnen leider mitteilen, dass wir wir dieses Produkt aus unserem Sortiment gestrichen haben.

Und sonst? Das Wort »leider« ist leider beliebt. Und weil es das ist, gerät es in so manchen Satz, der dadurch unglaubwürdig wird.

> Wir müssen Ihnen leider mitteilen, dass Sie Ihren Vertrag nicht zum 30. Juli, sondern erst zum 31. Dezember kündigen können.

Erstens: Der Kunde, der gekündigt hat, wird sich vielleicht denken, das sei mal wieder typisch – ein halbes Jahr länger die Prämie kassieren und dann scheinheilig »leider« rufen!

Zweitens: Das ist indirekt schon unter »Erstens« gesagt. Der Kunde *hat* ja gekündigt, also konnte er es auch. Gemeint ist, dass diese Kündigung, weil zum falschen Termin ausgesprochen, nicht zum Ziel führt, nicht angenommen werden kann.

Besonders eindrucksvoll ist die Doppelaussage: »Leider müssen wir Ihnen zu unserem größten Bedauern mitteilen, dass Ihre Kündigung unwirksam ist.« Also: Vorsicht! Keine gedankenlose »Leiderei«!

machen

Haben Sie auch in der Schule gelernt, dass »machen« ein minderwertiges Tätigkeitswort sei? »Sag doch nicht immer ›machen‹ und ›tun‹ und ›Ding‹!« Viele von uns haben daraus eine falsche Folgerung gezogen. Bis ans Lebensende glauben sie wirklich, dass »machen« ein primitives Verb sei.

Dabei ging es in der Schule doch nur darum, unseren Wortschatz zu erweitern. Wir sollten nicht an einer Art »Basic Deutsch« hängen bleiben.

Sie haben mit einem Autoverkäufer verhandelt, eine Einigung ist in Sicht. Zum Abschied sagt er: »Ich mache Ihnen dann für diesen Wagen ein schriftliches Angebot.« Und er macht es. Wie? So:

> Sehr geehrter Herr Kauflust,
>
> unter höflicher Bezugnahme auf unser gestriges Gespräch unterbreite ich Ihnen hiermit folgendes Angebot:

Er macht kein Angebot mehr, wie er es selbstverständlich im Gespräch getan hat: er unterbreitet es. Vermutlich hat er seine veränderte Wortwahl gar nicht bedacht; er hat nur so im Gefühl, dass »ein Angebot unterbreiten« etwas vornehmer wirke als das schlichte »ein Angebot machen«. Dem passt sich dann wie selbstverständlich auch die Umgebung des »gewählten« Wortes an.

Ein bisschen weniger »vornehm«, etwas natürlicher hieße die Einleitung:

> Sehr geehrter Herr Kauflust,
>
> in unserem gestrigen Gespräch galt Ihr Hauptinteresse einem roten BMW 328iA. Hier unser Angebot: ...

Ein anderes beliebtes »machen«-Ersatzwort ist »tätigen«. Zum Beispiel:

> Milliardengeschäfte werden nicht jeden Tag getätigt.

Auch »tätigen« scheint für viele Schreiber und sogar Redner ein wenig edler als das schlichte »machen« zu sein. Also wird es bevorzugt. Aber wäre die Aussage mit »machen« schlechter?

> Milliardengeschäfte werden nicht jeden Tag gemacht.

Ich finde – dabei spielt natürlich der individuelle Geschmack eine Rolle –, dass »machen« die bessere Wortwahl ist. Entscheiden Sie selbst!

nachdem

Die Konjunktion »nachdem« leitet immer einen Nebensatz ein.

Nachdem wir von diesem Vertragsbruch erfahren hatten, schalteten wir sofort unseren Rechtsanwalt ein.

Ein Fehler, der sehr oft bei der Verwendung von »nachdem« gemacht wird, ist ein Zeitfehler.

Nachdem wir von diesem Vertragsbruch erfuhren, schalteten wir sofort unseren Rechtsanwalt ein.

Während wir im ersten Beispielsatz die Zeitenfolge »Plusquamperfekt (Vorvergangenheit) – Imperfekt (Vergangenheit)« haben, zeigt uns der zweite Satz im Hauptsatz dieselbe Zeit wie im Nebensatz: das Imperfekt (Vergangenheit).

Dies darf nicht sein, weil es inhaltlich nicht sein kann. Erst haben wir von einem Vertragsbruch erfahren, dann kam unsere Reaktion. Das heißt, im nachdem-Satz muss immer eine Zeit gewählt werden, die vor der Zeit des Hauptsatzes liegt. Die Konjunktion »nachdem« bezeichnet die Vorzeitigkeit des in diesem Nebensatz ausgedrückten Geschehens.

Ein weiterer Fehler, der des Öfteren beim Gebrauch von »nachdem« auftritt, ist die Verwechslung mit »da« oder »weil«.

Nachdem diese Handlung strafbar ist, muss er mit einem gerichtlichen Nachspiel rechnen.

Hier soll gar kein temporales, sondern ein kausales Verhältnis dargestellt werden.

Da (Weil) diese Handlung strafbar ist, muss er mit einem gerichtlichen Nachspiel rechnen.

Der Grund für diese Verwechslung liegt darin, dass »nachdem« früher sowohl zur Einleitung von Temporal- als auch von Kausalsätzen benutzt wurde. Doch diese Zeit liegt lange zurück. Heute wird »nachdem« nur noch zeitlich gebraucht.

Nebensätze (Gliedsätze)

1. Stellung zwischen Nebensatz und Hauptsatz

   Wenn die Werbung versagt, nützt das beste Produkt nichts.
   (Nebensatz in Spitzenstellung)

   Die Werbung versagt, *wenn das Produkt nichts taugt.*
   (Nebensatz in Endstellung)

Die Werbung ist, *wenn das Produkt nichts taugt,* vergeblich.
(Nebensatz in Mittelstellung)

2. Stellung von Nebensätzen zueinander

Schlimm, *dass* die Arbeitslosigkeit wächst, *dass* die Konkurszahlen steigen *und dass* die Investitionstätigkeit nachlässt.
(Die Nebensätze sind einander nebengeordnet.)

Es ist vorauszusehen, *dass* gerade die Mitarbeiterin aus familiären Gründen ausscheidet, *die* wir für diese Position vorgesehen hatten.
(Die Nebensätze sind einander untergeordnet.)

3. Grammatische Form der Nebensätze

Es ist eine Tatsache, *dass sich der Wettbewerb verschärft.*
(Konjunktionalsatz, Bindewortsatz)

Die Frage, *die Sie gestellt haben,* ist schwer zu beantworten.
(Relativsatz, Bezugswortsatz)

Wir fragen uns, *ob die Prospekte rechtzeitig fertig werden.*
(Indirekter Fragesatz)

Ändert sich die Situation, können wir immer noch zusagen.
(Verkappter Nebensatz. Die Konjunktion, »wenn«, fehlt.)

4. Einteilung der Nebensätze nach ihrer Funktion

4.1 Subjektsatz

Dass die Konkurrenz aufgeholt hat, ist nicht zu leugnen.
(Wer oder was ist nicht zu leugnen? Das Aufgeholt-Haben der Konkurrenz.)

4.2 Objektsatz

Dass diese Technik unvollkommen ist, geben wir zu.
(Wen oder was geben wir zu? Die Unvollkommenheit dieser Technik.)

4.3 Adverbialsätze

Finalsatz (Absichtssatz)	Wir senden Ihnen eine Vorschau, *damit Sie besser planen können.*
Instrumentalsatz (Umstandssatz des Mittels)	Manche Probleme werden dadurch besser erkennbar, *dass man sie diskutiert.*

Kausalsatz (Umstandssatz des Grundes)	Wir verbessern das Fahrwerk, *weil sonst das Risiko zu groß ist.*
Komparativsatz (Vergleichssatz)	Es ist so, *wie wir es vermutet haben.*
Konditionalsatz (Bedingungssatz)	*Falls Sie nicht kommen,* rufen Sie bitte an.
Konzessivsatz (Umstandssatz der Einräumung)	*Obwohl der Umsatz gestiegen ist,* sind die Erträge gesunken.
Lokalsatz (Umstandssatz des Ortes)	*Wo wir keine Geschäftsstelle haben,* gewinnt die Konkurrenz an Boden.
Modalsatz (Umstandssatz der Art und Weise)	*Wie der Vertrag es vorschreibt,* geht es nicht.
Temporalsatz (Zeitsatz)	*Sobald die Löhne steigen,* klettern auch die Preise.
4.4. Attributivsätze	
Relativsatz (Bezugswortsatz)	Jemanden zu finden, *der das kann,* ist nicht leicht.
Konjunktionalsatz (Bindewortsatz)	Die Hoffnung, *dass es klappt,* ist berechtigt.
Indirekter Fragesatz	Die Frage, *wann wir fertig sein werden,* kann ich noch nicht beantworten.

Papierdeutsch

Was ist unter diesem Ausdruck zu verstehen? Ein Deutsch, das so gut wie nicht gesprochen, aber umso fleißiger geschrieben wird. Zum Beispiel:

a) Unter Bezugnahme auf Ihr gesch. Schreiben vom 28. v. Mt. müssen wir Ihnen zu unserem Bedauern die unangenehme Mitteilung machen, dass die von Ihnen georderten Kalender für Ihre Kunden leider zum vorgesehenen Termin, also dem 4. November d. J., nicht erstellt werden können.

b) In Verfolgung der gegenständlichen Schadenangelegenheit müssen wir hinsichtlich der Leistungsverpflichtung unsererseits nachdrücklich darauf verweisen, dass dieselbe im Rahmen des abgeschlossenen Vertrages nicht gegeben ist, so dass wir in diesem Fall einen Versicherungsschutz leider nicht gewähren können.

Wer würde jemals so sprechen? Und wenn es jemand könnte und täte – er würde ausgelacht. Was sagen die beiden Sätze?

a) Der vorgesehene Liefertermin – 4. November – ist leider nicht zu halten.
b) Ihr Vertrag schließt dieses Risiko nicht ein.

Um was es geht, steht in der Bezugszeichenzeile oder im Informationsblock.

Wir können dergleichen auch veraltetes Kaufmannsdeutsch, Kanzleideutsch oder Ärmelschonerdeutsch nennen. Da es diese Art Sprache schon ziemlich lange gibt, ist auch die Kritik daran nicht neu. Heinrich Heine nannte diese Erscheinung Packpapierdeutsch.

Die Frage »Würde ich meinen Partner so informieren, wenn er vor mir säße?« lässt uns gleich erkennen, ob wir im Begriff sind, Papierdeutsch zu diktieren.

Man hat lange versucht, geschäftlichen oder behördlichen Mitteilungen den Anstrich von etwas Besonderem zu geben. Zu geben? Natürlich nicht. Zu verleihen, bitte! – Viel Mühe wurde da aufgewandt, um so etwas wie »ein höheres Niveau« zu erreichen. Unsere heutige Beurteilung: Dieser Schreibstil ist unrationell, schwer verständlich, und viele empfinden ihn geradezu als lächerlich.

Vielleicht fragen Sie: »Aber wer schreibt denn heute noch so?« Darf ich ein paar Sätze aus einem »Schreiben« einer großen Firma zitieren?

> … wir danken für Ihr Schreiben vom o. g. Tage.
> Höflichst erlauben wir uns diesbezüglich den Hinweis auf …
> Wir hoffen Ihnen mit diesen Angaben gedient zu haben und verbleiben –

Das einzige moderne Element ist das Weglassen der beiden Kommas vor und nach der Infinitivgruppe, das zur Zeit dieser Briefproduktion aber noch fehlerhaft war.

Ist dieses Schreiben eine Ausnahmeerscheinung, ein Ausreißer? Keineswegs. Hier der Beginn eines Notarbriefes, geschrieben kurz vor Beginn des Jahres 2000:

> Sehr geehrter Herr …,
>
> in vorbezeichneter Angelegenheit übersende ich Ihnen vorab eine einfache Abschrift meiner vorgenannten Urkunde zur gefälligen Bedienung.

In welcher Angelegenheit sonst, wenn nicht in der vorbezeichneten? Eine Abschrift welcher Urkunde, wenn nicht der vorgenannten? Und: zur gefälligen Bedienung? In Normaldeutsch heißt das zum Beispiel, nach Betreff und Anrede:

> … mit diesem Brief erhalten Sie vorab eine einfache Abschrift meiner Urkunde.

Aber – der alte Papierstil ist gerade bei vielen Rechtsanwälten und Notaren immer noch erste Wahl.

Doch auch in zahlreichen Unternehmen – Kleinstfirmen, mittelgroßen Firmen und in weltweit agierenden Konzernen – gibt es den Papierstil noch massenhaft. Signalisiert er, unfreiwillig, die Widersprüchlichkeit zwischen Modernitätsanspruch und Wirklichkeit? Zu empfehlen ist das nicht.

Partizipien

Partizipien (Mittelwörter) sind, so ist oft zu hören und zu lesen, in der Korrespondenz kaum zu gebrauchen. Das gilt zumindest nicht für Partizipien, die als attributive Adjektive (beigefügte Eigenschaftswörter) verwendet werden. Da gerade bei diesem Gebrauch leicht Fehler passieren, hier eine Zusammenstellung der Möglichkeiten und Hinweise auf falsche Verwendungen.

Erstes Partizip (Präsens):	zahlend
Zweites Partizip (Perfekt):	gezahlt

Transitive (zielende) Verben können auf ein Objekt gerichtet werden; von ihnen lässt sich ein persönliches Passiv bilden.

zahlen	Wir zahlen diese Summe sofort. Die Summe wird sofort gezahlt.

Intransitive (nicht zielende) Verben können kein Akkusativobjekt nach sich ziehen und kein persönliches Passiv bilden.

wachsen	Das Geschäft wächst.

Aussagen wie »Die Werbung wächst das Geschäft« und »Das Geschäft wird gewachsen« sind nicht möglich.

Erste Partizipien können als Attribut (Beifügung) verwendet werden.

> der zahlende Kunde; das wachsende Geschäft

Zweite Partizipien transitiver Verben können als Attribut verwendet werden.

> der gezahlte Betrag; das zurückgegangene Geschäft

Nicht als Attribut zu verwenden sind die zweiten Partizipien intransitiver Verben, die mit »haben« verbunden werden.

das nachgelassene Geschäft (*hat* nachgelassen)
das sich ereignete Unglück (*hat* sich ereignet)
der sich herausgestellte Fehler (*hat* sich herausgestellt)

Verwendbar sind dagegen zweite Partizipien intransitiver Verben, die mit »sein« verbunden werden.

das zurückgegangene Geschäft (*ist* zurückgegangen)
das geschehene Unglück (*ist* geschehen)
der entdeckte Fehler (*ist* entdeckt worden)

Eine Ausnahme bilden zweite Partizipien intransitiver Verben, die imperfektiv (zeitlich unbegrenzt) verwendet werden.

Der Bote ist gelaufen. Falsch: der gelaufene Bote.

Will man ein bestimmtes Verb verwenden, das sich aber als Beifügung nicht eignet, so ist ein Nebensatz zu bilden.

das Geschäft, das nachgelassen hat, …
das Unglück, das sich ereignet hat, …
der Fehler, der sich herausgestellt hat, …

Nur von transitiven Verben lässt sich das erste Partizip mit »zu« verbinden.

Richtig: die abzuliefernde Ware
(abliefern = transitives Verb)

Falsch: die stattzufindende Sitzung
(stattfinden = intransitives Verb)

Wie immer, so auch hier: Es gibt ein paar Ausnahmen von den Regeln – eigentlich falsche Wendungen, die jedoch als richtig gelten, weil sie sich fest eingebürgert haben. (Bestimmte intransitive Verben sind früher einmal transitiv gebraucht worden.)

der abgedankte Botschafter
die gelernte Kauffrau
der verdiente Mitarbeiter
die geschmeichelte Beurteilung

Korrekt ist auch die Verbindung:

eine studierte Frau

Hier hat das Verb eine neue Bedeutung angenommen: gelehrt.

Müssen wir uns alles das merken? Nein. Wer noch ein Gefühl dafür hat, dass eine Wendung wie »die stattgefundene Versammlung« und »das nachgelassene Geschäft« irgendwie ein bisschen falsch klingt, darf sich einfach auf sein Gefühl verlassen. Wer so etwas nicht mehr empfindet – zu oft falsch gehört und gelesen –, tut gut daran, sich die Regeln zu Gemüte zu führen.

Partnerorientierung

Zwei Geschäftspartner, die viele Jahre gut zusammengearbeitet hatten, entwickelten Meinungsverschiedenheiten. Die Sache zog sich in die Länge. Einer von beiden wollte endlich Klarheit schaffen und fragte brieflich an, wie es nun weitergehen solle. Die Antwort (aus dem Buch »Stilistik der Geschäftskorrespondenz«, 1998, W. Manekeller, Wirtschaftsverlag Langen Müller / Herbig):

> Sehr geehrter Herr Walther,
>
> mit Ihrem Schreiben vom 24. September richteten Sie an mich die Bitte, in der fraglichen Angelegenheit eine Entscheidung zu treffen, und Sie betonten gleichzeitig, dass Sie diese Entscheidung auch sehr schnell benötigten. Ihre Bitte erscheint mir kennzeichnend für die Situation, in der sich diese Angelegenheit jetzt befindet.
>
> Unter den gegebenen Umständen und in Anbetracht des Zeitdrucks kann ich Ihnen heute leider keine positive Mitteilung machen. Was die zukünftige Entwicklung betrifft, so muss eine ausführliche Aussprache ergeben, ob eine Zusammenarbeit in der einen oder anderen Form weiterhin möglich sein wird.
>
> Mit freundlichem Gruß

Der Empfänger war enttäuscht, verärgert. Wollte ihn der andere nur hinhalten? Offenbar. Weil er davon überzeugt war, beendete er die Zusammenarbeit. Sehr viel später erfuhr er, dass sein Partner über seine Reaktion überrascht war, denn ihm war durchaus an einer Verlängerung der Zusammenarbeit gelegen gewesen. Wie hätte er, zum Beispiel, schreiben können, um das zu erreichen?

> Sehr geehrter Herr Walther,
>
> vielen Dank für Ihren Brief. Am besten, wir setzen uns noch einmal zusammen, um die Möglichkeiten weiterer gemeinsamer Arbeit durchzusprechen. Ist Ihnen der 4. Oktober recht? Bei mir oder bei Ihnen?
>
> Freundliche Grüße

Offenbar hat sich der Walther-Partner damals in Wirklichkeit nicht auf seinen Bis-dahin-Geschäftsfreund eingestellt, kein bisschen. Sonst hätte die Sache einen für beide Seiten günstigeren Ausgang genommen.

Passiv

Das Passiv (die Leideform) hat in der Geschäftskorrespondenz einen schlechten Ruf. Dafür gibt es gute Gründe. Dennoch: Regeln wie »Aktiv ist besser als Passiv« sind falsch. Warum sollte das Passiv schlechter sein als das Aktiv? Ludwig Reiners in seiner »Stilfibel« (Deutscher Taschenbuchverlag, München): »Die Leideform ist die Sache der Ewig-Dabeistehenden, die nur Geschehnisse, nicht Taten kennen.« – »Der Papiermensch liebt die Leideform auch deshalb, weil sie unbestimmt ist.« Wolf Schneider nennt in seinem Buch »Deutsch für Profis« (Gruner + Jahr) das Passiv eine »späte, künstliche, entmenschlichte Form des Verbs«, ein »Lieblingsinstrument der Bürokratie«. Vergessen Sie's!

Um niemandem Unrecht zu tun, sei hinzugefügt, daß Reiners, Schneider und die meisten ihrer Nachahmer und Gefolgsleute immerhin zugeben, daß auch das Passiv hier und da berechtigt sein kann. Aber – entscheidend –, ihr Verdammungsurteil fällt derart heftig aus, dass die meisten diese Einschränkungen schnell vergessen und die Anprangerungen für immer im Gedächtnis behalten.

Im Duden 9 (»Richtiges und gutes Deutsch«) lesen wir: »Das Passiv, auch Leideform genannt, ist eine bestimmte Sehweise für die sprachliche Wiedergabe des Geschehens oder Seins.« So ist es. Und nun haben wir uns nur noch die Frage zu beantworten: Wann ist das Passiv angebracht?

1. Der Handelnde ist unbekannt.

   Das Bild wurde während des Transports gestohlen.

2. Der Handelnde ist uninteressant.

   a) Die Eissporthalle wird um 15 Uhr geöffnet.

   b) Die Kasse ist ab 20 Uhr geöffnet.

3. Die »Sache« (ein Tier ist natürlich keine Sache) soll in den Vordergrund treten, der Handelnde im Hintergrund stehen.

   Das Reh wurde von dem zu schnell fahrenden Auto gestreift und verletzt.

4. Mit Hilfe des Passivs lassen sich manchmal umständliche Ausdrucksweisen umgehen.

   a) Der Werbetexter oder die Werbetexterin hat in dieser Sloganserie mehrfach unlogisch formuliert.
   b) In dieser Sloganserie wurde mehrfach unlogisch formuliert.

5. Das Passiv kann dazu dienen, Gleichförmigkeit zu vermeiden.

   a) Der Mandant hat den Anwalt schlecht informiert. Der Anwalt hat den Antrag unglaubwürdig begründet. Das Gericht hat den Antrag abgewiesen.
   b) Der Mandant hat den Anwalt schlecht informiert. Daher wurde der Antrag unglaubwürdig begründet, und das Gericht hat ihn deshalb abgewiesen.

6. Das Passiv ist geeignet, einem Vorwurf etwas an Schärfe zu nehmen.

   a) Sie haben die vereinbarten Arbeiten unzulänglich ausgeführt.
   b) Die Arbeiten wurden unzulänglich ausgeführt.

7. Das Passiv kann den Handelnden verschwinden lassen.

   a) Darüber hinaus wird es [der Autor: das Passiv] besonders in wissenschaftlichen Abhandlungen, Gesetzestexten, Anordnungen und Gebrauchsanweisungen verwendet […]. (Dieses Zitat stammt aus dem Duden 9, »Richtiges und gutes Deutsch«.)
   b) In solchen Sonderfällen können die Ausgaben des Geschädigten nicht erstattet werden.

Anmerkung zu 2: Wir unterscheiden zwei Passivarten: das Vorgangs- oder Handlungspassiv und das Zustandspassiv. Der Satz a (Die Eissporthalle wird um 15 Uhr geöffnet) gehört zur ersten Passivart, der Satz b (Die Kasse ist ab 20 Uhr geöffnet) zur zweiten.

Anmerkung zu 7: Immer wieder prangern Stilpädagogen das Passiv an: als »Lieblingsinstrument der Bürokratie«, als Mittel, das »verschleiern« soll, als Instrument, das »der Papiermensch liebt«. Wie steht es mit unseren beiden Beispielsätzen (7 a, 7 b)?
Wir können den Satz a aus dem Duden zu den Aussagen eines wissenschaftlichen Textes zählen. Natürlich hätte man auch so formulieren können: Wir verwenden es [der Autor: das Passiv] besonders in […].«

Diese Wahl – im Duden sicherlich vorhanden – wird in vielen Fällen eingeschränkt. Wenn es zum Beispiel üblich ist, Diplomarbeiten oder, allgemein, wissenschaftliche Texte nicht in der Ich- oder Wir-Form, sondern in der unpersönlichen Passiv-Form zu formulieren – wer will sich dann der Üblichkeit widersetzen und sich dadurch, etwa bei Diplomarbeiten, Nachteile einhandeln?

Punkt

Kann der Punkt ein Problem sein? Wo dieses Satzzeichen hingehört, wissen wir doch alle! Immer? Und wo er zwar korrekt, aber langweilig ist?

Von den Problemchen abgesehen, die der Punkt verursachen kann: Der Punkt wird in Gebrauchstexten, zum Beispiel Geschäftsbriefen, nicht oft genug gesetzt. Manch einem Langsatzliebhaber müsste man hin und wieder zurufen: »Nun mach aber mal 'nen Punkt!«

Der Punkt wird in vielen Texten dieser Art auch zu oft gesetzt, indem fast jeder Satz mit ihm beendet wird. Gibt es denn keine Fragen? Keine deutlichen Aufforderungen? Gibt es zwischen zwei Aussagen nicht auch gelegentlich eine so enge Beziehung, dass ein Semikolon angebracht ist?

Also machen wir es uns mit dieser leichtesten Zeichensetzungsübung vielleicht doch besser nicht ganz so leicht.

1. Ein Punkt steht meistens nach Sätzen.

Nicht immer? Nein. Kein Punkt steht:

a) nach Aussagesätzen, die als Überschriften dienen

b) nach eingeschobenen Aussagesätzen

c) nach Aussagesätzen, denen eine weitere Aussage folgt, die mit der ersten eng verbunden ist

d) nach einer Aufzählung wie hier, deren Glieder nicht durch Komma oder Semikolon voneinander getrennt auftreten (wenn Punkt, dann auch Kommas!)

a) Es geht bergab
Krieg droht

b) Wir haben, das ist nicht zu übersehen, übertriebene Beträge in Ihrer Abrechnung festgestellt.
Unerlaubte Entfernung vom Unfallort – das nannte man früher Fahrerflucht – wird meistens streng bestraft.
Der Partner schrieb »Ich habe rechtzeitig abgelehnt« und konnte das auch belegen.
Unser Angestellter (das wird allgemein anerkannt) hat sich nicht fahrlässig verhalten.

c) Wir haben den Unfall sofort gemeldet; mehr konnten wir zu der Zeit nicht tun.

Es gibt aber auch den umgekehrten Fall: Ein Punkt steht, obwohl wir ein anderes Zeichen erwarten.

2. Ein Punkt steht nach unbetonten Wunsch- und Aufforderungssätzen.

Bitte schicken Sie uns die beigefügte Kopie dieses Briefes unterschrieben zurück.

Die betonte Aufforderung würde hinter »Bitte« ein Komma verlangen und dann auch ein Ausrufezeichen am Schluss.

3. Ein Punkt steht nach abgekürzten Aussagesätzen. (Auslassungssätze)

   Bitte schicken Sie die Unterlagen gleich zurück. Danke.

Weiteres zum Thema »Punkt« finden Sie unter »Abkürzungen« und »Gliederung«.

Rechtschreibung und Zeichensetzung: Kann-Regeln

Die Rechtschreibreform, gültig seit dem 1. August 1998, kennt sehr viel mehr gleichberechtigte Varianten, als im alten Regelwerk enthalten waren. Mehr Freiheit also? Ja. Aber auch mehr Belastung: Denn in jeder Arbeitsgemeinschaft – in Unternehmen, Behörden usw. – wird festzulegen sein, welche der Varianten zu wählen sind. Ohne eine solche Festlegung wird sich ein großes Durcheinander einstellen.

Im Folgenden sind die Varianten in der Form von Textbausteinen aufgeführt. Alle zusammengehörenden Varianten weisen in der Bausteinadresse einen gleichen Großbuchstaben aus. Beispiel: 100-A, 101-A, 102-A. Das bedeutet: Wer Einheitlichkeit haben will, muss sich auf eine der Varianten festlegen.

Wenn ein Textbaustein in **Fettdruck** erscheint, so heißt das: Dies ist nach Meinung des Autors – in Übereinstimmung mit den meisten Tages- und Wochenzeitungen – die beste Wahl.

100-A Apostroph (Auslassungszeichen) bei Namen

Namen im Genitiv: Die alte Regel wird beibehalten, also ohne Apostroph geschrieben. Zum Beispiel:

Adenauers Initiative
eichelsche Vorschläge zur Steuerreform

101-A Apostroph (Auslassungszeichen) bei Namen

Namen im Genitiv: Die neue Schreibweise wird gewählt, also mit Apostroph geschrieben. Zum Beispiel:

Adenauer's Initiative
Eichel'sche Vorschläge zur Steuerreform

Das '-Zeichen ist hier kein Auslassungszeichen (es ist nichts ausgelassen), sondern ein Zeichen, das dazu dient, Namen im Genitiv ungebeugt darzustellen.

102-A Apostroph (Auslassungszeichen) bei Namen

Namen im Genitiv: Firmennamen werden mit Apostroph geschrieben (neue Schreibweise), es sei denn, das jeweilige Unternehmen verhält sich anders. Persönliche Namen schreiben wir ohne Apostroph (alte Schreibweise).

Fiat's neue Modelle
die Opel'schen Neuerungen

Wie uns Herrn Webers Sekretärin mitteilte, ist Frau Biedenhofs Kündigung rechtsgültig; Herrn Dr. Friesenbachs Anmerkungen zu diesem Fall fügen wir bei.

110 Bindestrich – Zusammensetzungen allgemein

Wenn Zusammensetzungen unübersichtlich sind oder ein Teil einer Zusammensetzung hervorgehoben werden soll, ist der Bindestrich zu benutzen. Beispiele:

Feuer-Betriebsunterbrechungs-Versicherung
Ist-Aufnahme, Soll-Stärke

111-B Bindestrich – drei gleiche Buchstaben

Wenn drei gleiche Buchstaben aufeinander folgen, werden alle drei geschrieben – ohne Bindestrich. Beispiele:

Schlammmassen, seeerfahren

112-B Bindestrich – drei gleiche Buchstaben

Wenn drei gleiche Buchstaben aufeinander folgen, werden alle drei geschrieben. Damit die Zusammensetzungen übersichtlich bleiben, mit Bindestrich. Beispiele:

Schlamm-Massen, See-erfahren

Obwohl Zusammensetzungen wie »See-erfahren« Adjektiv-Charakter haben (zum Beispiel: der See-erfahrene Arzt), wird der erste Teil, wenn er außerhalb der Zusammensetzung ein Substantiv ist, großgeschrieben.

113-C Bindestrich – gleichrangige Adjektive

Verbindung aus gleichrangigen Adjektiven werden ohne Bindestrich geschrieben. Beispiele:

nasskaltes Wetter
schwarzrotgelbe Sportkleidung

114-C Bindestrich – gleichrangige Adjektive

In Zusammensetzungen aus gleichrangigen Adjektiven wird der Bindestrich benutzt. Beispiele:

geistig-seelische Störung
schwarz-rot-gelbe Sportkleidung

120-E Fremdwörter

Fremdwörter werden – bis auf die Großschreibung von Substantiven – in ihrer Originalfassung geschrieben (a). Ausnahmen: Fremdwörter, die fest eingedeutscht sind (b).

a) Computer, Exposé, Joghurt, Philosophie, differentiell
b) Foto, Grafik, Stenografie, Telefon

121-E Fremdwörter

Fremdwörter werden weitgehend eingedeutscht geschrieben.

a) Exposee, Grafik, Jogurt, Kommunikee, Kopie, Kalzium, differenziell

Aber:

b) Jeans, Milieu, Metapher, Philosophie

Die Angleichung weiterer Fremdwörter an deutsche Schreibweisen vollzieht sich allmählich. Dabei werden oft über längere Zeit mehrere Schreibweisen nebeneinander zu dulden sein. Erinnert sei an die Entwicklungsgeschichte von »Photographie → Fotografie → Foto«.

130-F Getrennt- und Zusammenschreibung: Substantiv + Präposition

Substantiv und Präposition werden zusammengeschrieben, wenn das Substantiv verblasst ist und die Verbindung in ihrer Bedeutung eine neue Präposition ergibt.

anstelle
aufgrund
infrage
zugrunde

121-F Getrennt- und Zusammenschreibung: Substantiv + Präpostion

Substantiv und Präposition werden getrennt geschrieben, wenn man diese Kombination als Wortgruppe auffasst.

an Stelle
auf Grund

in Frage
zu Grunde

Wir haben diese Behauptung in Frage gestellt.

130-G Groß- und Kleinschreibung: »auf das (aufs)« + Superlativ

In Wendungen wie »aufs äußerste« wird der Superlativ kleingeschrieben, weil er adverbial zu verstehen ist (wie?).

Wir waren aufs äußerste überrascht.

131-G Groß- und Kleinschreibung: »auf das (aufs)« + Superlativ

In Wendungen wir »aufs Äußerste« wird der Superlativ großgeschrieben, weil er als Substantiv gewertet wird.

132-H Groß- und Kleinschreibung: Possessivpronomen + Artikel

Possessivpronomen mit Artikel werden großgeschrieben, weil sie substantivischen Charakter haben.

Wir haben das Unsere beigetragen.

133-H Groß- und Kleinschreibung: Possessivpronomen + Artikel

Possessivpronomen mit Artikel werden kleingeschrieben.

Wir haben das unsere beigetragen.

134-J Groß- und Kleinschreibung: Dutzend, Hundert, Tausend + unbestimmte Mengenangabe

»Dutzend«, »hundert« und »tausend« werden in Verbindung mit unbestimmten Mengenangaben großgeschrieben, weil diese Wörter in solchen Formulierungen substantivischen Charakter haben.

Wir haben Dutzende von Fehlern entdeckt.
In der Halle lagen Hunderte von Fertigprodukten.
Es gab Tausende kleiner Schäden.

135-J Groß- und Kleinschreibung: dutzend, hundert, tausend + unbestimmte Mengenangabe

»Dutzend«, »hundert« und »tausend« werden in Verbindungen mit unbestimmten Mengenangaben kleingeschrieben, weil sie als Zahladjektive (früher: Zahlwörter) gewertet werden.

140-K Komma: Datum mit Wochentag

Das Datum hinter einem Wochentag kann als nachgestellte Apposition oder als Aufzählungsglied aufgefasst werden. Im ersten Fall wird hinter dem Monatsnamen ein Komma gesetzt.

a) Der Revisionsbericht wird am Freitag, dem 7. Januar, vorliegen.
b) Der Revisionsbericht wird Freitag, den 7. Januar vorliegen.

141-K Komma: Datum mit Wochentag

Das Datum hinter einem Wochentag kann als Apposition oder als Aufzählungsglied aufgefasst werden. In beiden Fällen wird hinter dem Monatsnamen ein Komma gesetzt.

a) Der Revisionsbericht wird am Freitag, dem 7. Januar, vorliegen.
b) Der Revisionsbericht wird Freitag, den 7. Januar, vorliegen.

Ergänzende Grammatikregel: Wenn in solchen Wendungen der Wochentag ohne »am« steht, so ist der Monatsname im Akkusativ darzustellen. Siehe (b).

142-L Komma: mehrteilige Wohnungs-, Textstellen- oder Gesetzesangabe

Eine mehrteilige Wohnungsangabe kann als Apposition oder als Aufzählungsglied aufgefasst werden. In beiden Fällen wird – bei fortgeführtem Satz – am Schluss ein Komma gesetzt. Das gilt auch für mehrteilige Angaben von Textstellen.

a) Frau Lore Bellgarten, Hameln, Karlstraße 28, hat die Position der Chefassistentin erhalten.
b) Dies ist im Duden, Rechtschreibung, Seite 43, R 63, Punkt 4, dargestellt.

Mehrteilige Gesetzesangaben stehen ohne Komma.

Dies ist in § 2 Punkt 5 Absatz (3) des Gesetzentwurfes ausgedrückt.

143-L Komma: mehrteilige Wohnungs-, Textstellen- oder Gesetzesangabe

Eine mehrteilige Wohnungsangabe kann als Apposition oder als Aufzählungsglied aufgefasst werden. In beiden Fällen wird – bei fortgeführtem Satz – am Schluss kein Komma gesetzt. Das gilt auch für mehrteilige Angaben von Textstellen.

a) Herr Thorsten Rosemeier, Düsseldorf, Glockengasse 5 hat die Prüfung als Buchhändler mit Auszeichnung bestanden.

b) Dies ist im Duden, Rechtschreibung, Seite 43, R 63, Punkt 4 dargestellt.

Mehrteilige Gesetzesangaben stehen ohne Komma.

Dies ist in § 2 Punkt 5 Absatz (3) des Gesetzentwurfes ausgedrückt.

144-M Komma: Partizipialgruppe

Partizipialgruppen werden nach den Regeln der Dudenausgabe von 1991 durch Komma abgetrennt.

Von dieser Voraussetzung ausgehend, hat sie Recht.

145-M Komma: Partizipialgruppe

Partizipialgruppen werden im Allgemeinen nicht durch Komma abgetrennt (a). Sie werden jedoch dann durch Komma abgetrennt, wenn der Satz ohne Komma zunächst in eine falsche Richtung führt, wenn er ohne Komma schwer zu verstehen ist oder wenn er ohne Komma missverstanden werden kann (b).

a) Von dieser Voraussetzung ausgehend hat sie Recht.
b) Dies ist, logisch und anwendungstechnisch gesehen, falsch.

146-N Komma: Infinitivgruppe

Infinitivgruppen werden nach den Regeln der Dudenausgabe von 1991 durch Komma abgetrennt.

Wir bitten Sie, uns zu benachrichtigen.

147-N Komma: Infinitivgruppe

Infinitivgruppen werden im Allgemeinen nicht durch Komma abgetrennt (a). Sie werden jedoch dann durch Komma abgetrennt, wenn der Satz ohne Komma zunächst in eine falsche Richtung führt, wenn er ohne Komma schwer zu verstehen ist oder wenn er ohne Komma missverstanden werden kann (b).

a) Wir bitten Sie uns zu benachrichtigen.
b) Wir bitten, unsere Außendienstler gleich nach ihrer Ankunft mit dem neuen Sachverhalt vertraut zu machen.

149-O Komma: nebengeordnete gleichrangige Hauptsätze

Nebengeordnete gleichrangige Hauptsätze, die durch *und, oder, beziehungsweise, weder – noch, entweder – oder* verbunden sind, werden an der Verbindungsstelle durch Komma getrennt.

Wir sorgen fürs Essen, und Sie beschaffen die Unterkunft.

150-O Komma: nebengeordnete gleichrangige Hauptsätze

Nebengeordnete gleichrangige Hauptsätze, die durch *und, oder, beziehungsweise, weder – noch, entweder – oder* verbunden sind, erhalten an der Verbindungsstelle kein Komma (a). Ein Komma ist allerdings erforderlich, wenn die Aussage ohne Komma gedanklich zunächst in eine falsche Richtung führt, wenn der Satz ohne Komma schwer zu verstehen ist oder sogar missverständlich wird (b).

a) Wir sorgen fürs Essen und Sie beschaffen die Unterkunft.

b) Frau Dr. Wagenbach empfängt die Führungskräfte des Kunden, und deren ebenfalls eingeladene Ehepartner nehmen während dieses Empfangs an einer Werksführung teil.

151-P Komma: gleichrangige Nebensätze

Gleichrangige Nebensätze, die durch eine Konjunktion verbunden sind, erhalten an der Verbindungsstelle kein Komma.

Wir wissen nicht, wann er kommt und warum er überhaupt kommen will.

152-P Komma: gleichrangige Nebensätze

Gleichrangige Nebensätze, die durch eine Konjunktion verbunden sind, erhalten an der Verbindungsstelle ein Komma.

Wir wissen nicht, wann er kommt, und warum er überhaupt kommt.

160-Q so dass – sodass

Bisher: so daß

Die neue Wortkombination – mit »ss« – wird in zwei Wörtern geschrieben.

so dass

161-Q so dass – sodass

Bisher: so daß

Die neue Wortkombination – mit »ss« – wird in einem Wort geschrieben.

sodass

170-R Worttrennung (Silbentrennung): Wörter

Fremdwörter, zusammengesetzte Wörter und Wörter mit einer Vorsilbe werden nach ihren Bestandteilen getrennt.

Inter- esse, Ma- gnet; Klebe- masse, dar- auf, ein- ander

171-R Worttrennung (Silbentrennung): Wörter

Fremdwörter, zusammengesetzte Wörter und Wörter mit einer Vorsilbe werden nach Sprechsilben getrennt.

Inte- resse, Mag- net, da- rauf, ei- nander

180-S Worttrennung (Silbentrennung)

Auch ein einzelner Vokal am Wortanfang darf abgetrennt werden.

a- ber, A- der, o- der, Ö- konomie

181-S Worttrennung (Silbentrennung)

Ein einzelner Vokal am Wortanfang darf nicht abgetrennt werden.

Nicht: a- ber Sondern: »aber« auf die neue Zeile

Rechtschreibung und Zeichensetzung: neue Muss-Regeln

Apostroph

Nach Substantiven und nach bestimmten Verbformen ohne Schluss-e steht kein Apostroph.

Die Reu kommt zu spät.
Schreib, wie du sprichst!
Ich lass das lieber bleiben.
Die Müh werd ich mir sparen.

Bindestrich: bei Ziffern

In Zusammensetzungen mit Ziffern steht ein Bindestrich.

6-Zylinder-Motor
10-mal
30-prozentiger Nachlass
63-jährige Arbeitnehmerinnen

Achtung: Dies gilt nicht für Ziffern + Nachsilben und Ziffern + Wortersatzzeichen + Nachsilbe. Beispiele: 4fache Erhöhung, eine 10tel Sekunde, ein 30%iger Nachlass

Getrenntschreibung

1. Verb als zweiter Bestandteil + bestimmte Adverbien

Verbindungen mit »dahinter«, »darin«, »darüber«, »darunter« und »davor« werden getrennt geschrieben (bei den Kurzformen wie »drüber« ist es freigestellt).

dahinter kommen, darin liegen, darüber legen, darunter stehen, davor stellen

2. Verb »sein« als zweiter Bestandteil + Verbindungen mit »sein« werden getrennt geschrieben.

   da sein, dabei sein, darin sein, hinterher sein

3. Verb als zweiter Bestandteil + Verbindungen mit »einander«, »wärts«

   Adverbiale Verbindungen mit »einander« und »wärts« werden immer getrennt geschrieben.

   aufeinander treffen, ineinander verkeilt, aufwärts gehen, rückwärts laufen

4. Verb als zweiter Bestandteil + zusammengesetzte Adverbien

   Zusammengesetzte Adverbien wie *anheim, überhand, vorlieb* werden immer vom Verb getrennt geschrieben.

   anheim stellen, überhand nehmen, vorlieb nehmen, zunichte machen

5. Verb als zweiter Bestandteil + Ableitungen auf »ig«, »isch«, »lich«

   Ableitungen auf »ig«, »isch« und »lich« werden immer vom Verb getrennt geschrieben.

   wichtig nehmen, logisch denken, heimlich tun

6. Verb als zweiter Bestandteil + Partizip

   Besteht eine Wendung aus Partizip und Verb, wird immer getrennt geschrieben.

   getrennt schreiben, verloren gehen

7. Verb als zweiter Bestandteil + Substantiv

   Wenn der erste Bestandteil einer Wendung eindeutig als Substantiv gebraucht ist, wird immer getrennt geschrieben.

   Angst haben, Auto fahren, Eis laufen, Rad fahren, Ski fahren

8. Verb + Verb

   Besteht eine Verbindung aus zwei Verben, wird immer getrennt geschrieben.

   kennen lernen, sitzen bleiben, spazieren gehen, stehen lassen

9. Verb als zweiter Bestandteil + Adjektiv

   Wenn der erste Bestandteil einer Verbindung ein Adjektiv ist, das in dieser Bedeutung gesteigert oder erweitert werden kann, wird getrennt geschrieben.

   Die Entscheidung ist allen schwer gefallen. (schwerer gefallen) Sie hat das Zeichen klein gestaltet. (sehr klein gestaltet)

Getrennt- und Zusammenschreibung: Adjektiv oder Partizip als zweiter Bestandteil

1. Wenn gegenüber einer gebräuchlichen Wortgruppe zum Beispiel eine Präposition oder ein Artikel eingespart wird, ist zusammenzuschreiben.

   mondbeschienen (*vom* Mond beschienen)
   meterdick (*einen* Meter dick, *mehrere* Meter dick)

2. Wenn nichts eingespart wird oder wenn der erste Bestandteil erweitert ist, wird getrennt geschrieben.

   die Stahl verarbeitende Industrie
   eine Aufsehen erregende Nachricht

   Unterscheiden:

   eine äußerst verlustbringende Aktion
   eine erhebliche Verluste bringende Aktion

3. Wenn ein zusammenzuschreibendes Verb zugrunde liegt, wird zusammengeschrieben.

   irregeleitet – eine irregeleitete Persönlichkeit
   nachtwandelnd – mit nachtwandlerischer Sicherheit

4. Wenn eine getrennt zu schreibende Wortgruppe zugrunde liegt, wird getrennt geschrieben.

   allein stehend – allein stehende Sozialempfänger
   verloren gehen – ein verloren gegangener Vorteil

5. Eine Verbindung von adjektivischem Partizip und Adjektiv wird getrennt geschrieben.

   blendend weiß – eine blendend weiße Küche
   kochend heiß – eine kochend heiße Suppe

6. Wenn der erste Bestandteil eine Ableitung auf »ig«, »isch« oder »lich« ist, wird getrennt geschrieben.

winzig klein, verführerisch leicht, grünlich gelb
Achtung! Ausnahme: richtiggehend (im Sinne von »durchaus so zu nennen«)
ein richtiggehender Glücksfall
Aber: eine richtig gehende Uhr

7. Wenn der erste Bestandteil gesteigert oder erweitert werden kann, wird getrennt geschrieben.

   ein leicht verständlicher Text

8. Wenn der erste Bestandteil bedeutungsverändernd wirkt, wird zusammengeschrieben.

   dunkelgrün, halbamtlich

In Zweifelsfällen ist Getrennt- und Zusammenschreibung zulässig.

nicht öffentlich – nichtöffentlich
weit reichend – weitreichend
wohl tuend – wohltuend

Großschreibung

1. Tageszeiten

   Groß geschrieben werden die Tageszeiten nach *gestern, heute, morgen, vorgestern, übermorgen.*

   gestern Abend, heute Morgen, morgen Vormittag, vorgestern Mittag, übermorgen Nachmittag

2. Substantivischer Gebrauch von Nicht-Substantiven

   Substantivisch gebrauchte Adjektive und Partizipien werden immer großgeschrieben.

   etwas Ähnliches, das Gute, Folgendes, das in Kraft Getretene, in Grün, bei Rot gehen, viel Neues, nichts Besonderes

   Es ist das Beste, nicht das Geringste, im Dunkeln tappen, auf dem Laufenden bleiben, aus dem Vollen schöpfen, zum Besten geben, Arm und Reich, Jung und Alt, Gleich und Gleich, Klein und Groß

3. Substantivischer Gebrauch von Pronomen und Zahlwörtern

   Substantivisch gebrauchte Pronomen und Zahlwörter werden großgeschrieben.

   das vertrauliche Du, die böse Sieben

4. Substantivischer Gebrauch von Adverbien, Präpositionen und Interjektionen

   Substantivisch gebrauchte Adverbien, Präpositionen und Interjektionen werden immer großgeschrieben. In Bindestrich-Ausdrücken wird nur das erste Wort großgeschrieben.

   das Auf und Ab, schnelles Hin und Her, wechselndes Ja und Nein, im Voraus – ein vages Als-ob, das Entweder-oder

Kleinschreibung: das Anredepronomen »du« und Ableitungen

Das Anredepronomen »du« und alle Ableitungen werden kleingeschrieben; das gilt auch für Werbetexte, Widmungen usw.

> Lieber Walter,
>
> ich weiß, dass *du* auf eine bestimmte Information wartest, dass *ihr* alle auf eine Nachricht wartet. Aber ich kann sie *euch* noch nicht geben. Ein bisschen wirst *du deine* Angehörigen noch vertrösten müssen.

Komma: bei Anführungszeichen

Wird nach einer wörtlichen Rede der übergeordnete Satz fortgeführt, so steht in jedem Fall nach den Anführungszeichen ein Komma.

Bisher schon: »Dies ist selbstverständlich«, stimmte der Vorstandsvorsitzende zu.
Neu: »Ist das so selbstverständlich?«, fragte der Vorstandsvorsitzende.
Neu: »Nein, auf gar keinen Fall!«, protestierte der Vorstandsvorsitzende.

Satzarten und Wortgruppen

Hauptsätze, selbstständige Sätze

Aussagesatz	Wir stimmen zu.
Fragesatz	Stimmen Sie zu?
Aufforderungssatz	Stimmen Sie doch jetzt endlich zu!

Konjunktionalsätze, Bindewortsätze (Nebensätze)

Beispiel: Kausalsatz (Begründungssatz)	Wir fragen Sie, *weil es wichtig ist.*

Relativsätze, Bezugswortsätze (Nebensätze)

Beispiel:	Die Werbung, *die wir machen,* ist flott.

Indirekte Fragesätze (Nebensätze)

Beispiel:	Wir möchten wissen, *wann er kommt.* Direkt: Wann kommt er?

Verkappte Nebensätze

Beispiel:	*Sagt er zu,* ist das Ziel erreicht. Wenn er zusagt, ist das Ziel erreicht.

Auslassungssätze (Haupt- und Nebensätze)

Beispiel:	Glaubwürdigkeit verloren, alles verloren. Wenn die Glaubwürdigkeit verloren ist, dann ist alles verloren.

Wortgruppen

Infinitivgruppe:	Wir bitten Sie, uns zu benachrichtigen.
Partizipialgruppe:	Die Konkurrenz im Auge behaltend, müssen wir zum richtigen Zeitpunkt agieren.

Satzgestaltung

»Schreiben Sie kurze Sätze!«, lesen wir immer wieder. Vor langen Sätzen wird gewarnt.

Aber: Wer nur kurze Sätze schreibt, entwickelt einen langweiligen und dabei abgehackt wirkenden Stil. Also?

Aber: Ein langweiliger Stil spricht wenig an, schläfert eher ein. Also?

Es geht gar nicht grundsätzlich um lange oder kurze Sätze; es geht um Sätze, die beim ersten schnellen Lesen sofort zu verstehen sind. Richtig: Lange Sätze, die verschachtelt sind, werden in den meisten Fällen die rasche Informationsaufnahme behindern. Doch lange Sätze, in denen eins nach dem andern gesagt wird, können ebenso schnell verstanden werden wie mehrere Kurzsätze.

Was wir brauchen, ist ein flüssiger, lebendig wirkender Text, und den bekommen wir in der Regel durch Abwechslung. Faustregel für die Satzgestaltung: Kurze und mittellange Sätze unterschiedlicher Bauart im Wechsel bevorzugen!

Negativbeispiel 1:

> Unter höfl. Bezugnahme auf das am 10. d. M. mit Ihrem Büro geführte Telefongespräch war der o. g. Bericht aus unerklärlichen Gründen noch nicht erstellt und sollte uns sogleich übermittelt werden, was jedoch bis zum heutigen Tage nicht geschehen ist. Nachdem wir nach wie vor kei-

nerlei Nachricht von Ihnen vorliegen haben, möchten wir Sie nunmehr bitten, um bevorzugte Auftragserledigung bemüht zu bleiben. Ihrem umgehenden Bescheid mit Interesse entgegensehend, verbleiben wir ...

Negativbeispiel 2:

> Wir beziehen uns auf das am 10. d. M. mit Ihrem Büro geführte Telefongespräch. Der o. g. Bericht war noch nicht erstellt. Er sollte uns sogleich übermittelt werden. Das ist bis zum heutigen Tage nicht geschehen. Wir haben nach wie vor keinerlei Nachricht von Ihnen vorliegen. Wir bitten Sie nunmehr um bevorzugte Auftragserledigung. Ihrem umgehenden Bescheid sehen wir mit Interesse entgegen.

Neufassung:

> Unser Telefongespräch am 10. September ergab: Der Bericht war noch nicht fertig, wir sollten ihn dann jedoch schnell erhalten. Bisher – kein Ergebnis! Gibt es irgendwelche Schwierigkeiten? Bitte informieren Sie uns, am besten, indem Sie uns die Ausarbeitung jetzt gleich schicken. Danke.

Satzzeichen

Vieles ist in der Zeichensetzungslehre vorgeschrieben, aber längst nicht alles. Vorgeschrieben ist vor allem die Kommasetzung. Zahlreiche Wahlmöglichkeiten gibt es bei allen anderen Satzzeichen, vor allem beim Doppelpunkt, Gedankenstrich, Semikolon.

Das Komma dient in erster Linie der Ordnung im Satz. Auslassungszeichen, Doppelpunkt, Gedankenstrich und Semikolon sind im Wesentlichen als Stilmittel zu bewerten. Anführungszeichen, Ausrufezeichen, Fragezeichen und Punkt sind zum Teil Pflicht-, zum Teil Wahlzeichen.

Eine vielfältige Benutzung von Satzzeichen als Stilmittel pflegt mit einer lebendigen Satzlandschaft verbunden zu sein. Ein Briefbeispiel:

Die folgende Fassung A enthält nur Punkte.

> Sie zahlen nicht. Wir haben dagegen unsere Leistung erbracht und verzichten nicht auf den vereinbarten Gegenwert. Nun bleiben uns nur noch die üblichen gerichtlichen Schritte.
>
> Hiermit setzen wir Ihnen eine letzte Zahlungsfrist bis zum Ende dieses Monats.

Die folgende Fassung B enthält dagegen auch viele andere Satzzeichen.

> Sie zahlen nicht; wir verzichten nicht auf den Gegenwert unserer Leistung. Was bleibt? – Der Rechtsweg.

Bitte, vermeiden Sie eine solche Entwicklung! Bis zum 31. August – Betrag auf unserem Konto eingehend – können Sie es.

Hier finden wir, der Reihe nach: Semikolon, Punkt, Fragezeichen, Gedankenstrich, Punkt, Komma, Ausrufezeichen, zwei Gedankenstriche, Punkt.

Die Satzarten: Aussagesatz, Aussagesatz, Fragesatz, Auslassungssatz, Aufforderungssatz, Anfang Hauptsatz, Partizipialgruppe als Parenthese, Ende Hauptsatz.

Schreibregeln: Wozu brauchen wir sie?

Sollte nicht jede und jeder die eigenen Texte so zu Papier bringen, wie es ihr und ihm gefällt? Das darf so sein: im privaten Bereich. Wo wir jedoch in einer Gemeinschaft arbeiten – sei es ein Wirtschaftsunternehmen oder eine Behörde –, ist dieser Spielraum zu groß und daher unzweckmäßig.

Was spricht für einheitliche Schreibweisen?

1. Rationelles Arbeiten

   Als 1976 die Neufassung der Schreibregeln entwickelt wurde, trat die Forderung »Rationell schreiben!« entscheidend stärker als bis dahin in den Vordergrund.

   Das Schreibvolumen nahm zu, Schreibkräfte aber waren zu einem knappen Personalgut geworden.

   Im Zusammenwirken mit der Gesellschaft für Rationelle Textverarbeitung mbH in Bergisch Gladbach führte das Bundesverwaltungsamt 1980 eine Vergleichsuntersuchung »Maschinenunterstützte Korrekturverfahren« durch. In den BBI-Informationen, Heft 80, stand unter dem Titel »3.3 Zusammenfassung«, Punkt 6:

   »Eine erhebliche Rationalisierungsreserve liegt im übrigen aber nicht nur in der Textautomation selbst, sondern in der einfachen Gestaltung der Schriftstücke. Durch die einfache Gestaltung des Schriftgutes nach DIN-Regeln (Musterschriftstücke) allein ergab sich bei der Textaufnahme eine Ersparnis von ca. 25 %.«

   Mit anderen Worten: Wenn ohne feste Regeln geschrieben wird, ist die Schriftgutproduktion wesentlich teurer, als sie zu sein brauchte.

2. Einheitliches, ansprechendes Textbild

   Wo individuelle Schriftbildgestaltung herrscht, werden manche Schriftstücke äußerlich einen guten Eindruck machen, während andere eher unaufgeräumt oder gar unschön wirken. Das Ergebnis ist dann ja vom Geschmack Einzelner abhängig.

Dies ist natürlich nicht im Sinne einer ansprechenden Repräsentation nach außen; das gilt in besonderem Maße für Geschäfts- und Behördenbriefe, widerspricht also auch den Corporate-Identity-Bemühungen, die überall zur Selbstverständlichkeit geworden sind.

3. Übereinstimmung zwischen Ausbildung und Praxis

   Was in den berufsbildenden Schulen gelehrt und gelernt wird, bedarf der Regeln. Die Lehrenden können wohl kaum eine Art typografischen Kunstunterricht erteilen. Und falls sie es täten: wie sollten sie die Kenntnisse und Fähigkeiten prüfen und bewerten?

   Wenn aber dem Nachwuchs bestimmte Textbildregeln vermittelt werden, wäre deren Nichtbeachtung in der Praxis ein unhaltbarer und für die Lernenden ein unzumutbarer Zustand.

4. Schreibregeln – Hilfen für das Phonodiktat

   Wo das Phonodiktat verwendet wird, bieten die Schreibregeln eine Erleichterung und ermöglichen eine Beschleunigung des Schreibvorgangs. Wenn zum Beispiel einmal »Einrücken«, einmal »Etwas einrücken« und einmal »Etwas mehr einrücken« angesagt wird, dann sind Missverständnissen, Rückfragen und Verärgerungen die Türen geöffnet. Liegt dagegen fest, daß »Einrücken« immer dasselbe bedeutet, gleichgültig, wie Diktierende es ausdrücken mögen, so gibt es keinerlei Verzögerungen, und das Diktierergebnis ist immer dasselbe.

Was heute gilt, ist in den »Schreib- und Gestaltungsregeln für die Textverarbeitung« (DIN 5008) in der Fassung von 1996 festgelegt. Dieses Werk wurde im Deutschen Institut für Normung e. V. erarbeitet. Geleistet wurde diese Arbeit von einem Ausschuß, der sich aus DIN-Fachleuten, Lehrkräften, Fachleuten der Wirtschaft (auch Autoren dieses Buches) und der Behörden zusammensetzt, das heißt, alle interessierten Seiten aus Schule und Praxis waren beteiligt.

Der jetzige DIN-5008-Titel hat den alten Titel »Regeln für Maschinenschreiben« abgelöst, weil er sich, vor allem unter dem PC-Einfluß, als zu eng erwies. Da heute stark überwiegend mit dem Personalcomputer geschrieben wird, mussten dessen Besonderheiten angemessen berücksichtigt, durften aber zugleich die Belange des herkömmlichen »Maschinenschreibens« nicht aufgegeben werden.

Wie schon in den früheren Fassungen, kennt die DIN 5008 unterschiedliche Elemente:

1. Vorschriften (zum Beispiel für die Anschriftgestaltung)
2. Alternativregeln (zum Beispiel Position von Währungseinheiten)

3. Empfehlungen (zum Beispiel Position der Seitennummerierung)
4. Muster (die keine zusätzlichen Regeln begründen)

Dass es Alternativregeln und Empfehlungen gibt, bedeutet: Die Anwender haben einen gewissen Gestaltungsfreiraum. Bei den Entscheidungen im eigenen Geltungsbereich sind folgende Festlegungen möglich:

a) Ausrichtung an Vorschriften und Empfehlungen
Bei Alternativregeln muß entschieden werden.

b) Ausrichtung an Vorschriften
Bei Alternativregeln und Empfehlungen muß entschieden werden.

Semikolon

Das Semikolon ist das Mauerblümchen unter den Satzzeichen: weder Punkt noch Strich – eben Strichpunkt. Wo kann es stehen, wo ist es brauchbar, wo leistet es uns vielleicht sogar gute Dienste?

Die Hauptaufgabe dieses Satzzeichens: Es ist dort geeignet, wo ein Komma zu schwach, ein Punkt zu stark trennt. Eine Nebenaufgabe: Das Semikolon kann in Aufzählungen gleichartige Ausdrucksgruppen voneinander abgrenzen.

Die Formulierungen »Es ist dort geeignet« und »kann« sagen bereits, dass es im Ermessen der Schreibenden liegt, ein Semikolon zu benutzen oder stattdessen ein Komma oder einen Punkt oder (in Aufzählungen) Gedankenstriche zu wählen.

> Die moderne Textverarbeitung – mit den Hauptzweigen der Textbearbeitung und der Textbaustein-Verarbeitung – ist in den sechziger und siebziger Jahren entwickelt worden und war damals für viele noch recht risikoreiches Neuland; sie ist heute aus der Büroarbeit nicht mehr wegzudenken.

Der zweite Gedanke schließt sich logisch an den ersten an, ist inhaltlich mit ihm verbunden. Das Semikolon macht diesen Zusammenhang deutlich. Ein Komma ließe vermuten, der erste Gedanke werde fortgeführt; ein Punkt vermittelte dagegen den Eindruck, der folgende Satz liefere inhaltlich etwas ganz Neues. Beides trifft nicht zu. Der zweite Satz enthält zwar einen neuen Gedanken, aber etwas »ganz Neues« bringt er nicht; er schließt sich eng an das Vorausgegangene an, geht aus ihm hervor.

Ein Punkt hätte übrigens den Nachteil, dass das folgende SIE groß begonnen werden müsste. Die Lesenden könnten das »Sie« zunächst als Anredefürwort auffassen, obwohl es das ja nicht ist.

> Der Duden kann in der Büroarbeit nur unterstützende Funktion in Zweifelsfällen haben; denn zum größten Teil müssen die Diktieren-

den und Schreibenden Rechtschreibung und Zeichensetzung beherrschen.

Häufig machen Konjunktionen wie »denn«, »daher«, »deshalb« deutlich, dass der folgende Gedanke eine starke Bindung an den vorhergehenden hat; auch an solchen Stellen bietet sich das Semikolon als angemessenes Trenn- und Koppelungszeichen an.

Ein Semikolon eignet sich auch dafür, Gegensätze, die aufeinander bezogen sind, als zusammengehörend darzustellen.

In einer freisinnig angelegten Familie
ist der Witz ein gern gesehener Gast;
der Humor gehört zu den guten Geistern des Hauses.

Wenn's um Geld geht,
glaub deinem Geschäftsfreund die Hälfte;
Geschäftsfreunde sind auch Menschen.

Wenn Unordnung zum Kreativitätsnachweis wird,
erstickt sie die Kreativität;
wenn Ordnung zum Lebenszweck wird, erstickt sie das Leben.

An kritischen Aussagestellen kann das Semikolon unnötiges Nachdenken und vermeidbare Verärgerung verhindern.

Die von Ihnen vorgeschlagenen Maßnahmen lehnen wir ab. Wir könnten allerdings darüber zu einem Einvernehmen kommen, wenn der Zeitplan geändert würde.

Damit sind wir keinesfalls einverstanden. Dem Alternativvorschlag könnten wir jedoch zustimmen, wenn die folgenden Voraussetzungen erfüllt wären: …

In beiden Fällen sagt der Text im ersten Satz ein glattes Nein. Im zweiten Satz zeigt er dann aber einen Weg zur Verständigung. Und was geschieht beim Lesen? Wer einen schroff ablehnenden Satz runtergeschluckt hat, pflegt innezuhalten und die Ablehnung zu bedenken; vielleicht erregt er sich auch darüber, ist entrüstet, empört. Ganz schlimm: Man liest gar nicht erst weiter. Das reicht! Ein bekömmlicherer Umgang mit einem solchen Text wird durch ein Semikolon nahe gelegt. Es sagt: Lies erst mal weiter!

Bei den Bewerberinnen und Bewerbern ist zu prüfen: Auffassungsgabe, Gedächtnis, Kombinationsfähigkeit; Auftreten, Manieren, sprachliche Gewandtheit; Arbeitskraft, Vitalität.

Wir haben Folgendes zu bedenken:

An erster Stelle rangiert die Information;

an zweiter Stelle muss die Motivation stehen;
an dritter Stelle folgt die gründliche Einarbeitung.

Im ersten Text haben wir eine Aufzählung von einzelnen Wörtern, die Fähigkeiten und Eigenschaften aus verschiedenen Bereichen nennen. Der zweite Text enthält eine Aufzählung in Sätzen, die aber aufeinander bezogen sind. In beiden Fällen ist die Semikolon-Trennung zweckmäßig.

Streckformen (Funktionsverbgefüge)

Was ist unter dem Ausdruck »Streckformen« zu verstehen? Wörtlich: Es sind gestreckte Formen. Ausgangsmaterial dafür sind Verben; sie werden gestreckt durch Verwandlung in ein Substantiv und Anreicherung durch ein Funktionsverb, oft mit Hilfe einer Präposition. Anschaulich:

Wir werden die Reifen *prüfen.*
Wir werden die Reifen *einer Prüfung unterziehen.*

Wir werden dieses Verfahren *anwenden.*
Wir werden dieses Verfahren *in Anwendung bringen.*

Sie können *abrechnen.*
Sie können *die Abrechnung vornehmen.*

Man spricht auch von Streckverben oder von Funktionsverbgefügen. Die Bezeichnung »Streck*verben*« statt »Streck*formen*« ist insofern ungünstig, als man nicht weiß, ob sie das ursprüngliche Verb oder den daraus entwickelten umfangreicheren Ausdruck meint, der aber dann kein Verb mehr ist. Die Bezeichnung »Funktionsverbgefüge« ist die sprachwissenschaftlich richtige, aber nicht gerade anschauliche Bezeichnung. Also: Streckformen.

Wir begegnen diesen Streckkonstruktionen (noch eine Bezeichnung!) auf Schritt und Tritt. Also: Das Verb wird in ein Substantiv verwandelt.

Sie können die Abrechnung

Infolge der Verwandlung fehlt nun ein Verb als Satzaussage. Der Inhalt von »abrechnen« steht nicht mehr zur Verfügung, weil er im Hauptwort steckt. Ersatz muss her, ein Ersatz, der nicht mehr die eigentliche Aussage liefern soll (hier: abrechnen), sondern nur noch die Aufgabe hat ... die Funktion hat, einen unvollständigen in einen vollständigen Satz zu verwandeln (hier: das Funktionsverb »vornehmen«).

Sie können die Abrechnung vornehmen.

Wie sind die Streckformen einzuschätzen? Was zeichnet sie aus? Was – vor allem – ist schlecht an ihnen? Die Frage nach ihren Schwächen ist offenbar die wichtigste; denn sie werden ebenso bevorzugt benutzt wie heftig bekämpft.

Bevor wir uns mit diesen Fragen befassen, hier eine kleine Auswahl besonders häufig benutzter Streckformen (die Funktionsverben vorangestellt):

bringen

auf den Weg bringen	schicken
zum Ausdruck bringen	ausdrücken
in Anwendung bringen	anwenden
in Vorschlag bringen	vorschlagen
zum Versand bringen	versenden
zur Ausführung bringen	ausführen
zur Auslieferung bringen	ausliefern, liefern
zur Durchführung bringen	durchführen
zur Gutschrift bringen	gutschreiben
zur Kenntnis bringen	mitteilen
zur Verladung bringen	verladen, laden

In der Wendung »zur Durchführung bringen« wird sogar mit dem Funktionsverb »bringen« ein zum Substantiv erhobenes weiteres Funktionsverb – durchführen – benutzt.

durchführen	
einen Test durchführen	testen
erbringen	
den Nachweis erbringen	nachweisen
erfolgen	
Die Zahlung erfolgt gleich.	Gezahlt wird gleich.
Die Prüfung erfolgt später.	Geprüft wird später.
gelangen	
zur Ausführung gelangen	ausgeführt werden
kommen	
in Wegfall kommen	wegfallen
zur Anwendung kommen	angewendet werden
zur Anwendung kommen lassen	anwenden
nehmen	
in Vormerkung nehmen	vormerken
in Verwahrung nehmen	verwahren
tragen	
Sorge tragen für	sorgen für
vornehmen	
die Abrechnung vornehmen	abrechnen

die Durchsicht vornehmen	durchsehen
die Lieferung vornehmen	liefern

ziehen – unterziehen

in Erwägung ziehen	erwägen
einer Kontrolle unterziehen	kontrollieren

Meistens sagen die Streckformen so gut wie dasselbe aus wie die einfachen Formen, die Verben; sie sagen es nur etwas aufwendiger.

Manchmal gibt es zwischen den beiden Ausdrucksformen kleine Unterschiede. Beispiel:

> Der Kanzler drückte in seiner Rede aus, dass wir sparen müssen.
> Der Kanzler brachte in seiner Rede zum Ausdruck, dass wir sparen müssen.

Man mag das so interpretieren: Im ersten Satz sagte er seine Meinung klipp und klar, im zweiten Satz eher indirekt, vielleicht sogar zwischen den Zeilen.

In manchen Fällen haben sich die Streckformen in ihrer Bedeutung so weit von den zugrunde liegenden Formen wegentwickelt, dass eine Rückübersetzung nicht mehr möglich ist.

> Wir müssen das in Betracht ziehen.
> Wir müssen das betrachten. (?)

Nein, »betrachten« für »in Betracht ziehen« ist nicht möglich. Wenn wir die Streckform in ein einfaches Vollverb verwandeln wollen, müssen wir ein ganz anderes Tätigkeitswort nehmen. Zum Beispiel:

> Wir müssen das berücksichtigen.

Und warum werden die Streckformen nun auf der einen Seite so fleißig benutzt und auf der anderen Seite so fleißig bekämpft?

So fleißig benutzt werden sie sicherlich gedankenlos, und die treibende Kraft mag der anhaltende Trend zu mehr Hauptwortverwendung sein.

So fleißig bekämpft werden sie, weil sie – häufig eingesetzt – die Sätze länger, schwerfälliger und schwerer verständlich machen.

Empfehlung: Streckformen sind eine Bereicherung unserer Ausdrucksmöglichkeiten. Nutzen wir sie, indem wir überlegt und sparsam mit ihnen umgehen – so die Möglichkeit der Ausdruckserweiterung durch Streckformen realisierend und die Schwächen dieser Schreibweise vermeidend.

umgehend

Das Wort »umgehend« hat die Bedeutung von »sofort«. Wer den Ausdruck mag – in Ordnung. Bedenklich ist es jedoch, wenn sich »umgehend« als Pauschalwort aufspielt und alle anderen Ausdrücke dieser Bedeutungsrichtung frisst, verschluckt, verschwinden lässt. Und genau das ist geschehen, geschieht, wird geschehen. Hier einige der Ausdrücke, die »es« erwischt hat:

sofort
unverzüglich
gleich
sogleich
rasch
möglichst rasch
bald
so bald wie möglich
schnell
so schnell wie möglich
schnellstens
ohne jede Verzögerung
mit nächster Post

Unsere Sprache verarmt, wenn all diese Darstellungen mit ihren vielseitigen Nuancen durch »umgehend« ersetzt werden. Das Wort »umgehend« ist korrekt, ist verwendbar, aber für alle, die ihre Individualität nicht ganz und gar in einem 08/15-Stil untergehen lassen wollen, zurückhaltend zu benutzen.

verbleiben

Das Verb »verbleiben« hat viele Jahrzehnte lang eine hervorragende Rolle in einer Formel gespielt, die den letzten Satz mit dem Gruß verband.

> Wir hoffen, Ihnen mit diesen Angaben gedient zu haben, und verbleiben
>
> mit freundlichen Grüßen

Dieser »hoffen-gedient-zu-haben«-Schluss-Satz und der »verbleiben«-Anschluss zu den Grüßen haben ausgedient. Beiden begegnen wir zwar hier und da noch, aber wer Wert auf einen modernen Geschäftsbrief-Stil legt, wird sich hüten, dergleichen noch zu benutzen.

Die Abneigung hat auch damit zu tun, dass dieser Schluss selbst in Briefen benutzt wurde, in denen die Preise erhöht wurden oder die Empfänger Absagen erhielten. Gedankenlose, gnadenlose Formelhaftigkeit.

Verständlichkeit

Wie oft haben wir schon gehört oder selbst erfahren, dass ein Brief schwer oder gar nicht zu verstehen sei. Das liegt zum Teil an Logikfehlern, zum Teil an ungünstiger Ausdrucksweise. Was können wir stilistisch tun, um die Informationsaufnahme zu erleichtern?

1. Einen überlangen Satz in mehrere Sätze umformulieren.

   Beispiel:
   Wir teilen Ihnen hierdurch mit, dass wir Ihnen eine Fristverlängerung bis zum 31.10. über den Betrag in Höhe von DM 141,00 gewähren, und hoffen, dass Sie diesen Termin fristgerecht einhalten werden, da wir anderenfalls den ausstehenden Betrag über ein Zwangsverfahren, das für Sie mit weiteren Kosten und Unannehmlichkeiten verbunden wäre, beitreiben lassen müssen.

   Neue Fassung:
   Für die Zahlung der noch ausstehenden 141 DM räumen wir Ihnen eine Frist bis zum 31. Oktober ein. Wenn das Geld an diesem Tag noch nicht auf unserem Konto eingegangen ist, werden wir den Rechtsweg gehen. Das wäre für Sie mit weiteren Kosten und Unannehmlichkeiten verbunden.

2. Überdehnte Klammeraussagen vermeiden.

   Beispiel:
   Wir *möchten* zunächst den gegen unsere Außendienstmitarbeiterin, Frau Dr. G. Sinnwald, erhobenen Vorwurf, sie habe Ihnen nur leere Versprechungen gemacht, *ausräumen.*

   Neue Fassung:
   Wir *möchten* zunächst den Vorwurf *ausräumen,* unsere Außendienstmitarbeiterin, Frau Dr. G. Sinnwald, habe Ihnen nur leere Versprechungen gemacht.

3. Imponierstil vermeiden.

   Beispiel:
   Bei dem in der letzten Woche stattgefundenen Besuch Ihrer sehr geehrten Frau Brehmer und Ihres sehr geehrten Herrn Dr. Alfred Brandt in unserem Unternehmen wurde diskussionsmäßig ein Schwerpunkt auf das Studium der Einsatz- beziehungsweise Anwendungsmöglichkeiten unserer neuen Tarife gelegt.

   Neue Fassung:
   Frau Brehmer und Herr Dr. Brandt haben bei ihrem Besuch letzte

Woche vor allem die Anwendungsmöglichkeiten unserer neuen Tarife mit uns diskutiert.

4. Substantivketten vermeiden.

   Beispiel:
   Das Voranstellen der Erhaltung des Lebens bedeutet gerade in der Unfallchirurgie die Bedeutung der Beachtung der Elementargefahr durch Störung des Kreislaufs und der Atmung.

   Neue Fassung:
   Die Lebenserhaltung voranzustellen bedeutet gerade in der Unfallchirurgie: Zuerst auf Kreislauf und Atmung achten!

5. Mit unterschiedlichen Satzarten und Satzzeichen arbeiten.

   Beispiel:
   Sofern Sie der Meinung sind, aufgrund dieses Unfalls Ansprüche aus Ihrer Einzel-Unfallversicherung stellen zu können, so sind wir selbstverständlich bereit, dieselben zu prüfen, wenn Sie uns in diesem Falle den als Anlage beigefügten Vordruck Unfall-Schaden-Anzeige entsprechend ausgefüllt und von Ihnen unterschrieben zurücksenden.

   Neue Fassung:
   Sind Sie der Meinung, dass Sie wegen dieses Unfalls Ansprüche aus Ihrer Einzel-Unfallversicherung stellen können? Wenn ja, senden Sie uns bitte den beigefügten Vordruck »Unfall-Schaden-Anzeige« – ausgefüllt und unterschrieben – zurück. Wir werden den Fall dann sofort prüfen; Sie erhalten innerhalb einer Woche unsere Antwort.

6. Nichts Überflüssiges schreiben.

   Beispiel:
   Schadenregulierung Kfz GL-XY 1234
   Ihr Schreiben vom 17.05.1999

   Sehr geehrte Frau Wilkening,

   Bezug nehmend auf Ihr o. g. Schreiben, teilen wir Ihnen mit, dass in rubrizierter Schadensache eine Erstattung der von Ihnen angeforderten Besprechungsgebühr nicht in Erwägung zu ziehen ist.

   Am 27.04.99 erfolgte das gegenständliche Telefongespräch als unmittelbare Folge Ihres Schreibens vom 26.04.99, das Sie zu unserem Bedauern fälschlicherweise an unsere Filiale in Overath adressiert haben.

   Während dieses Telefonats haben wir unsererseits vollinhaltlich unsere Bereitschaft erklärt, den Schaden zu regulieren, falls relevante Belege von Ihnen vorgelegt würden. Daraus ist zu entnehmen, dass unser Telefongespräch keinerlei kontradiktorischen Gehalt aufwies, tatsächliche beziehungsweise rechtliche Fragen betreffend.

Bei diesem unstreitigen Sachverhalt möchten wir Sie um Ihr Verständnis dafür bitten, dass es uns nicht möglich ist, die beanspruchte Besprechungsgebühr zu unseren Lasten zu übernehmen. Dementsprechend dürfen wir nunmehr davon ausgehen, dass die Angelegenheit hiermit ihre Erledigung gefunden hat.

Mit freundlichem Gruß

Dieser Brief ist schwer zu verstehen, zumal für einen juristischen Laien. Außerdem verstößt er grob gegen die Forderung »Rationell arbeiten!«. Was war zu sagen?

Neue Fassung:
Schadensache ...
Ihr Brief vom 17. Mai 1999

Sehr geehrte Frau Wilkening,

in unserem Telefongespräch vom 27. April haben wir uns bereit erklärt, in dieser Schadensache die Kosten zu tragen, sobald Sie uns die Reparaturbelege geschickt haben.

Bitte haben Sie Verständnis dafür, dass dieser Sachverhalt – unsere Zusage – keinen Grund für die Übernahme einer Besprechungsgebühr bietet.

Freundlich grüßt Sie

»Vorreiter«

Das Wort »Vorreiter« hat mehrere Bedeutungen. Die für unseren Fall zutreffende könnte sein: Wenn früher der Zirkus ins Dorf kam, ritt einer allein vorweg: der Vorreiter. Er war noch nicht der Zirkus, die Hauptsache, sondern nur der Ankündiger. Auf die Satzgestaltung übertragen: Der »Vorreiter« kündigt an, die angekündigte Aussage folgt. Und so sieht diese Stilfigur aus:

In diesem Zusammenhang möchten wir noch ausdrücklich darauf hinweisen, dass unsere Preise zwei Jahr lang nicht erhöht worden sind.

Es gibt eine Regel, immer wieder aufgewärmt, wonach Hauptsachen in Hauptsätze gehören. Im Allgemeinen ist diese Regel nicht sinnvoll, in einem besonderen Fall dagegen ist sie es – im Fall unserer Vorreiter.

In unserem Beispielsatz weist jemand ausdrücklich darauf hin, dass … Die Aussage, auf die es ankommt, hinkt hinterher. Die Nebensache füllt den Hauptsatz, die Hauptsache steht im angehängten Nebensatz. Das ist nicht zweckmäßig. Meistens können wir solche Vorreiter einfach weglassen und so die Nebensatzaussage zur Hauptsatzaussage machen.

Unsere Preise sind zwei Jahre lang nicht erhöht worden.

Wird eine derartige Aussage aber nicht durch den Vorreiter verstärkt? Nein. Erstens: Die knappe, bestimmte Aussage ohne jegliches Drumherum ist meistens am stärksten. Zweitens: Vorreiter wie der oben vorgeführte sind so oft benutzt worden, dass sie schon deshalb extrem an Wirkung verloren haben. Drittens: Die Logik des Vorreiters ist nicht zwingend, denn der Schreiber *möchte* nicht nur darauf hinweisen, er tut es. Viertens: Der Inhalt des Nebensatzes – die Hauptaussage – *ist* der Hinweis.

Typische Vorreiter, denen wir wieder und wieder begegnen:

In diesem Zusammenhang erlauben wir uns die Anfrage, …
In diesem Zusammenhang gestatten wir uns die Frage, …
In diesem Zusammenhang möchten wir darauf verweisen, …
In diesem Zusammenhang sei darauf aufmerksam gemacht, …
In diesem Zusammenhang ist noch zu bemerken, …
In diesem Zusammenhang sei noch daran erinnert, …

Unter den gegebenen Umständen sei nicht verschwiegen, …
Unter diesen Umständen möchten wir ausdrücklich sagen, …
Unter diesen Umständen möchten wir darauf hinweisen, …

Wir erlauben uns, Ihnen mitzuteilen, …
Wir gestatten uns, Ihnen mitzuteilen, …
Wir machen vorsorglich darauf aufmerksam, …
Wir möchten Gelegenheit nehmen, darauf hinzuweisen, …
Wir möchten nicht versäumen, darauf aufmerksam zu machen, …

Wir haben keinen Zweifel daran, ..
Wir stehen auf dem Standpunkt, …
Wir sind aufs höchste erstaunt, …

Zu unserem großen Bedauern müssen wir Ihnen mitteilen, …
Wir sehen uns leider gezwungen, …
Wir freuen uns, Ihnen mitteilen zu können, …

Dies ist nur ein kleiner Auszug möglicher Vorreitergestaltung. Wer sich dieses Stilmittels häufig bedient, bekommt relativ lange Texte. Wer es bewusst sparsam einsetzt, kann es zu seinem Vorteil nutzen. Beispiel:

Ich erlaube mir, nun doch einmal darauf hinzuweisen, dass der Geschädigte hier nicht der Angeklagte ist.

In einer solchen Aussage hat der Vorreiter, hat sogar der verstaubte Anfang »Ich erlaube mir« seinen Sinn. Der Rechtsanwalt, der so formuliert, betont damit, dass es ihm wohl zustehe, dass es angebracht sei, sich … zu erlauben. Außerdem hat die Wendung an dieser Stelle noch einen beabsichtigten leicht ironischen Unterton.

»Vorsilben«

Warum steht die Bezeichnung »Vorsilben« hier in Anführung? Weil sie die allgemeinsprachliche Bezeichnung für drei verschiedene Verbbestandteile ist.

Präfixe – Vorsilben

Vorsilben im engen Sinne sind kleinste bedeutungstragende Verbbestandteile in Anfangsstellung (Gegenstücke: Suffixe – Nachsilben). Beispiele:

be-, er-, ge-, ver- in Wörtern wie
berenten, ergeben, gebieten, verändern

Verbzusätze

Unter dem Begriff »Verbzusätze« sind solche »Vorsilben« zu verstehen, die auch allein vorkommen können und mit Verben unfeste Verbindungen eingehen. Beispiele:

an – durch (Präpositionen); fest – los (Adjektive); teil – stand (Substantive) in Wörtern wie:
angeben, durchhalten; festnageln, losbinden; teilnehmen, standhalten

Unfeste Verbindungen sind es, weil sich die so gebildeten Verben zweiteilen lassen. Beispiele:

Geben sie auch diese Einnahmen an!
Wir halten das nicht mehr lange durch.
Wir halten dem Konkurrenzdruck stand.
Nageln Sie die Gegenseite darauf fest!
Binden Sie den Gefangenen los.
Daran nehmen wir auf keinen Fall teil.
Halten Sie das durch?

Halbpräfixe

Halbpräfixe werden solche Verbzusätze genannt, die zwar äußerlich den Verbzusätzen, inhaltlich aber eher den Präfixen zuzuordnen sind. Beispiele:

ab – auf – aus in Wörtern wie
abklingen (verklingen), aufwachen (erwachen), auslachen (verlachen)

Dies nur zur genauen Unterscheidung. Für das Folgende kommen wir mit dem ungenauen Ausdruck »Vorsilben« zurecht.

Die für uns wichtige Frage: Wann verwende ich ein Verb mit »Vorsilbe«, wann nehme ich die einfache Form?

In manchen Fällen ist diese Frage leicht zu beantworten: weil die zusammengesetzte Form eine klar andere Bedeutung als die einfache Form hat. Beispiele:

brechen – aufbrechen
Mit dieser Tradition haben wir gebrochen.
Jetzt brechen wir zu neuen Ufern auf.
erben – enterben
Der Sohn wird nur einen Teil davon erben.
Der Erblasser hat sein Enkelkind enterbt.

Wo dies nicht so ist, wird's schwierig. Beispiel:

ändern – abändern – umändern – verändern

Im Duden, im alten wie im neuen, finden wir:

abänderlich; abändern; Abänderung; Abänderungsvorschlag

Das Wort »abänderlich« ist mir nicht bekannt; ich habe es auch noch nie in einem Text gesehen. Aber naja … offenbar gibt es dieses Wort, vielleicht anlog zu »zögernd – zögerlich«.

Doch zurück zu unserer Reihe! Können Sie zwischen den vier Varianten inhaltliche Unterschiede erkennen? In meinen Seminaren habe ich oft »ändern« im Vergleich zu »verändern« zur Diskussion gestellt. Immer war das Ergebnis: Die einen meinten, dass »ändern«, die anderen, dass »verändern« auf eine stärkere Änderung deute, auf einen stärkeren Eingriff in einen Text zum Beispiel. Bei so großer Unsicherheit fragt es sich, ob wir nicht am günstigsten fahren, indem wir die einfache Form – hier »ändern« – bevorzugen.

Nehmen wir, von »heben« ausgehend, das Wort »aufheben«. Der Unterschied wird in den beiden folgenden Beispielen klar.

Ich hebe dieses Gewicht mit Leichtigkeit.
Ich hebe die runtergefallenen Äpfel auf.

Aber das zusammengesetzte Wort »aufheben« selbst bietet uns mehrere inhaltliche Möglichkeiten.

Das Urteil wurde aufgehoben. (ungültig gemacht)
Wir haben diese Unterlagen für Sie aufgehoben. (aufbewahrt)
Der Zeuge hob das angefahrene Kind auf. (emporheben)

Welches »aufheben« gemeint ist, geht meistens aus dem Kontext hervor, es sei denn, dass – zum Beispiel in einem Gedicht – beabsichtigt ist, alle drei Bedeutungen zugleich gelten zu lassen.

Wieder ein anderes Problem bescheren uns Wörter, welche zwei Bedeutungen haben, die in derselben Textumgebung Sinn ergeben. Beispiel:

> aufgeben
> Wir bitten Sie, Ihren Ersatzanspruch aufzugeben.

Der so aufgeforderte Versicherungslaie glaubt vielleicht, man fordere ihn zum Verzicht auf seinen Ersatzanspruch auf, und ist womöglich über diese Zumutung empört. Die Sachbearbeitungskraft der Versicherung hat jedoch gemeint, der Versicherungsnehmer solle bitte seinen Ersatzanspruch *an*geben, nennen, spezifizieren; und nun ist sie natürlich verwirrt, wenn ihr Briefpartner so unwirsch reagiert.

In solchen Fällen ist es natürlich angebracht, das mehrdeutige Wort gegen ein eindeutiges einzutauschen.

> Wir bitten Sie, Ihren Ersatzanspruch zu beziffern.
> Wir bitten Sie, auf Ihren Ersatzanspruch zu verzichten.

Wie sollen wir nun, insgesamt gesehen, mit den »Vorsilben«-Wörtern umgehen? Die Beispiele sagen uns: Es kann keine feste Regel geben. Höchstens eine Doppel-Faustregel:

> Die einfachen Wörter bevorzugen!
>
> Die »Vorsilben«-Wörter überlegt einsetzen!

Wenn ich einen Grund habe – klanglich, rhythmisch, inhaltlich –, von der einfachen Verform abzuweichen, dann ist die zusammengesetzte Form angebracht und gerechtfertigt.

Weibliche Sprachformen

Wir alle kennen das Problem nun zur Genüge: die sprachliche Gleichstellung von Frau und Mann. Korrekte Doppelnennungen, korrekte, intelligente und falsche Kurzformen begegnen uns in einem fort. Was ist zu empfehlen?

Generisches Maskulinum

Wenn in einer Werkzeitschrift steht, daß »unsere *Mitarbeiter* die Einführung des Zeitkontos überwiegend begrüßt haben«, dann wird niemand vermuten, dass es nur die männlichen gewesen sind. Wenn da zu lesen ist, dass »*keiner* von dem Aktienangebot Gebrauch gemacht hat« oder »*jeder* zu dem guten Betriebsergebnis beigetragen hat«, dann wird auch niemand vermuten, es seien nur männliche Wesen gemeint.

Wo das Geschlecht keine Rolle spielt, könnten wir mit den männlichen Formen leicht auskommen – wie wir das ja auch jahrhundertelang getan haben. Wir könnten … aber wir können nicht: weil zu viele Frauen – und sicher auch Männer – die Gleichstellung von Männlein und Weiblein auch sprachlich überall sichtbar machen wollen; in Personalanzeigen ist sie sogar Vorschrift. Also?

Doppelnennung

Am einfachsten zu handhaben und ganz korrekt ist natürlich die Doppelnennung:

> Unsere Mitarbeiterinnen und Mitarbeiter waren alle damit einverstanden.
> Viele Sachbearbeiterinnen und Sachbearbeiter sind in der Lage, mit einem PC umzugehen.
> Zeitungsleserinnen und -leser behalten wesentlich mehr Fakten als Nur-Fernseherinnen und -seher.

Ein bisschen umständlich ist die Doppelnennung schon, aber wenn sie nur gelegentlich vorkommt … Nun gibt es allerdings Texte, in denen bestimmte Personenbezeichnungen sehr häufig genannt werden müssen: zum Beispiel in einem Korrespondenz-Fachbuch die Korrespondentinnen und die Korrespondenten, in einer Versicherungsinformation die Versicherungsnehmerinnen und Versicherungsnehmer. Wenn wir die beiden Formen immer, wo diese Personen vorkommen, ausschreiben, erhalten wir garantiert einen nahezu »unlesbaren« Text. Wir brauchen also Auswege.

Schrägstrich

Den Schrägstrich können wir auf zweierlei Weisen verwenden.

Erstens: *Dieser Brief ist Herrn/Frau Wilkening auszuhändigen.* Der Schrägstrich bedeutet hier »oder«. Wie ist es bei *»Diese Information ist Frau/Herrn Wilkening zugänglich zu machen.«*? Da wird's kritisch, denn der Schrägstrich kann auch »und« vertreten. Bei dieser Aussage möchten wir jedoch wissen, ob es genügt, wenn Frau *oder* Herr Wilkening die Information erhält, oder ob beide sie erhalten müssen. Es erscheint also sinnvoller, das durch ein »und« oder »oder« zu klären. Also: *Diese Information ist Frau oder Herrn Wilkening zugänglich zu machen.* Sinnvoll ist eine solche kleine Verkürzung in Tabellen. Zum Beispiel könnte es eine Zuständigkeitsspalte geben, und dort könnte unter »Diagnose« stehen: Arzt/Ärztin. Damit wäre klar, daß kein Nichtmediziner in Frage käme.

Zweitens: Der Schrägstrich ist brauchbar, wenn sich bei zwei Formen kein Vokal verändert (nicht wie bei Arzt/Ärztin). Beispiel: Die Mitarbeiter/-innen. Hier wird der männlichen Form lediglich etwas angefügt: innen. Hat die männliche Form jedoch eine eigene Endung, ist von der Schrägstrichendung abzuraten. Beispiel: Dozent-en, Dozent-innen = Dozenten/-innen. Manchmal begegnen uns in solchen Fällen auch zwei Schrägstriche: Dozent/-inn/-en. Natürlich ist auch das nicht zu empfehlen. Wie sollen die Leser/-innen (die Leser, die Leserinnen) damit noch vernünftig umgehen?

Klammern

Klammern sind etwas beweglicher als der Schrägstrich. Beispiel: *Die Dozent(inn)en haben dem Vorschlag zugestimmt.* Dagegen wird allerdings manchmal eingewandt, daß die weibliche Form auf diese Weise benachteiligt würde: weil eben sie – im Gegensatz zu der männlichen Form – innerhalb der Klammern realisiert werde.

Das große I

Beispiel 1: *Die MitarbeiterInnen sind rechtzeitig informiert worden.* Das wäre möglich, wenn nicht ... Beispiel 2: *Den MitarbeiterInnen wurde dies ausdrücklich gesagt.* Das ist nicht möglich, weil ...

Können Sie die beiden unvollständigen Sätze ergänzen? Beispiel 1: ... wenn nicht das große I überhaupt »verboten« wäre. Was heißt »verboten«? Das große I ist tatsächlich teilweise – in bestimmten Behörden und Institutionen – verboten. Ein echtes Verbot also! Darüber hinaus »verbietet« sich das große I, weil Großschreibung im Wortinnern weder nach den alten noch nach den neuen Rechtschreibregeln möglich ist.

Dass wir der Großschreibung im Wortinnern trotzdem häufig begegnen – vom DeutschlandRadio über HerzensBrecher, HörComputer und IntranetWare bis zur SuperFunLine –, ist als Gegenargument nicht brauchbar: Die Werbung ist in dieser oder jener Richtung schon immer aus der Reihe getanzt, und die meisten Leser/-innen pflegen ihr dieses Gegen-das-Übliche-Spielzeug großzügig zu lassen. Abgesehen davon, dass die Freundinnen/Freunde dieser Mitten-drin-Großbuchstaben ja keineswegs so halsbrecherische Grammatikexperimente wagen, wie es manche I-Befürworter/-innen gelegentlich tun.

Damit wir uns nicht falsch verstehen: Wer trotz allem mit dem großen I arbeiten will, den erwartet weder ein Bußgeldbescheid noch eine schlechte Schulnote. Also bitte: Sie entscheiden.

Artikel, Adjektive, Pronomen

Diese drei Wortarten bereiten besondere Schwierigkeiten. Möglichkeiten, damit klarzukommen:

> Der/die Erste bekommt einen Preis.
> Wer gewinnt, bekommt einen Preis.

Jede/jeder wußte das genau.
Alle wußten das genau.
Jeder/jede Mitarbeiter/-in muß seine/ihre eigene Anwesenheitsliste führen.
Alle müssen ihre eigene Anwesenheitsliste führen.

Direkte Anrede

In vielen Texten können wir das Problem dadurch elegant umgehen, dass wir die Gemeinten direkt ansprechen. Denken Sie an Personalanzeigen. Beispiel:

Für unsere Sparte Chemikalien suchen wir eine

Führungskraft

mit folgenden Voraussetzungen:

Sie haben eine kaufmännische Lehre absolviert oder bringen eine vergleichbare Qualifikation mit. Ihr Alter liegt zwischen 25 und 38 Jahren. Sie verfügen über einige Jahre Verkaufserfahrung.

Das Passiv

Auch das meistens – oft zu Unrecht – verdammte Passiv kann uns hier und da behilflich sein. Beispiel:

Bei uns sind die Sekretärinnen und die Sachbearbeiter/-innen angewiesen, nur noch mit dem PC zu schreiben.

So geht's auch:

Bei uns gilt die Anweisung: Es wird nur noch mit dem PC geschrieben.

Oder:

Manchmal hat man keine Wahl: In den genannten Fällen urteilt man immer negativ.

Da viele Damen auch das Wort »man« nicht ausstehen können, bietet sich, unter anderem natürlich, eine Formulierung wie diese an:

Manchmal besteht keine Wahl: In den genannten Fällen wird immer negativ geurteilt.

Mit Fantasie geht's auch

Manchmal jedenfalls. Statt in einem Buch über die Verständlichkeit von Texten immer wieder *der Leser/die Leserin* und *die Leser/-innen* können wir auch mit dem Partizip arbeiten: *die Lesenden.* Ebenso möglich: *die Mitarbeitenden, die Erbenden, die Studierenden, Lehrende, Lernende, Ausgemusterte, Eingestellte …*

Was sagen und schreiben wir eigentlich, wenn es um leitende Mitarbeiter(innen) geht? Wir benutzen den Ausdruck *Führungskräfte.* Das lässt sich auch in anderen Fällen machen: *Sachbearbeitungskräfte, Schreibkräfte.*

Statt *die Geschäftsführer/innen* ist auch die Sachbezeichnung *die Geschäftsführung* möglich, statt *der/die Leiter/in* können wir auch *die Leitung* benutzen.

Grundsätze – Empfehlungen

1. Bilden Sie keine falschen Formen.
2. Achten Sie darauf, daß Ihre Texte nicht durch häufigen Gebrauch komplizierter Formen für die Lesenden unzumutbar werden.
3. Wechseln Sie zwischen richtigen Formen ab, damit Ihre Texte nicht eintönig werden.

Zusammengefasst: Für das relativ junge Problem der Gleichstellung von weiblichen und männlichen Sprachformen gibt es kein Patentrezept, und es ist auch, was die einzelnen Möglichkeiten betrifft, nicht vorauszusehen, welche sich durchsetzen werden. Es bleibt uns also nichts anderes übrig, als die verschiedenen korrekten Schreibweisen im Interesse der Lesenden und im Interesse der Textqualität sinnvoll zu nutzen, ohne uns dabei allzu sehr einengen zu lassen.

Manchmal sind sie angenehm ...

jene männlichen Sprachformen nämlich, zu denen weibliche Varianten fehlen. Denken wir an Ausdrücke wie:

du dummer Hund
der blöde Affe
dieser Esel
alberner Kasper
du Clown
dieser Hampelmann
der Doofkopf
alter Suffkopp
dieser Gimpel
Knallkopf
der Lebemann
dieser Armleuchter

Sicherlich finden Sie noch mehr solch wenig schmeichelhafter Vokabeln, auf deren Ausgestaltung mit weiblichen Endungen Sie gerne verzichten werden.

Wenn Männer einer Frau dergleichen Schmeicheleien an den Kopf werfen möchten, müssen sie sich mit einer weitaus kleineren Auswahl begnügen. Zu den bekanntesten gehören:

die dumme Gans,
die alte Ziege und
die dusselige Kuh (»Alfred«!).

Ein widersprüchlicher Ausdruck ist die berüchtigte

Schnapsleiche,

die sich, obwohl grammatisch weiblich, stark überwiegend nur in männlichen Exemplaren ausmachen und bergen lässt.

Eine andere Kuriosität zu unserem Thema:

Die »Hausfrau« gab es lange Zeit nur weiblich, eben mit dem Bestimmungswort »Haus« und dem Grundwort »Frau«. Seit ein paar Jahrzehnten ist dieser anstrengende, vielseitige und – wenn er richtig angepackt und intelligent ausgeübt wird – interessante »Beruf ohne Einkommen« massiver Abwertung verfallen. Die Besonderheit dabei: Die Abwertung stammt ausnahmsweise einmal nicht von den bösen Männern, sondern fast ausschließlich von Frauen. »Nur Hausfrau?« Anerkannt – und oft zugleich bemitleidet – werden dagegen Hausfrauen, die »dann auch noch berufstätig« sind, also eine fast »unmögliche« Doppelaufgabe bewundernswert meistern. (Was schreibe ich bloß, wenn ich nicht das Verb zu »Meister«, sondern sichtbar ein Verb zu »Meisterin« bilden möchte? Vielleicht weiche ich doch lieber auf »eine Doppelaufgabe bewältigen« aus.)

In der jüngeren Vergangenheit hat sich nun neben der »Hausfrau« berechtigterweise der »Hausmann« etabliert. Wenn ein Mann etwas macht, müsste das doch eigentlich der ganzen Sache einen erheblichen Aufschwung verschaffen, nicht wahr? Denkste! Die Position der »Hausfrau« hat sich damit keinesfalls verbessert; höchstens insofern, als sie einen Leidensgenossen bekommen hat. Der Haus*mann* findet sogar in der Regel noch viel weniger Anerkennung als die Haus*frau.*

Da kenne sich noch einer aus! Macht die Sprache mit uns, was sie will? Oder – machen vielleicht *wir* mit der Sprache, was *wir* wollen?

Wortarten

Wir unterscheiden neun Wortarten. Das sind:

Substantiv (Hauptwort)	Kind, Lisa, Organisator, Familie, Amsel, Rose, Schere, Gerät, Stahl, Geist, Schlag, Schlaf, Jugend, Würde, Ehe, Musik, Meter, Mai;

	Anbahnung, Befragung, Prüfung; das Anbahnen, das Befragen, das Prüfen
Verb (Tätigkeitswort, Zeitwort)	haben, sein, werden (Hilfsverben) binden, schlafen, wohnen (Vollverben) dürfen, können, mögen (Modalverben) pflegen, scheinen (modifizierende Verben mit dem Infinitiv mit »zu«) binden (Infinitiv, Grundform) bindend (Partizip Präsens, Mittelwort der Gegenwart) gebunden (Partizip Perfekt, Mittelwort der Vergangenheit)
Adjektiv (Eigenschaftswort)	schön, schnell, kurz; drei, fünftens (früher: Numerale; jetzt: Zahladjektiv)
Artikel (Geschlechtswort)	der, die, das, ein, eine, ein
Pronomen (Fürwort)	ich, mich, mein, jene, was, niemand
Adverb (Umstandswort)	dort, bald, gern, genug, fast, außerdem, nur, vielleicht
Präposition (Verhältniswort)	auf, aus, dank, durch, für, trotz, wegen
Konjunktion (Bindewort)	aber, denn, oder, und; als, daß, falls, indem, obgleich, wenn
Interjektion (Empfindungswort)	ach, oh, pfui

Zahlen

Zahlen können wir in Buchstaben und in Ziffern schreiben: zwölf – 12. Eine alte Buchdruckerregel lehrte: Zahlen bis zwölf werden in Buchstaben, größere Zahlen in Ziffern geschrieben.

Diese alte Buchdruckerregel gilt nicht mehr. Bei der Entscheidung, ob in Buchstaben oder in Ziffern zu schreiben ist, richten wir uns nach der Zweckmäßigkeit.

Aus einem Geschäftsbrief:

> Wir haben uns drei verschiedene Versionen genau angesehen.

In solchen Fällen würde die Ziffer wie ein Fremdkörper wirken.

In Texten dagegen, in denen die Anzahl einer Sache auffallen soll oder in denen mehrere Anzahlbezeichnungen vorkommen, die vielleicht auch noch miteinander verglichen werden sollen, würde die Lesbarkeit und Überschaubarkeit durch Zahl*wörter* erschwert.

Wir haben nicht 4, sondern gleich 6 dieser Muster gekauft.
Beim Kauf von mindestens 3 Exemplaren verbilligt sich der Einzelpreis auf 18,40 DM, bei mindestens 10 Exemplaren auf 17,80 DM, bei mindestens 15 Exemplaren auf 17,20 DM.

(Noch deutlicher würde die Darstellung in Tabellenform.)

Zu bedenken ist in dem Zusammenhang auch, dass in manchen Texten Stückzahlen unter und Stückzahlen über 13 vorkommen. Wer wollte da die eine Sorte in Buchstaben, die andere in Ziffern darstellen?

Ein Problemchen gibt es des Öfteren bei »ein«, weil »ein« sowohl Zahladjektiv als auch unbestimmter Artikel sein kann. Es empfiehlt sich dann, das Zahlwort »ein« optisch zu betonen. Zum Beispiel:

Wir haben einen Versuch gemacht.
Wir haben *einen* Versuch gemacht. Mehr war nicht nötig.

In Beträgen dient das Dezimalkomma dazu, größere Einheiten von kleineren zu trennen.

4,75 DM   2 350 000,00 DM

Kommen in einem Text – zum Beispiel in Geschäftsberichten – keine Pfennigbeträge vor, ist es sinnvoll, die Kennzeichnung »0,00« wegzulassen. Überflüssig. Nebeneffekt: Preise wirken optisch kleiner (Werbung!).

1 430,00 DM   1 430 DM

Weitere Regeln: s. Bindestrich; s. Zahlengliederungen im Buchteil »Schreibregeln«.

Teil 2

Schreib- und Diktierregeln (DIN 5008/5009) von A wie Abkürzungen bis Z wie Zwischenräume

Zur Neufassung 1996 der DIN 5008

Als Sammlung von Regeln für das Maschinenschreiben war die DIN 5008 über viele Jahre eine der bekanntesten und meistgenutzten Normen. Mit der immer größeren Verbreitung von Personalcomputern (PC) verlor die Norm zunächst etwas an Bedeutung, weil sie nicht unmittelbar auf PC-Textverarbeitungen übertragen werden konnte.

Bei der 1996 veröffentlichten Neufassung war deshalb das wesentliche Ziel, eine Norm zu schaffen, die gleichermaßen für PC-Nutzung wie für Maschinenschreiben geeignet ist. Zudem sollte es keine völlig neue Norm sein, sondern sich organisch aus der bisherigen entwickeln.

Aus den »Regeln für Maschinenschreiben« wurden folgerichtig die »Schreib- und Gestaltungsregeln für die Textverarbeitung«. Tatsächlich wurde erreicht, dass die bisherigen Briefblattbemaßungen beibehalten werden konnten, der PC-Nutzer aber die für ihn passende Übersetzung – statt Gradangaben Millimeterangaben – mitgeliefert bekommt. Dies führte zwar zu etwas »krummen« Werten, die jedoch nur einmal in der Textverarbeitung einzustellen sind.

Von A bis Z

Abkürzungen

Die Regeln (nach DIN 5008 Abschnitt 3.5):

- **Abkürzungen erhalten immer dann einen Punkt, wenn man sie im vollen Wortlaut des ungekürzten Wortes spricht.** »Z. B.« wird nicht als »zett-be« gelesen, sondern als »zum Beispiel«.

  Mio., Mrd., vgl., bzw., evtl.

- **Stehen mehrere Abkürzungen hintereinander, so werden sie wie ungekürzte Wörter durch Leerzeichen voneinander getrennt.**

  z. B., z. H., d. h., i. A., i. V.

  Bei einigen wenigen Ausnahmen wird nur ein Punkt hinter die Abkürzung gesetzt:

  ppa., usw., usf.

- **Wird eine Abkürzung wie ein selbstständiges Wort (buchstäblich) gesprochen, ist sie ohne Punkt und in sich ohne Leerzeichen zu schreiben.**

  AG, GmbH, Kfz, Lkw, Pkw, USA

Weitere Hinweise zur Anwendung:

Steht eine Abkürzung am Satzende, so wird nur der Satzendepunkt (also nicht zwei Punkte) geschrieben.

> Zur Bewilligung des Darlehens bitten wir Sie, uns die üblichen Unterlagen zu schicken wie Kaufvertrag, Baugenehmigung, Einkommensnachweis usw.

Nutzen Sie Abkürzungen in Briefen sparsam: Zu viele Abkürzungen können flüssiges Lesen erschweren. Ein Brief mit vielen Abkürzungen wirkt eher geschäftsmäßig kühl; Abkürzungen sollten Sie in persönlichen Briefen vermeiden.

Absätze

Die Regel (nach DIN 5008 Abschnitt 9.1):

- **Absätze sind vom vorhergehenden und vom folgenden Text durch *eine Leerzeile* zu trennen.**

  Dieses Beispiel zeigt die so genannte Leerzeilenregel der Absatzbildung.

  Die Leerzeilenregel gilt durchgehend für maschinenschriftliche Texte, nicht aber für den Buchdruck.

Weitere Hinweise zur Anwendung:

Obwohl die Leerzeilenregel der DIN 5008 sehr einfach ist, wird gerade gegen diese Regel oft verstoßen. Praxisbeispiele:

Falsche Absatzbildung ohne Leerzeile

> Das erste Beispiel zeigt eine Absatzbildung ohne Leerzeile. Beim Absatzwechsel wurde nur eine statt zwei Zeilenschaltungen eingegeben.
> [Falscher Absatzbeginn] Wenn die letzte Zeile des vorhergehenden Absatzes sehr lang ist, kann man den Absatzwechsel kaum erkennen.
>
> [Falscher Absatzbeginn] Bei PC-Anwendungen neigt man oft auch dazu, nur halbe Zeilen Abstand einzufügen. Auch dies ist für den Buchdruck, nicht aber für das Maschinenschreiben zulässig.

Falsche Absatzbildung durch Einzüge

> [Falscher Absatzbeginn] Die Bildung von Absätzen durch Einzüge ist zwar formal eindeutig, aber nach DIN 5008 nicht zulässig.
> [Falscher Absatzbeginn] Die Bildung von Absätzen durch Einzüge findet man oft in Büchern.

Weitere Hinweise zur Absatzbildung finden Sie in den Abschnitten »Einrückungen« und »Aufzählungen«.

Abschnitte

Die Regeln (nach DIN 5008 Abschnitt 9.3):

- **Abschnittsüberschriften sind durch je eine Leerzeile vom vorhergehenden und vom folgenden Text abzusetzen.** Sie werden damit wie eigene Absätze behandelt. Dies gilt unabhängig davon, ob eine weitere Überschrift oder Fließtext folgt.
- **Abschnittsüberschriften in Texten beginnen alle am linken Rand.** Eine Einrückung der Überschriften je nach Ebene entspricht nicht der DIN 5008 und ist auch wenig rationell.
- **Ein- oder mehrstufige Absatznummern erhalten am Ende keinen Punkt.** Eine Darstellung »5.« ist somit für Aufzählungen geeignet, nicht aber als Abschnittsnummer.
- **Die Abschnittsnummer wird durch *mindestens* zwei Leerzeichen vom folgenden Überschrifttext getrennt.** Diese Neuregelung ist besonders für PC-Nutzer gedacht; bisher mussten es genau zwei Leerzeichen sein.
- **Eine eventuell benötigte zweite Zeile in der Überschrift wird bündig zum Text der ersten Überschriftzeile geschrieben.**

Beispiele:

1 Modelleisenbahnsteuerungen

Heute hat auch die moderne Computertechnik Einzug in die Welt der Modelleisenbahn gehalten. Digitale und konventionell gesteuerte Systeme sind zu unterscheiden.

1.1 Digitalsteuerungssysteme für Modelleisenbahnen
mit PC-Unterstützung

Bei digitalen Steuerungssystemen wird nicht mehr die Spannung im Gleis variiert. Stattdessen erhält das Gleis immer volle Spannung. Die Lokomotiven erhalten Steuerimpulse.

Alternativbeispiel mit Tabsprung (zulässig durch die neue Regel »mindestens zwei Leerzeichen«):

1 Modelleisenbahnsteuerungen

Heute hat auch die moderne Computertechnik Einzug in die Welt der Modelleisenbahn gehalten. Digitale und konventionell gesteuerte Systeme sind zu unterscheiden.

1.1 Digitalsteuerungssysteme für Modelleisenbahnen
mit PC-Unterstützung

Bei digitalen Steuerungssystemen wird nicht mehr die Spannung im Gleis variiert. Stattdessen erhält das Gleis immer volle Spannung. Die Lokomotiven erhalten Steuerimpulse.

Weitere Hinweise zur Anwendung:

In der DIN 5008 wurde ein Beispiel mit zwei Leerzeichen aufgenommen, weil diese Form meistens als günstiger empfunden wird. Bei der im zweiten Beispiel dargestellten Form entstehen zum Teil große Leerräume zwischen der Abschnittsnummer und der zugehörigen Überschrift.

Absätze und Abschnitte: Absätze untergliedern einen Text durch Leerzeilen. Diese Unterteilung allein reicht jedoch nicht für längere Texte. Deshalb werden längere Texte häufig in Abschnitte unterteilt, denen eine – insbesondere bei Fachtexten nummerierte – Abschnittsüberschrift zugeordnet wird. Ein Abschnitt enthält in der Regel mehrere Absätze, die selbst keine Überschrift haben, sondern allenfalls mit einer Absatznummer gekennzeichnet sind, wenn sie Teil einer Aufzählung sind.

Abschnittsüberschriften werden häufig mit typografischen Mitteln wie größerer Schrift, Fettschrift oder Unterstreichen hervorgehoben. Abschnittsnummern werden in der Regel durch arabische Ziffern gebildet. Zu diesen weiteren Gestaltungsfragen enthält die DIN 5008 allerdings keine Regeln, sondern verweist auf die DIN 1421 (»Gliederung und Benummerung in Texten – Abschnitte, Absätze, Aufzählungen«).

Absender auf Blankobögen

Die Regeln (nach DIN 5008 Anhang B, C, E):

Die DIN 5008 geht von der »Verwendung genormter Vordrucke« (Abschnitt 12 der DIN 5008) aus – ein Absender ist dann eingedruckt. Soll der Absender aber als mehrzeiliger Kopf eines Briefes geschrieben werden, so gelten die Maßangaben, die in der DIN 5008 in den Tabellen der Anhänge B und C verbindlich für die erste Zeile des Absenders geregelt sind.

- **Die erste Absenderzeile beginnt auf Grad 10 und endet maximal auf Grad 39 (bei 10er-Maschinenschrift). Übersetzt für PCs liegt der Zeilenbeginn bei 24,1 mm, das Zeilenende bei 100,3 mm von der linken und 109,7 mm von der rechten Blattkante.**
- **Von der oberen Blattkante gerechnet, steht die erste Absenderzeile in der fünften Zeile. Dies entspricht einem Zeilenbeginn nach 16,9 mm bei PC-Programmen.**

Weitere Hinweise zur Anwendung:

Üblicherweise schreibt man auf Blankobögen den Absender in folgender Form (entspricht Anwendungsbeispiel E.6 der DIN):

Frank Manekeller
Hansaring 91
50670 Köln
Tel. (02 21) 77 66 55

Wird der Briefkopf frei gestaltet – zum Beispiel auch mit typografischen Elementen –, steht die gesamte Blattbreite zur Verfügung. Die Höhe des Briefkopfes beträgt 27 mm nach Form A der DIN 676 und 45 mm nach Form B der DIN 676. Dieser Platz kann für die Gestaltung des Briefblattes genutzt werden.

Absenderzeile für Fensterbriefumschläge

Die Regeln (nach DIN 676, Abschnitte 5.1 und 5.2):

Bei Briefblättern, die einen mit einer PC-Textverarbeitung gestalteten Briefkopf enthalten, ergänzt man häufig eine Absenderzeile, die als oberste Zeile bei Fensterbriefumschlägen sichtbar sein soll. Die Positionierungsangaben dafür finden sich in der DIN 676.

- **Das Feld für die Postanschrift des Absenders hat die Maße 5 mm x 85 mm und beginnt 20 mm entfernt von der linken Blattkante.**
- **Das Feld folgt unmittelbar nach dem Briefkopf, das heißt nach 27 mm von der oberen Blattkante bei Form A und nach 45 mm bei Form B.**
- **Als Schriftgröße wird eine Schrift von 6 Punkt für die postalische Absenderangabe empfohlen. Bei kurzen Adressen ist auch ausreichend Platz für Absenderangaben in der Schriftgröße 8 Punkt.**

Siehe hierzu auch die grafische Darstellung unter dem Stichwort »Briefblätter (Seiteneinteilung)«.

Sicherzustellen ist, dass die Absenderangaben klar getrennt sind von den folgenden Anschriftangaben – eine Variation der Schrift und/oder eine Abgrenzungslinie sind Hilfsmittel dafür.

Anlagenvermerk

Die Regeln (nach DIN 5008 Abschnitte 12.13, 12.13.1 und Anhang B):

- **Das Wort »Anlage(n)« im Anlagenvermerk kann hervorgehoben werden.** Dies ist eine Neuregelung der DIN-Ausgabe 1996. Meistens wählt man als Hervorhebung die Fettschrift.
- **Der Anlagenvermerk steht am linken Rand** (Grad 10 beziehungsweise nach 24,1 mm).
- **Er folgt dem Briefschluss – Gruß oder Firmenbezeichnung – mit einem empfohlenen Mindestabstand von drei Zeilen.**
- **Bei maschinenschriftlicher Angabe der Unterzeichner folgt der Anlagenvermerk mit einer Leerzeile Abstand.**
- **Anlagenvermerke können auch auf Grad 50 entsprechend 125,7 mm von der linken Blattkante geschrieben werden. Der Anlagenvermerk steht dann mit einer Leerzeile Abstand zum Text** (also auf Höhe der Grußformel). Diese Variante wird häufig dann angewandt, wenn am Seitenende aus Platzgründen die linksbündige Schreibweise nicht mehr möglich ist.

Weitere Hinweise zur Anwendung:

Zu der Neuregelung, dass die Leitwörter »Anlage« und »Anlagen« hervorgehoben werden dürfen, hat sich in der Praxis folgende Schreibweise durchgesetzt: Werden die einzelnen Anlagen hinter dem Leitwort nicht aufgeführt, schreibt man »Anlage(n)« ohne jede Hervorhebung. Sind jedoch die einzelnen Angaben hinter dem Leitwort aufgelistet, ist eine Hervorhebung sinnvoll; bei Schreibmaschinenschrift zum Beispiel durch Unterstreichen, bei PC-Nutzung durch Fettschreiben.

Wie die Anwendungsbeispiele E.2 und E.6 auch zeigen, enthält der Anlagenvermerk keine Satz- oder Aufzählungszeichen. Um auf typische Fehler hinzuweisen: Nach dem Leitwort »Anlage(n)« wird kein Doppelpunkt gesetzt; vor einzeln aufgeführten Anlagen werden keine Aufzählungsstriche geschrieben.

Beispiele:

Linksbündiger Anlagenvermerk im Briefschluss

Mit freundlichen Grüßen

Internet-Services GmbH

ppa.	i. A.
Baumann	Lüdenscheidt

Anlagen
HTML-Probeseiten
Referenzen

Anlagenvermerk bei Platzmangel

Mit freundlichen Grüßen		**Anlagen** HTML-Probeseiten Referenzen
Internet-Services GmbH		
ppa.	i. A.	
Baumann	Lüdenscheidt	

Anrede

Die Regeln (nach DIN 5008 Abschnitt 12.8):

- **Bei Briefen mit Betreff folgt ihm die Anrede mit zwei Leerzeilen Abstand.** Dies ist dem Abschnitt 12.7 der DIN 5008 zu entnehmen, in dem der Betreff geregelt ist.
- **Die Anrede beginnt an der Fluchtlinie, also auf Grad 10 entsprechend nach 24,1 mm Abstand von der linken Blattkante.**
- **Nach der Anrede folgt der Text mit einer Leerzeile Abstand.**

Weitere Hinweise zur Anwendung:

Die Anrede schließt in aller Regel mit einem Komma. Der Anredeschluss mit einem Ausrufezeichen ist auch zulässig, heute aber wenig üblich.

Anschriftfeld (Position)

Die Regeln (nach DIN 5008 Abschnitt 12.5 und Anhang B, C; DIN 676 Abschnitt 5.3; die Regeln korrespondieren hier mit Postvorschriften, zum Beispiel »Merkblatt über Formen und Maße, Aufschrift und Außenseite der Sendungen im Briefdienst«):

- **Das Anschriftfeld hat die Maße 40 mm x 85 mm.**
- **Bei Briefblättern der Form A nach DIN 676 (hoch gestelltes Anschriftfeld) liegt die linke obere Ecke des Anschriftfelds 32 mm von der oberen Blattkante und 20 mm von der linken Blattkante entfernt.**
- **Bei Briefblättern der Form B nach DIN 676 (tief gestelltes Anschriftfeld) liegt die linke obere Ecke des Anschriftfelds 50 mm von der oberen Blattkante und 20 mm von der linken Blattkante entfernt.**
- **Das Anschriftfeld umfasst neun Zeilen.**
- **Die erste Anschriftzeile steht bei Briefblättern der Form A in der neunten Zeile von der oberen Blattkante (= 33,9 mm Abstand vor dieser Zeile).**
- **Die erste Anschriftzeile steht bei Briefblättern der Form B in der dreizehnten Zeile von der oberen Blattkante (= 50,8 mm Abstand).**
- **Der Text beginnt auf Grad 10 bezogen zur linken Blattkante (= Rand von 24,1 mm).**
- **Der Anschrifttext endet maximal bei Grad 39** (alte Ausgabe DIN 5008 Grad 40) **entsprechend 100,3 mm von der linken Blattkante.**

Siehe hierzu auch die grafische Darstellung unter dem Stichwort »Briefblätter (Seiteneinteilung)«.

Weitere Hinweise zur Anwendung:

Die Vielfalt der Regeln zur Position des Anschriftfelds ergibt sich daraus, dass hier die Bemaßung für zwei verschiedene Briefbögen erforderlich ist – und zwar für das Feld (Fenster) selbst wie zusätzlich für den Text im Feld. Diese Angaben werden insbesondere benötigt, wenn Sie sich per PC-Textverarbeitung eigene Briefblätter einrichten – zum Beispiel als Dokumentvorlagen bei Word. Die Bemaßungen sind dann jedoch nur einmal für einen Positionsrahmen oder ein Textfeld einzugeben.

Beim Schreiben mit Schreibmaschinen muss man sich nur merken: Beginn am linken Rand (= Grad 10) und in der neunten beziehungsweise dreizehnten Zeile.

Anschriftgestaltung (Ausland)

Die Regeln (nach DIN 5008 Abschnitt 12.5.3):

Die generellen Regeln zur Anschriftgestaltung finden Sie unter den Stichworten »Anschriftfeld (Position)«, »Anschriftgestaltung (Beispiele)«, »Anschriftgestaltung (Inland)«, »Anschriftgestaltung (Postleitzahlen)«. Im Folgenden sind nur die besonderen abweichenden Punkte für Auslandsanschriften aufgeführt.

- **In der letzten Zeile der Anschrift steht das Bestimmungsland. Es wird mit Großbuchstaben geschrieben – und zwar in deutscher Sprache.**
- **Auf die Angabe des Bestimmungslands kann bei bestimmten Ländern verzichtet werden, wenn das Länderkennzeichen zusammen mit einem Mittestrich vor die Postleitzahl gesetzt wird.** In aller Regel entsprechen die postalischen Länderkennzeichen den Kfz-Länderkennzeichen. In Abweichung von dieser Regel empfiehlt die Post-AG seit 1999, nicht mehr das Länderkennzeichen zu verwenden, sondern immer das Bestimmungsland auszuschreiben. Die Verwendung des Länderkennzeichens hat offensichtlich bei den maschinell gesteuerten Postverteilungszentren zu häufig zu Fehlern geführt.
- **Der Bestimmungsort wird möglichst in der Sprache des Bestimmungslands angegeben** – also zum Beispiel LIEGE und nicht Lüttich. **Der Bestimmungsort wird ebenfalls in Großbuchstaben geschrieben.**
- Auslandsanschriften werden in aller Regel nicht durch Leerzeilen unterteilt.
- Soweit möglich sollte die Anordnung der Bestandteile einer Auslandsanschrift von der Absenderangabe des Briefpartners übernommen werden.

Anschriftgestaltung (Beispiele)

Die Regeln (nach DIN 5008 Abschnitt 12.5 und Anhang D):

Die Regeln zur Anschriftgestaltung stehen unter den Stichworten »Anschriftgestaltung (Inland)«, »Anschriftgestaltung (Ausland)« sowie unter »Anschriftgestaltung (Postleitzahlen)«. Ähnlich wie in der veröffentlichten DIN 5008 sollen die Beispiele nur die Regelanwendung verdeutlichen. Die Ziffern in den Beispielen geben die Zeilen innerhalb der Anschrift an.

Beispiele:

Einfache Zustellanschrift mit zusätzlichem Wohnungshinweis

1
2
3 Herrn
4 Helmut Schmidt
5 Moosdorfstraße 37 // W 12
6
7 12345 Berlin
8
9

Abholanschrift mit zwei Ansprechpartnern

1
2
3 Frau Luise Hartmann
4 Herrn Fritz Muliar
5 Postfach 12 34 56
6
7 51465 Bergisch Gladbach
8
9

Zustellanschrift, Anrede mit Titeln

1
2
3 Herrn Professor
4 Dipl.-Ing. Sibelius Erdmann
5 Sachsendorfer Hauptstraße 112
6
7 03048 Cottbus
8
9

Großkundenanschrift

1
2
3 Assecurancia
4 Versicherungs-AG
5 Abt. Sach-Schaden
6
7 50597 Köln
8
9

Kleine Firma mit Abholanschrift

1
2
3 Firma
4 Josef Schmalzbier
5 Postfach 12 34 56
6
7 47178 Duisburg
8
9

Firma, Ansprechpartner bekannt

1
2
3 Müller & Lüdenscheidt OHG
4 Frau Birgit Jordan
5 Rosenkavalierplatz 13
6
7 81925 München
8
9

Eilzustellung zu einer Behörde

1 Post Express
2
3 Finanzamt
4 Bergisch Gladbach
5 Herrn Volker Sendler
6 Refrather Weg 35
7
8 51469 Bergisch Gladbach
9

Vorausverfügung mit langer Anschrift

1 Büchersendung
2 Nicht nachsenden
3 Frau
4 Dipl.-Kffr. Kristina Müller-Wohlfahrt
5 Herrn
6 Dipl.-Ing. Alexander Sonnenschein
7 Aachener Straße 12
8
9 56072 Koblenz

Anschrift mit Stadtteilangabe

1
2
3 Herrn
4 Dipl.-Kfm. Jürgen Fleiter
5 Bensberg
6 Schloßfeldweg 32
7
8 51429 Bergisch Gladbach
9

Anschrift mit Ordnungsbezeichnung

1
2
3 444 111
4 Herrn Architekt
5 Kersten Mildenberg
6 Bachstelzenweg 14
7
8 86169 Augsburg
9

Anwendungsbeispiel für eine Auslandsanschrift

1
2
3 Monsieur
4 Charles Van Dammen
5 Avenue du Boulevard 21 bte 9
6 B-5000 NAMUR

Anschriftgestaltung (Inland)

Die Regeln (nach DIN 5008 Abschnitt 12.5):

Bei diesem Regelteil ist besonders zu beachten, dass hier die DIN 5008 Postregeln in Auszügen übernimmt. Sollten sie sich in der Laufzeit der Normen ändern, gehen die Postregeln vor. Die Regeln zur Anschriftgestaltung gelten nicht nur für alle Schriftstücke, sondern auch für Briefhüllen. Die Regeln lassen sich thematisch gruppiert betrachten:

1. Die Gliederung der Angaben im Anschriftfeld

   a) Sendungsart, Besondere Versendungsform, Vorausverfügung
   •
   b) Empfängerbezeichnung
   c) Ortsteilnamen (falls gewünscht) und
   Postfach mit Nummer (= Abholangabe) oder
   Straße mit Hausnummer, eventuell zusätzlich Gebäudeteil, Stockwerk, Wohnungsnummer (= Zustellangabe)
   •
   d) Postleitzahl und Bestimmungsort; bei Verwendung von Großkunden-Postleitzahlen entfällt c!

   Der gesamte Inhalt des Anschriftfelds wird auch als Aufschrift bezeichnet. Der Teil b bis d ist die Anschrift (im engeren Sinne).

2. Satzzeichen und Hervorhebungen

   - **Im Anschriftfeld werden Satzzeichen nur innerhalb der Zeile, nicht aber am Zeilenende geschrieben.**
   - **Typografische Hervorhebungen in der Anschrift sind nicht zulässig** (Ausnahme: Unterstreichung zweiter Zeile bei Platzmangel, siehe unten).

3. Sendungsart, Versendungsform, Vorausverfügung

   Die erste Zeile des Anschriftfelds wird verwendet für

   - Sendungsart (zum Beispiel Büchersendung),
   - Besondere Versendungsform (zum Beispiel Einwurf-Einschreiben),
   - Vorausverfügung (zum Beispiel Nicht nachsenden).

   Die zweite Zeile des Anschriftfelds bleibt in der Regel leer und grenzt damit die Verfügungen von der eigentlichen Anschrift ab. Benötigt man allerdings zwei Zeilen für die Verfügungen, entfällt die Leerzeile. Zur Abgrenzung wird dann die zweite Zeile unterstrichen.

Einwurf-Einschreiben
<u>Nicht nachsenden</u>
Bezeichnung des Empfängers

Bei achtzeiligen Anschriften und einzeiligem Vermerk wird der Vermerk auch unterstrichen und bereits in Zeile zwei mit der Anschrift begonnen.

In das Anschriftfeld können auch Ordnungsbezeichnungen des Empfängers mit aufgenommen werden.

028/569 A
Herrn
Dieter Häger

4. Empfängerbezeichnungen

- **Empfängerbezeichnungen werden sinngemäß in Zeilen aufgeteilt** – mit Blick auf die verfügbare Zeilenlänge und die Länge der Anschrift.

- **Akademische Grade wie Doktor, Professor, Diplom-Kaufmann stehen vor dem Namen** und werden in der Anschrift häufig abgekürzt geschrieben.

  Herrn
  Dipl.-Kfm. F. Manekeller

- **Berufs- und Amtsbezeichnungen werden in der Regel neben »Frau« und »Herrn« geschrieben.**

  Frau Rechtsanwältin
  Sabine Müller-Lüdenscheidt

- **Ist eine Wohnung untervermietet, wird zunächst der Untermieter und in der Folgezeile der Name des Wohnungsinhabers geschrieben.**

  Frau Kristina Blasius
  bei Wolfgang Manekeller

- **Die Bezeichnung »Firma« entfällt, wenn aus dem Namen schon der Firmencharakter hervorgeht.**

  Ingenieurbüro Müller, Ford AG, Gesellschaft für Internet mbH

5. Postfach, Straße, Ort

- **Der Ortsname darf weder gesperrt geschrieben, fett gesetzt noch unterstrichen werden.**

- **Ortsnamenzusätze, die nicht offizielle Bestandteile des Namens**

sind, werden nicht geschrieben; der Ort zusammen mit der Postleitzahl sind eindeutige Angaben.

- **Angaben von Ortsteilnamen sind nicht erforderlich, dürfen aber geschrieben werden und stehen dann unter dem Empfängernamen.**

  Herrn
  Thomas Sonnenschein
  Refrath
  Hauptstraße 5

  51427 Bergisch Gladbach

- **Angaben zu Gebäudeteil, Stockwerk oder Wohnungsnummer stehen hinter der Hausnummer, getrennt durch *zwei* Schrägstriche.** Diese Schreibweise wird von der Post für die Briefsortierung mit verwendet und sollte deshalb eingehalten werden.

  Frau
  Brigitte Winterfeld
  Himmelgeisterstraße 51 // W 12

Die Regeln zur Anschriftdarstellung unter Nutzung verschiedener Postfachtypen siehe »Anschriftgestaltung (Postleitzahlen)«.

Weitere Hinweise zur Anwendung:

Seit 1. September 1997 gibt es neue Briefzusatzleistungen, die so nicht in der DIN 5008 aufgenommen sind, aber dennoch Gültigkeit haben, da hier die Sondervorschriften der Post vorgehen. Die Angabe aller Briefzusatzleistungen im Anschriftfeld – wie »Einschreiben« – kann entfallen. Stattdessen werden Barcode-Label (erhältlich bei Postfilialen) auf den Brief geklebt. Position: links oberhalb des Fensters oder rechts neben das Fenster. Das Label bietet fünf Ankreuzmöglichkeiten: *Einwurf-Einschreiben* (der Postmitarbeiter dokumentiert den Einwurf beim Empfänger), *Übergabe-Einschreiben* (der Empfänger dokumentiert Übergabe), *Eigenhändig* (bei Übergabe-Einschreiben zur Sicherung der persönlichen Übergabe), *Rückschein* (Beleg bei Übergabe-Einschreiben) und *Nachnahme.*

Bei Empfängerbezeichnungen findet man manchmal Einleitungen wie »An die«, »An den«, »An« – sie sind überflüssig. Dazu gibt es wenige Ausnahmen, zum Beispiel »An die Mitglieder der Kommission …«.

Zusätze wie »zu Händen« oder »in Firma«, auch abgekürzt als »z. H.« oder »c/o«, sind ebenfalls überflüssig. Der Ausschluss steht zwar nicht in der DIN, doch wird man kein Beispiel finden, das derartige Zusätze nutzt. Ob der Brief an einen Stelleninhaber in einer Firma geht oder an eine Privatperson, kann man schon durch die Wahl der Reihenfolge regeln:

Herr Meyer erhält persönlich einen Brief an die Firmenadresse:

Herrn Wilhelm Meyer
Internet-Services GmbH

Der Brief geht an den Stelleninhaber Herrn Meyer:

Internet-Services GmbH
Herrn Wilhelm Meyer

Die Wahl der Reihenfolge verursacht jedoch keine unterschiedlichen Rechtswirkungen. Selbst mit dem Hinweis »Persönlich/Vertraulich« lässt sich nicht eindeutig sicherstellen, dass allein Herr Meyer den Brief öffnet, denn jedes Unternehmen kann eigene Regeln zum Öffnen von Briefen verabschieden.

Anschriftgestaltung (Postleitzahlen)

Seit Einführung der fünfstelligen Postleitzahlen zum 1. Juli 1993 sind drei verschiedene Postleitzahlen zu unterscheiden.

Zustell-Postleitzahl:

Verwenden Sie die Zustell-Postleitzahl bei allen Privatanschriften. Zur Anschrift gehört hier zwingend die Angabe von Straße und Hausnummer. Geschäftlich wird diese Schreibweise immer dann genutzt, wenn es um Sendungen geht – zum Beispiel mit Eilzustellung, Päckchen oder Pakete –, die zugestellt werden.

Assecurancia
Hamburg GmbH
Harvestehuder Weg 25

20149 Hamburg

Postfach-Postleitzahl:

Die Postfach-Postleitzahl ist eine »Abhol-Postleitzahl« für den Postfachschrank. Sie sollten diese Form bei Standard-Briefsendungen nutzen.

Assecurancia
Hamburg GmbH
Postfach 22 23 11

20104 Hamburg

Großempfänger-Postleitzahl:

Unternehmen mit hohem Postaufkommen verfügen über eine Großempfänger-Postleitzahl zur schnellen Abwicklung der hohen Postmengen. Postfachnummer oder Straße dürfen bei dieser Form nicht angegeben werden. Erlaubt ist es aber, für die interne Postverteilung Abteilungsbezeichnungen aufzuführen.

Assecurancia
Allgemeine Versicherungs-AG
Feuer-Schaden

50597 Köln

Anwendungsbereich der DIN 5008

Die Regeln (nach DIN 5008 Abschnitt 1):

Die DIN 5008 bezieht sich auf Schriftstücke im geschäftlichen oder halb geschäftlichen Bereich; reine Privatschreiben sind also nicht das Thema. Wo, wie und warum die DIN 5008 angewendet werden soll, ist im Abschnitt 1 der DIN 5008 zusammengefasst worden:

1. »Schreibarbeit einzusparen«, »Texteingabe zu erleichtern«, »Übertragung der Daten zwischen unterschiedlichen Geräten sicherzustellen« – mit diesen Formulierungen verbindet sich der Bedarf nach **rationeller Schreibarbeit.**

2. »Eine Verarbeitung der Informationen zu ermöglichen«, »eindeutige Lesbarkeit der Schrift gesichert«, »durch entsprechende Gestaltungsvorschriften die Schriftstücke zweckmäßig und übersichtlich gestaltet« – **Klarheit und Eindeutigkeit in der Gestaltung sind hier die Ziele.**

3. Die Einheitlichkeit der Regeln erlaubt erst, systematische **Ausbildungen** in Büroberufen durchzuführen.

Aufzählungen

Die Regeln (nach DIN 5008 Abschnitt 9 und 9.2; Verweis auf DIN 1421):

- **Nach den Gliederungszeichen eines Aufzählungsglieds folgt zur Abgrenzung vom Text *mindestens* ein Leerzeichen.**

- **Beginn und Ende einer Aufzählung sind vom übrigen Text durch je eine Leerzeile zu trennen.**

- **Die Aufzählungsglieder selber dürfen ebenfalls durch Leerzeilen voneinander getrennt werden.** Speziell bei mehrzeiligen Aufzählungsgliedern sollten Leerzeilen eingefügt werden.

Beispiele:

Kurze Aufzählungsglieder ohne Leerzeilen:

Diese Programme sind als Digitalsteuerungen für Modelleisenbahnen schon recht verbreitet:

- WinDigital
- SoftLok
- WinDigipet

Jedes dieser Programme hat seine spezifischen Vor- und Nachteile …

Mehrzeilige Aufzählungsglieder, durch Leerzeilen getrennt:

Die Vorteile der Modellbahn-Digitalsteuerung mit PC-Programmen:

1. **Gleisbildstellpult.** Der PC-Bildschirm kann hervorragend zur Darstellung von Gleisbildstellpulten genutzt werden. Bei Windows-Programmen ist es sogar leicht möglich, verschiedene Gleisbilder darzustellen.

2. **Hohe Funktionalität.** Die PC-Programme können in der Regel weitaus mehr als die „fest verdrahteten" Hardwarekomponenten der Modelleisenbahnhersteller. Zu denken ist besonders an die Aufzeichnung von Fahrplänen als Makroprogramme.

3. **Kosten.** Die Programme ersetzen viele teure Hardwarekomponenten. Es können beliebig viele Fahr- und Schaltkomponenten ersetzt werden, die jeweils oft mehrere hundert Euro kosten.

Zu geringeren Kosten erhält man also mehr Möglichkeiten, wenn man erst einmal die Hürde zur PC-Steuerung genommen hat …

Weitere Hinweise zur Anwendung:

Bei kurzen einzeiligen Aufzählungsgliedern verzichtet man in der Praxis auf Leerzeilen zwischen Aufzählungsgliedern, während es bei mehrzeiligen Aufzählungsgliedern wegen der Übersichtlichkeit dringend zu empfehlen ist. Hier ist jedes Aufzählungsglied wie ein Absatz anzusehen – und Absätze werden auch durch Leerzeilen getrennt (siehe Stichwort »Absätze«).

Aufzählungen im Text können durch Ordnungszahlen, Buchstaben und Klammer, Mittestrich oder Ähnliches gekennzeichnet werden – Beispiele:

1. durch Zahlen mit Punkt (Ordnungszahlen)

a) durch kleine Buchstaben mit Klammer

– durch Spiegelstrich (Mitte- oder Halbgeviertstrich)

• bei PC beispielsweise durch Aufzählungspunkt, Kreisfläche, Raute oder Stern (in gleicher Schriftgröße wie der Text)

Die neue Regel »Trennung von Gliederungszeichen und Text durch *mindestens* ein Leerzeichen« ist besonders beim Schreiben mit Proportionalschriften wichtig. Sie erlaubt es für alle Zeichenvarianten einen einheitlichen Einzug zu wählen, obwohl der Leerraum dann etwas unterschiedlich groß ist – je nach Breite des Gliederungszeichens. Zudem hilft diese Regel auch bei langen Aufzählungen mit zum Teil zweistelligen Gliederungszeichen; der Text kann dann trotzdem an einer Fluchtlinie stehen.

Beispiel mit ein- und zweistelligem Aufzählungszeichen:

9. Die Schaltungen sind zu prüfen.

10. Nach erfolgreichem Test wird die Verkabelung endgültig fixiert und kann der Landschaftsbau beginnen.

Abgeleitet aus den in der DIN 5008 aufgeführten Beispielen sowie grundsätzlichen Regeln an anderen Stellen in der DIN 5008 gilt: Die Gliederungszeichen selbst stehen am linken Rand, also auf Grad 10, entsprechend nach 24,1 mm von der linken Blattkante. Der Text wird an einer zweiten Fluchtlinie geschrieben. Nur bei mehrstufigen Aufzählungen stehen nicht alle Gliederungszeichen linksbündig.

Beispiel für eine mehrstufige Aufzählung:

Zu folgenden Modellbahnsteuerungen bieten wir Schulungen an:

1. Modellbahnhersteller mit Digital-Hardware

   a) Märklin Digital Wechselstrom
   b) Lenz Gleichstrom
   c) Fleischmann Selectric Gleichstrom

2. PC-Software zur Digitalsteuerung

   a) WinDigital
   b) SoftLok
   c) WinDigipet

Auslassungspunkte

Die Regeln (nach DIN 5008 Abschnitt 3.4):

- **Ausgelassene Textteile werden durch drei Punkte dargestellt.**
- **Vor und hinter den Punkten steht je ein Leerzeichen.**
- **Stehen die Auslassungspunkte am Satzende, so schließen sie den Satzschlusspunkt ein.**
- **Ausnahmeregel: Zu ergänzende Jahreszahlen werden in der Form »20..« geschrieben, also mit nur zwei Punkten.**

Beispiele:

> … und dann erhalten Sie sofort unsere ausführlichen Unterlagen. Diese Unterlagen sind nur zum persönlichen Gebrauch …
>
> In dem Bericht … war nachzulesen, dass …

Behandlungsvermerk

Die Regeln:

Behandlungsvermerke informieren den Empfänger eines Briefes, wie der Absender seinen Brief behandelt wissen will. Regeln zu Behandlungsvermerken sind jedoch nicht mehr als Abschnitt in der DIN 5008 enthalten.

Weitere Hinweise zur Anwendung:

Obwohl Behandlungsvermerke wie »Eilt sehr« oder »Vertraulich« in der Neufassung der DIN 5008 nicht mehr erwähnt werden, dürfen sie dennoch verwendet werden. Anwendungsempfehlungen analog zu anderen Positionierungen: Schreiben Sie den Behandlungsvermerk auf Grad 50 (125,7 mm) neben den Anschriftblock, eventuell auch als letzte Zeile eines dort stehenden Informationsblocks oder im Anschluss an die Betreffangabe. Das optische Hervorheben, zum Beispiel durch Fettschrift, ist zulässig, nicht aber eine Positionierung im postalischen Anschriftfeld. Bei Bedarf kann man Vermerke aber auf den Briefumschlag stempeln.

Betreff

Die Regeln (nach DIN 5008 Abschnitte 12.7, 12.7.1 und Anhang C):

- **Der Betrefftext beginnt immer an der Fluchtlinie** (= linker Rand), also auf Grad 10 oder nach 24,1 mm von der linken Blattkante.

- **Er steht mit zwei Zeilen Abstand unter der Bezugszeichenzeile** (siehe dort). Bei vorausgehender einzeiliger Bezugszeichenzeile ist dies Zeile 24 (= nach 97,4 mm von der oberen Blattkante) bei Briefblättern der Form A und Zeile 28 (= nach 114,3 mm) in Briefblättern der Form B.
- **Bei Briefblättern ohne Bezugszeichen folgt der Betreff mit zwei Zeilen Abstand hinter dem Anschriftfeld.** Dies ist in Zeile 20 (= nach 80,4 mm von der oberen Blattkante) bei Briefblättern der Form A und in Zeile 24 (= nach 97,4 mm) in Briefblättern der Form B.
- **Bei Briefblättern mit einem Informationsblock** (siehe dort) **steht der Betreff mit zwei Zeilen Abstand hinter dem Informationsblock oder dem Anschriftfeld, je nachdem, welches Briefelement länger ist.**
- **Nach dem Betreff folgt die Anrede mit zwei Zeilen Abstand.**
- **Der Wortlaut des Betreffs** ***kann*** **hervorgehoben werden** (Neuregelung!). In PC-Texten sieht man häufig den Betreff in Fettschrift. Nötig ist diese Hervorhebung eigentlich nicht, denn die Positionierung mit zwei Leerzeilen davor und dahinter ist schon eine eindeutige Heraushebung.
- **Längere Betrefftexte werden sinngemäß auf mehrere Zeilen verteilt.**
- **Der Betreff wird ohne Schlusspunkt geschrieben.** Dies gilt auch für einzelne Betreffzeilen in mehrzeiligen Betrefftexten. Andere Satzzeichen am Schluss, speziell Frage- und Ausrufezeichen, entfallen nicht.

  Hausgeldabrechnung 1999
  Wirtschaftsplan 2000

  Haben auch Ihre Kinder eine Unfallversicherung?

Weitere Hinweise zur Anwendung:

Der Betreff wird ohne ein vorangestelltes Leitwort »Betreff« geschrieben. Diese Regelung findet sich nicht wörtlich in der DIN 5008, lässt sich aber eindeutig schlussfolgern. Denn es findet sich in der DIN kein Hinweis auf ein mögliches Leitwort »Betreff«, und kein einziger Beispielbrief enthält ein Betreff-Leitwort.

Siehe zur Positionierung des Betreffs auch die grafische Darstellung unter dem Stichwort »Briefblätter (Seiteneinteilung)«.

Bezugszeichenzeile

Die Regeln (nach DIN 5008 Abschnitt 12.6 und Anhang B, C; DIN 676, Abschnitt 6):

- **Die Leitwörter der Bezugszeichenzeile folgen mit zwei Zeilen Abstand zum Anschriftfeld.** Dies ist Zeile 20 (= nach 80,4 mm von der oberen Blattkante) bei Briefblättern der Form A und Zeile 24 (= nach 97,4 mm) in Briefblättern der Form B. Die Bezugszeichen selbst folgen in der nächsten Zeile, also in Zeile 21 (= 84,6 mm von der oberen Blattkante) beziehungsweise 25 (= 101,6 mm).
- **Die Bezugszeichenzeile selbst darf auch zweizeilig werden** – notwendig zum Beispiel bei langen Namen. Die Anfangsposition für den Betreff rückt dann eine Zeile nach unten.
- **Die Leitwörter der Bezugszeichenzeile sowie die Bezugszeichen selbst stehen in einem Raster von 20 Zeichen oder 50,8 mm,** beginnend an der linken Fluchtlinie (Grad 10 gleich 24,1 mm).
- Leitwörter in Schreibmaschinenschrift dürfen gekürzt werden – ausgeschrieben passen sie nicht in das Raster. Deshalb erlaubt DIN 676 auch die Verwendung von Kurzleitwörtern nämlich »Ihre Nachricht«, »Unser Zeichen«, »Tel.«, »Name«, »Datum« und »Fax«.

Weitere Hinweise zur Anwendung:

Die Position des Leitworts »Datum« ist dafür verantwortlich, dass die DIN 5008 einen rechten Rand auf Grad 79 (bei 10er-Schriften) zulässt, entsprechend 8,1 mm von der rechten Blattkante. Die Anfangsposition liegt nämlich auf Grad 70, und ein Datum in Form »31.12.1999« (alte Form) oder »1999-12-31« (neue Form) verbraucht 10 Zeichen.

Die Leitwörter können Bestandteil eines Vordrucks sein oder mit Schreibmaschine beziehungsweise PC erzeugt werden. Beim Arbeiten mit PC bietet es sich an, die Leitwörter sowie die Tabulatorpositionen in einer Dokumentvorlage zu speichern.

Siehe hierzu auch die grafische Darstellung unter dem Stichwort »Briefblätter (Seiteneinteilung)« sowie die verwandten Themen »Kommunikationszeile« und »Informationsblock«.

Briefbeispiele

Das vorliegende Buch enthält auch in anderen Abschnitten zahlreiche Briefbeispiele. Dort kommt es jedoch auf den Inhalt an; die DIN 5008 wurde natürlich auch dort beachtet. Was aber fehlt und deshalb hier gezeigt wird, ist die Einbettung in ein Briefblatt, das vollständig nach DIN 676 und

5008 gestaltet ist. Drei Beispielbriefe verdeutlichen die Zusammenhänge in der Regelanwendung.

- Beispiel 1 zeigt einen Brief mit schmalem Briefkopf (Form A) und gedruckter Kommunikations- und Bezugszeichenzeile. Der Betreff ist durch Fettschrift hervorgehoben. Zudem enthält der Text eine Aufzählung mit Spiegelstrichen und einen Anlagenvermerk. Der Fließtext wurde schmal gehalten, um zu zeigen, dass die große Breite der Bezugszeichenzeile nicht den Rand des restlichen Textes bestimmen muss.
- Beispiel 2 enthält einen Brief, der ohne Vordruck mit Schreibmaschinenschrift (Courier) geschrieben wurde. In der Bemaßung baut er auf Briefblättern der Form B auf. Das Datum beginnt auf Grad 50 (gleich 125,7 mm von der linken Blattkante).
- Beispiel 3 stellt einen Brief mit großem Briefkopf (Form B) und Informationsblock dar. Er enthält eine numerische Aufzählung sowie eine Hervorhebung durch Zentrierung. Zusammengefasst ist er Ausdruck eines modernen mit PC-Textverarbeitung geschriebenen Briefes.

Alle Elemente des Briefblatts – zum Beispiel Leitwörter, grafische Elemente – können bei PC-Nutzung mit in der PC-Textverarbeitung erzeugt werden; somit ist ohne weiteres ein Ausdruck auf Blankopapier möglich.

Beispiel 1: Briefblatt Form A, Bezugszeichen- und Kommunikationszeile

27

Feld für Briefkopf, Form A
nach DIN 676

Feld für Postanschrift des Absenders

"

"

Internet-Services GmbH
Frau Sabine Wegener
Postfach 1 23 45
"
51465 Bergisch Gladbach
"
"

		Telefax	Telex
		(02 21) 1 33- 11 22	88 11-0 ha d

Ihr Zeichen, Ihre Nachricht vom	Unser Zeichen, unsere Nachricht vom	Telefon, Name (02 21) 1 33-	Datum
we-ji 1999-11-22	ba-sa 1999-11-12	45 67 Baumann	1999-11-24

"
"

KonTraG - auch ein Thema für Ihr Unternehmen
"
"

Sehr geehrte Frau Wegener,
"

zum 1. Mai 1998 sind zahlreiche neue gesetzliche Regeln für Unternehmen in Kraft getreten. Diese Neuregelungen wurden unter dem "Kontroll- und Transparenzgesetz (KonTraG)" zusammengefasst. Als Artikelgesetz wirkt das KonTraG auf verschiedene andere Gesetze, zum Beispiel auf das Aktiengesetz und das Handelsgesetz.
"

Ziel des KonTraG ist es, Risiken in den Unternehmen früher zu erkennen und damit Gegenmaßnahmen zu ermöglichen. Dies geschieht durch eine systematische Risikopolitik mit erweiterten Dokumentierungspflichten.
"

Entstanden ist das neue Gesetz aufgrund einer Vielzahl von Insolvenzen, die hohen volkswirtschaftlichen Schaden angerichtet haben, aber oft vermeidbar erschienen - wenn man die Risiken früh genug gesehen hätte.
"

Was oft unbekannt ist: Das KonTraG gilt nicht nur für Aktiengesellschaften, sondern auch für große GmbHs, damit also auch für Ihr Unternehmen. Wir helfen Ihnen bei der Umsetzung des neuen Gesetzes. Was können wir für Sie tun?
"

- Erarbeitung eines Risikorasters.
"
- Durchführung einer umfassenden Risikoinventur.
"
- Implementierung der notwendigen Maßnahmen und organisatorischen Lösungen.
"
- Dokumentierung aller Maßnahmen - verwendbar als Belege für die Wirtschaftsprüfer.
"

In einem Gespräch würden wir Ihnen gern unser Vorgehen näher erläutern; fordern Sie uns.
"

Mit freundlichen Grüßen
"

Wirtschafts-Consulting GmbH
"
"
"

Wilhelm Baumann

Gesellschaftsrechtliche Angaben: Sitz der Gesellschaft, Telefon, Telefax, Telex, T-Online, Internet, E-Mail
Bankverbindungen
Vorstandsmitglieder bzw. Geschäftsführer
Eingetragen beim Amtsgericht "Ort", HRB-Nummer

Beispiel 2: Brief ohne Vordruck

```
•
•
•
•
Helmut Müller-Lüdenscheidt                    1. Oktober 1999 (Ze. 5)
An der Burgmauer 25
51427 Bergisch Gladbach
Tel. (0 22 04) 63 63 36
•
•
•
•
•(Ze. 13, Beginn Anschriftfeld)
•
Küchenstudio
Winterberg GmbH
Herrn Dosenbüttel
Hansaring 22
•
50670 Köln
•
•
•
Mängelrüge Kücheninstallation (Ze. 24)
•
•
Sehr geehrter Herr Dosenbüttel,
•
gestern, also am 30. September, wurde die bei Ihnen gekaufte Küche
der Marke „Küchenglück“ bei uns aufgebaut - von Mitarbeitern Ihres
Hauses.
•
Wenn man sich nun das „Gesamtwerk“ ansieht, gibt es erheblichen
Bedarf zur Nacharbeit. Zu bemängeln ist, dass viele Leisten mit
einem viel zu groben Sägeblatt geschnitten wurden, so dass sie
jetzt nicht passgenau sitzen. Obwohl vorher von Ihren Fachleuten
die Maße vor Ort aufgenommen wurden, ist leider auch die Küchen-
platte um rund 10 cm zu kurz. Dem Vorschlag, hier etwas „anzu-
stückeln“, können wir nicht zustimmen.
•
Bitte schicken Sie uns einen Mitarbeiter zur Besichtigung, der be-
vollmächtigt ist, das weitere Vorgehen zu entscheiden. Wir gehen
davon aus, dass alle Leisten sowie die Küchenplatte ausgetauscht
werden müssen.
•
Trotz dieser Mängel bestätigen wir Ihnen gern, dass wir ansonsten
mit Ihrer Beratung und der ausgewählten Küche sehr zufrieden sind.
Wir hoffen deshalb, dass die Mängel schnell abgestellt werden.
•
Mit freundlichen Grüßen
```

Beispiel 3: Form B mit Informationsblock

45

Feld für Briefkopf,
Form B nach DIN 676

Feld für Postanschrift des Absenders

"
"
Radio
Merten GmbH
Herrn Sebastian Sonnenschein
Postfach 1 23 45
"
51465 Bergisch Gladbach
"

Ihr Zeichen: se-bo
Ihre Nachricht vom: 1999-08-28
Unser Zeichen: ma-ji
Unsere Nachricht vom: 1999-08-14
"
Name: Frank Manekeller
Telefon: (02 21) 1 22-11 21
Telefax: (02 21) 1 22-11 22
"
Datum: 1999-08-31

"
"

DVD - die neue Welt von Audio und Video
"
"
Sehr geehrter Herr Sonnenschein,
"
Sie interessierten sich für unser neues Angebot von DVD-Komponenten. Dieser Geschäftszweig steht bei uns erst am Anfang der Entwicklung. Dennoch können wir Ihnen bereits heute einige attraktive Geräte sowie Software anbieten:
"
1. DVD-Videorecorder, 5 verschiedene Typen mit unterschiedlichem Komfort
2. DVD-Audio-Geräte zur Vervollständigung der Hifi-Anlage, 2 Typen
3. DVD-Highend-Kombigeräte für Video und Audio (alle Formate), 2 Typen
4. Umfangreiches Angebot an DVD-Videofilmen
5. Umfangreiches Angebot an Highend-Audio-CDs

"
Für unsere Fachhändler stehen alle Geräte vorführbereit in unserer Niederlassung in Köln. Überzeugen Sie sich selbst von der einmaligen Qualität, die DVD ermöglicht. Als Anlage erhalten Sie einen Übersichtsprospekt sowie eine Einkaufspreisliste.
"
Am 29. Juni erwartet Sie in unseren Geschäftsräumen eine besondere Veranstaltung mit dem Thema
"
"DVD: der neue Standard für Audio und Video".
"
An diesem Tag können Sie nicht nur alle Komponenten ausgiebig testen und mit Mitarbeitern unseres Hauses "fachsimpeln", sondern auch einen Blick in die Zukunft werfen ... Mehr dürfen wir aber heute nicht verraten. Über Ihren Besuch würden wir uns sehr freuen.
"
Mit freundlichen Grüßen
"
Hifi-Komponenten Vertriebs-GmbH
"
"
"
ppa. F. Manekeller   i. V. E. Blasius
"
Anlagen

Gesellschaftsrechtliche Angaben: Sitz der Gesellschaft, Telefon, Telefax, Telex, T-Online, Internet, E-Mail
Bankverbindungen
Vorstandsmitglieder bzw. Geschäftsführer
Eingetragen beim Amtsgericht "Ort", HRB-Nummer

Briefblätter (Seiteneinteilung)

Die Regeln (nach DIN 5008 Anhang B und C; DIN 676):

Bei der Seiteneinteilung von Briefblättern wird besonders deutlich, dass sich die DIN 5008 von der Schreibmaschinennorm zu einer Vorgabe entwickelt hat, die auch die PC-Nutzer berücksichtigt. Der Trend geht in vielen Unternehmen und auch bei Freiberuflern und Privatnutzern dahin, Geschäftsbriefe auf Blankopapier zu drucken – und zwar Brief und Vordruck zusammen. Die Vordruckelemente werden in der Regel in speziellen Briefvorlagen gespeichert (zum Beispiel Word-Dokumentvorlagen), so dass sie nur einmal aufgenommen werden müssen.

Die Bemaßungen sind im Anhang B und C der DIN 5008 tabellarisch aufgeführt. Die »Millimeter- und Gradangaben für Zeilenanfang und Zeilenende« des Anhangs B sind normativ, die »Millimeter- und Zeilenangaben für Zeilenpositionen von der oberen Blattkante« nur informativ – als direkte Ableitung aus der DIN 676 für die Briefblattgestaltung aber auch wieder verbindlich.

Die Tabellen der DIN 5008 aus Anhang B und C sind in diesem Buch zur Übersicht in vier Tabellen übersetzt worden. Im Abschnitt »Briefblätter« stehen die beiden Tabellen, aus denen die Zeilenpositionen von der oberen Blattkante zu entnehmen sind. Die beiden Tabellen für die Positionen von der linken Blattkante finden Sie im Abschnitt »Zeilenanfang und Zeilenende« ab Seite 195.

Zeilenpositionen im Vordruck »Form A« nach DIN 676 (Kopf 27 mm)

Bezeichnung	Zeilenanfang auf Zeile	Zeilenanfang in Punkt von der Blattkante	Zeilenanfang in Millimetern von der Blattkante
Erste Absenderzeile (bei Briefblättern ohne Aufdruck)	5	48	16,93
Erste Anschriftzeile	9	96	33,86
Beginn Infoblock	9	96	33,86
Leitwörter Kommunikationszeile Kommunikationszeile	16 17	180 192	63,49 67,72
Leitwörter Bezugszeichenzeile Bezugszeichenzeile	20 21	228 240	80,42 84,65
Betreff	24	276	97,35

Briefblatt nach Form A mit Bezugs- und Kommunikationszeile:

27

Feld für Briefkopf, Form A
nach DIN 676

Feld für Postanschrift des Absenders

"

"

Internet-Services GmbH
Frau Sabine Wegener
Postfach 1 23 45
"
51465 Bergisch Gladbach
"
"

		Telefax (02 21) 1 33- 11 22	Telex 88 11-0 ha d
Ihr Zeichen, Ihre Nachricht vom	Unser Zeichen, unsere Nachricht vom	Telefon, Name (02 21) 1 33-	Datum
we-ji 1999-11-22	ba-sa 1999-11-12	45 67 Baumann	1999-11-24

"
"

KonTraG - auch ein Thema für Ihr Unternehmen
"
"
Sehr geehrte Frau Wegener,
"
zum 1. Mai 1998 sind zahlreiche neue gesetzliche Regeln für Unternehmen in Kraft getreten. Diese Neuregelungen wurden unter dem "Kontroll- und Transparenzgesetz (KonTraG)" zusammengefasst. Als Artikelgesetz wirkt das KonTraG auf verschiedene andere Gesetze, zum Beispiel auf das Aktiengesetz und das Handelsgesetz.
"
Ziel des KonTraG ist es, Risiken in den Unternehmen früher zu erkennen und damit Gegenmaßnahmen zu ermöglichen. Dies geschieht durch eine systematische Risikopolitik mit erweiterten Dokumentierungspflichten.
"
Entstanden ist das neue Gesetz aufgrund einer Vielzahl von Insolvenzen, die hohen volkswirtschaftlichen Schaden angerichtet haben, aber oft vermeidbar erschienen - wenn man die Risiken früh genug gesehen hätte.
"
Was oft unbekannt ist: Das KonTraG gilt nicht nur für Aktiengesellschaften, sondern auch für große GmbHs, damit also auch für Ihr Unternehmen. Wir helfen Ihnen bei der Umsetzung des neuen Gesetzes. Was können wir für Sie tun?
"
- Erarbeitung eines Risikorasters.
"
- Durchführung einer umfassenden Risikoinventur.
"
- Implementierung der notwendigen Maßnahmen und organisatorischen Lösungen.
"
- Dokumentierung aller Maßnahmen - verwendbar als Belege für die Wirtschaftsprüfer.
"
In einem Gespräch würden wir Ihnen gern unser Vorgehen näher erläutern; fordern Sie uns.
"
Mit freundlichen Grüßen
"
Wirtschafts-Consulting GmbH
"
"
"
Wilhelm Baumann

Gesellschaftsrechtliche Angaben: Sitz der Gesellschaft, Telefon, Telefax, Telex, T-Online, Internet, E-Mail
Bankverbindungen
Vorstandsmitglieder bzw. Geschäftsführer
Eingetragen beim Amtsgericht "Ort", HRB-Nummer

Zeilenpositionen im Vordruck »Form B« nach DIN 676 (Kopf 45 mm)

Das Briefblatt nach der Form B unterscheidet sich von dem nach Form A dadurch, dass alle Positionen außer der Absenderzeile vier Zeilen tiefer stehen. Durch Addition der Höhe von vier Standardzeilen kann auch die Tabelle für die Form A in die für die Form B überführt werden.

Bezeichnung	Zeilenanfang auf Zeile	Zeilenanfang in Punkt von der Blattkante	Zeilenanfang in Millimetern von der Blattkante
Erste Absenderzeile (bei Briefblättern ohne Aufdruck)	5	48	16,93
Erste Anschriftzeile	13	144	50,79
Beginn Informationsblock	13	144	50,79
Leitwörter Kommunikationszeile Kommunikationszeile	20 21	228 240	80,42 84,65
Leitwörter Bezugszeichenzeile Bezugszeichenzeile	24 25	276 288	97,35 101,58
Betreff	28	324	114,27

Im Briefblattbeispiel der nächsten Seite sehen Sie die komplette Bemaßung bei einem großen Briefkopf. Als Variation zum Beispiel mit kleinem Briefkopf steht hier zudem statt einer Bezugszeichen- und einer Kommunikationszeile ein Informationsblock. Natürlich können diese Elemente auch ausgetauscht werden.

Bei der Abwägung, welche Briefblatt-Form vorzuziehen ist, gilt: Briefblätter nach Form B geben mehr Gestaltungsfreiheit, sind aber weniger geeignet für die durchgehende Verwendung auch auf Folgeseiten. Die raumökonomischere Variante der Form A wird dagegen gern unverändert für alle Seiten verwendet.

Alle Beispiele von Briefblättern in diesem Buch sind übrigens maßstäblich vom DIN-A4-Format verkleinert.

Briefblatt nach Form B mit Informationsblock:

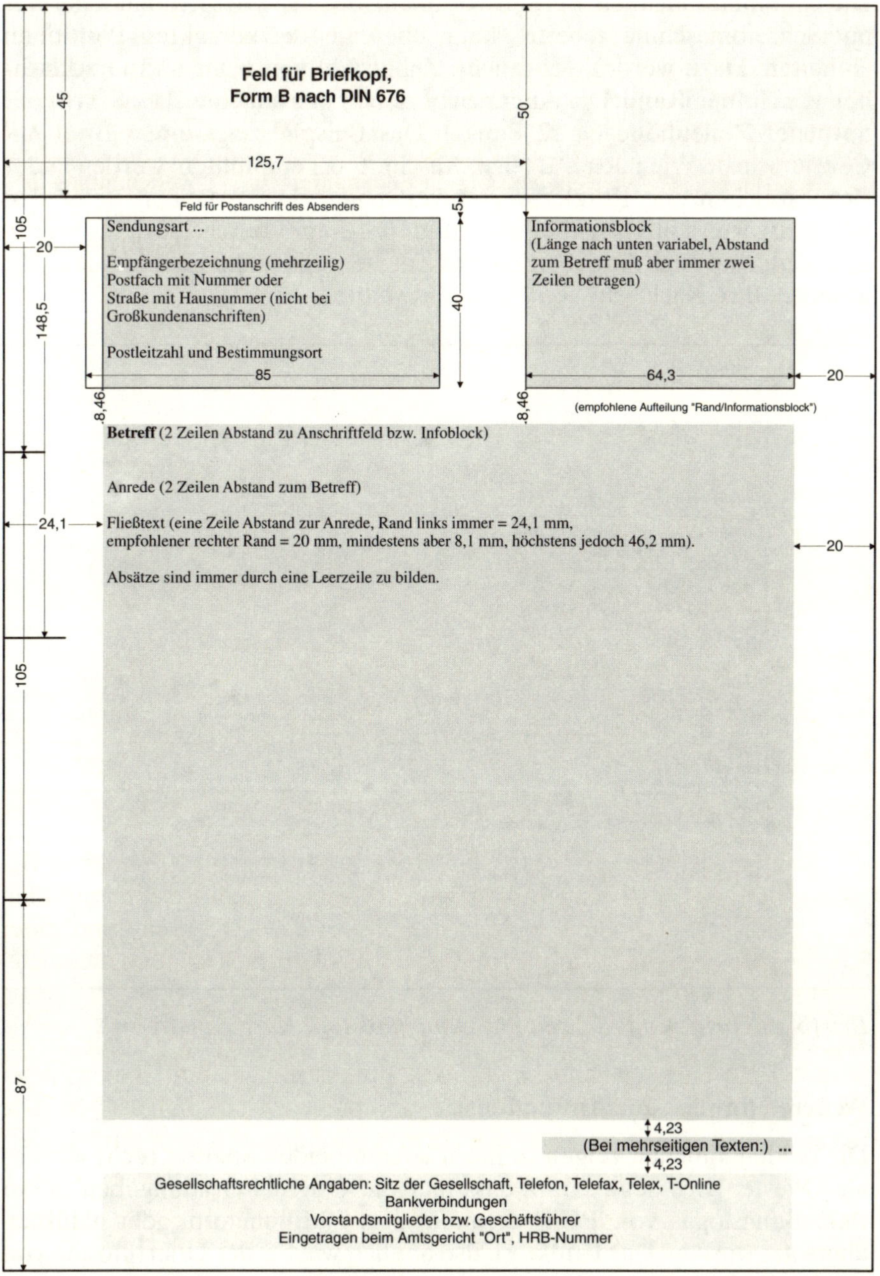

Bemaßung mit Schreibmaschine

Die Millimeterangaben werden vor allem von PC-Nutzern benötigt. Wer mit Schreibmaschine arbeitet, kann ebenfalls die korrekten Positionen einhalten. Dazu werden gebraucht: Zeilenzahl von oben und Gradangaben vom linken Rand. Die Angaben beziehen sich auf eine 10er-Schrift mit normaler Zeilenhöhe (= 12 Punkt). Das Beispiel zeigt einen Brief mit Courierschrift. Wie nach DIN 676, Abschnitt 6.3 empfohlen, werden in der Bezugszeichenzeile Kurzleitwörter verwendet. Die Angaben unter den Kurzleitwörtern bleiben aber unverändert – unter »Ihre Nachricht« stehen also weiterhin auch Angaben zu »Ihr Zeichen«, da ja die Langfassung »Ihr Zeichen, Ihre Nachricht vom« geheißen hätte.

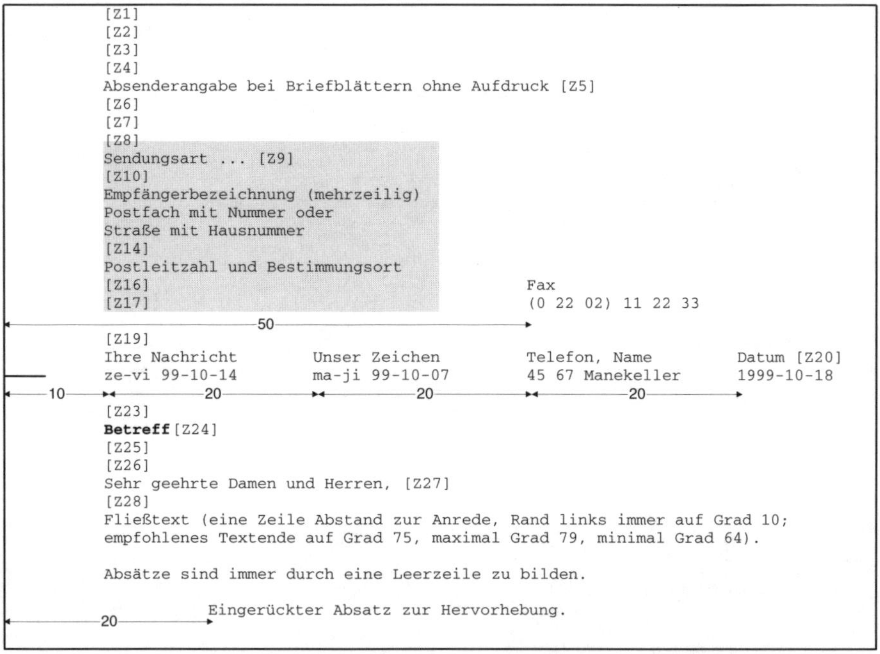

Briefblatt Form A mit Schreibmaschinentext und Kurzleitwörtern

Weitere Hinweise zur Anwendung:

Die beiden Tabellen zeigen in ihren letzten beiden Spalten recht »krumme« Werte. Dies liegt daran, dass hier die Original-Gradangaben in die Bemaßungslogik von PC-Programmen mit Millimetern oder Punkten übersetzt wurden. Der Effekt ist also ähnlich wie bei der Überführung von glatten DM-Werten in Euro-Beträge. Nur sollen beide Systeme länger parallel betrieben werden. Mit den aktuellen DIN 5008 und DIN 676 ist eine völlige Kompatibilität erreicht worden. Ein per PC gestaltetes Briefblatt kann – wenn es sich an die hier vorgestellten Regeln hält – also auch völlig problemlos mit einer Schreibmaschine beschrieben werden. Umgekehrt gilt auch, dass ein gedruckter Briefbogen einfach mit PC beschriftet werden kann. Und schließlich funktioniert auch das Ausfüllen elektronischer Vorlagen am PC.

Warum enthalten unsere Tabellen nun drei Spalten? Zur Erläuterung:

- Spalte 1 enthält die Gradangaben für das **Maschinenschreiben.** Angegeben sind die Zeilen von der oberen Blattkante; die Zeile, in der das betreffende Briefelement stehen soll, wird dabei mitgezählt.
- Spalte 2 enthält die Übersetzung für die **PC-Logik** in **Punkt.** Eine Zeile ist genau mit 12 Punkt kalkuliert. Die Zeilenzahl ist also jeweils mit 12 zu multiplizieren; allerdings ist vorher eine Zeile abzuziehen, denn PC-Programme arbeiten mit der Logik »Textbeginn nach Zeile«.
- Spalte 3 enthält die **PC-Logik in Millimeter.** Die Werte der Spalte 3 errechnen sich durch Multiplikation der Spalte 2 mit 0,3527, dies ist nämlich die Höhe eines grafischen Punkts. Für den Aufbau von Vordrucken in PC-Programmen ist es oft sinnvoll, die Bemaßungsangaben bei der Einrichtung in Punkt vorzunehmen, da viele Programme damit exakter arbeiten.

Briefhüllen

Die Regeln (nach DIN 5008 Abschnitt 14 und Anhang F):

Im Anhang F der DIN 5008 wird eine Briefhülle für eine Standardbriefsendung abgebildet, auf der die automationsgerechte Gliederung der Aufschrift dargestellt wird. Die DIN-Angaben zu diesem Thema sind allerdings nur informativ, da die Normquelle selbst in Postvorschriften liegt (»Merkblatt über Formen und Maße, Aufschrift und Außenseite der Sendungen im Briefdienst«).

Das Beispiel in der DIN 5008 zeigt auch, dass als Regelfall von Fensterbriefhüllen ausgegangen wird. Eine Beschriftung der Briefhülle entfällt damit; wichtig ist allerdings die richtige Positionierung des Anschriftfelds, damit die Anschrift beim eingetüteten Brief tatsächlich richtig im Fenster steht.

Gliederung der Aufschriftseite einer Briefhülle

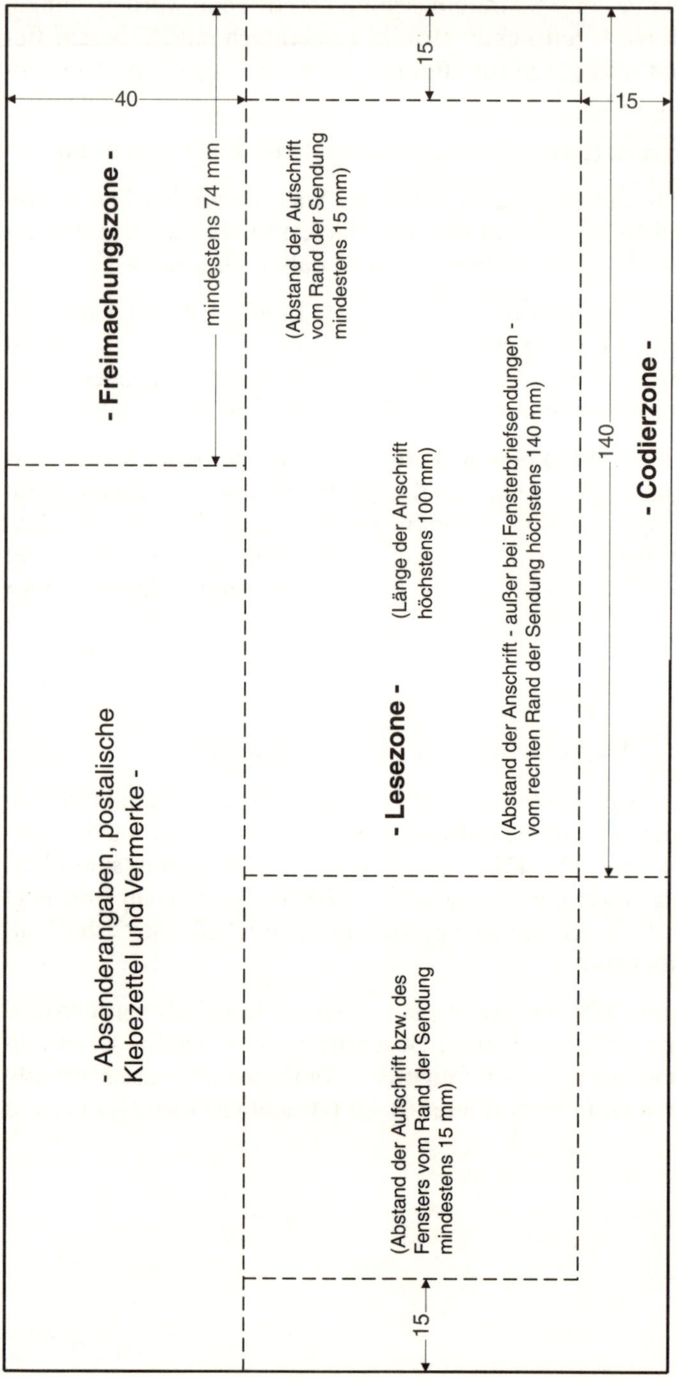

Die Abbildung zeigt die Gliederung der automationsgerechten Aufschriftseite einer Standardbriefsendung, die informativ im Anhang F der DIN 5008 abgebildet ist. Die Grundlage hierfür bildet das Merkblatt über Formen und Maße, Aufschrift und Außenseite der Sendungen im Briefdienst der Post. Alle Zahlenangaben verstehen sich auf der Abbildung in Millimetern.

Datum (Kalenderdaten)

Die Regeln (nach DIN 5008 Abschnitte 8.4, 12.6 und Anhänge B, C, E sowie DIN 676 Abschnitte 6.1 und 6.4):

Das Thema »Datum« hat eine Vielzahl von Regelquellen zu berücksichtigen und war bei der Normentwicklung sicherlich das meistdiskutierte. Die Schreibweise des Datums steht in der DIN 5008 im Abschnitt 8.4, ist aber originär geregelt in der DIN EN 28601, also einer europäischen Norm.

- **Schreibweise numerisch: Das Datum wird in der Reihenfolge »Jahr-Monat-Tag« geschrieben und mit Mittestrichen gegliedert.** Tag und Monat werden zweistellig angegeben, das Jahr zwei- oder vierstellig.

  99-08-04 oder 1999-08-04

- Die bisher übliche Schreibweise »04.08.1999« ist nicht mehr zulässig.
- **Schreibweise alphanumerisch:** Die bisherige Reihenfolge **»Tag-Monat-Jahr«** wurde bei der alphanumerischen Schreibweise nicht geändert. Bei einstelligen Tagangaben ist auf führende Nullen zu verzichten, da nicht auf eine feste Feldlänge aufgefüllt wird. Die Schreibweise ohne Abkürzung des Monatsnamens ist im Fließtext vorzuziehen.

  4. August 1999 oder 4. Aug. 1999

- **Auf Briefblättern A4 mit vorgedruckter Bezugszeichenzeile steht das Datum unter dem vierten Leitwort.** Nach den Regeln für die Bezugszeichenzeile bedeutet dies eine Position von der linken Blattkante nach 176,5 mm = Grad 70 und von der oberen Blattkante bei Form A nach 84,7 mm = in Zeile 21 und bei Form B nach 101,6 mm = in Zeile 25.
- **Bei Briefblättern mit anderem Aufdruck – nur Briefkopf ohne Bezugszeichenzeile – steht das Datum neben der Anschrift nach 125,7 mm (auf Grad 50).** Die Zeilenposition hängt davon ab, ob und welche weiteren Angaben als Bestandteil eines Informationsblocks gemacht werden. Das Datum bildet die letzte Zeile des Informationsblocks und ist mit einer Leerzeile von den vorausgehenden Angaben abgetrennt. Das Leitwort »Datum« wird meistens nicht mitgeschrieben.

Weitere Hinweise zur Anwendung:

- Die Veränderung des numerischen Datums ist bis heute umstritten, da es in der neuen Schreibweise nicht mehr dem gesprochenen Text entspricht. Diese Festlegung entstammt jedoch nicht dem deutschen Normenausschuss (der ursprünglich auch dagegen war), sondern war eine verpflichtende Übernahme einer europäischen Norm.

- Wegen des Jahrtausendwechsels hat sich bei der neuen numerischen Schreibweise die Form mit vierstelliger Jahreszahl immer weiter durchgesetzt. Damit ist auch die Orientierung, ob es sich um ein altes aufsteigendes oder ein regelgerechtes absteigendes Datum handelt, eindeutiger.
- Beachten Sie, dass sich auch die verkürzten numerischen Schreibweisen des Datums ändern. »Wir sehen uns am 12.09. in München« heißt nun:

  »Wir sehen uns am 09-12 in München.«
- Beachten Sie auch, dass ein anders aufgebautes numerisches Datum die Form der temporären Präpositionen beeinflusst:

  »Im Schreiben *vom* 18.05.1999« (alte Fassung)

  »Im Schreiben *von* 1999-05-18« (neue Fassung)
- Bei Briefblättern ohne jeglichen Aufdruck – kein gestalteter Briefkopf, keine Bezugszeichenzeile – steht das Datum von der linken Blattkante nach 125,7 mm = Grad 50; eine rechtsbündige Ausrichtung ist auch zulässig und speziell dann zweckmäßig, wenn der Text in Blocksatz geschrieben ist. Die Position von der oberen Blattkante ist nach 16,9 mm = in Zeile 5.

Diktierregeln DIN 5009

Die Diktierregeln nach DIN 5009 haben einen engen Bezug zur DIN 5008. Sie unterstellen, dass die Diktierenden einen Brief nach DIN 5008 erzeugen wollen. Wegen der engen Verbindung sind im Folgenden kurz die Diktierregeln zusammengefasst.

Anweisungen

Anweisungen werden durch »Stopp« eingeleitet und durch »Text« beendet. Typische Anweisungen sind alle Formatierungen, insbesondere Hervorhebungen wie »kursiv« oder »fett«. Innerhalb der Stopp-Text-Ansage können Sie auch frei formulierte Hinweise geben. Auch Buchstabieren wird mit »Stopp-Text« gekennzeichnet.

Beispiel:

> Bitte benachrichtigen Sie uns *umgehend* beim Eintreffen von Herrn Huy in Ihrem Büro.

Als Diktat ist dann anzusagen:

Bitte benachrichtigen Sie uns – *Stopp – kursiv* – umgehend – *Text* – beim Eintreffen von Herrn – *Stopp – ich buchstabiere Huy – Heinrich Ulrich Ypsilon – Text* – in Ihrem Büro – *Punkt*

Konstanten

Konstanten sind anzusagende feststehende Benennungen. Sie werden nicht durch »Stopp« und »Text« eingegrenzt, da aus ihrem Wortlaut bereits der Anweisungscharakter hervorgeht. Konstanten sind insbesondere alle Satz- und Sonderzeichen, groß, klein, hoch, tief, leer, römisch, Schrägstrich, Summenstrich, neue Zeile, Absatz, nächstens, Versendungsform, Anschrift, Postleitzahl, Informationsblock, Kommunikationszeile, Bezugszeichen, Betreff, Ende des Schriftstücks, Diktatende.

Beispiel:

Die Bestellung b/97.237 haben wir abgeschickt.

Als Diktat ist anzusagen:

Die Bestellung – *klein Berta – Schrägstrich* – neun sieben – *Punkt* – zwo drei sieben haben wir abgeschickt – *Punkt*

Werden Kommas angesagt, muss dies durchgehend im gesamten Diktat gemacht werden. Seit Einführung der Rechtschreibreform neigt man dazu, Kommas mit anzusagen, da die neuen Zeichensetzungsregeln eine größere Wahlfreiheit bieten.

Beim Ansagen von Aufzählungen sollten Sie beim ersten Aufruf die Form der Aufzählung mit »Stopp-Text« erläutern und die Aufzählungsglieder mit »nächstens« aufrufen.

Ziffern, Zahlen und Daten

Zwei ist als »zwo« anzusagen, Juni als »Juno«, Juli als »Julei«. Zahlen und alphanumerische Daten, die für den Schreibenden nicht bekannte Begriffe darstellen, sind ziffern- oder buchstabenweise von links anzusagen. Ausnahmen: Kalenderdaten, Währungsbeträge, Längen und Maßen.

Beispiele:

7 836	Ansage: sieben – *leer* – acht drei sechs
1998-06-05	Ansage: neunzehnhundertachtundneunzig – *Bindestrich* – null sechs – *Bindestrich* – null fünf
5. Juni 1998	Ansage: fünfter Juno neunzehnhundertachtundneunzig

Buchstabieren

Immer dann, wenn die Schreibweise nicht als bekannt vorausgesetzt wer-

den kann – speziell bei Namen oder Fremdwörtern –, **ist die postalische Buchstabiertafel zu verwenden:**

A	Anton	J	Julius	Sch	Schule
Ä	Ärger	K	Kaufmann	ß	Eszett
B	Berta	L	Ludwig	T	Theodor
C	Cäsar	M	Martha	U	Ulrich
Ch	Charlotte	N	Nordpol	Ü	Übermut
D	Dora	O	Otto	V	Viktor
E	Emil	Ö	Ökonom	W	Wilhelm
F	Friedrich	P	Paula	X	Xanthippe
G	Gustav	Q	Quelle	Y	Ypsilon
H	Heinrich	R	Richard	Z	Zacharias
I	Ida	S	Samuel		

Einrückungen

Die Regeln (nach DIN 5008 Abschnitt 11.1 und Anhang B):

- **Ein eingerückter Absatz beginnt auf Grad 20 oder 49,5 mm von der linken Blattkante entfernt.**
- Auch ein eingerückter Absatz wird vom vorhergehenden und vom folgenden Absatz durch eine Leerzeile getrennt.
- Einrückungen dienen oft der Hervorhebung eines Textteiles.

Beispiel:

Bitte beachten Sie, dass unsere nächste Besprechung am

    13. Juni 1999

stattfindet, also ausnahmsweise an einem Samstag.

Firmenbezeichnung

Die Regeln (nach DIN 5008 Abschnitt 12.11):

- **Bezeichnungen von Firmen und Behörden werden mit einer Leerzeile von der Grußformel am Briefschluss abgesetzt.**

- **Die Firmenbezeichnung beginnt an der Fluchtlinie, also auf Grad 10 beziehungsweise nach 24,1 mm.**

Weitere Hinweise zur Anwendung:

Je nach Organisation und Rechtsform eines Unternehmens kann die Namenswiederholung aus rechtlichen Gründen erforderlich sein. Im Gegensatz zu einer besonders früher häufigen Praxis ist es nicht zulässig, den Firmennamen durch Sperren oder andere typografische Mittel hervorzuheben. Sofern Abteilungsbezeichnungen nicht bereits aus anderen Angaben hervorgehen (zum Beispiel aus denen im Informationsblock), dürfen sie hier ergänzt werden.

Folgeseiten

Die Regeln (nach DIN 5008 Abschnitt 12.15):

- **Bei mehrseitigen Texten kann auf Folgeseiten durch drei Punkte am Fuß der beschrifteten Seite hingewiesen werden.**
- **Die Folgepunkte stehen mit mindestens einer Leerzeile Abstand zum Text am rechten Rand.** Soweit möglich ist die Forderung »am rechten Rand« als Funktion »rechtsbündig« zu übersetzen.

Weitere Hinweise zur Anwendung:

Früher war es üblich, auf Folgeseiten durch eine um eins erhöhte Seitennummer hinzuweisen. Oben stand dann zum Beispiel »– 4 –« und unten »– 5 –«. Diese verwirrende Schreibweise ist jedoch nicht mehr zulässig.

Beispiel:

> … ist das Risikomanagement zwar keine neue Funktion im Unternehmen. Die Forderungen des KonTraG führen jedoch zu erweiterten Dokumentierungspflichten und auch zu einigen neuen Maßnahmen.
>
> …

Formeln und Größenangaben

Die Regeln (nach DIN 5008 Abschnitt 10):

Im Abschnitt 10 der DIN 5008 wird nur auf einige Besonderheiten der Schreibweise von Formeln und Größenangaben hingewiesen und ansonsten auf gesetzliche Vorschriften, andere DIN-Normen und den Duden verwiesen.

- **Einheiten stehen mit einem Leerzeichen hinter der zugehörigen Zahl.**

  543 J (Joule); 98,2 m^2 (Quadratmeter); 34 m/s (Meter je Sekunde)

- **Vorzeichen vor Zahlen werden ohne Leerzeichen geschrieben. Für das Minuszeichen wird der Mittestrich verwendet.**

  -7 °C (Grad)

- **Allein stehende, hoch gestellte Zeichen folgen dem Zahlenwert ohne Leerzeichen.**

  17°8'14" (Grad, Winkelminute, Winkelsekunde = geografische Angabe); einzeln 17°; 8'; 14"

  $3^{1}/_{2}$"-Diskette ($3^{1}/_{2}$-Zoll-Diskette)

- **Exponenten und Indizes folgen der Basis ohne Leerzeichen.** Sofern die Exponenten und Indizes nicht direkt als Sonderzeichen zur Verfügung stehen (hoch gestellte 2 und 3 gibt es selbst bei Schreibmaschinen), müssen unverkleinerte Zeichen verwendet und hoch beziehungsweise tief gestellt werden.

  $(a + b + c)^2$; 5^3; H_2O oder H_2O; b_n oder b_n

- **Mathematische Formeln bauen auf einer Schriftgrundlinie auf.** Mit Schreibmaschine muss man die weiteren Zeilen auszählen, was sehr aufwändig ist. Bei PC-Textverarbeitungsprogrammen gibt es spezielle Formeleditoren, mit denen die Arbeit wesentlich erleichtert wird.

$$\frac{-b \pm \sqrt{b^2 - 4\alpha c}}{2\alpha} \qquad \cos\alpha = \frac{\sin\frac{n\tau}{2}}{\sin\frac{\tau}{2}} \cdot \frac{\cos\frac{n\tau}{2} + i \cdot \sin\frac{n\tau}{2}}{\cos\frac{\tau}{2} + i \cdot \sin\frac{\tau}{2}}$$

Fußnoten und Bilder

Fußnoten benötigt man speziell in wissenschaftlichen Texten, zum Beispiel für Literaturverweise. Die Fußnotentechnik kann auch zur Kennzeichnung von Bildern verwendet werden.

Die Regeln (nach DIN 5008 Abschnitt 13):

- **Fußnoten-Hinweiszeichen sind hoch gestellte arabische Zahlen.**
- **Es steht keine Klammer hinter dem Hinweiszeichen.**
- **Der Fußnotenhinweis folgt ohne Leerzeichen hinter dem betreffenden Text.**
- **Bei mehrseitigen Texten werden die Fußnoten durchgehend über alle Seiten nummeriert.**

- **Nur bei maximal drei Fußnoten auf einer Seite dürfen statt Zahlen auch Sonderzeichen wie Sterne als Fußnotenhinweise verwendet werden.**
- **Fußnoten stehen unten auf der Seite.** Der Mindestabstand zum Text beträgt eine Leerzeile. Bei einer nicht mit Text ausgefüllten Seite bleiben die Fußnoten trotzdem am Seitenende stehen.
- **Oberhalb der ersten Fußnote einer Seite steht der Fußnotenstrich.** Bei Schreibmaschinen wird er aus 10 Grundstrichen gebildet. Für PCs wird keine Vorgabe gemacht, da nicht die Automatik von Textverarbeitungsprogrammen gestört werden soll.
- **Die Fußnoten werden mit einfachem Zeilenabstand wie Textabsätze geschrieben.**
- **Das Fußnoten-Hinweiszeichen leitet die Fußnote ein. Das Zeichen wird in der Regel hoch gestellt.** Bei Schreibmaschinen kann auch auf die Hochstellung verzichtet werden. Der Text mehrzeiliger Fußnoten steht an einer zweiten Fluchtlinie.

Beispiel:

> Der Zugang zur Philosophie fällt heute manchmal schwer, weil es für Jugendliche viele andere Reize gibt. Insofern ist die Hinführung in Sofies Welt[1] ein besonders interessanter Ansatz, Philosophie nicht lehrbuchhaft zu vermitteln, sondern im Mantel eines Romans näher zu bringen.
>
> ---
>
> [1] Siehe Gaardner, Jostein: Sofies Welt. Roman über die Geschichte der Philosophie. Originalausgabe »Sofies verden«, Oslo 1991.

Weitere Hinweise zur Anwendung:

Es ist zwar zulässig, Fußnoten in derselben Form und Größe wie den Fließtext zu schreiben. Unter Nutzung von PC-Textverarbeitungsprogrammen zieht man es aber meistens vor, Fußnoten im Schriftgrad zu verkleinern. Im obigen Beispiel ist der Fließtext in einer 10,5-Punkt-Schrift gesetzt, die Fußnote in 8,5 Punkt (= pt).

Gruß

Die Regeln (nach DIN 5008 Abschnitt 12.10):

- **Der Gruß steht als eigener Absatz am Schluss des Briefes mit einer Leerzeile Abstand hinter dem Fließtext.**
- **Die Grußformel wird nicht eingerückt, sondern an der Fluchtlinie ausgerichtet. Sie wird mit keinem Satzzeichen abgeschlossen.**

Weitere Hinweise zur Anwendung:

- Die Grußformel lautet in der Regel »Mit freundlichen Grüßen«, mit zunehmender Tendenz auch »Freundliche Grüße« oder ergänzt um den Ortsnamen »Freundliche Grüße aus Bergisch Gladbach«.
- Ein besonders förmlicher Gruß ist »Hochachtungsvoll«; allerdings gilt diese Form heute auch als unhöflich.

Hervorhebungen

Wichtige Wörter oder Passagen werden optisch hervorgehoben.

Die Regeln (nach DIN 5008 Abschnitt 11):

- **Bei allen Formen der Hervorhebung gilt: Satzzeichen innerhalb und am Ende von Hervorhebungen sind einzubeziehen.**
- Verschiedene Hervorhebungsarten können kombiniert werden.
- **Eingerückte Texte werden durch je eine Leerzeile vom vorausgehenden und vom folgenden Text getrennt. Die Einrückung beginnt auf Grad 20 gleich 49,5 mm von der linken Blattkante.**

```
Bitte beachten Sie, dass für die Sondermodelle - BR 101
„Starlight-Express“ und BR 152 „Museum“ - die Bestell-
frist am

        21. Mai 1999

endet und die Formulare bei Ihrem Fachhändler vorliegen
müssen.
```

- **Unterstreichungen schließen immer ein: alle Buchstaben des hervorzuhebenden Textteils, alle Leerzeichen zwischen den Wörtern, alle Satzzeichen innerhalb und am Anfang wie Ende des unterstrichenen Textteils.** Unterstrichen wird bei Schreibmaschinen mit dem Grundstrich, bei Textverarbeitungsprogrammen mit speziellen Funktionen.

Bitte beachten Sie, dass für die Sondermodelle - BR 101 <u>Starlight-Express</u> und BR 152 <u>Museum</u> - die Bestellfrist am <u>21. Mai 1999</u> endet und die Formulare bei Ihrem Fachhändler vorliegen müssen. <u>Die Bestellung ist nur für Märklin-Insider möglich.</u>

- **Zentrierte Texte werden durch je eine Leerzeile vom vorausgehenden und vom folgenden Text getrennt. Sie stehen mittig zwischen dem rechten und dem linken Rand.** Zentrieren ist nur sinnvoll mit Textverarbeitungsprogrammen oder elektronischen Schreibmaschinen.

```
Bitte beachten Sie, dass für die Sondermodelle - BR 101
„Starlight-Express" und BR 152 „Museum" - die Bestell-
frist am

                    21. Mai 1999

endet und die Formulare bei Ihrem Fachhändler vorliegen
müssen.
```

- Anführungszeichen können ebenfalls zur Hervorhebung von Textteilen verwendet werden.

```
Die Bestellung ist nur für „Märklin-Insider" möglich.
```

- Der Wechsel der Schriftart eignet sich für Hervorhebungen, wenn ein Textverarbeitungsprogramm genutzt wird. Im vorliegenden Abschnitt dieses Buches über DIN 5008 werden einzelne Beispieltexte durch eine andere Schriftart (Courier statt Times) vom übrigen Text abgehoben.
- Ein Wechsel der Schriftgröße stellt eine weitere Hervorhebungsart dar, die ausschließlich mit PC-Textverarbeitungsprogrammen durchführbar ist. Zur Hervorhebung einzelner Wörter innerhalb einer Zeile eignet sie sich allerdings nicht, da sich so der Zeilenabstand veränderte. Anwendungsbereich sind vor allem Abschnittsüberschriften (wie auch im vorliegenden Buch).
- Die Fettschrift hat sich zur wichtigsten Hervorhebungsart entwickelt, speziell bei Nutzung von PCs oder elektronischen Schreibmaschinen. Dies liegt auch daran, dass die geläufigste Hervorhebungsart beim Maschinenschreiben – das Unterstreichen – bei PC-Programmen häufig zu unbefriedigenden Ergebnissen führt (der Unterstreichungsstrich berührt die Unterzüge von Buchstaben).

Bitte beachten Sie, dass für die Sondermodelle - BR 101 „Starlight-Express" und BR 152 „Museum" - die Bestellfrist am **21. Mai 1999** endet und die Formulare bei Ihrem Fachhändler vorliegen müssen.

- Die Kursivschrift (schräg gestellte Schrift) hat einen ähnlichen Anwendungsbereich wie die Fettschrift. Besonders häufig wird Kursivschrift zur Betonung *eines* Wortes verwendet.

Bitte beachten Sie, dass für die *Sondermodelle* - BR 101 „Starlight-Express" und BR 152 „Museum" - die Bestellfrist am *21. Mai 1999* endet und die Formulare bei Ihrem Fachhändler vorliegen müssen.

- Großbuchstaben eignen sich nur zur Hervorhebung weniger Wörter oder zur Auszeichnung von Überschriften. Für längere Passagen sind sie nicht geeignet, da Texte *nur* aus Großbuchstaben schwerer zu lesen sind.

`Die DIN 5008 (Ausgabe 1996) ist eine Norm, die sich nicht nur auf die Textverarbeitung mit SCHREIBMASCHINEN, sondern auch mit PERSONALCOMPUTERN bezieht.`

Weitere Hinweise zur Anwendung:

- Sperren bedeutet, dass alle Buchstaben voneinander durch ein Leerzeichen getrennt werden. Satzzeichen werden dabei wie Buchstaben behandelt. **Ein gesperrtes Wort wird von dem vorausgehenden und dem folgenden durch drei Leerzeichen abgesetzt.** Zahlen werden nicht gesperrt.

  In der DIN 5008 wurde das Sperren als Hervorhebungsart bewusst nicht mehr aufgeführt, weil es sehr aufwändig ist und es zahlreiche andere Hervorhebungsmöglichkeiten gibt. Da die Aufzählung in der DIN aber nur beispielhaft ist, gilt das Sperren weiterhin als zulässig, wenn auch eher als nicht empfehlenswert.

  `Bitte beachten Sie, dass für die Sondermodelle - BR 101 „Starlight-Express" und BR 152 „Museum" - die Bestellfrist am   21. S e p t e m b e r   endet.`

- Grundsätzlich sollten Sie mit Hervorhebungen sehr sparsam umgehen! Wenn zu viele Textteile hervorgehoben sind, wird die Betonung gegenüber dem übrigen Text immer geringer.
- Der hervorgehobene Textteil sollte möglichst für sich allein eine Bedeutung haben.
- Verwenden Sie nicht zu viele verschiedene Hervorhebungsarten in einem Text, weil sonst ein unruhiges Textbild entsteht.

Informationsblock

Die Regeln (nach DIN 5008 Abschnitt 12.6; DIN 676 Abschnitt 6.4):

- **Der Informationsblock ersetzt eine Bezugszeichen- und Kommunikationszeile** (siehe hierzu den Abschnitt »Bezugszeichenzeile« ab Seite 155).
- **Der Informationsblock steht rechts neben dem Anschriftfeld und beginnt in derselben Höhe.**
- **Bei Briefblättern der Form A nach DIN 676 liegt die linke obere Ecke des Informationsblocks 32 mm von der oberen Blattkante und 125,7 mm von der linken Blattkante entfernt. Der Text des Informationsblocks beginnt also in der 9. Zeile und auf Grad 50.**
- **Bei Briefblättern der Form B nach DIN 676 liegt die linke obere Ecke des Informationsblocks 50 mm von der oberen Blattkante und**

125,7 mm von der linken Blattkante entfernt. Der Text des Informationsblocks beginnt also in der 13. Zeile und auf Grad 50.

- **Im Gegensatz zum Anschriftfeld ist die Länge des Informationsblocks nicht durch postalische Vorgaben begrenzt** – er darf sich weiter nach unten ausdehnen.
- **Die mögliche Ausdehnung des Informationsblocks nach rechts ist durch den minimalen Rand nach DIN 5008 (= 8,1 mm) vorgegeben.** Maximal kann ein Informationsblock also 76,2 mm breit sein. Aus optischen Gründen sollte allerdings ein breiterer rechter Rand gewählt werden. Ein sinnvoller Praxiswert ist hier 20 mm, wodurch sich ein Informationsblock mit 64,3 mm Breite ergibt.

Zur Darstellung siehe die Anwendung unter den Abschnitten »Briefbeispiele« und »Briefblätter (Seiteneinteilung)«.

Zum Text und zu den Leitwörtern in Informationsblöcken:

Ihr Zeichen: se-bo
Ihre Nachricht vom: 1999-08-28
Unser Zeichen: ma-ji
Unsere Nachricht vom: 1999-08-14
•
Name: Frank Manekeller
Telefon: (02 21) 1 22-11 21
Telefax: (02 21) 1 22-11 22
•
Datum: 1999-08-31

- Vor »Name« und »Datum« steht jeweils eine Leerzeile.
- Da sich der Informationsblock nach unten verlängern darf, ist es zulässig, weitere Kommunikationsangaben hinter Telefon und Telefax folgen zu lassen, zum Beispiel Internet-Homepage, E-Mail-Adresse, Telex oder T-Online.
- Die Reihenfolge »Ihr Zeichen«, »Ihre Nachricht vom«, »Unser Zeichen«, »Unsere Nachricht vom«, »Name«, »Telefon«, »Telefax«, »Telex«, »T-Online«, »Telebox« und »Datum« ist einzuhalten.
- Nicht benötigte Leitwörter dürfen weggelassen werden.

Weitere Hinweise zur Anwendung:

In der Praxis wird der Informationsblock nicht nur mit den oben aufgeführten Informationen gefüllt. Bei größeren Unternehmen stehen zum Beispiel häufiger organisatorische Bezeichnungen im Informationsblock.

Praxis ist es auch, statt »Name« die verbindlichere Formulierung »Ihr Gesprächspartner« zu verwenden.

Die Leitwörter des Informationsblocks werden sinnvollerweise durch Doppelpunkt vom folgenden Inhalt abgegrenzt. Dies ist auch den Beispielen der DIN 5008 zu entnehmen.

Inhaltsverzeichnis

Die Regeln (nach DIN 5008 Abschnitt 9.4):

- **Alle Abschnittsnummern eines Inhaltsverzeichnisses beginnen an derselben Fluchtlinie.**
- **Die Abschnittsüberschriften (auch mehrzeilige) beginnen an einer weiteren einheitlichen Fluchtlinie.** Hierzu kann man die Standardeinrückung (Grad 20 beziehungsweise nach 49,5 mm) verwenden.
- **Nach Abschnittsnummern folgen mindestens zwei Leerzeichen vor dem Text der Abschnittsüberschrift.**

Weitere Hinweise zur Anwendung:

In der DIN 5008 steht ein Beispiel ohne Seitennummerierung. Seitennummern dürfen jedoch ergänzt werden. Zur besseren Lesbarkeit punktet man meistens die Linie zur Seitennummer aus.

Beispiel:

Inhalt

1	Die Neuregelung des KonTraG	8
1.1	Die aktienrechtlichen und handelsrechtlichen Regeln für GmbHs und Aktiengesellschaften	10
1.2	Die neuen Anforderungen an das Risikomanagement....	15
2	Implementierung des Risikomanagements	20
2.1	Die Risikoinventur	21
2.2	Die Durchführung der Maßnahmen	32

Kommunikationszeile

Die Bezugszeichenzeile (siehe dort) gibt es schon seit Jahrzehnten im Schriftverkehr. Bei der wachsenden Vielfalt technischer Kommunikationseinrichtungen reicht ihr Platz aber heute oft nicht mehr aus. Deshalb wurde als Neuerung eine zusätzliche Kommunikationszeile zugelassen, in der speziell weitere Kommunikationseinrichtungen aufgeführt werden können.

Die Regeln (nach DIN 5008 Abschnitt 12.6 und Anhang B, C):

- **Die Leitwörter der Kommunikationszeile stehen auf Höhe der vorletzten Zeile des Anschriftfelds, die Kommunikationszeile selbst auf Höhe der letzten Zeile des Anschriftfelds.** Für die Leitwörter ist dies Zeile 16 (= nach 63,5 mm von der oberen Blattkante) bei Briefblättern der Form A und Zeile 20 (= nach 80,4 mm) in Briefblättern der Form B. Die Kommunikationszeile selbst steht dann eine Zeile tiefer, also in Zeile 17 (= 67,7 mm) beziehungsweise 21 (= 84,6 mm).
- **Die Kommunikationszeile beginnt auf Grad 50 gleich 125,7 mm vom linken Rand.**

Weitere Hinweise zur Anwendung:

Bei Telefon, Telefax und Telex finden sich oft zweizeilige Leittexte, da die Nummer ohne Durchwahl schon mit eingedruckt wird. Dies führt manchmal zu Fragen über die richtige Positionierung. Die Beispiele in DIN 5008 legen folgendes Vorgehen nahe: Man nimmt die Zeilenpositionsangabe in Millimetern aus DIN 5008, rechnet zunächst eine Standardzeile (also 12 pt oder 4,23 mm) hinzu und zieht dann zweimal die Zeilenhöhe für die kleineren Leitwörter ab.

Zusammengesetzte Leitwörter wie »Unser Zeichen, unsere Nachricht vom« enthalten ein Komma, die ausgefüllten Texte darunter jedoch nicht, also zum Beispiel »ma-ji 1999-05-07«.

Siehe hierzu auch die grafische Darstellung unter dem Stichwort »Briefblätter (Seiteneinteilung)« sowie die verwandten Themen »Bezugszeichenzeile« und »Informationsblock«. In der Praxis ist vermehrt eine Tendenz zu beobachten, die Kombination aus Bezugszeichen- und Kommunikationszeile durch einen Informationsblock zu ersetzen.

Rechenzeichen

Die Regeln (nach DIN 5008 Abschnitt 7):

- **Rechenzeichen werden mit je einem Leerzeichen von einer vorausgehenden und einer folgenden Zahl abgesetzt.**
- **Vorzeichen werden ohne folgendes Leerzeichen geschrieben.**
- **Additionszeichen +**

  17 + 9 = 26

- **Subtraktionszeichen –**

  24 – 13 = 11
  22 – 27 = -5

- **Multiplikationszeichen . oder x.** Der Punkt ist Standard als Multiplikationszeichen. Der Kleinbuchstabe x wird vornehmlich bei Flächen, räumlichen Abmessungen oder gemischten Angaben verwendet. Mit PC-Textverarbeitungsprogrammen kann der Multiplikationspunkt problemlos höher gestellt oder ein mittiger Punkt verwendet werden.

  14 . 4 = 56 oder 14 · 4 = 56
  a . b = ab
  4,5 m x 2 m = 9 m^2

- **Gleichheitszeichen =**

  114 + 98 = 212

- **Divisionszeichen :**

  63 : 7 = 9

- **Prozent und Promillezeichen % und ‰**

  2 % Skonto, Beitragssatz von 40 ‰, 14%ig

  Falls ‰ als Zeichen nicht zur Verfügung steht, kann es auch durch den Kleinbuchstaben »o« gebildet werden.

  Provisionssatz von 30 o/oo der Versicherungssumme

- **Bruchstrich / und ——**

  1/2, 35/8, aber: 4 1/2

  $\frac{20\,.\,120}{200} = 12$

  Mit Formeleditor ist auch die Schreibweise $\frac{20 \cdot 120}{200} = 12$ möglich. Mit Schreibmaschinen muss der waagerechte Bruchstrich als hoch gestellter Grundstrich erzeugt werden, der mit dem ersten Schriftzeichen des Bruches beginnt und mit dem letzten aufhört.

- **Verhältniszeichen :**

  Maßstab 1 : 200, Mischungsverhältnis 2 : 1, 4 : 1 Tore

Weitere Hinweise zur Anwendung:

Die DIN 5008 regelt die Schreibweise von Formeln, nicht aber die Notation von selbsttätig rechenbaren Formeln in PC-Programmen. Typischerweise wird bei rechenbaren Formeln das Zeichen * für die Multiplikation und / für die Division verwendet.

Satzzeichen und andere Zeichen

Die Regeln (nach DIN 5008 Abschnitt 5):

- **Punkt, Komma, Semikolon, Doppelpunkt, Fragezeichen und Ausrufezeichen folgen dem Wort oder Schriftzeichen *ohne* Leerzeichen.**
- **Nach dem Satzzeichen folgt ein Leerzeichen.**
- **Abkürzungspunkte am Satzende schließen den Satzendepunkt ein.**
- **Vor und hinter dem Gedankenstrich steht ein Leerzeichen.** Satzzeichen stehen hinter dem zweiten Gedankenstrich ohne Leerzeichen. Der Gedankenstrich wird als Mittestrich geschrieben. Soweit verfügbar (zum Beispiel bei Word über »Strg + Strich der Zehnertastatur), kann auch der Halbgeviertstrich (dünner und länger) verwendet werden.

  Ich hoffe - wissend um die Möglichkeit der Enttäuschung -, dass wir wieder zueinander finden.

  Ich verstehe nicht – Sie etwa? –, wie es zu dieser Entwicklung kam.

- **Anführungszeichen stehen ohne Leerzeichen vor und hinter Textteilen, die sie einschließen.** Typografische Anführungszeichen von PC-Programmen sind zulässig.

  Die Zeitschrift "Eisenbahn-Magazin" ist eine Fachpublikation.

  Die Zeitschrift „Eisenbahn-Magazin“ ist eine Fachpublikation.

- **Halbe Anführungszeichen stehen ohne Leerzeichen vor und hinter Textteilen, die sie einschließen.** Halbe Anführungszeichen werden verwendet, wenn innerhalb einer Anführung eine weitere Stelle angeführt werden soll.

  Diskutiert wurde: „Kann man die Steuerung ‚WinDigital‘ auch für Anlagen mit großen Schattenbahnhöfen einsetzen?“

- **Der Apostroph (Auslassungszeichen) ersetzt ausgelassene Buchstaben.**

  Er hat’s halt sehr schwer.

- **Klammern stehen ohne Leerzeichen vor und hinter den eingeschlossenen Textteilen.**

  Die DIN 5008 (Schreib- und Gestaltungsregeln für die Textverarbeitung) ist in der neuesten Form 1996 erschienen.

  Textfelder [gemeint sind die aus Word 97] sind ein exzellentes Hilfsmittel in der PC-Textverarbeitung.

  Die Tasten <Strg> und <Alt> werden benötigt, um zusätzliche Funktionen aufrufen zu können.

  Weitere Klammerformen können verwendet werden, zum Beispiel { }.

Schrift und Zeilenabstand

Die Regeln (nach DIN 5008 Abschnitte 12.1 und 12.4):

- **Es wird immer einzeilig geschrieben.** Dies gilt für übliche Geschäftskorrespondenz, zum Beispiel Briefe, Memos, Protokolle usw.
- **Nur für Schriftstücke besonderer Art darf mit größerem Zeilenabstand geschrieben werden.**
- **Zu kleine Schriftgrößen (unter 10 Punkt), ausgefallene Schriftarten (zum Beispiel Schreibschrift) und Schriftstile (zum Beispiel Kapitälchen) sind im fortlaufenden Text zu vermeiden.**

Weitere Hinweise zur Anwendung:

- Größere Zeilenabstände sollten verwendet werden, wenn zum Beispiel Texte mit Korrekturen bearbeitet oder als Vortrag verwendet werden sollen.
- Gängige Schriften wie Arial (Helvetica) oder Times sind im Zweifelsfall exotischen Schriftarten vorzuziehen.
- Schriftgrößen von 10 bis 12 Punkt sind bei Fließtext am besten lesbar.
- Die Lesbarkeit wird auch erhöht, wenn die Zeilenhöhe 2 Punkt größer ist als die Schriftgröße. Absatzbildung unterstützt die Lesbarkeit weiter.
- Hervorhebungen sollten sparsam verwendet werden.

Beispiele:

Großbuchstaben

> DIESER TEXT BASIERT AUF DERSELBEN AUSGANGSSCHRIFT – NÄMLICH TIMES –, IST ABER HINSICHTLICH SCHRIFTGRÖSSE, -WEITE UND HERVORHEBUNGEN VARIIERT WORDEN. IM ERSTEN FALL WURDE DIE HERVORHEBUNG „GROSSBUCHSTABEN“ BENUTZT.

Alles kursiv

> *Dieser Text basiert auf derselben Ausgangsschrift – nämlich Times –, ist aber hinsichtlich Schriftgröße, -weite und Hervorhebungen variiert worden. Im zweiten Fall wurde die Hervorhebung „Kursiv“ benutzt.*

Verringerter Buchstaben- und Zeilenabstand

> Dieser Text basiert auf derselben Ausgangsschrift – nämlich Times –, ist aber hinsichtlich Schriftgröße, -weite und Hervorhebungen variiert worden. Im dritten Fall wurde die Laufweite der Schrift auf „schmal“ gestellt.

Sparsame Schriftgröße

Dieser Text basiert auf derselben Ausgangsschrift – nämlich Times –, ist aber hinsichtlich Schriftgröße, -weite und Hervorhebungen variiert worden. Im vierten Fall wurde die Schriftgröße „8-Punkt“ benutzt.

Großzügige Schriftgröße

Dieser Text basiert auf derselben Ausgangsschrift – nämlich Times –, ist aber hinsichtlich Schriftgröße, -weite und Hervorhebungen variiert worden. Im fünften Fall wurde die Schriftgröße „14-Punkt“ benutzt.

Alle diese Beispiele zeigen, dass die »exotischen« Formatierungen die Lesbarkeit eines Textes nicht erhöhen.

Schriftzeichen für Wörter

Die Regeln (nach DIN 5008 Abschnitt 6):

- **Als Zeichen für »Paragraf« wird § verwendet, aber nur in Verbindung mit darauf folgenden Zahlen.** Ein Bezug zu mehreren Paragrafen wird mit §§ eingeleitet. Hinter dem Paragrafenzeichen folgt immer ein Leerzeichen.

  Nach § 823 BGB
  §§ 7 – 14 Außensteuergesetz
  Die §§ 1 und 2 erläutern …
  § 8 Abs. 3 Satz 2

  Aber: Die ersten 14 Paragrafen des Außensteuergesetzes befassen …

- **In Firmenbezeichnungen kann & als Zeichen für »und« verwendet werden.** Vor und hinter & steht ein Leerzeichen. Ob das & geschrieben werden darf, hängt von der Originalschreibweise eines Firmennamens ab.

  Blasius & Söhne

  Dr. Müller-Lüdenscheidt GmbH & Co. KG

  Gebr. Sonnenschein & Co

- **Als Zeichen für »gegen« wird der Mittestrich -, der Halbgeviertstrich – oder ./. verwendet.** Die Striche werden meistens im Sport bei der Gegenüberstellung von Mannschaften verwendet, das Zeichen ./. vor allem in Schriftsätzen bei Rechtsstreitigkeiten. Vor und hinter dem Schriftzeichen steht jeweils ein Leerzeichen.

Bayern München - Manchester United

Bayern München – Werder Bremen

Die Klage Dr. Klöber ./. Müller-Lüdenscheidt wurde am …

- **Als Zeichen für »bis« wird der Mittestrich oder der Halbgeviertstrich verwendet.** Davor und dahinter steht ein Leerzeichen.

  Der Mitte- und Halbgeviertstrich als Ersatz für »bis« darf nicht angewendet werden, wenn die Bezeichnung Satzcharakter hat, wenn »bis« im Zusammenhang mit »von« steht oder wenn der Strich mit anderen Strichen wie dem Minuszeichen zusammentrifft.

  09:30 - 13:45 Uhr

  14:45 – 18:30 Uhr

  Von 12:00 bis 14:15 ist Zeit für ein gemeinsames Mittagessen.

- **Mitte- und Halbgeviertstrich stehen in Streckenangaben, wenn sie nicht Satzcharakter haben.** Es dürfen auch mehr als zwei Angaben verbunden werden; die Striche werden dann übersetzt als »von, über, nach«.

  Hamburg - Hannover - Frankfurt

  Köln – Frankfurt – München

  Die Fahrt mit dem ICE von München nach Berlin …

- **Als Zeichen für »pro«, »je«, manchmal auch »bis« oder »zu«, wird der Schrägstrich verwendet. Er steht ohne Leerzeichen davor und dahinter.**

  240 km/h

  135 Einwohner/km^2

  Jahreswechsel 1999/2000

- **Als Unterführungszeichen für Wortwiederholungen wird " verwendet.** Das Unterführungszeichen steht immer unter dem ersten Buchstaben jedes zu unterführenden Wortes. Ziffern und Zahlen sind immer auszuschreiben. Nach einem Summenstrich darf nicht unterführt werden.

```
Personalcomputer Desktop
"                Netcon

1 Teppichboden,  2 m x 3 m, rot            580 DM
1 "              3 m x 3 m, "              780 "
                                         --------
                                         1.360 DM
```

Bei Textverarbeitungssystemen sollten Sie auf Unterführungen verzichten, weil der zusätzliche Aufwand größer als die Ersparnis ist. Dies gilt speziell bei Proportionalschriften, die kaum unterführt werden können.

- **Für »geboren« wird das Zeichen * und für »gestorben« das Zeichen + verwendet.**

  Fritz Feuerstein, * 1. Februar 1900, + 21. Dezember 1999

- **Als Zeichen für »Nummer(n)«, »Nr.« oder »Nrn.« kann # verwendet werden.** Vor und hinter # steht ein Leerzeichen. Das Zeichen darf nur in Verbindung mit darauf folgenden Zahlen und Ziffern verwendet werden, nicht aber im laufenden Text. Im Gegensatz zur Anwendung des Zeichens § steht auch nur *ein* Zeichen #, wenn mehrere Nummern folgen.

  Die Artikel # 12 und 13 werden neu ins Sortiment genommen.

Seitennummerierung

Die Regeln (nach DIN 5008 Abschnitt 12.14):

- **Mehrseitige Briefe werden fortlaufend oben durchnummeriert, beginnend mit der zweiten Seite.**
- **Die Seitennummer sollte mit dem Mittestrich (- 2 -) auf Grad 40 beziehungsweise auf 100,3 mm von der linken Blattkante beginnen oder wird zentriert zwischen linkem und rechtem Rand geschrieben.**
- **Bei Briefblättern ohne Aufdruck steht die Seitennummer in der fünften Zeile (also nach 16,9 mm).**
- **Bei PC-Textverarbeitungsprogrammen kann die Seitennummerierung auch in der Form »Seite ... von ...« geschrieben werden.** Diese Nummerierung beginnt bereits auf der ersten Seite, steht vorzugsweise am rechten Rand und macht Folgepunkte überflüssig.

Weitere Hinweise zur Anwendung:

- Bei sonstigen Schriftstücken gibt es keine entsprechend eindeutige Regel wie bei Briefen; die unterschiedlichsten Formen sind also hier zulässig.
- Die Positionsformulierung in der DIN ist bewusst »sollte«. Sie können deshalb auch eine linksbündige Schreibweise der Seitennummer wählen.
- Werden für Folgeseiten eines Briefes Blätter mit Aufdruck verwendet, gibt es auch dafür keine speziellen Regeln der DIN 5008, doch Praxis-

empfehlungen, die mit der Norm harmonieren: Die Seitennummerierung sollte eine Leerzeile Abstand zum gedruckten Briefkopf einhalten. Der Text folgt der Seitennummer mit einer Leerzeile Abstand. Als Folgeseiten eignen sich am besten schmale Briefköpfe der Form A nach DIN 676. Außerdem ist dann auf Markierungen für das Anschriftfeld zu verzichten.

Striche (Silbentrennungsstrich, Bindestrich, Ergänzungsbindestrich)

In diesem Abschnitt geht es um den Einsatz von Strichen in Wörtern, also nicht um Striche als Ersatz ganzer Wörter oder Striche als Satzzeichen.

Die Regeln (nach DIN 5008 Abschnitt 3.1 bis 3.3):

- **Die Silbentrennung wird durch den Mittestrich - angezeigt.**

  ... dass sich die Textbausteinverarbeitung schon seit Jahren in der Praxis bewährt.

  In Textverarbeitungsprogrammen sind manuell eingegebene Mittestriche zu vermeiden, weil damit ein automatischer Zeilenumbruch gestört würde.

- **Kopplungen und Aneinanderreihungen werden mit dem Mittestrich - als Bindestrich durchgeführt.**

  Feuer-Betriebsunterbrechung; das Hand-in-Hand-Arbeiten

- **Wenn ein Name und ein Hauptwort eng zusammengewachsen sind, schreibt man die Zusammensetzung ohne Bindestrich.**

  Dieselmotor

- **Zusammensetzungen mit einzelnen Buchstaben, Abkürzungen oder unüblichen Bestimmungen werden mit Bindestrichen gebildet.**

  Vitamin-C-Gehalt, 12-Zylinder-Motor, 50-Jahr-Feier, 9-t-Lader

- ***Bei Ableitungen und Zusammensetzungen, die eine Zahl oder Ziffer enthalten und keine Aneinanderreihung sind, entfällt der Bindestrich.***

  2zeilig, 20prozentig, 10fach, 50jährig

  So steht die Regel in der DIN 5008, die vor der Rechtschreibreform erschienen ist. Dort, wo nach der Rechtschreibreform geschrieben wird, muss jedoch diese Regel korrigiert werden.

Nach § 40 der amtlichen Regeln der deutschen Rechtschreibung gilt:

- **Man setzt einen Bindestrich in Zusammensetzungen mit Einzelbuchstaben, Abkürzungen oder Ziffern.**

  2-zeilig, 20-prozentig, 50-jährig

  Ergänzend ist § 41 zu berücksichtigen:

- **Vor Suffixen setzt man nur dann einen Bindestrich, wenn sie mit einem Einzelbuchstaben verbunden werden.**

  Der x-te, die n-te Potenz; aber: 10fach, 68er

  Bezogen auf Zahlen ist die neue Regelung damit relativ schwierig, weil man überlegen muss, ob an die Zahl ein Wort (dann Bindestrich) oder nur ein Suffix (dann kein Bindestrich) angehängt wird.

- **Wortergänzungen werden mit Mittestrich - geschrieben.** In dieser Funktion spricht man auch vom »Ergänzungsbindestrich«.

  Ein- und Ausfahrt, hin- und herlaufen, Gewinn- und Verlustrechnung
  Postein- und -ausgang, Warenannahme und -ausgabe

Summen

Die Regeln (nach DIN 5008 Abschnitt 8.8):

- **Bei der Schreibmaschine wird der Summenstrich gebildet aus dem Mittestrich nach einer Zeilenschaltung oder dem Grundstrich ohne Zeilenschaltung.**

- **Falls ein Abschlussstrich benötigt wird, schreibt man ihn nach einer Zeilenschaltung mit dem Doppelstrich.**

- **In PC-Textverarbeitungsprogrammen – insbesondere bei Verwendung von Proportionalschriften – werden die Striche durch Funktionen der jeweiligen Programme erzeugt.** Möglichkeiten: automatisches Unterstreichen, Verwendung von Grafiklinien oder Nutzung von Tabellenfunktionen, die zugleich einfache Rechenmöglichkeiten einschließen.

  Beispiele:

Nr. 1	Nr. 2	Nr. 3
250,25 DM	250,25 DM	250,25 DM
820,30 DM	820,30 "	820,30 DM
-----------	-----------	———————
1.070,55 DM	1.070,55 DM	1.070,55 DM
	===========	=========

Nr. 4	Nr. 5	Nr. 6
250,25 DM	DM 250,25	250,25
820,30 DM	" 820,30	820,30
1.070,55 DM	DM 1.070,55	1.070,55
	===========	

Nr. 7
250,25 DM
820,30 DM
1.070,55 DM

1. Beispiel Nr. 1 mit Courierschrift und Summenstrich aus Mittestrichen ist eine sinnvolle Lösung für die Schreibmaschine.
2. Beispiel Nr. 2 ergänzt einen Abschlussstrich, erzeugt mit Doppelstrichen. Unterführungen von »DM« sehen selten gut aus und sind auch beim Schreiben keine Arbeitserleichterung, in dieser Form aber zulässig.
3. Beispiel Nr. 3 zeigt eine Proportionalschrift und Striche, die rechtsbündig mit Mitte- und Doppelstrichen eingegeben wurden. Wegen der Proportionalschrift lässt sich allerdings nicht exakt die richtige Strichlänge erreichen.
4. Beispiel Nr. 4 arbeitet mit einem Strich auf Grundlinie. Erst durch eine leichte Vergrößerung des Zeilenabstands konnte verhindert werden, dass das Komma durchgestrichen wurde.
5. Beispiel Nr. 5 ergänzt einen Summenstrich, stellt DM voran und nutzt Unterführungen. All dies ist zulässig, aber insgesamt nicht empfehlenswert.
6. Beispiel Nr. 6 ist mit Unterstreichungsfunktionen einer PC-Proportionalschrift gebildet worden. Probleme: Die Striche sind zu nah an der Schrift und die Strichlänge hängt von der Schrift ab.
7. Beispiel Nr. 7 ist eine professionelle Variante für Proportionalschriften. Sie ist einfach mit drei Tabellenfeldern gebildet worden. Dem letzten Tabellenfeld wurden dann oben und unten Rahmenlinien zugewiesen.

Teilbetreff

Die Regeln (nach DIN 5008 Abschnitt 12.7.2):

- Texte können durch Teilbetreffe unterteilt werden. Sie sind Stichworte zu einzelnen Briefabsätzen.

- **Teilbetreffe stehen am linken Rand, schließen mit einem Punkt und werden hervorgehoben** (zum Beispiel durch Fettschrift).
- **Der zugehörige Text wird unmittelbar nach einem Leerzeichen angefügt.**

Beispiel:

> **Zwischenablesung.** Um eine gerechte Verteilung des Hausgelds zu ermöglichen, wird vom Wärmelieferanten unmittelbar nach Ihrem Auszug eine Zwischenablesung durchgeführt.
>
> **Renovierung.** Gemäß Mietvertrag vom 23. Mai 1993 sind Sie verpflichtet, alle Räume nach Auszug zu tapezieren beziehungsweise neu zu streichen.

Ein Beispiel für Teilbetreffe in einer Aufzählung siehe unter »Aufzählungen«.

Unterzeichner

Die Regeln (nach DIN 5008 Abschnitt 12.12):

- **Die maschinenschriftliche Wiederholung der Namen der Unterzeichner ist innerbetrieblich zu regeln** – aber generell zu empfehlen.
- **Die Zahl der Leerzeilen vor dieser Wiederholung richtet sich nach der Notwendigkeit.** In der Praxis arbeitet man meistens mit drei Leerzeilen.

Weitere Hinweise zur Anwendung:

- Es ist auch zulässig, den Vornamen zu ergänzen. Vorteile sind insbesondere eine bessere Unterscheidung bei häufigen Namen wie »Meier, Müller, Schmitz« sowie eine Klarheit für Antwortende hinsichtlich der Anrede.
- Die maschinenschriftliche Wiederholung der Unterzeichner beginnt linksbündig.
- Auf Klammern um die Namen sollte verzichtet werden, da ihnen keine Funktion zukommt. In der DIN 5008 findet sich auch kein Hinweis auf die Notwendigkeit von Klammern, und alle Beispielbriefe der DIN enthalten dementsprechend auch keine.
- Vertretungsvollmachten werden bei Prokurist (ppa.), Handlungsbevollmächtigter (i. V.) oder Kennzeichnungen wie »im Auftrag« (i. A.) meistens vor die handschriftliche Namenszeichnung gesetzt. Eine Al-

ternative: Man setzt diese Vollmachten vor die maschinenschriftliche Namenswiederholung.

Beispiel:

Mit freundlichen Grüßen

Assecurancia Versicherungs-AG

ppa. i. V.

Thomas Sonnenschein Lena Donnersberg

Verteilvermerk

Die Regeln (nach DIN 5008 Abschnitt 12.13.2):

- **Der Verteilvermerk steht am linken Rand (Grad 10 beziehungsweise nach 24,1 mm) und folgt nach dem Gruß am Briefschluss mit einem empfohlenen Mindestabstand von drei Zeilen.**
- **Bei Geschäftsbriefen mit maschinenschriftlich wiederholter Unterschrift steht der Verteilvermerk mit einer Leerzeile Abstand hinter der maschinenschriftlichen Angabe der Unterzeichner.**
- **Gibt es einen Anlagenvermerk, so folgt der Verteilvermerk mit einer Leerzeile Abstand hinter diesem.** Bei Platzmangel kann die Leerzeile entfallen.
- Generell ist es zulässig, **Verteilvermerke auch auf Grad 50 entsprechend 125,7 mm zu positionieren. Der Verteilvermerk steht dann mit einer Zeile Abstand hinter dem Text auf Höhe der Grußformel beziehungsweise mit einer Leerzeile Abstand hinter einem Anlagenvermerk.** Damit wird Platz gespart, so dass diese Variante insbesondere dann vorteilhaft ist, wenn der Text schon relativ weit zum Seitenende reicht.
- **Der Verteilvermerk wird mit dem Wort »Verteiler« begonnen; dieses Leitwort kann hervorgehoben werden.**

Siehe auch den Abschnitt »Anlagenvermerk« auf Seite 138.

Weitere Hinweise zur Anwendung:

Das Leitwort »Verteiler« wird bei Schreibmaschinenschrift durch Unterstreichen, bei PC-Proportionalschriften durch Fettschreiben am besten hervorgehoben. Hinter das Leitwort »Verteiler« wird kein Doppelpunkt gesetzt. Ebenso entfallen etwaige Aufzählungsstriche, da der Aufzählungscharakter allein aus dem Leitwort selbst erkennbar ist.

Beispiele:

Verteilvermerk mit vorausgehendem Anlagenvermerk:

Mit freundlichen Grüßen

Internet-Services GmbH

ppa.	i. A.
Fritz Furchtbar	Katharina Knolle

Anlagen
Leistungsbeschreibung
Referenzen

Verteiler
Herrn Thomas Müller
Frau Lena Schmitz

Verteilvermerk mit vorausgehendem Anlagenvermerk bei Platzmangel:

<table>
<tr><td>Mit freundlichen Grüßen</td><td></td><td>Anlagen
Leistungsbeschreibung</td></tr>
<tr><td>Internet-Services GmbH</td><td></td><td>Referenzen</td></tr>
<tr><td>ppa.</td><td>i. A.</td><td>Verteiler
Herrn Thomas Müller</td></tr>
<tr><td>Fritz Furchtbar</td><td>Katharina Knolle</td><td>Frau Lena Schmitz</td></tr>
</table>

Verteilvermerk ohne Anlagenvermerk bei Platzmangel; zusätzlich wurden hier die Titel vor die maschinenschriftliche Namenswiederholung geschrieben, was optisch oft vorteilhaft wirkt:

<table>
<tr><td>Mit freundlichen Grüßen</td><td></td><td>Verteiler
Herrn Thomas Müller</td></tr>
<tr><td>Internet-Services GmbH</td><td></td><td>Frau Lena Schmitz</td></tr>
<tr><td>ppa. Fritz Furchtbar</td><td>i. A. Katharina Knolle</td><td></td></tr>
</table>

Währungsbezeichnungen

Die Regeln (nach DIN 5008 Abschnitt 3.6 und DIN EN 24217 für die internationale Schreibweise):

- **Währungsbezeichnungen stehen vor oder hinter dem Betrag – mit einem Leerzeichen Abstand.**
- **Im fortlaufenden Text ist es vorzuziehen, die Währungsbezeichnungen hinter den Betrag zu schreiben.**
- In der Regel schreibt man Währungsbezeichnungen ohne Punkt.
- Die internationale Schreibweise mit drei Buchstaben weicht von der üblichen Schreibweise ab und wird zum Beispiel im Bankenverkehr häufig verwendet.

Beispiele:

Land	Standard	International
Deutschland	653,45 DM	DEM 653,45
Schweiz	0,78 sfr	CHF 0,78
Niederlande	890,78 hfl	NLG 890,78
Frankreich	65,45 FF	FRF 65,45
Großbritannien	1.789,20 £	GBP 1.789,20
USA	520,50 $	USD 520,50
EU	40,20 €	EUR 40,20

Zahlenaufstellungen

Die Regeln (nach DIN 5008 Abschnitte 8.7):

- **Zahlenaufstellungen werden nach dem letzten Schriftzeichen jeder Zahlengruppe ausgerichtet.**
- **Falls die Zahlen Dezimalzeichen enthalten, sind die Zahlen am Dezimalzeichen (in der Regel ein Komma) auszurichten.**
- **In Aufstellungen mit gemischten Zahlen stehen die Einerstellen der ganzen Zahlen und schräge Bruchstriche untereinander;** dies ist allerdings nicht mit Proportionalschriften möglich.

Beispiele:

Nr.	Datum	Euro	Gem. Zahlen
46/99	99-03-28	439,80	3 7/8
142/99	99-05-12	0,50	7 11/12
1231/99	99-11-05	1.340,89	22 1/3

Zahlengliederungen

Die Regeln (nach DIN 5008 Abschnitt 8 und Anhang A; DIN EN 28601):

- **Dezimale Teilungen von Zahlen werden mit einem Komma gekennzeichnet.** Bei glatten oder ungefähren Werten können die fehlenden dezimalen Teile entfallen. (Abschnitt 8.1 der DIN 5008)

  987,12 DM, 23,54 m, 750 000 DM

- **Zahlen mit mehr als drei Stellen können durch je ein Leerzeichen oder einen Punkt in dreistellige Gruppen gegliedert werden. Enthalten diese Zahlen ein Dezimalkomma, kann ebenfalls dreistellig gegliedert werden, dann aber links und rechts des Kommas.** Der Punkt ist aus Sicherheitsgründen speziell bei Geldbeträgen dem Leerzeichen vorzuziehen. (Abschnitt 8.2 der DIN 5008)

  65 000 Stück, 82,151 51 g, 29.765 DM

- **Uhrzeiten in der Form »Stunden, Minuten und Sekunden« oder »Stunden und Minuten« werden mit je zwei Ziffern angegeben und durch Doppelpunkt getrennt.** Das heißt auch, dass Uhrzeiten allein mit Stundenangabe nicht auf zwei Ziffern aufgefüllt werden müssen. (Abschnitt 8.5 der DIN 5008)

  09:30 Uhr, 23:00 Uhr, 00:05 Uhr, 18:06:34 Uhr, 9 Uhr

- **Bei Hausnummern werden die Angaben zu Gebäudeteil, Stockwerk oder Wohnungsnummer mit Leerzeichen, zwei Schrägstrichen und Leerzeichen abgesetzt.** Diese Schreibweise ist aus posttechnischen Gründen vorgegeben. Bei Hausnummern mit folgendem Buchstaben steht ein Leerzeichen zwischen Ziffer und Buchstabe. (Abschnitt 8.3 der DIN 5008)

  Sauerbruchstraße 24 // W 12

  Oberheidkampstraße 23 a

- **Telefonnummern werden, von rechts beginnend, zweistellig gegliedert. Ortsnetzkennzahlen stehen in runden Klammern vor der Anschlussnummer, ebenso zweistellig gegliedert.** In internationaler Schreibweise kann der Länderkennzahl das Zeichen »+« vorangestellt werden; auf die Klammern wird verzichtet. Für Telefaxnummern (Telefax, Fax oder Tfx) gelten die gleichen Regeln wie für Telefonnummern. (Anhang A der DIN)

  Teilnehmerrufnummer: 9 87 65

  Ortsnetzkennzahl mit Teilnehmerrufnummer: (02 21) 66 55 44

  Ortsnetzkennzahl mit Teilnehmerrufnummer und Durchwahlnummer einer Nebenstelle: (02 21) 1 44-99 99

International: +49 30 24 01 12 22

Hinweis: Die Länderkennzahl wird immer zusammengeschrieben, auch wenn die zweistellige Gliederung der Gesamtnummer von rechts etwas anderes ergeben würde. Beispiel:

International: +49 3 24 01 12 22

- **Aufbau von Telexnummern (Telex oder Tx): Ziffernteil ungegliedert, danach Buchstabenteil und danach Kennzeichen.**

  7711-0 zb d

- **Anschlussnummern im T-Online (früher Datex-J, Dx-J, Btx) werden, bezogen auf die Teilnehmerrufnummer, von rechts beginnend zweistellig gegliedert. Die Ortskennzahl wird jedoch ungegliedert vorangestellt.** In internationaler Schreibweise mit Ländervorwahl kann das Zeichen »+« vorangestellt werden.

  02202 22 33 44-5 67 +49 221 88 77-3 56

- **Postfachnummern werden von rechts beginnend zweistellig gegliedert.**

  2 31 79

- **Deutsche Postleitzahlen werden immer fünfstellig ohne Leerzeichen geschrieben.**

  51427 Bergisch Gladbach

- **Bankleitzahlen werden von links nach rechts gegliedert in der Form zweimal Dreiergruppe, einmal Zweiergruppe; sie stehen in Klammern.**

  (BLZ 370 100 50)

Weitere Hinweise zur Anwendung:

Die Zahlengliederungen nach Anhang A der DIN 5008 decken sich nicht mehr exakt mit Postvorschriften. Diese Vorschriften wurden mehrfach geändert und sind jetzt sehr freizügig; für die Gliederung von Telefonnummern ist fast alles erlaubt. Diese Freizügigkeit wurde nicht in die DIN 5008 übernommen, weil sie wichtigen Zielen der DIN zuwiderläuft.

Die schnelle Veränderung von Kommunikationseinrichtungen wird auch an der DIN 5008 deutlich. In ihr steht nämlich zum Beispiel kein Hinweis für die Gliederung von Handy-Nummern. Man kann hier nur mit Analogschlüssen arbeiten und zum Beispiel die Netzvorwahl wie die Ortsvorwahl gliedern. Ein Beispiel für D2-Netz:

(01 72) 9 95 57 79

Zeilenanfang und Zeilenende

Die Grundüberlegungen zur Neuregelung in der DIN 5008:

Die richtige Bemessung von Zeilenanfang und -ende war eines der zentralen Themen der Neuregelung der DIN 5008 im Jahre 1996. Das Problem war, dass eine PC-Textverarbeitung keine Gradangaben kennt, sondern Millimeter, Punkt und Zoll. Deshalb wurden Millimeterangaben in die DIN 5008 aufgenommen.

Ein zweiter Unterschied zwischen Schreibmaschinen- und PC-Anwendung kommt hinzu: Bei allen Gradangaben der Schreibmaschine ist gemeint, dass ein Buchstabe *auf* Grad steht. Das Maß bezieht sich also auf die Mitte des Buchstabens. PC-Softwarepakete wie Word oder WordPerfect arbeiten anders: Eine Randangabe links steht exakt *vor* dem Buchstaben, eine Randangabe rechts exakt *hinter* dem Buchstaben. Dass die PC-Logik die sinnvollere ist, ergibt sich schon dadurch, dass bei Proportionalschriften die Buchstabenbreiten unterschiedlich sind. Eine einheitliche Positionierung *auf* Grad führt bei unterschiedlichen Buchstabenbreiten zu variierenden Rändern.

Die Regeln (nach DIN 5008 Anhang B):

Die Tabelle für PC-Nutzer:

Bezeichnung	**Zeilenanfang in mm**		**Maximales Zeilenende in mm**		
	von linker Blattkante	vom linken Rand	von linker Blattkante	vom linken Rand	von rechter Blattkante
Empfängeranschrift	24,1	0,0	100,3	76,2	109,7
Absenderangabe	24,1	0,0	100,3	76,2	109,7
Kommunikationszeile bzw. Informationsblock	125,7	101,6	201,9	177,8	8,1
Bezugszeichenzeile:					
Erstes Leitwort	24,1	0,0			
Zweites Leitwort	74,9	50,8			
Drittes Leitwort	125,7	101,6			
Viertes Leitwort	176,5	152,4	201,9	177,8	8,1
Text	24,1	0,0	201,9	177,8	8,1
Gruß und/oder Firmenbezeichnung	24,1	0,0			
Anlagen- und Verteilvermerke	24,1 oder 125,7	0,0 oder 101,6	201,9	177,8	8,1
Einrückung	49,5	25,4	201,9	177,8	8,1

Die Tabelle für Schreibmaschinennutzer:

Bezeichnung	Zeilenanfang auf Grad		Maximales Zeilenende auf Grad	
	10 cpi	12 cpi	10 cpi	12 cpi
Empfängeranschrift	10	12	39	47
Absenderangabe	10	12	39	47
Kommunikationszeile bzw. Informationsblock	50	60	79	94
Bezugszeichenzeile:				
Erstes Leitwort	10	12		
Zweites Leitwort	30	36		
Drittes Leitwort	50	60		
Viertes Leitwort	70	84	79	94
Text	10	12	79	94
Gruß und/oder Firmenbezeichnung	10	12		
Anlagen- und Verteilvermerke	10 oder 50	12 oder 60	79	94
Einrückung	20	24	79	94

Weitere Hinweise zur Anwendung:

Zur Tabelle B der DIN 5008 steht in einer Fußnote, dass im **fortlaufenden Text das Zeilenende wenigstens bei 163,8 mm von der linken Blattkante gleich Grad 64 liegen soll.** Übersetzt entspricht dies einem rechten Rand von maximal 46,2 mm. Gemäß Tabelle beträgt der minimale rechte Rand 8,1 mm. Achtung: Der Bereich zwischen minimalem und maximalem rechten Rand ist nicht als Randzone (für die Silbentrennung) zu verstehen.

Die Verarbeitung der exakten Millimeterangaben ist erforderlich, um das Schreibmaschinenraster nicht zu verlassen. Da diese krummen Angaben nur für PC-Nutzer wichtig sind, ist dies aber kein Problem. Denn diese Angaben werden im PC-System gespeichert – eine wiederholte Eingabe erübrigt sich also. Glatte Werte, wie sie zum Teil von PC-Programmen voreingestellt sind, erweisen sich damit nicht als Vorteil. Es wäre vielmehr hilfreich, wenn auch die Software-Hersteller für ihre deutschen Programmversionen die DIN-Einstellungen mit übernehmen würden, wenigstens für einige Dokumentvorlagen.

Zwischenräume

Die Regeln zu Zwischenräumen sind in der DIN 5008 an einer zentralen Stelle geregelt.

Die Regeln (nach DIN 5008 Abschnitt 4):

- Zwischenräume entstehen durch die Eingabe eines Leerzeichens.
- Je ein Leerzeichen folgt nach
  - Wörtern,
  - Abkürzungen,
  - Zeichen, die ein Wort vertreten,
  - nach ausgelassenen Textteilen, die durch Auslassungspunkte angedeutet sind,
  - nach Zahlen
  - und nach Satzzeichen.
- Ausnahmen von dieser Regel gibt es
  - bei bestimmten Satzzeichen,
  - bei der Gliederung von Zahlen,
  - bei der Schreibweise der numerisch geschriebenen Zahlen,
  - bei hoch und tief gestellten Schriftzeichen,
  - vor und nach Schrägstrichen,
  - beim Sperren (in der DIN 5008 nicht mehr aufgeführt),
  - in Vordrucken (Leerzeichen können aus Platzmangel entfallen).

Die Ausnahmen sind in den speziellen Abschnitten in diesem Buch erläutert.

Zusammenfassung

Die DIN 5008 besteht aus einer Vielzahl von Einzelregeln. Ein Großteil typischer Fehler in geschäftlicher Korrespondenz lässt sich aber bereits vermeiden, wenn man einige übergreifende Grundregeln der DIN 5008 konsequent einhält. Zum Schluss des Teils Schreib- und Diktierregeln haben wir deshalb zusammenfassend einige Grundregeln für Sie gesammelt:

- Textelemente werden zeilenbezogen in aller Regel durch eine Leerzeile voneinander getrennt. Dies gilt zum Beispiel für Absätze, Aufzählungsglieder, Überschriften. Ausnahme: Der Betreff wird mit zwei Zeilen davor und dahinter vom Text getrennt.

- Es wird immer einzeilig geschrieben (außer in speziellen Schriftstücken). Die Schriftgröße liegt zwischen 10 und 12 Punkt.
- Wörter werden in aller Regel durch ein Leerzeichen voneinander getrennt; Aufzählungs- und Gliederungskennzeichen werden durch mindestens zwei Leerzeichen vom Folgetext getrennt.
- Satzzeichen stehen in aller Regel ohne Leerzeichen hinter einem Wort und werden mit einem Leerzeichen vom folgenden Wort getrennt. Ausnahmen: Schrägstriche werden ohne Leerzeichen gesetzt, der Gedankenstrich verlangt auch ein Leerzeichen vor dem Satzzeichen.
- Hervorhebungen von Textteilen sollten sparsam verwendet werden. Das Fettschreiben ist eine einfache Form der Hervorhebung, die sich oft anbietet. Hervorhebungen im Anschriftfeld sind nicht zulässig.
- Die Zeilenausrichtung der DIN 5008 ist sehr stark am linken Rand orientiert, der auf Grad 10 (= nach 24,1 mm) steht. Auch Aufzählungs- und Gliederungszeichen stehen am linken Rand. Es ist zu vermeiden, den Text immer weiter nach Gliederungsebenen einzurücken.
- Alle notwendigen Einrückungspositionen ergeben sich aus einem Tabgitter mit 20-Grad-Sprüngen = Abstände von 50,8 mm. Besonders wichtig ist die Einrückung auf Grad 50 = 125,7 mm: Hier stehen Informationsblock, Kommunikationsblock, einzeln positioniertes Datum, Behandlungsvermerk, drittes Leitwort der Bezugszeichenzeile, Anlagen- und Verteilvermerk (falls nicht am linken Rand), bei Rechnungen häufig auch die Beträge. Für einfache Einrückungen wird ein 10-Grad-Tabsprung benötigt.
- Die Bemaßung von Briefblättern stützt sich nicht nur auf die DIN 5008, sondern auch auf die DIN 676. Sollen Briefblätter mit ausgedruckt werden, sind sie als spezielle Vorlagen einmal im PC anzulegen.

TEIL 3

Sprachlogik

Was bietet Ihnen der folgende Teil?

Wer die Groß- und Kleinschreibung nicht beherrscht, sie aber beherrschen möchte, wird die Regeln lernen. Regeln für Rechtschreibung, Zeichensetzung, Grammatik, Schreibregeln ... das alles pflegt uns manchmal lästig zu sein, aber immerhin: Wir bekommen im Allgemeinen festen Boden unter die Füße, wenn wir solche Regeln, mit ihren Ausnahmen, lernen.

Sobald es um Sprachlogik geht, wird die Sache schwieriger. Manche Fehler können wir vermeiden, indem wir Grammatikregeln beachten: weil sich aus ihrer Nichtbeachtung Sinnfehler ergeben. In vielen Fällen jedoch stehen wir ohne Regelhilfe da.

Um trotzdem weiterzukommen, um nicht, ohne dass wir es überhaupt merken, in alle möglichen Fehlerfallen zu tappen, können wir das Erkennen von Sprachlogikfehlern mit Hilfe von Beispielen trainieren. Wenn Sie das machen, wird Sie die Sensibilisierung, die sich so entwickelt, vor den meisten Fehlern dieser Art bewahren.

Um Sie in Ihren Bemühungen zu unterstützen, finden Sie im Folgenden:

a) Rangstufen im Sprachgebrauch

b) Sache – Logik – Absicht

c) Sprachlogikfehler-Abc

d) Wie kommen falsche Kodierungen zustande?

e) Sprachlogik-Geschichtchen

Zu a: Überlegungen zu der Frage: Warum sind zum Beispiel Rechtschreibfehler, um die wir uns nach der Rechtschreibreform vermehrt zu kümmern haben, zwar wichtig, aber genau genommen sehr viel weniger wichtig als Sprachlogikfehler?

Zu b: Unter dieser Überschrift finden Sie Erläuterungen zu der Frage: Von was für Arten von Fehlern sprechen wir hier eigentlich?

Zu c: Die Überschriften nennen entweder ein allgemeines Stichwort wie »Bedingungen«, »Mehrdeutigkeiten«, »Wortwahl«, oder sie nennen ein spezielles Stichwort wie »ab«, »brauchen«, »wenn«.

Zu d: Da die Sprachlogikfehler, die uns begegnen, oft so leicht zu erkennen sind und doch nicht vermieden werden, stellt sich uns die Frage: Wie kommen solche Fehler zustande? Wenn wir darauf eine Antwort haben, wird es uns leichter fallen, der Gefahr zu begegnen.

Zu e: Als Ausklang dieses Buchteils, der eine ganze Menge Denkarbeit verlangt, liefern wir Ihnen einige Geschichtchen aus dem Sprachalltag; sie zeigen, dass es hier nicht um Theorie, sondern um handfeste Praxis geht.

Immer wieder hören und lesen wir, dass wir unseren Verstand trainieren sollen. Wenn er sich stets damit beschäftigt, was er schon kennt, was er wie im Schlaf beherrscht, wenn also keine neuen Denkaufgaben dazukommen, mögen seine Aufnahmebereitschaft und sein präzises Funktionieren nachlassen. Um das zu verhindern, wird die Beschäftigung mit Kreuzworträtseln, mit Kreativitätsübungen und vieles mehr empfohlen. Von der Verbesserung der Schreibfähigkeit abgesehen: Auch die Beschäftigung mit Sprachlogikfehlern schärft den Verstand, bringt überdies Nutzen, zum Beispiel für die Berufsarbeit, und – kann außerdem Spaß machen.

Rangstufen im Sprachgebrauch

Die Rechtschreibreform hat uns nun schon jahrelang geplagt, und sie wird uns wohl auch noch weiterhin einige Jahre hindurch beschäftigen; denn die Übergangszeit, in der die alten und die neuen Regeln gleichermaßen gültig sind, endet erst am 30. Juli 2005. Bis dahin dürfen wir, offiziell, innerhalb der beiden Systeme schreiben, wie wir wollen. Allerdings wird diese Freiheit entscheidend eingeengt: durch Nachrichtenagenturen und Tageszeitungen, durch Wirtschaftsunternehmen und Behörden, durch die Schulen.

Hier und dort wurde geschrieben, dass diese Reform an die zwanzig Jahre der Vorbereitung gebraucht habe. Genau genommen waren es an die vierzig Jahre! Zeitungsüberschriften aus den sechziger Jahren:

> **Keine Argumente für die Kleinschreibung**
> *(17. Oktober 1963, FAZ)*
>
> **Die Helferin der Orthographie darf nicht zur Tyrannin werden –**
> Schweizer Stellungnahme zu den Plänen einer Rechtschreibreform
> *(13. November 1963, Süddeutsche Zeitung)*
>
> **klein oder Groß: an einer schönen schöner brust**
> *(11./12. Juli 1964, Kölner Stadt-Anzeiger)*
>
> **Wieviel Zweifelsfälle bleiben?**
> Ein neuer Vorschlag zur Rechtschreibung:
> Dieses Mal alles groß
> *(Kölnische Rundschau, 19. Januar 1965)*
>
> **bei zanwe hilft boren**
> *(21./22. Juli 1973, Kölner Stadt-Anzeiger)*

Um was ging es in dieser Anfangszeit der Reformbemühungen? Vor allem um mehr Kleinschreibung und mehr Zusammenschreibung. Umstritten unter den Reformwilligen war die Frage: Totale oder gemäßigte Kleinschreibung?

Der ganze Aufwand führte zu nichts, jedenfalls zu keiner grundlegenden Änderung. Davon abgesehen aber: Es entstand ein Trend zu mehr Kleinschreibung und mehr Zusammenschreibung, der sich bis in die achtziger Jahre fortsetzte.

Dann kam die Wende, die alles auf den Kopf stellt. Was wir mit der jüngsten Reform bekommen haben, ist dies:

> Mehr Großschreibung,
> mehr Getrenntschreibung!

Und dazu – als Zeichen der Nichteinigung:

> Viele Kann-Regeln!

Rund vierzig Jahre lang haben sich viele hervorragende Fachleute und dazu zahlreiche »Fachleute« aus der Politik mit einer Sache herumgeschlagen, die eine Äußerlichkeit schriftlicher Informationen betrifft. Wie viele Gedanken hat man sich eigentlich über Inhaltliches, über die Logik schriftlich und mündlich geäußerter Informationen gemacht? So gut wie gar keine. Aber ist denn die Logik unserer Aussagen nicht weitaus wichtiger als Fragen, ob »Schiff(f)ahrt« mit »fff« oder »ff« zu schreiben ist?

Es ist zwar gut, dagegen zu sein, dass man formale Fehler und Schwächen grundsätzlich gering schätzt. Gering schätzen sollten wir sie allerdings im Vergleich zu jenen sprachlichen Fehlern, die an die Substanz gehen. Was ist gemeint?

Aus der Chemie:

> Ein Weichmacherzusatz in der Zurichtung ist nicht erforderlich. Wenn er gewünscht wird, eignen sich die Produkte X und Y.
>
> (Im Originaltext hatten die Produkte natürlich Namen.)

Was ist an dieser Aussage falsch? Was ist gar nicht denkbar?

Eignen sich die Produkte X und Y nur dann, wenn sie als Weichmacherzusatz für die Zurichtung *gewünscht* werden? Das kann nicht sein. Wenn sie sich dafür eignen, tun sie das immer, ob sie nun gewünscht werden oder nicht.

Zu der Aussage, dass sich die Produkte X und Y als Weichmacherzusatz eignen, wurde eine falsche Bedingung gestellt.

Außerdem: Im zweiten Satz wäre ein Verbindungsglied zum ersten Satz hilfreich. Die ganze Aussage könnte lauten:

> Ein Weichmacherzusatz in der Zurichtung ist nicht erforderlich. Wenn er trotzdem gewünscht wird, empfehlen wir die Produkte X und Y; beide sind gut geeignet.

Ein Satz aus einer Bundestagsrede:

> Es ist undenkbar, dass der im Wachstum befindliche junge Mensch einen geringeren Urlaub erhalten soll, als es bei dem erwachsenen Arbeitnehmer der Fall ist.

Ist das wirklich undenkbar? Denkbar wäre sogar, dass der im Wachstum befindliche junge Mensch überhaupt keinen Urlaub bekäme. Außerdem: Das hier als undenkbar Bezeichnete war die Realität. Das Wort »undenkbar« war also in doppelter Hinsicht falsch.

Was sollte ausgedrückt werden? Doch wohl dies: dass es ungünstig, ungerecht, vielleicht sogar unverantwortlich ist, jungen Menschen weniger Urlaub zu geben als Erwachsenen. Ganz einfach gesagt:

> Es darf nicht sein, dass junge Menschen, die sich ja noch im Wachstum befinden, weniger Urlaub erhalten als Erwachsene.

Oder:

> Junge Menschen dürfen nicht weniger Urlaub als Erwachsene bekommen; da sie sich noch im Wachstum befinden, ist ein ausreichender Urlaub für sie besonders wichtig.

Oder:

> Junge Menschen brauchen genauso viel Urlaub wie Erwachsene; gerade in der Zeit des Wachstums ist ein ausreichender Erholungsurlaub wichtig.

Wir könnten jetzt noch weitere Fassungen anfügen und so zeigen, wie viele Möglichkeiten wir haben, einen Sachverhalt gut – und das heißt auch: logisch – auszudrücken. Ist es da nicht ärgerlich, wenn stattdessen ausgerechnet eine Fassung formuliert wird, die falsch ist?

Sache – Logik – Absicht

Rücken wir unserem Thema – Sprachlogik – jetzt systematisch näher!

Da schreibt jemand, nehmen wir einmal an:

> Pythagoras lebte von 580 bis 525 v. Chr. in Milet, einer blühenden Hafenstadt am Westrand von Asien (heute Türkei).

Richtig ist, dass Milet bis etwa 500 v. Chr. eine blühende Hafenstadt am Westrand von Asien (heute Türkei) war. Falsch ist, dass Pythagoras von 580 bis 525 v. Chr. dort gelebt hat. Vielmehr wurde Pythagoras erst 570 v. Chr. geboren, und zwar auf der Insel Samos, wanderte als etwa Vierzigjähriger – dem Tyrannen Polykrates den Rücken kehrend – nach Süditalien aus, wo er eine Schule gründete, und siedelte als Greis in das nahe gelegene Metapont um, wo er 496 v. Chr. starb.

Wir haben also eine Aussage vor uns, die uns teils richtige, teils falsche Informationen liefert. Was für eine Art Fehler?

> Inhaltsfehler
>
> Die Aussage entspricht – teilweise – nicht der Wirklichkeit.
>
> Aber: Der Satz ist nicht unlogisch; deshalb können wir auch seine Fehlerhaftigkeit ohne Inhaltskenntnisse nicht entdecken.

Ganz anders im folgenden Satz aus einem Geschäftsbrief! Auf die Bitte, ihm fünfzig Exemplare einer Broschüre zu schicken, erhält jemand die Antwort:

> Da diese Broschüre restlos vergriffen ist, kann ich Ihnen nur zehn Exemplare zur Verfügung stellen.

Dass die Aussage über Pythagoras teilweise falsch ist, kann nur erkennen, wer mit dem Leben dieses Philosophen vertraut ist oder wer sich mit Hilfe eines Lexikons informiert. Alle anderen können – und müssen wohl – die falsche Aussage für richtig halten.

Die Information, die mit der Broschüren-Aussage gegeben wird, ist dagegen allein schon aus der Formulierung als falsch zu enttarnen. Denn eins kann ja nur stimmen: Entweder die Broschüre ist restlos vergriffen – dann könnte der Schreiber kein einziges Exemplar mehr zur Verfügung stellen. Oder der Schreiber kann nur zehn Exemplare zur Verfügung stellen, weil die Broschüre *fast* vergriffen ist. Auch Fehler dieser Art sind zwar Informationsfehler, aber darüber hinaus sind sie auch:

> Logikfehler.
>
> Die Aussage ist undenkbar.

Eine Bewerberin liest in einer Ablehnung ihrer Bewerbung:

> Wir bedauern sehr, dass wir uns für eine andere Bewerberin entschieden haben.

Was muss die Bewerberin denken, wenn sie den Satz ernst nimmt? Etwa: »Wieso bedauern die, auch noch ›sehr‹, ihre eigene Entscheidung? Ist nicht anzunehmen, dass sie für diese Entscheidung gute Gründe gehabt haben?« Natürlich. Dass die Bewerberin auf solche Gedanken kommt, rührt nur daher: Die andere Seite hat sich beim Formulieren der Absage ein bisschen vertan; man hatte eigentlich ungefähr dies sagen wollen:

> Wir haben uns für eine andere Bewerberin entschieden. Es tut uns Leid, dass wir Ihnen keinen günstigeren Bescheid geben können, denn auch Ihre Bewerbung hat uns gut gefallen.

Die Verkürzung zweier Sätze zu *einem* Satz hat die beiden Gedanken, die ausgedrückt werden sollten, ineinander verschränkt, und so kam etwas heraus, was gar nicht gemeint war. Aber wird die Bewerberin wirklich das Falsche gedacht haben? Wahrscheinlich nicht; sie wird aus dem Falschen das Richtige herausgelesen haben.

Und was für ein Fehler ist hier dem Schreiber unterlaufen? Die Aussage ist zwar in sich nicht unlogisch, nur was da ausgesagt wurde, war gar nicht gemeint. Es handelt sich um einen

> Kodierungsfehler.
>
> Die Aussage entspricht – teilweise – nicht der Informationsabsicht.

Der Schreiber hat etwas anderes geschrieben, als er gemeint hat. Beim Umsetzen seines Informationszieles in Sprache – bei der Kodierung – hat er einen Fehler gemacht, so dass auf dem Papier etwas anderes als das Gemeinte erschien.

Im vorliegenden Fall ist der Schaden gering. In einem anderen Fall war er etwas größer. Ein Versicherungsnehmer bekommt von seinem Versicherer einen Brief, in dem steht:

> Bitte geben Sie Ihren Ersatzanspruch auf.

Er ist überrascht, verblüfft, empört. »Warum soll ich denn nun plötzlich auf meinen Ersatzanspruch verzichten? Das kann doch wohl nicht wahr sein?« Es ist auch nicht wahr. Er soll nicht auf seinen Ersatzanspruch verzichten, sondern ihn angeben, im Einzelnen benennen, ihn spezifizieren. »Ja, warum schreibt der das denn nicht?« Ganz einfach: weil er das Wort »aufgeben« in einem anderen als dem umgangssprachlichen Sinn verwendet.

Der Textverfasser hat in diesem Fall durchaus richtig formuliert, dabei jedoch zweierlei übersehen. Erstens: dass es neben der in seinem Fach üblichen Verwendung von »aufgeben« eine andere, eine ebenso übliche Verwendung dieses Wortes gibt. Zweitens: dass im Fall seines Textes auch die andere Verwendung Sinn ergibt. Er hat also keinen Kodierungsfehler begangen, ihm ist eine Kodierungsschwäche unterlaufen.

Erschwerend kommt hinzu: Versicherungsnehmer argwöhnen meistens, dass ihr Versicherungsgeber sie im Ernstfall übers Ohr hauen möchte. Nun ist der Ernstfall eingetreten, und der Briefempfänger – in seinem Argwohn befangen – stürzt sich sofort auf die für ihn ungünstige Bedeutung; sie liegt seinem Denken so nahe, dass er die andere, die für ihn günstige Bedeutung gar nicht erst wahrnimmt. Übrigens genau so, wie der Schreiber nur die für den Versicherungsnehmer günstige, also die gemeinte Bedeutung realisiert.

Mehrdeutigkeiten sind in Witzen, Aphorismen und in der Lyrik ein wertvolles Ausdrucksmittel; in Gebrauchstexten und in Texten wissenschaftlichen Inhalts sind sie meistens ein Übel.

In unserem ersten Beispielfall war der durch eine falsche Formulierung entstandene Schaden gering, im zweiten Fall war er größer, in dem folgenden dritten Fall war er groß.

Stellen Sie sich vor, Sie schließen mit einem Verlag einen Vertrag über ein Taschenbuch. Darin wird vereinbart:

> Der Autor erhält ein einmaliges Honorar von 100 DM pro Seite.

Falls es eine Neuauflage gibt, sind Sie verpflichtet, die Erstauflage dem jeweiligen Stand der Dinge entsprechend zu bearbeiten. Das heißt, Sie müssen das ganze Buch sorgfältig lesen und, wo notwendig, ändern. Natürlich möchten Sie dafür auch ein Honorar haben. Das ist schon insofern gerechtfertigt, als der Verlag ja an den *über*arbeiteten Exemplaren der Neuauflage genauso verdient, wie er an den *er*arbeiteten Exemplaren der Erstauflage verdient hat. In Ihrem Vertrag steht entsprechend:

> Für die Bearbeitung einer Neuauflage soll ein Honorar gezahlt werden, das dem Honorar für die Erarbeitung der ersten Auflage entspricht.

Das Taschenbuch hatte in der Erstauflage und hat in der Neuauflage 200 Seiten. Ihr Honorar für die Erarbeitung der Erstauflage war also 20.000 DM. Wie hoch ist Ihr Honorar für die Bearbeitung der Neuauflage?

Das Honorar für die Bearbeitung der Neuauflage soll dem Honorar für die Erarbeitung der Erstauflage entsprechen. Also erhalten Sie für die Bearbeitung der Neuauflage, wie für die Erarbeitung der Erstauflage, 20.000 DM.

Halt, so war der Vertragstext nicht gemeint gewesen. Gemeint hatte man vielmehr, dass Sie für jede Seite der Neuauflage, die zu verändern war, wieder 100 DM bekommen sollten. Änderungen gab es auf 43 Seiten. Das machte 4.300 DM.

Und nun sagen Sie: »Das steht dort aber nicht.« Dann hätten Sie zum Beispiel schreiben müssen:

> Für die Bearbeitung einer Neuauflage erhält der Autor 100 DM für jede Seite, deren Text notwendigerweise zu ändern ist.

Das »notwendigerweise« soll ausschließen, dass der Autor willkürlich etwas ändert, nur um mehr 100-DM-Seitenhonorare zu erhalten.

Im Vertrag steht aber etwas ganz anderes, ein Text, den die Verfasser so nicht gemeint haben: dass nämlich der Autor für die Bearbeitung einer Neuauflage noch einmal ein Honorar in Höhe des Ersthonorars bekommt. Daran ist nicht zu rütteln. Wie soll der Autor ahnen, was der Vertragspartner gemeint, aber nicht geschrieben hat?

Die Sache ist, wenn wir's genau nehmen, sogar noch etwas komplizierter, denn dort steht:

> …, das dem Honorar für die Erarbeitung der ersten Auflage *entspricht.*

Das heißt ja nicht, dass derselbe Betrag wie für die Erstauflage gezahlt werden muss, sondern eine Summe, bei der die alljährlichen Inflationsraten zu berücksichtigen sind. (Dies ist kein erfundener Fall.)

Die wenigen Beispiele werden Ihnen gezeigt haben, wie wichtig unser Thema »Sprachlogik« ist. Eine Erfahrung, die darauf hinweist, *wie* wichtig diese Sache auch in aktuellen Fällen genommen wird – ganz abgesehen von Missverständnissen mit vielleicht unangenehmen Folgen:

Wenn Sie jemandem sagen und beweisen, dass er etwas mathematisch falsch angefasst hat, so wird er – vorausgesetzt, er ist kein Mathematiker – möglicherweise antworten: »Ja, Sie haben Recht. Aber wissen Sie, in Mathematik war ich noch nie sehr gut.« Dasselbe mag Ihnen passieren, wenn es um Physik oder Chemie geht. Das heißt, die Kritik macht dem Kritisierten nichts aus. Falls Sie dagegen jemandem Sprachlogikfehler nachweisen, wird die Reaktion oft ganz anders ausfallen: ausgesprochen ungehalten. Hintergrund: »Ich habe ja schließlich Deutsch gelernt!« Oder, zum Beispiel: »Vor einem Jahr war sie noch Lehrmädchen, und jetzt will sie, gerade Jungsekretärin geworden, mein Deutsch verbessern. So weit kommt das noch!« Woran mag es liegen, dass viele, wenn es um »das Fach Deutsch« geht, so negativ reagieren, während sie bei anderen »Fächern« sehr großzügig sind? Vermutlich liegt es daran, dass unsere Sprache eng mit unserem Denken verbunden, ja, davon gar nicht zu trennen ist – dass Kritik an unserer Sprache leicht als Kritik an unserer Denkfähigkeit aufgefasst wird.

Sprachlogikfehler-Abc

ab

Nicht nur Substantive, Verben und Adjektive werden oft falsch gewählt; auch kleine Wörter eignen sich dazu, Fehlinformationen zu verbreiten.

> Der Vertrag erlischt ab 31. August.

Was bedeutet die Aussage »Ich fahre ab 1. März mit dem Bus zur Arbeit«? Dass ich an jedem Arbeitstag mit dem Bus zu meiner Arbeitsstelle fahre. Tag für Tag, nicht etwa nur *am* 1. März.

Zu unserem erlöschenden Vertrag: Kann er wieder und wieder erlöschen? Nein, das Erlöschen geschieht nur einmal – am 31. August. Am 1. September ist er bereits erloschen, gilt er nicht mehr.

Das Wort »ab« in seiner Rolle als Adverb der Zeit verlangt Satzaussagen, die eine Zeit*strecke* darstellen, nicht einen Zeit*punkt.* Richtig:

> Der Vertrag erlischt am 31. August um 24 Uhr.
> Der Vertrag gilt ab 1. Januar.
> Die Messe wird am 12. Mai eröffnet.
> Die Messe ist ab 12. Mai geöffnet.

»Ab sofort werde ich den Sinn von *ab* als Adverb der Zeit genau beachten!«, sagte mit Nachdruck eine Leserin.

Bedingungen

Bedingungen treten oft in der Ausstattung von »Vorbedingungen« auf.

> Für die erste Sitzung des Bündnisses für Arbeit haben alle Seiten auf Vorbedingungen verzichtet.

Wie schön! Aber was sind Vorbedingungen? Sind das nicht auch nur Bedingungen?

Das Wort »Vorbedingung« steht ohne Erläuterung im Rechtschreibduden. Aus dem »Deutschen Universal Wörterbuch A – Z« (ohne Bindestrich!) von Duden erfahren wir etwas mehr: *»Bedingung, die erfüllt werden muss, bevor etw. angefangen werden kann:* die -en für etwas schaffen.« Die Zusammensetzung »Vorbedingung« wird also mit »Bedingung« erklärt; sie ist demnach nichts anderes. Vielleicht ist die »Vorbedingung« eine Mischung aus »Bedingung« und »Voraussetzung«?

Manchmal kann ein Gedanke aus Falschem Richtiges machen. Nehmen wir an: Bevor die Bedingungen für die Schaffung eines Bündnisses für Arbeit diskutiert werden können, muss eine Vorbedingung erfüllt sein: dass alle Verhandlungsteilnehmer – aus der Regierung, von Gewerkschafts- und von Arbeitgeberseite – von ihren Organisationen nachweislich beauftragt und bevollmächtigt sind, Bündnis-für-Arbeit-Gespräche zu führen.

In der Praxis kommt ein Fall dieser Art, ein echter Vorbedingungsfall also, nur sehr selten vor. Und so bleibt die Vorbedingung eine partielle Verdoppelung.

Doch nun zu den Bedingungen selbst!

> Wenn Sie die eingegangenen 48 Bewerbungen genau prüfen, so enthalten sie alle irgendwelche Deutschfehler, formale Regelverstöße, gedanklich-stilistische Schwächen.

Und was enthalten die 48 Bewerbungen, wenn sie nicht genau geprüft werden? Dasselbe. Wir haben eine Bedingung vor uns, die so nicht zu stellen ist. Zwei kleine Eingriffe machen den Satz sinnvoll.

a) Wenn Sie die eingegangenen 48 Bewerbungen genau prüfen, so werden Sie entdecken, dass sie alle irgendwelche Deutschfehler, formale Regelverstöße, gedanklich-stilistische Schwächen enthalten.

b) Wenn Sie die eingegangenen 48 Bewerbungen genau prüfen, werden Sie in allen irgendwelche Deutschfehler, Regelverstöße, gedanklich-stilistische Schwächen finden.

In Satz a haben wir einen im Original fehlenden Zwischengedanken ergänzt, in Satz b das Verb »enthalten« durch das Verb »finden« ersetzt.

Ein weiteres Beispiel:

> Aus diesen Gedankengründen erscheint es zweckmäßig, wenn folgender Vorschlag diskutiert wird.

Was sind »Gedankengründe«? Gründe hätten es auch getan. Aber zum »wenn«. Falls nun … wenn der folgende Vorschlag nicht diskutiert würde, erschiene es dann nicht auch zweckmäßig, ihn zu diskutieren? Daher einfach:

> Aus diesen Gründen erscheint es zweckmäßig, den folgenden Vorschlag zu diskutieren.

Eine notwendige Ergänzung der Satzeinleitung wurde durch eine Bedingung ersetzt, die nicht zu stellen war.

> Es besteht die Möglichkeit, die Reaktion durch Zusatz von Ammoniak zu bremsen, wenn die Bleiche zu schnell erfolgt.

Wenn die Bleiche nicht zu schnell erfolgte, bestünde die Möglichkeit, die Reaktion durch Zusatz von Ammoniak zu bremsen, sicherlich auch, nur dass es dann wahrscheinlich unnötig wäre, sie zu nutzen. Also besser, zum Beispiel:

> Es besteht die Möglichkeit, die Reaktion durch Zusatz von Ammoniak zu bremsen. Das nutzt man aus, wenn die Bleiche zu schnell erfolgt.

brauchen

Eine Verwechslung passiert gelegentlich bei der Verwendung von »brauchen« und »gebrauchen«.

> Mehr gebrauchen wir zurzeit nicht von diesen Vordrucken.

Das heißt: Mehr davon benutzen wir zurzeit nicht. Wenn aber »mehr von diesen Vordrucken nicht erforderlich« sind? Dann muss es »brauchen« statt »gebrauchen« heißen. Das Verb »brauchen« bedeutet »nötig haben«, das Verb »gebrauchen« dagegen »benutzen, verwenden«.

Mehrdeutig wird eine Aussage dieser Art in der Vergangenheitsform.

> Mehr haben wir zu der Zeit nicht gebraucht.

Das Partizip »gebraucht«, hier zur Darstellung des Perfekts eingesetzt, kann »benutzt«, aber auch »nötig gehabt« bedeuten. In solchen Fällen ist es zweckmäßig, die mehrdeutige Form mit Hilfe eines anderen Verbs zu ersetzen.

Kleine, eher unscheinbare Wörter wie »brauchen« und »gebrauchen« mögen deshalb im Blick auf falsche Verwendung so gefährlich sein, weil wir ihnen noch nie viel Aufmerksamkeit geschenkt haben. Wenn uns etwas Schwieriges ordentlich erklärt worden ist und wir es richtig begriffen haben, behalten wir es oft bis ans Ende unserer Tage. Auf ganz einfache Dinge trifft dagegen manchmal das Gegenteil zu. Unsere Vergesslichkeit rührt wohl daher, dass wir diese einfachen Dinge zu leicht und zu schnell aufnehmen, dass die Beschäftigung mit ihnen zu kurz ist, dass unser Gehirn nicht genug Zeit hat, den Gedankengang zu verankern. Die Folge? Das flink Kapierte wird auch flink vergessen. Das Problemchen versetzt uns immer wieder in Unsicherheit, und wir leisten uns diesen oder jenen Ausrutscher, über den wir später selbst den Kopf schütteln.

der, die, das

Kann der Sinn einer Aussage etwa auch vom bestimmten Artikel abhängen, von unseren Drei-Buchstaben-Wörtern »der«, »die«, »das«?

In einer Pressenotiz hieß es:

> Das alles – nicht etwa die Schwerfälligkeit oder der fehlende Wille der Industrie – war ausschlaggebend.

Was sollte ausgedrückt werden. Dem ganzen Artikel nach Folgendes: Was hier aufgezählt worden ist, das alles war ausschlaggebend. Es trifft also nicht zu, das die Industrie schwerfällig gewesen wäre oder dass sie nicht gewollte hätte – wie manche Industriekritiker behauptet haben.

Die entscheidende Frage: Entspricht der zitierte Satz der Aussageabsicht des Schreibers? Nein. Er liefert vielmehr folgenden Sinn: Das alles war ausschlaggebend, nicht etwa die Schwerfälligkeit oder der fehlende Wille der Industrie. Deutlicher: Die Industrie war zwar schwerfällig, und der Wille hat gefehlt, doch dies war gar nicht ausschlaggebend. Ausschlaggebend war etwas ganz anderes, das nämlich, was vorher aufgezählt und in der Formulierung »das alles« zusammengefasst worden war.

Eine Erklärung für diese Interpretation? »Friedrich bekam zu Weihnachten eine Geige geschenkt. Als er aus den Schulferien nach Hause kam, war die Geige verschwunden.« Zuerst wird die Geige vorgestellt, in die Erzählung eingeführt: eine Geige. Danach wissen die Lesenden von der Geige, und darauf beruft sich der Erzähler, indem er nun von *der* Geige spricht.

Wie steht es mit unserem Satz? Genau so. Die Formulierungen mit Artikel – *die* Schwerfälligkeit, *der* fehlende Wille der Industrie – sind nur angebracht, wenn beide Merkmale wirklich vorhanden waren.

Weil der Schreiber das aber genau nicht sagen wollte, sondern das Gegenteil, hat er sein Informationsziel verpasst. Durch Einbau zweier Artikel hat er den beabsichtigten Sinn ins Gegenteil verschoben. Und wie hätte er das verhindern können?

> Das alles – nicht etwa Schwerfälligkeit oder fehlender Wille der Industrie – war ausschlaggebend.

Die artikellose Formulierung drängt geradezu in den Gedankengang:

> Das alles – nicht etwa, dass die Industrie schwerfällig gewesen wäre oder dass ihr der Wille gefehlt hätte – war ausschlaggebend.

Ganz einfach, nicht wahr? Nein – gar nicht einfach. Vielmehr ein Beweis dafür, wie schwer es manchmal sein kann, sich in unserer Sprache so auszudrücken, dass Absicht und sprachlich fixierter Gedanke übereinstimmen.

Doppelaussagen

Unbeabsichtigte Doppelaussagen (wie: bereits schon) oder – wie meistens – partielle Doppelaussagen (wie: hinzuaddieren) sind in der Regel lässliche Sünden, es sei denn, sie treten gehäuft auf und vermitteln so den Eindruck eines schludrigen Stils.

Im Duden 9 lesen wir unter dem Stichwort »Pleonasmus«:

> Unter einem Pleonasmus versteht man den inhaltlich überflüssigen Zusatz zu einem Wort oder einer Wendung.
>
> *weißer* Schimmel, *alter* Greis, *kleiner* Zwerg; *Gesichts*mimik, *Einzel*individuum, *zusammen*addieren, *neu* renovieren, *nutzlos* vergeuden, *weiter* fortfahren, *nochmals* überprüfen.

(Die folgenden drei Absätze stammen aus »Stilistik der Geschäftskorrespondenz«, W. Manekeller, Wirtschaftsverlag Langen Müller / Herbig:)

Dass die kursiv gedruckten Wörter und Wortteile inhaltlich überflüssig sind, ist ohne weiteres einsehbar – bis auf die beiden letzten Fälle.

Stellen wir uns vor: Jemand berichtet über den Ablauf einer Werbeaktion. Der Sitzungsleiter unterbricht ihn mit einer Frage; sie wird beantwortet. Er sagt: »Fahren Sie bitte fort.« Gleich darauf unterbricht er ihn erneut und sagt nach der erneuten Unterbrechung: »Sie können weiter fortfahren.« Ist das »weiter fortfahren« ein Pleonasmus? Nein, es trifft genau die Situation.

Dasselbe gilt für »nochmals überprüfen«. Ein Geschäftsführer soll einen schwierigen, umfangreichen Vertrag unterschreiben. Natürlich prüft er ihn. Er hat einige Einwendungen und schreibt sie stichwortartig an den Rand. Dann beauftragt er seinen Prokuristen: »Bitte überprüfen Sie den Vertrag und meine Einwände.« Anschließend wendet er sich noch an einen befreundeten Juristen: »Mein Prokurist hat den Vertrag überprüft, einschließlich meiner Einwände. Ich bitte Sie, das Ganze nochmals zu überprüfen – man kann hier nicht vorsichtig genug sein.« Ist das »nochmals« in »nochmals überprüfen« an dieser Stelle überflüssig? Nein. Mir scheint, der Duden urteilt bei diesen Wendungen ein wenig oberflächlich. Dasselbe gilt für den später (im Duden 9) erwähnten Ausdruck »nochmals wiederholen«: ihn als »besondere Betonung und Verstärkung des Ausdrucks« gelten zu lassen ist gewagt, denn die Wendung bezeichnet treffend eine zweite Wiederholung. Beispiel: »Ich habe Ihnen das schon mehrfach gesagt. Aber ich wiederhole nochmals, dass dieser Verkaufstrick für uns nicht in Frage kommt.«

Wie steht es mit der immer noch oft zu sehenden »Rückantwort«? Ist das, wie der Duden meint, eine besondere Art der Antwort, nämlich die »Antwort auf eine schriftliche oder telefonische Anfrage«. Oder ist eine Rückantwort nicht eine Antwort auf eine Antwort? Ein Tatbestand, den es sehr wohl gibt!

Es mag Grenzfälle geben, die so oder so zu beurteilen sind. Zu empfehlen ist allerdings, Verdoppelungen immer dann zu vermeiden, wenn ihr Inhalt einem Sachverhalt entsprechen kann. Alles andere gehört in den Bereich der Stilistik. Wer einen schlanken Stil bevorzugt, wird sich von Überflüssigkeiten fernhalten.

»hin« und »her«

Zu den scheinbaren Geringfügigkeiten zählt die Unterscheidung von »hin« und »her«. Diese beiden Wegweiser lassen sich selten allein sehen; sie ziehen es vor, untergehakt mit anderen Wörtern durch die Sprachlandschaft zu streunen: hingehen, herkommen, hinaufklettern, heruntersteigen, hinüberblicken, heranpfeifen.

Der Redakteur einer Berufslehrzeitschrift schloss einmal ein Kapitel »Gutes Deutsch« mit der Einsicht:

> Du fällst hier niemals mehr herein, prägst du die Regel fest dir ein.

Sitzt er selbst denn schon drin? Ein Gast mag noch spät »hereingeschneit« kommen, während der Wirt vielleicht vorher einen Streithammel kurzerhand »hinausgeworfen« hat.

»Hin« bezeichnet die Bewegung vom Sprechenden oder von etwas weg, »her« die Bewegung auf jemanden oder auf etwas zu. Wenn einer seine Arbeit hinwirft, trennt er sich von ihr. Wird aber ein Mitarbeiter von seinem Chef herbeizitiert, so muss er sich ihm, guten oder schlechten Gewissens, nähern. Vom Chef aus gesehen: er kommt her zu ihm.

Anzumerken ist, dass sich die Sprache dort, wo ein »hin«, bei aller Richtigkeit, zu förmlich klingt, einen Trick erlaubt (natürlich sind wir es, die ihn sich erlauben). Wer redet, wie der Schnabel gewachsen ist, wird kaum sagen: »Der Alte hat mich hinausgeworfen.« Das nähme sich in unbekümmerter Umgangssprache etwas steif aus. Er bevorzugt stattdessen zwar nicht »herausgeworfen«, was falsch wäre, sondern »rausgeworfen«. So wird dem Korrekten ausgewichen und das Falsche in abgeschliffener Form gewählt.

Mehrdeutigkeiten

Ungenauigkeit im Gebrauch der Wörter führt des Öfteren zu Mehrdeutigkeiten.

Jemand möchte wissen, ob die Dienstzeiten, die er für sein Unternehmen im Ausland verbracht hat, bei Berechnung seiner Altersversorgung durch die Firma angerechnet werden. Die Antwort der Pensionskasse auf seine Anfrage:

> Diese Dienstzeiten sind grundsätzlich auf die Gesamtdienstzeit anrechenbar.

Wären Sie mit dieser Auskunft zufrieden? Wüssten Sie nun, ob angerechnet wird? Der Betroffene war nicht zufrieden, wusste nicht, ob seine Auslandsjahre angerechnet wurden. Also hakte er nach. Natürlich werde angerechnet, hieß es; man habe ihm das doch bereits geschrieben. Hatte man nicht.

Erstens: Das Wort »grundsätzlich« hört sich zwar schön grundsätzlich an; es wird jedoch in zwei Bedeutungen gebraucht. »Das ist *grundsätzlich* so.« Gemeint: Das ist immer so. »Grundsätzlich handhaben wir das so.« Gemeint: Im Allgemeinen ja, aber es gibt Ausnahmen.

Zweitens: Die Aussage, diese Dienstzeiten seien »anrechenbar«, bedeutet nicht, dass sie angerechnet werden, sondern dass sie angerechnet werden können. »Das ist machbar« heißt: »Das lässt sich machen.« Wenn etwas erklärbar ist, kann es erklärt werden; wenn ein Behälter aufklappbar ist, kann er aufgeklappt werden; wenn eine Pflanze essbar ist, können wir sie essen. Und so weiter.

Das Misstrauen des Fragenden war also doppelt berechtigt. Es wäre allerdings unnötig und die Nachfrage überflüssig gewesen, wenn die Auskunftgebenden zum Beispiel geschrieben hätten:

> Diese Dienstzeiten werden auf die Gesamtdienstzeit angerechnet.

Noch etwas gewichtiger als »grundsätzlich« klingt »prinzipiell«, auch irgendwie edler, gehobener, ein wenig feiner. Aber es bietet dieselbe Unsicherheit.

In einer Rundfunksendung wurde einmal über häufige Prügelstrafen in einem Internat berichtet. Die Sache war vor Gericht gekommen, und im Urteil hieß es, dass Internatszöglinge prinzipiell nicht geprügelt werden dürften. Man hörte es und war erfreut. Aber – gleich danach war weiterhin zu erfahren, dass es da natürlich Ausnahmen gebe.

Was bedeutet eigentlich »prinzipiell«? So viel wie: anfänglich, ursprünglich, an erster Stelle stehend. So gesehen lässt sich die Bedeutung »fast immer« oder »immer, mit Ausnahmen« sogar rechtfertigen. Dem steht eben jener Sprachgebrauch entgegen, bei dem »prinzipiell« die Bedeutung »immer – ohne Ausnahme« hat.

In die Reihe dieser wackeligen Adjektive gehört auch »praktisch«. Wenn Sie einmal ein Küchengerät kaufen, das mit dem Versprechen »praktisch wartungsfrei« angepriesen wird, so tun sie gut daran, dies nicht mit »wartungsfrei« oder »völlig wartungsfrei« zu verwechseln. Natürlich muss auch dieses Gerät gepflegt und gewartet werden; aber der Aufwand sei nicht groß, verspricht die Werbung. Eigentlich hätte sie sagen müssen: »Fast wartungsfrei!« Oder: »Beinahe wartungsfrei!« Aber das hätte längst nicht so gut geklungen wie: »Praktisch wartungsfrei!«

Auch »bedingen« gehört zu den Wörtern, die gefährlich werden können. Aus einem Bericht:

> Soweit es bei den einzelnen Farbtönen möglich war, wurde diese Kombination bei der Rezepturausarbeitung verwendet. – Dies bedingt eine vereinfachte Lagerhaltung.

War hier eine Erschwerung gemeint, die aber gerechtfertigt war, weil »diese Rezepturausarbeitung verwendet« werden konnte (a)? Oder haben wir es mit dem Hinweis auf eine Erleichterung zu tun (b)?

a) Dies setzt eine vereinfachte Lagerhaltung voraus.
b) Dies erlaubt eine vereinfachte Lagerhaltung.

Im heutigen Sprachgebrauch soll der Generalschlüssel »bedingen« die Einzelschlüssel *voraussetzen, ermöglichen, erlauben, verursachen, bewirken, verpflichten, fordern, erzeugen, zur Folge haben* und schließlich auch noch *zur Bedingung haben* ersetzen. Das lässt sich zwar machen, aber am Ende weiß niemand mehr genau, was Ursache und was Wirkung ist. Die Eindeutigkeit der Aussage ist dahin, und das bedingt in manchen Fällen ein gar nicht lustiges Rätselraten.

Aus dem Buch »Der überempfindliche Mensch« von Dr. Erwin Pulay:

> Niemals ist die Form etwas Zufälliges und Willkürliches. Sie passt sich den Leistungen an, die ein Organ zu erfüllen hat. Nicht das Formale bestimmt die Leistungsfähigkeit, den Inhalt; sondern die Funktion, das Inhaltliche, bedingt die Form.

Wenn das Inhaltliche aber die Form zur Bedingung hat, also voraussetzt, so bestimmt diese eben doch die Leistungsfähigkeit, den Inhalt, was gerade bestritten wurde.

Warum konnte der Autor nicht bei der Vokabel »bestimmen« bleiben? Alles wäre in schöner Ordnung gewesen, hätte er nur geschrieben:

> Nicht das Formale bestimmt die Leistungsfähigkeit, den Inhalt; sondern die Funktion, das Inhaltliche, bestimmt die Form.

Aber da ist ihm vielleicht eingefallen, was so vielen ehemaligen braven Schülern einfällt – oder es war ihm längst in Fleisch und Blut übergegangen –, dass man keine »fehlerhafte Wiederholung« oder »hässliche Wiederholung« zulassen dürfe. Und schnell greift man nach dem ersten vermeintlichen Ersatzwort, das man für solche Fälle bereithält: bedingen.

Aber leuchtet es nicht ohne weiteres ein, dass »bedingen« nicht gleichermaßen »voraussetzen« und »zur Folge haben«, also Entgegengesetztes, bedeuten kann? Warum sich nicht einfach nach dem Wortsinn richten, der offen vor Augen liegt? Warum übersehen, dass das Verb »bedingen« etwas mit dem Substantiv »Bedingung« zu tun hat? Wer sich daran hält, ist vor Fehldeutungen sicher.

Stellen wir noch einmal gegenüber! Richtig: Pünktliche Ausführung dieses Auftrags bedingt Überstunden. – Die vorgesehenen Werbeaktionen bedingen die Mitarbeit einer Fachagentur. – Kürzere Arbeitszeit bedingt eine Erhöhung der Leistung jedes Einzelnen. Zweifelhaft: Dieser Wechsel in der Stimmung ist aber nur die Folge einer Unausgeglichenheit der ganzen Persönlichkeit, und diese wieder bedingt durch eine Unausgeglichenheit der Blutdrüsen. – Ständige Überlastung bedingt vorzeitige Invalidität. – Ein großes Angebot bedingt niedrige Preise.

Falls Sie trotzdem einmal in Zweifel geraten, ob Sie das Wort »bedingen« verwenden dürfen: Lassen Sie es fallen, und wählen Sie dafür ein anderes Wort, das eindeutig sagt, was Sie sagen wollen.

Keineswegs verschleiernd, sondern geradezu exakt beschreibend sollte der folgende Text eines Vertrages sein, den ein Unternehmen mit einem Berater schloss:

> Sie verpflichten sich, alle Ihnen im Zusammenhang mit diesem Auftrag bekannt werdenden internen Vorgänge geheim zu halten und nicht an Dritte weiterzugeben. Diese Verpflichtung zur Geheimhaltung erstreckt sich auch auf alle Mitarbeiter Ihres Beratungsunternehmens.

Was ist gemeint mit »erstreckt sich auf«? Es kann heißen: Der Chef dieses Beratungsunternehmens muss alle internen Vorgänge, die ihm bekannt werden, auch vor seinen Mitarbeitern geheim halten. Es kann aber auch heißen: Diese Verpflichtung geht der Chef des Beratungsunternehmens auch für seine Mitarbeiter ein. (Eine Chefassistentin, die es genau nimmt, würde heute vermutlich hinzufügen: dass es »für seine Mitarbeiterinnen und Mitarbeiter« heißen müsse, weil die in dem Beratungsunternehmen beschäftigten Damen sonst getrost ausplaudern dürften, was nicht ausgeplaudert werden sollte.)

Gemeint war übrigens die zweite Möglichkeit. Klar gewesen wäre zum Beispiel die Formulierung:

> Sie verpflichten sich, auch für Ihre Mitarbeiter, alle Ihnen im Zusammenhang mit diesem Auftrag bekannt werdenden internen Vorgänge geheim zu halten.

Die Formulierung »und nicht an Dritte weiterzugeben« in der Originalfassung hätte man weglassen dürfen, denn gäbe man Informationen an Dritte weiter, hielte man sie ja nicht mehr geheim.

Eine weniger brisante Mehrdeutigkeit enthält die folgende Aussage:

> In seinem Bericht legte der Referent der Normenstelle dar, dass die neue DIN 5008 mit den europäischen Vorschriften übereinstimmen müsse.

Legte der Referent gegenüber der Normenstelle etwas dar, oder war es der Referent der Normenstelle, der gegenüber anderen etwas darlegte?

Das Problem war hier: Das »der« in »Referent der Normenstelle« kann sowohl bestimmter Artikel im Genitiv als auch im Dativ sein. Wie ist das Problemchen zu lösen?

a) Der Referent der Normenstelle legte dar, ...
b) In seinem Bericht legte der Referent gegenüber der Normenstelle dar, ...

Fassung a oder b, je nachdem, was in der Originalfassung gemeint war.

Dasselbe Problem begegnet uns in folgendem Satz:

> In seinem umfassenden Geständnis berichtete der bisher einwandfrei beleumundete Mitarbeiter der Kriminalpolizei, dass er ...«

War es nun ein einwandfrei beleumundeter Mitarbeiter, zum Beispiel einer ausgeraubten Bank, der gegenüber der Kriminalpolizei etwas berichtete, oder war es ein bisher einwandfrei beleumundeter Mitarbeiter der Kriminalpolizei, der ... Auch bei Kriminalpolizisten sollen ja hin und wieder Unregelmäßigkeiten vorgekommen sein.

Manche Wörter, die uns alltäglich begegnen, sind zwar nicht mehrdeutig im eigentlichen Sinn, aber verschleiernd: indem sie von dem, was zu sagen ist, ablenken. Wie bei dem schon erwähnten »praktisch wartungsfrei« ist bei ihrer Benutzung nicht Unaufmerksamkeit, sondern Absicht im Spiel.

Relativ harmlos mag noch der Ausdruck »Seniorenheim« durchgehen, der das überwiegend schlecht beleumundete »Altersheim« in etwas rosigerem Licht erscheinen lassen soll.

Als wesentlich bedenklicher zu bewerten ist es wohl, wenn in Berichten über militärische Aktionen von »Weichzielen« oder von »Kollateralschäden« die Rede ist. Mit dem Ausdruck »Weichziele« ist nämlich weder eine Kissenfabrik noch ein Sirup-Vorratslager oder Ähnliches gemeint. Nein, gemeint sind Menschen. Und was sind Kollateralschäden? Damit werden »Schäden« bezeichnet, die – zum Beispiel durch Bombenangriffe – nebenher entstehen, also ohne dass man sie beabsichtigt hätte. Da kann eine menschenleere Fabrik, aber auch ein voll besetztes Krankenhaus in die Luft fliegen.

Wer mag auf das Wort »kollateral« in diesem Zusammenhang gekommen sein? Es stammt ursprünglich aus der Botanik. Duden 5 (Fremdwörterduden): »seitlich angeordnet von den Leitbündeln, den strangartigen Gewebebündeln, in denen die Stoffleitung der Pflanzen vor sich geht«. Und das veraltete Wort »Kollateralverwandte« bezeichnet Verwandte einer Seitenlinie. In der Medizin bedeutet »kollateral«: auf derselben Körperseite, benachbart.

Es scheint so, als habe man sich erhebliche Mühe machen müssen, um ein so ungebräuchliches, »seitenliniges« Wort zu finden, das einen Sachverhalt benennt – weil es sein muss – und ihn zugleich verdeckt – weil es nicht sein soll.

In diesem Zusammenhang sei an die Sprache der Nationalsozialisten erinnert, die zum Beispiel die von ihnen betriebene Judenvernichtung als Judenbetreuung bezeichneten.

Nicht selten wird die Sprache dazu missbraucht, etwas Neutrales in eine nicht neutrale Richtung zu lenken. Gabi Neumayer zitiert in TEXTEN & SCHREIBEN, 3/93, den »Kölner Express«: »Türke erstach Kölner«. Sie schreibt dazu, dass diese Aussage nicht mit dem Pressekodex vereinbar sei, nach dem nur dann die Zugehörigkeit zu einer Minderheit in Strafsachen erwähnt werden dürfe, wenn sie eine Rolle für das Verbrechen spiele. Dann: »Der Satz ist auch sprachlich falsch: Denn es handelt sich bei dem Jugendlichen auch um einen Kölner! Der zitierte Satz ist daher genauso unlogisch wie der folgende: ›Frankfurter erstach Deutschen.‹ So kann man einen Kontrast aufbauen, der in Wirklichkeit überhaupt nicht existiert: indem man einen Unterbegriff nimmt und ihm den Oberbegriff gegenüberstellt. Sprachlich deuten wir dann beide Begriffe als gleichrangig.«

Um das Kapitel der Mehrdeutigkeiten nicht so trübselig zu beenden, hier ein paar Hinweise auf Aphorismen, jene Literaturform der äußersten Zuspitzung, die oft auch mit Doppelbedeutungen ihre Wirkungen erzielt.

> **Poesie**
>
> Wer Gedichte liest oder schreibt, ist verrückt; die anderen sitzen an ihrer Stelle felsenfest.

Doppeldeutiger Gebrauch des Wortes »verrückt«. Das Partizip des Perfekts von »verrücken« bedeutet, wie der Infinitiv deutlich macht, ein handfestes »Verrücken« von Gegenständen. Übertragene Bedeutung dagegen: nicht ganz richtig im Kopf. Der Aphorismus scheint zunächst einmal nichts anderes zu sagen, als dass Poeten sowie die Leserinnen und Leser ihrer Gedichte ein bisschen wirren Geistes zu sein pflegen. Dadurch, dass in der zweiten Aussage indirekt auf den ursprünglichen Sinn verwiesen wird, bekommt die erste Aussage eine zusätzliche Bedeutung, und es ergibt sich: Die Lyrikproduzenten und Lyriklesenden mögen ja des Öfteren ein bisschen wirr im Kopf sein, aber – sie bewegen sich, in ihrem Kopf bewegt sich etwas, da ist Kreativität und Leben. Und andere? Nun ja, die hocken auf ihren Prinzipienfelsen, wissen fast alles, haben »unverrückbare« Meinungen, sind unbeweglich im Geist und, das alles zusammengenommen, ein wenig lebensfremd.

Dazu ein halb witziges, halb trauriges, halb Witz und Traurigkeit überwindendes Wortspiel in einem Gedicht (aus: »als finge alles erst an«, W. Manekeller, ATENA-Verlag):

was blieb

in ihrer jugend
hatten sie
hand in hand
auf einer bank
gesessen und froh
dem gesang
der vögel gelauscht

im alter
saßen sie
in einer bank
und erwarteten ängstlich
die besprechung
ihrer finanzen
hand in hand

Betrüblich die Veränderung der Lebenslage von »auf einer bank« zu »in einer bank« (vom Vogelgesang zur Finanzbesprechung). Tröstlich jedoch, dass die betrübliche Verschiebung an der wesentlich wichtigeren Gemeinsamkeit »hand in hand« nichts zu ändern vermochte.

Glück

Wer seinem Glück hinterherläuft – läuft hinterher.

Die doppelte Verwendung von »hinterher« besagt: Wer bestimmten Erfolgen nachläuft, ist immer jemand, der hinterherläuft – also sein Ziel nie erreicht.

Darstellung

Anerkennend: »Er stellt schon etwas dar!« Argwöhnisch: »Stellt er nur etwas dar?«

In diesem Fall wird die Aufklärung über den ungewöhnlichen Zusatzgedanken durch die Ergänzung des Wortes »nur« mitgeliefert.

So oder so

Wer eine Tür zuschlägt,
steht vor einer geschlossenen Tür.
Oder dahinter.

Das Wortspiel mit »vor oder hinter einer zugeschlagenen Tür« macht darauf aufmerksam, dass sich der Türzuschläger zwar vor Zudringlichkeiten schützt, sich aber zugleich auch selbst ausschließt.

Zusammengefasst: Unbeabsichtigte Mehrdeutigkeiten sind oft belanglose Kleinigkeiten, oft aber auch wichtige Fehlformulierungen, die teuer zu stehen kommen. Beabsichtigte Mehrdeutigkeiten, zum Beispiel in Politik und Werbung, sind gefährlich und verlangen, damit wir nicht auf sie reinfallen, unsere nicht ablenkbare Wachsamkeit. Beabsichtigte Mehrdeutigkeiten, zum Beispiel in Gedichten und Aphorismen, können uns auf neue Sichtweisen bringen, die unser Leben bereichern.

um zu

Die Einleitung einer Infinitivgruppe mit »um zu« sollte keine Schwierigkeiten bereiten.

> Wir kaufen früh, um günstige Preise zu bekommen.
> Wir werben intensiv, um erst einmal bekannt zu werden.
> Wir informieren stets seriös, um glaubwürdig zu bleiben.

Der Infinitiv mit »um zu« leitet Absichtsaussagen ein. Und wie steht es mit dem folgenden Satz?

> Wir gaben unsere Preise sehr früh bekannt, um dann von der Konkurrenz unterboten zu werden.

Wollte man von der Konkurrenz unterboten werden? Hat man mit dieser Absicht die eigenen Preise sehr früh bekannt gegeben? Gewiss nicht. Das Gemeinte treffen würde zum Beispiel:

> Wir gaben unsere Preise sehr früh bekannt und wurden dann von der Konkurrenz unterboten.
>
> Da wir unsere Preise sehr früh bekannt gegeben haben, konnte uns die Konkurrenz unterbieten.

Zum Schmunzeln verleiten Formulierungen wie diese:

> Er machte an diesem verlängerten Wochenende noch schnell einen Skiurlaub, um sich bei einer rasanten Abfahrt das Bein zu brechen.

Alles klar, nicht wahr!? *Eine* Ausnahme müssen wir allerdings billigen. Die falsche Verwendung von »um zu« kann, bewusst gewählt, hin und wieder als Stilmittel dienen: wenn man seiner Aussage eine hintergründige Andeutung mit auf den Weg geben will. Beispielsweise könnte in einem Roman von Hemingway der Satz stehen: »An der Bar begann der kleine Matrose einen Streit, um verprügelt zu werden.« Er hätte den Sinn: Der kleine Matrose wollte, ohne es sich selbst zuzugeben, tatsächlich verprügelt werden, um sich entweder damit zu beweisen, dass er ein Schwächling sei, oder um seine Ansicht bestätigt zu erhalten, dass sich die Angst vor Schmerzen und Erniedrigung überwinden lasse.

»Die …-Zeitung schweigt mich tot, um ihrer Hilflosigkeit vor mir Ausdruck zu geben.« Das eigentlich fehlerhafte »um zu« hätte einen nicht überhörbaren ironischen Unterton und wäre gerechtfertigt.

Ein anderer Fehler im Umgang mit »um zu« kommt häufiger vor. Er rührt daher, dass einem »um zu« ein falsches Subjekt zugeordnet wird.

> Der Organisationschef schickte seinen Assistenten auf die Orga-Messe, um Erfahrungen zu sammeln.

Der Assistent sollte offenbar Erfahrungen sammeln, aber dem Satz nach schickte ihn der Organisationschef, weil er selbst auf die Weise Erfahrungen sammeln wollte. Vielleicht Erfahrungen, wie sich sein Assistent bei dem Messebesuch und in der Berichterstattung darüber anstellen würde? Wohl kaum. Was er wirklich sagen wollte war:

> Der Organisationschef schickte seinen Assistenten auf die Orga-Messe, um ihm Gelegenheit zu geben, Erfahrungen zu sammeln.

Sie sehen an diesem Beispiel, dass ein kleiner Bezugsfehler, den man in das Kästchen »Grammatik« werfen mag, auch eine Informationsunsicherheit ins Leben rufen kann.

Vergleiche

Die Schwierigkeiten beginnen bei der oft zu hörenden Floskel: Das lässt sich überhaupt nicht vergleichen. Oder denken wir an die beliebte Redewendung »Äpfel mit Birnen vergleichen«, was angeblich nicht möglich ist. Aber …

Natürlich können wir alles vergleichen. Äpfel und Birnen zum Beispiel haben vieles gemeinsam, und in mehrfacher Hinsicht unterscheiden sie sich. Beide haben den Oberbegriff »Obst«, beide Obstsorten sind ungefähr gleich groß, beide schmecken gut, bewegen sich auf demselben Kostenniveau; es gibt beide in eher säuerlicher und eher süßer Richtung. Und so weiter.

Machen wir es uns schwerer. Lässt sich a) ein Elefant mit b) einer Goldkette und c) dem Komponieren von Liedern vergleichen? Sicher. a) Lebewesen, b) Gegenstand, c) geistige Tätigkeit. a und b: räumliche Ausdehnung; c: Ausdehnung nur in der Form von Notenzeichen. Und so weiter.

Beim Vergleichen geht es immer darum, festzustellen, was gleich und was ungleich ist. Aber was ist denn dann mit dem »Das lässt sich nicht vergleichen« gemeint? Wohl dies: dass sich mehrere Lebewesen, Dinge oder Tätigkeiten nicht *gleichsetzen* lassen.

Wir vergleichen zum Beispiel die Ausdauersportarten Joggen, Schwimmen und Radfahren:

> Joggen, Schwimmen und Radfahren sind, was ihren Wert als Kreislauftraining betrifft, einander ungefähr *gleichzusetzen.* Wenn wir jedoch die Vorteile und Nachteile der Bewegungsarten und Belastungen miteinander *vergleichen,* so finden wir deutliche Unterschiede.

Mehreres miteinander zu vergleichen, das ist etwas anderes als mehreres einander gleichzusetzen.

> Im Durchschnitt sind erforderlich bei einem Farbstoffverbrauch
>
> unter 0,1 % = 2,5 % Egalisiermittel
> 0,1 – 0,5 % = 2,5 – 2 %
> 0,5 – 1,0 % = 2 – 1,5 "

Man wollte die erforderlichen Mengen Egalisiermittel bei unterschiedlichem Farbstoffverbrauch vergleichen, hat aber jeweils einen Prozentsatz Farbstoffverbrauch durch das Gleichheitszeichen mit einer Menge Egalisiermittel gleichgesetzt – a ist gleich (=) b. Wahrscheinlich hat der Versuch, die Sache tabellenartig darzustellen, den Fehler verursacht. Gemeint war:

> Durchschnittswerte für das Verhältnis
> zwischen Farbstoff- und Egalisiermittel-Verbrauch

Farbstoff	Egalisiermittel
unter 0,1 %	2,5 %

Was man beim Vergleichen alles anstellen kann, mögen ein paar weitere Beispiele veranschaulichen.

> Die Schreibgeschwindigkeit unserer Sekretärinnen entspricht der Stenografie.

Die Schreibgeschwindigkeit ist eine Leistung, die Stenografie ein Fach.

> Das Gewicht der steigenden Werbeabteilungs-Ausgaben ist größer als das der Verkaufsabteilungen.

Dass Ausgaben mehr wiegen sollen als Verkaufsabteilungen …

> Was die Einordnung der Auszubildenden unter die Sozialleistungen angeht, so möchte ich darauf hinweisen, dass ich glaube, dass wir uns sehen lassen können.

Ob man sich mit einem solchen Satz sehen lassen kann?

> Wir sind in einer heiklen Situation gegenüber dem Werbeaufkommen mancher Konkurrenten.

Mit gutem Willen mag's ja zu verstehen sein.

> Sie können in dieser Sache mit mir durchaus verschiedener Meinung sein.

Dabei wäre es doch so einfach: Sie können in dieser Sache durchaus eine andere Meinung haben als ich.

> Die Abgabensenkung für notwendige Bedarfsgegenstände würde bei mir vor dem Kaffee und dem Tee rangieren.

So sieht es aus, wenn eine Abgabensenkung mit Kaffee und Tee konkurriert.

> Ich habe nach den vorläufigen Zahlen gerechnet, um Vergleichbares mit Vergleichbarem zu vergleichen.

> Westdeutsche Junggesellen sterben anderthalbmal häufiger als verheiratete Männer.

Die beiden letzten Sätze, im Deutschen Bundestag gesprochen, sind schon recht kurios, nicht wahr?

Verkürzung

Oft entstehen brüchige Aussagen, weil man die den gemeinten Gedanken treffende Formulierung unzulässig verkürzt hat.

> Die Ankündigung des Vereinspräsidenten, das Stadion zu renovieren, wurde durch zahlreiche Einsprüche aus der Mitgliedschaft so gefährdet, dass die Realisierung fraglich geworden ist.

Was haben die Einsprüche aus der Mitgliedschaft gefährdet? Die Renovierung des Stadions selbstverständlich. Doch das sagt dieser Satz nicht. Dem Satz nach wurde die Ankündigung dieser Einsprüche gefährdet. Irrtum. Angekündigt hatte der Vereinspräsident die Renovierung ja; fraglich geworden war die Verwirklichung.

> Der Ausbau des Stadions auf 55 000 Sitzplätze wird bis zur Bundesliga nicht fertig werden.

Was heißt »bis zur Bundesliga«? Gemeint ist: bis zum Beginn der Bundesligaspiele.

> Die Mitglieder in der katholischen und in der evangelischen Kirche in Deutschland nehmen weiterhin rapide ab.

Den meisten Mitgliedern wird das bekömmlich sein, aber vielleicht nicht allen. Fortgesetzte (weiterhin!) Gewichtsreduzierungen sind nur bei Übergewicht anzustreben, und außerdem sollte der Fettabbau langsam und nicht etwa rapide vor sich gehen. Rabiate Schlankheitskuren, die auf schnelle Großerfolge aus sind, gelten als ziemlich gefährlich.

Ach was, von Gewichtsreduzierung war doch gar nicht die Rede ... genauer: sollte doch gar nicht die Rede sein. Dass es dennoch so geschrieben steht, ist das Resultat einer unzulässigen Verkürzung. Nicht die Mitglieder der Kirchen nehmen ab, sondern die Mitgliederzahlen.

> Das Problem der Jugendarbeitslosigkeit wird in den nächsten Jahren noch sehr teuer werden.

Nicht das Problem, sondern die Behandlung des Problems, die Lösung des Problems der Jugendarbeitslosigkeit wird noch sehr teuer werden.

Ein höchstrangiger Politiker:

> Wenn Sie dieses Programm lesen, ist es in vielen Bereichen eine Herausforderung.

Falls das Programm in vielen Bereichen eine Herausforderung ist, dann ist es das auch, wenn »Sie«, die Angesprochenen, das Programm nicht lesen. Also:

> Wenn Sie dieses Programm lesen, werden Sie erkennen, dass es in vielen Bereichen eine Herausforderung ist.

Aus einer Fernsehübertragung eines Tennisspiels:

> Jana Nowotna ist ja sehr sensibel, wenn man sie ein bisschen näher kennt.

Und wenn man sie nicht ein bisschen näher kennt, ist sie dann nicht sehr sensibel? Doch, auch dann. Also:

> Wer Jana Nowotna ein bisschen näher kennt, weiß, dass sie sehr sensibel ist.

Eine Versicherungsgesellschaft:

> Sobald Sie das Unfallgutachten eines vereidigten Sachverständigen vorlegen, wird der Schaden unverzüglich ausgezahlt.

Das hat die Versicherungsgesellschaft nett gemeint. Aber was soll der Versicherungsnehmer mit dem Schaden? Den hat er an seinem Auto ja schon hinnehmen müssen. Was er möglichst schnell haben möchte, ist Geld zur Behebung dieses Schadens.

Beim Militär sagte man früher kurz und bündig:

> Bitte austreten zu dürfen!

Wer sich nicht ganz so stramm ausdrückte, erweiterte zu »Ich bitte, austreten zu dürfen.«

Sicher war hier nicht gemeint: aus der Armee oder aus der Partei austreten, was manch einer bestimmt gern getan hätte. Da diese Formulierung nur dann benutzt wurde, wenn jemanden im Dienst ein menschliches Rühren ereilte, war die Kurzbeschreibung »austreten« eindeutig.

Vergleichen wir damit eine Aussage wie »Ich glaube, dies tun zu dürfen.« Dass ich etwas darf, heißt: Ich habe die Erlaubnis, etwas zu tun. In Ordnung. Die Erlaubnis ist bereits bei dem, der etwas tun will. Anders im ersten Fall: Die Bitte kommt von der einen Seite, die Erlaubnis soll von der anderen Seite kommen. Also muss ich um diese Erlaubnis wohl bitten. Zum Beispiel so: »Ich bitte um die Erlaubnis, austreten zu dürfen.« Oder so: »Ich bitte Sie, mir zu erlauben auszutreten.« Fürs Militär ist beides zu lang, nicht wahr? Warum dann nicht einfach eine direkte Frage stellen? »Darf ich austreten?«

Heißt das – die Behandlung des letzten Beispiels –, die Sache, um die es uns hier geht, allzu genau zu nehmen? Mag sein. Aber gerade solche Praxissätze, die quasi auf der Kippe stehen, weisen uns darauf hin, dass wir im allgemeinen Sprachgebrauch mehr und mehr zu ungenauen Kürzelaussagen neigen, die in der Umgangssprache durchgehen mögen, im Schriftdeutsch aber als Trend gefährlich werden können.

Auf der Grenze zwischen unzulässiger Verkürzung und fehlerhaftem Vergleich ist der Satz:

> Paragraf 4 grenzt die Interessen des Vermieters gegenüber dem Mieter ab.

Was wird abgegrenzt? Die Interessen des einen gegenüber den Interessen des anderen. Also:

> Paragraf 4 grenzt die Interessen des Vermieters gegenüber denen des Mieters ab.

> Paragraf 4 grenzt die Interessen des Vermieters gegenüber den Interessen des Mieters ab.

In diesem Fall ist die Wiederholung des Wortes »Interessen« keine häßliche, sondern – im Sinne der Klarheit – eine sinnvolle Wiederholung.

Dass die unzulässige Verkürzung gleichzeitig zu einem fehlerhaften Vergleich führte, liegt auf der Hand. Verglichen werden sollten die Interessen der einen mit den Interessen der anderen Seite. Tatsächlich verglichen wurden: Vermieterinteressen mit Mietern.

Falsche Vergleiche sind an der Tagesordnung (mehr darüber: S. »Vergleiche«).

wenn

Das Wörtchen »wenn« kann zeitlich und bedingend verwendet werden.

a) Wenn die Gäste eintreffen, sind wir schon anwesend.
b) Wenn Sie zustimmen, können wir den Antrag stellen.

Manchmal gehen die beiden Bedeutungen ineinander über. Im Fall b ist beides enthalten, weil beides sinnvoll ist.

b) Sobald Sie zustimmen, können wir den Antrag stellen.
   Falls Sie zustimmen, können wir den Antrag stellen.

Das braucht durchaus nicht schädlich zu sein, denn in manchen Fällen ist beides sinnvoll. Hier haben wir es, ausnahmsweise, mit einer nützlichen Mehrdeutigkeit zu tun.

Das »wenn« ist also ein fähiger Helfer; aber – es ist kein Mädchen für alles.

> Wenn ich bisher nachsichtig gewesen bin, so werde ich jetzt streng sein.

Richtig wäre der Gedanke: Wenn Nachsicht nicht hilft – wie die Vergangenheit gezeigt hat –, dann hilft vielleicht Strenge.

In dem zitierten Originalsatz ist jedoch die Beziehung zwischen Gewohnheit und Absicht verschwommen.

Das »wenn« in dieser Formulierung ist nur bedingend aufzufassen, aber das ergibt keinen Sinn: Falls ich bisher nachsichtig gewesen bin, ... Weiß er nicht, ob er's gewesen ist? Natürlich weiß er das.

Lösen wir den Satz in einen kleinen Dialog auf!

> »Ich werde jetzt streng sein.« – »Aber Sie sind doch bisher immer nachsichtig gewesen!?« – »Das stimmt, und gern ändere ich mein Verhalten nicht. Aber die Umstände erfordern es: Obwohl ich bisher nachsichtig gewesen bin, werde ich in Zukunft streng sein.«

Der Vordersatz soll also keine Bedingung ausdrücken, er soll einen Gegengrund zu dem im Nachsatz angekündigten Verhalten nennen, einen Gegengrund, der allerdings nicht ausreicht, die Absicht zu blockieren. Wenn auch etwas dagegen spricht – trotzdem soll nun Strenge herrschen.

Wir sind der Entstehung des falschen Gedankens auf der Spur: Wenn ich auch bisher nachsichtig gewesen bin, so werde ich jetzt trotzdem streng sein. Man strich das »auch« und machte dadurch aus einer nicht ausreichenden Gegenbegründung eine Bedingung – eine Bedingung, die nicht zu stellen war: weil sie nicht gemeint war.

Eine andere Falle, in die wir beim Gebrauch von »wenn« stürzen können. Aus einem Aufsatz »Die Meinungsbilder und die Werbung« eines Marktforschers:

> Wenn die Theorie stimmt, dann hat Domitzlaff sicher Recht, wenn er betont, man müsse die »Leithammel« als Erste durch Werbung beeinflussen.

Schon die nicht gerade elegante Wiederholung von »wenn« hätte den Schreiber vor einem Denkfehler bewahren können, aber diese stilistische Schwäche ist ihm offenbar entgangen.

Mit der Einleitung »Wenn die Theorie stimmt« wird eine Bedingung gestellt, eine Voraussetzung angenommen. Zu erwarten ist danach eine Versicherung wie: dann muss man die Leithammel zuerst durch Werbung beeinflussen. Der Autor will diese Aussage mit seiner eigenen Meinung »dann hat Domitzlaff Recht« in Zusammenhang bringen.

Also: Wenn ... dann hat Domitzlaff sicher Recht. Womit? Mit seiner Behauptung, dass man als Erste die Leithammel durch Werbung beeinflussen müsse.

Das zweite »wenn« ergibt weder temporal noch konditional einen Sinn. Ein zeitliches »wenn« kann nicht gemeint sein; das Rechthaben ist nicht an einen Zeitpunkt gebunden; die Aussage ist richtig an sich. Und ein bedingendes »wenn« ist auch nicht denkbar, weil Domitzlaffs Behauptung nicht zweifelhaft ist, also nicht durch ein »wenn« (falls) in Frage gestellt werden darf. Demnach muss »wenn« durch ein treffendes Wort ersetzt werden.

> Vorausgesetzt, die Theorie stimmt, dann hat Domitzlaff sicher Recht, indem er betont, man müsse die Leithammel als Erste durch Werbung beeinflussen.

Oder:

> Angenommen, die Theorie stimmt! Dann ist Domitzlaffs Überzeugung sicher richtig, dass man zuerst die Leithammel durch Werbung beeinflussen müsse.

Anders ausgedrückt: Domitzlaff hat betont, man müsse die Leithammel als Erste durch Werbung beeinflussen. Indem er dies sagt, hat er sicher Recht. Allerdings nur, wenn eine gewisse Theorie stimmt.

Warum entspricht der folgende Satz nicht der Informationsabsicht des Schreibers?

> Insbesondere bin ich nach diesem Experiment nicht mehr so fest davon überzeugt, dass wir so gänzlich schuldlos sind daran, wenn wir uns in drohendes Verhängnis immer ohnmächtiger zu verstricken scheinen.

Wenn der Satz ausdrückte, was der Autor gedacht hat, so hieße das: Indem er dem »wenn« noch ein »scheinen« zugesellt, lässt er von seinen Aussagen vor lauter Vorbehalten kaum etwas übrig. Was wird eigentlich behauptet? Folgendes: Wenn es scheint, dass wir uns immer mehr in drohendes Verhängnis verstricken, dann bin ich, insbesondere nach diesem Experiment, nicht mehr so fest davon überzeugt, dass wir ganz schuldlos daran sind. Am Anschein? An der Verstrickung? Wozu der Aufwand? Nicht genug, dass der Autor nicht weiß, ob wir uns in irgendetwas Unbestimmtes, irgendetwas Drohendes verstricken, er ist sich nicht einmal im Klaren darüber, ob es den Anschein hat, dass diese Verstrickung vor sich geht. Und damit niemand herausbringen kann, wovon er überzeugt ist, wenn es wirklich zutreffen sollte, dass wir uns zu verstricken scheinen, zu diesem Zweck erklärt er, dass er dann nicht mehr so fest überzeugt sei. Wie fest ist er vorher überzeugt gewesen? Wie fest ist nicht mehr so fest? Und falls das alles wider Erwarten jemandem deutlich werden sollte, gibt es noch ein Hintertürchen – das wievielte? –, denn der Autor meint nicht etwa, er sei nicht so fest davon überzeugt, dass wir schuldlos, nicht einmal gänzlich schuldlos wären, sondern: dass wir *so* gänzlich schuldlos wären. Jetzt haben wir's! Was?

Versuchen wir das Monstrum zu operieren! Indem von »immer ohnmächtiger verstricken« die Rede ist, wird vorausgesetzt, das wir uns schon verstrickt haben. Also können wir das »scheinen« streichen und – worauf es hier ankommt – auch das »wenn«. Der Autor wollte sagen: Das Verhängnis kommt immer näher, wir sind den Mächten immer ohnmächtiger ausgeliefert, wir verstricken uns immer mehr. Dass die Situation nicht günstiger, sondern ungünstiger für uns wird, daran sind wir selbst nicht schuldlos. An unserer angeblichen Schuldlosigkeit zweifle ich, besonders nach diesem Experiment. Kürzer:

> Nach diesem Experiment bin ich nicht mehr sicher, ob wir ganz schuldlos daran sind, dass die Situation immer auswegloser wird.

Unser oft benutztes »wenn« ist zwar vielseitig begabt, aber auch ein bisschen hinterhältig: indem es uns gelegentlich an der Nase herumführt.

> Es wäre wünschenswert, wenn dieses Produkt nach Möglichkeit durch das neue Erzeugnis zu ersetzen.

So stand es da. Ersetzen wir »zu ersetzen« erst einmal durch »ersetzt würde« und »Es wäre wünschenswert« durch »Es ist zu wünschen«; denn »Es wäre wünschenswert« hätte nur in einer Aussage wie dieser Berechtigung: Wenn der Spieler XY eine gute Form bewiese, wäre es wünschenswert, dass er wieder in der Nationalmannschaft spielte.

Außerdem stört »nach Möglichkeit«, denn es ist schon in »wünschenswert« oder in »zu wünschen« gedanklich enthalten.

Und nun das Wichtigste: Was ist zu wünschen? Wenn jenes durch dieses ersetzt würde? Nein! Dass jenes durch dieses ersetzt wird. Man weiß doch genau, was man wünscht; man wünscht, dass etwa geschieht. Unser Satz heißt also:

Es ist zu wünschen, dass dieses Produkt durch das neue Erzeugnis ersetzt wird.

Wortstellung

Manchmal wählen wir zwar das richtige Wort, setzen es aber an eine falsche Stelle.

Wir bitten rechtzeitig um Ihre Entscheidung.

Diese Mitteilung kann sinnvoll sein, allerdings nur ausnahmsweise, weil der so ausgedrückte Sachverhalt selten vorkommt. Die Formulierung bedeutet: »Achtung! Unsere Bitte um Ihre Entscheidung sprechen wir rechtzeitig aus. Sagen Sie nachher nicht, Sie hätten zu spät davon erfahren!« Gemeint war dagegen etwas anderes, für das die richtige Formulierung gewesen wäre:

Wir bitten um Ihre rechtzeitige Entscheidung.

Aus dem Adverb »rechtzeitig« wäre das Adjektiv »rechtzeitige« geworden, und diese Veränderung hätte das Gemeinte getroffen.

Eine falsche Wortstellung liegt auch oft bei Aussagen über zusammengesetzte Wörter vor. Solche Aussagen beziehen sich auf das Grundwort der Zusammensetzung (letzter Teil), nicht jedoch auf ein Bestimmungswort. Den Fehler entdecken wir sofort, wenn dadurch ein unfreiwilliger Witz entsteht. Beispiele:

die dreijährige Ehefrau
die junge Erbsensuppe

Das Zahladjektiv »dreijährige« bezieht sich auf »frau«, während es sich auf »Ehe« beziehen soll. Das Adjektiv »junge« bezieht sich auf »suppe«, während es sich auf »Erbsen« beziehen soll.

die städtische Kulturvereinssitzung

Die beiden ersten Formulierungen werden sicherlich von vielen Lesenden mit einem Lächeln begleitet. Die dritte Formulierung auch? Wahrscheinlich nicht – obgleich derselbe grammatische Sachverhalt vorliegt. Geht es um eine städtische Sitzung? Nein. Es geht um eine Sitzung des städtischen Kulturvereins. Um die richtige Beziehung herzustellen, müssen wir die Zusammensetzung auflösen.

Derselbe Fehler liegt in folgendem Satz aus einem Notariatsvertrag vor:

> Für diesen Fall behält sich der Verkäufer das Rücktrittsrecht von diesem Vertrag vor.

Was ist das: ein Recht von diesem Vertrag? Die Wendung »von diesem Vertrag« bezieht sich auf das Grundwort der Zusammensetzung »Rücktrittsrecht«, also auf »recht«, soll sich aber auf das Bestimmungswort, also auf »Rücktritt«, beziehen. Wir müssen die Zusammensetzung auflösen.

> Für diesen Fall behält sich der Verkäufer das Recht des Rücktritts von diesem Vertrag vor.

Sicherlich haben sich noch nie Probleme aus der grammatisch falschen Formulierung ergeben: weil jede und jeder weiß, was gemeint ist – was nur gemeint sein kann; eine abweichende Deutung des Satzes gibt es nicht. Aber es geht uns hier ja um genaues Denken und um Logik bei der sprachlichen Umsetzung dieses Denkens. Also: Nehmen wir's genau! Zumal dieser Fehler ein typischer Fehler ist, der uns in der Praxis häufig begegnet.

Wortwahl

Viele Sätze klingen ganz gut und richtig, aber nur beim ersten Hinhören.

Aus der Rede eines Spitzenpolitikers:

> »Wir haben all die Jahre gehofft, dass wir einmal eine europäische Währungsunion bekommen würden. Diese Hoffnung wird heute wahr.«

Ist diese Hoffnung nicht schon immer – all die Jahre – wahr gewesen? Sie war doch vorhanden, die Hoffnung. Was heute wahr geworden ist, das ist etwas anderes: der Inhalt der Hoffnung, das Erhoffte nämlich – die europäische Währungsunion.

Eine Information aus der Bundesanstalt für Arbeit:

> »Das sind Herausforderungen, die sind auf jeden Fall machbar.«

Derselbe logische Sachverhalt: Das Ziel der Herausforderungen, das Herausgeforderte, ist machbar. Dass die Herausforderungen machbar waren, wusste man, als sie formuliert wurden. Damit waren sie gemacht; also sind sie machbar gewesen.

Aus einer Fernsehsendung:

> »Achtzig Prozent der Ossis und Wessis gaben sich gegenseitig die Schuld am Standort Deutschland.«

Woran, bitte? Daran, dass Deutschland einen Standort hat oder zu einem Standort geworden ist, oder daran, dass hier in Deutschland ein Standort besteht? Kaum. Gemeint war wohl die wirtschaftliche Entwicklung oder die Steuerpraxis des Standortes Deutschland.

»Weitere fachliche Informationen erhalten Sie gerne durch unsere Pressestelle.«

Meine Reaktion: Wie können die wissen, ob ich gern weitere fachliche Informationen erhalte? Es mag ja sein, ich habe schon so viele werbende fachliche Informationen, dass ich froh bin, wenn der Papierzufluss aufhört. Auch hier war etwas anderes geschrieben als gemeint. Die Aussageabsicht war:

Weitere fachliche Informationen gibt Ihnen gern unsere Pressestelle.

Kurios ist der folgende Praxisfall eines Werbebrief-Slogans:

Sie haben keine Zeit? Dann nutzen Sie sie falsch!

Sehr geehrter Herr ...,

der Betreff dieses Schreibens mag Sie beim ersten Lesen ärgern. Sein Inhalt stimmt dennoch.

(Aus: »Werbebriefe gut gestalten«, W. und F. Manekeller, CC-Verlag, Hamburg.)

Das klingt schlüssig – und ist es doch nicht. Man kann nur Zeit nutzen, die man hat, nicht aber Zeit, die man nicht hat.

Ein Geschäftsmann schlägt einem anderen vor: »Das sollten wir einmal ganz in Ruhe bei einem guten Glas Wein besprechen.« Der andere: »Leider, leider bin ich zurzeit so mit Arbeit eingedeckt, dass mir dafür einfach die Zeit fehlt.« Hat der Ablehnende seine Zeit nun falsch genutzt? Mag sein, vielleicht aber auch nicht.

Wenn jemand meint, er habe keine Zeit, so sagt das noch gar nichts darüber, ob er mit seiner Zeit rationell oder unrationell umgeht.

In unserem Beispieltext soll das nur einmal vorkommende Wort »Zeit« für zwei ganz verschiedene Zeiten stehen, für die Zeit, die jemand jetzt nicht hat, weil er eine frühere Zeit, die für ihn verfügbar war, falsch genutzt hat.

Wie hätte der Werbebrief-Slogan in einer logischen Fassung lauten können? Zum Beispiel:

Sie haben keine Zeit? Dann nutzen Sie Ihre Zeit falsch.

Da es auf den Briefempfänger vermutlich nicht besonders sympathisch wirkt, wenn ihm andere als Erstes sagen, dass er Fehler mache, indem er seine Zeit falsch nutze, bietet sich eine andere Gedankenführung an. Zum Beispiel:

Sie haben zu wenig Zeit, um allen Anforderungen gerecht zu werden? Es ist eine alte Erfahrung,

sehr geehrter Herr ...,

dass diejenigen, die viel können und fleißig sind, mit mehr und mehr Aufgaben belastet werden – bis die Belastung zu groß wird.

Ähnlich ist es in folgendem Fall:

In 15 Jahren wird Ihr Umsatz über Internet abgewickelt. Die Frage ist nur, ob mit Ihnen oder ohne Sie.

Klingt ganz flott, ist aber falsch. Die Aussage »ob mit Ihnen« oder »ohne Sie« bezieht sich auf »Ihr Umsatz«; »Ihr Umsatz« kann es aber nur sein, wenn »mit Ihnen«. Falls »ohne Sie« ist es nicht mehr »Ihr« Umsatz. Richtig wäre zum Beispiel:

In 15 Jahren wird Ihr Umsatz über Internet abgewickelt oder – es gibt ihn nicht mehr.

Wie kommt es, dass so viele kleine Verwechslungen der beschriebenen Art nicht nur gesprochen werden – niemand kann immer druckreif reden –, sondern dass sie auch auf Papier erscheinen? Vielleicht, weil ja »jeder versteht, was gemeint ist«!? Da ist zu bedenken: Wenn wir zu einem Zugpferd »Hüh!« sagen, weiß es auch, was gemeint ist.

Wie kommen falsche Kodierungen zustande?

Kodierungsfehler, Kodierungsschwächen – wie kommen sie zustande? In den neunziger Jahren haben drei Ausdrücke so richtig Karriere gemacht. Ich bringe sie in dem folgenden kurzen Text unter.

> Das hatte man mir bereits schon mitgeteilt. Aber ich wiederhole nochmals: Die überwiegende Mehrheit der Mitglieder hat dieses Vorgehen abgelehnt.

Sie haben die Schwächen erkannt:

> bereits schon
> ich wiederhole nochmals
> überwiegende Mehrheit

Was man ihm bereits mitgeteilt hatte, das hatte man ihm schon mitgeteilt. Eine Mehrheit überwiegt immer. Also zwei unbeabsichtigte Doppelausdrücke.

Und »ich wiederhole nochmals«? Diese Aussage muss nicht falsch sein, sie ist es aber fast immer: weil sie benutzt wird, wenn jemand etwas wiederholt – einfach nur wiederholt, nicht etwa nochmals wiederholt. Allerdings ist ein Sachverhalt, der das meistens Falsche zu Richtigem werden lassen kann, nicht auszuschließen. Es ist ja durchaus denkbar, dass jemand etwas sagt, es wiederholt und es – zum Beispiel in einer langen Rede – noch einmal wiederholt, damit es auf keinen Fall vergessen wird.

Da diese Aussage also – ausnahmsweise – sinnvoll sein kann, ist ihr fehlerhafter Einsatz besonders kritisch zu sehen. Während »bereits schon« und »überwiegende Mehrheit« als harmlos eingestuft werden können, ist das bei »ich wiederhole nochmals« nicht möglich: eben weil man nun nicht weiß, ob der Sprecher zum ersten oder zum zweiten Mal etwas wiederholt. (Siehe hierzu auch den Abschnitt »Doppelaussagen« im »Sprachlogikfehler-Abc«.)

Interessant ist, dass diese drei Fehlkodierungen, vor allem die beiden zuerst genannten, fast ausschließlich in gesprochenen Texten vorkommen. Dies deutet darauf hin, dass sie bei sorgfältigerem Formulieren – meistens schriftlichem Formulieren – nicht so leicht »durchrutschen« können.

Aber für alle drei Ausdrücke gilt: Wenn wir die Sprechenden auf die unbeabsichtigten Verdoppelungen aufmerksam machen, pflegen sie die Fehlerhaftigkeit sofort einzusehen. Dies und die erwähnte Beobachtung, dass die Schwächen fast nur in gesprochenen Texten vorkommen, legen die Vermutung nahe: Es handelt sich schlicht um Oberflächlichkeit beim Formulieren; gedacht haben die Verfasser richtig, sie haben sich nur bei der Wortwahl vergriffen.

Dieser Gedanke legt die Frage nahe: Haben wir es mit zwei völlig unterschiedlichen Tätigkeiten zu tun – mit dem Denken einerseits, dem Sprachgebrauch andererseits?

Friedrich Nietzsche war der Überzeugung: »Den Stil verbessern – das heißt den Gedanken verbessern und nichts weiter.« Ist dieses oft zitierte Wort mehr als ein Wunschtraum engagierter Deutschlehrer?

Zwei Hauptmeinungen zu dem Zusammenhang zwischen Denken und Sprachgebrauch:

1. Wir haben es mit zwei Tätigkeiten zu tun, mit dem Denken und dem Sprachgebrauch. Das »reine«, sprachlose Denken ist die Grundaktivität, der Sprachgebrauch eine Folgeaktivität, die notwendig ist, um Gedachtes festhalten und weitergeben zu können. Die Sprache dient nur dazu, schon Gedachtes in Worte zu fassen.

2. Sprachgebrauch und Denken bilden eine Einheit. Menschliches Denken ohne Sprachgebrauch gibt es nicht. Denken und Sprachgebrauch sind wie die zwei Seiten eines Geldstücks – also zwar nicht dasselbe, aber auch nicht trennbar ohne Zerstörung des Ganzen.

Die erste Vorstellung ist die übliche, aber das sagt nichts über ihre Richtigkeit. Einige Zitate mögen zunächst Zweifel wecken.

Johann Gottfried Herder: »Die menschliche Seele denkt mit Worten.« – »Wir denken in der Sprache.«

Friedrich Nietzsche: »Wir hören auf zu denken, wenn wir es nicht in dem sprachlichen Zwange tun wollen.«

Benjamin Lee Whorf wendet sich in seinem Buch »Sprache, Denken, Wirklichkeit« (Rowohlt) gegen die »Irrmeinung von der Beziehungslosigkeit zwischen Sprache und Denken!«: Die bestrittene Auffassung: »Das Sprechen sei nur ein beiläufiger Vorgang, der ausschließlich mit der Formulierung der Gedanken zu tun habe. Im Sprechen, beim Gebrauch der Sprache wird angeblich nur ›ausgedrückt‹, was im Wesentlichen bereits nichtsprachlich formuliert war.« Whorfs Überzeugung: »Man fand, dass das linguistische System (mit anderen Worten, die Grammatik) jeder Sprache nicht nur ein reproduktives Instrument zum Ausdruck von Gedanken ist, sondern vielmehr selbst die Gedanken formt …«

Ludwig Wittgenstein: »Irreführende Parallele: Der Schrei, ein Ausdruck des Schmerzes – der Satz, ein Ausdruck des Gedankens!« – »Wenn ich in der Sprache denke, so schweben mir nicht neben dem sprachlichen Ausdruck noch ›Bedeutungen‹ vor.« – »Wenn man nun fragte ›Hast du den Gedanken, ehe du den Ausdruck hast?‹ – was müsste man da antworten? Und was auf die Frage: ›Worin bestand der Gedanke, wie er vor dem Ausdruck vorhanden war?‹« – »Die Grenzen meiner Sprache bedeuten die Grenzen meiner Welt.«

Walter R. Fuchs in »Knaurs Buch der Denkmaschinen« über die moderne Sprachwissenschaft: »Ihre bemerkenswerteste ›Entdeckung‹: Das Denken geschieht in der Sprache.«

L. Wygotskij in »Denken und Sprechen« (Fischer): »Der Gedanke drückt sich nicht im Wort aus, sondern vollzieht sich darin. Man könnte deshalb vom Entstehen des Gedankens im Wort sprechen.«

Zu denken geben mag auch dies: Untersuchungen an taubblind geborenen, aber sonst normalen Kindern haben erwiesen, dass ohne Spracherwerb auch keine geistige Entwicklung möglich ist. Das Problem bei diesen Kindern: Wie kann man ihnen ohne Laute und Schriftzeichen Sprachkenntnis vermitteln? Ein schwieriger Weg führt über den Tastsinn. Man muss ihnen beibringen, sich Wortbilder in der Form von Tastvorstellungen einzuprägen. Das im übertragenen Sinn gebräuchliche Wort »begreifen« gewinnt hier seine ursprüngliche Bedeutung zurück, ohne die übertragene Bedeutung zu verlieren: begreifen = tastend erkennen.

Adam Schaff in »Sprache und Erkenntnis« (Rowohlt): »Denken und Gebrauch der Sprache muss man auffassen als zwei Seiten eines einzigen, einheitlichen Prozesses der menschlichen Welterkenntnis, der Reflexion über die Erkenntnis und auch die Selbsterkenntnis und der Mitteilung der Ergebnisse dieser Erkenntnis an andere. Indem man den Vergleich DE SAUSSURES zu Hilfe nimmt, der sich auf die Einheit von Laut und Bedeutung bezieht, könnte man sagen, dass der Gebrauch der Sprache und das Denken gleichsam die zwei Seiten eines Blattes Papier sind: Man kann nicht die eine Seite abschneiden, ohne gleichzeitig die andere zu beschädigen.

Zurück zum Ausgangspunkt! Wenn das Denken ohne Sprachgebrauch eine Art »reinen« Denkens, ein isolierbarer Grundvorgang und der Sprachvorgang nur ein Folgevorgang zum Ausdrücken, zum Festhalten und Weitergeben der Gedanken wäre, dann dürfte man den Nietzsche-Satz über Stil und Gedanken höchstens so verstehen: Die Arbeit am Ausdruck der bereits vorher gedachten Gedanken kann rückwirkend auch noch ein wenig die inhaltliche Seite beeinflussen. Aber, erinnern wir uns, das hat Nietzsche nicht behauptet. Seine These lautete ja: »Den Stil verbessern – das heißt den Gedanken verbessern und nichts weiter.« Dies wäre zutreffend, wenn Denken und Sprachgebrauch *einen* Vorgang bildeten. Es spricht viel dafür, dass es so ist.

Der Logiker J. M. Bochenski schreibt in seinem Buch »Wege zum philosophischen Denken«: »Was ist das Denken? Ganz allgemein nennt man Denken jede Bewegung in unseren Vorstellungen, Begriffen und so weiter. Zum Beispiel, wenn mich jemand fragt: ›Woran denkst du?‹, so antworte ich etwa: ›Ich denke an mein Elternhaus.‹ Das heißt aber, dass mir in meinem Bewusstsein Bilder, Erinnerungen und Ähnliches in irgendeiner Weise vorschweben und nacheinander folgen. Die allgemeinste Definition des Denkens lautet also: eine Bewegung der Vorstellungen und Begriffe.«

In seinem Buch »Logisch denken« verspricht A. B. Roels: »Denken ist Ordnen der Wirklichkeit.«

Beim Vergleichen dieser beiden Aussagen drängt sich die Frage auf: Sollte jenes Vorschweben von Bildern, Erinnerungen und Ähnlichem, das Bochenski beschreibt, die Wirklichkeit ordnen können?

Dass dies nicht der Fall sein kann, dessen ist sich auch Bochenski bewusst, und er fügt daher seiner Definition des Denkens hinzu: »Das wissenschaftliche Denken ist aber nicht irgendein Denken. Es ist ein ernstes Denken. Dadurch meinen wir erstens, dass es diszipliniert ist, dass ein ernst denkender Mensch seinen Begriffen und Vorstellungen nicht die Freiheit lässt, ihm vorzuschweben, sondern sie streng zu seinem Ziele führt. Und zweitens meinen wir, dass das Ziel ein Wissen ist. Das wissenschaftliche, ernste Denken ist ein diszipliniertes, auf Wissen gerichtetes Denken.«

Bei diesen Aussagen kommt das Gefühl auf, dass die Unterscheidung, die der Autor trifft (irgendein Denken – wissenschaftliches Denken), sehr vage bleibt. Kann ein Denken, das nicht wissenschaftlich ist, nicht trotzdem ernst sein? Lassen sich bei wissenschaftlichem Denken alle möglichen Vorstellungen, die nicht begrifflicher Art sind, ausschließen?

Vielleicht ist es möglich, dass wir uns der Sache von einer anderen Seite her nähern.

Wissenschaftliches Denken kommt nicht ohne Fixierung dieses Denkens aus. Was ein Mensch denkt, muss für ihn selbst und andere in genauer Weise nachvollziehbar, wiederholbar sein; erst dann wird es ja im wissenschaftlichen Sinn diskutierbar, verwertbar.

Nun sind aber die Ergebnisse des Fixierens von Denkvorgängen keine Tätigkeiten mehr, sondern »Gegenstände«, nämlich einerseits sprachliche Gebilde, Gedanken andererseits – beides in einem nicht zu trennenden Ganzen. (Ludwig Wittgenstein: »Der Gedanke ist der sinnvolle Satz.«)

Hier scheidet sich also Denken vom Gedanken. Jenes kann vorschweben, kann undeutlich, sprunghaft, farbig, durch sinnliche Wahrnehmungen angereichert sein; dieser dagegen ist klar und genau. Jenes entsteht vielfach unwillkürlich, fortwährend, in uns; dieser entsteht willkürlich, ausnahmsweise, außer uns. Jenes ist ein organischer Vorgang, dieser – ein »Ding«, wie Hausbauen eine menschliche Tätigkeit, das gebaute Haus aber ein außermenschliches Gebilde ist, das von der Tätigkeit, durch die es wurde, gelöst existiert.

Nun ist einzuwenden, dass auch Gedanken, festgehaltene Sätze also, oft unlogisch seien, ebenso wie es das Denken häufig ist. Stimmen Denken und Gedanke hier nicht wiederum überein?

Ein Beispiel:

> Da diese Broschüre restlos vergriffen ist, kann ich Ihnen nur zehn Exemplare zur Verfügung stellen.

Wenn wir einen solchen Satz lesen, sind wir mit dem Urteil schnell bei der Hand: Der Schreiber kann nicht logisch denken. Wir erklären das, obgleich wir sonst die Meinung betonen, logisch denken könne jeder vernünftige Mensch, und da jeder Mensch vernunftbegabt ist: jeder Mensch. Falls wir uns die Sache mit der Broschüre genauer überlegen, werden wir unser Urteil mildern, indem wir sagen: Der Schreiber ist in diesem Fall nicht fähig gewesen, logisch zu denken. Das aber glauben wir beweisen zu können. Die beiden in dem zitierten Satz enthaltenen Aussagen widersprechen einander, denn wenn man zehn Exemplare zur Verfügung stellt, kann die Broschüre nicht restlos vergriffen sein, und wenn die Broschüre restlos vergriffen ist, kann man nicht zehn Exemplare … nein, kann man kein einziges Exemplar zur Verfügung stellen. Eins schließt das andere aus.

Hat der Schreiber wirklich unlogisch gedacht? Sicher ist, dass er die Unlogik des Satzes schnell einsähe, wenn wir ihn darauf aufmerksam machten. Fragen wir deshalb zunächst: Wie kommt es, dass der Schreiber einen Satz formuliert hat, dessen Unlogik er leicht selbst erkennen kann? Es ist zum Beispiel so erklärbar:

Man bittet den Schreiber, eine gewisse Anzahl von Exemplaren der Broschüre zur Verfügung zu stellen, zum Beispiel zwanzig. Da er nur zweiundzwanzig Exemplare hat, von denen zehn schon für einen anderen Zweck bestimmt sind, und er zwei Exemplare für sich selbst behalten will, kann er nicht mehr als zehn Exemplare abgeben. Seine Absicht und sein Wunsch ist es nun, den Bittenden von seinem guten Willen und von dem unüberwindbaren Hindernis zu überzeugen. Der Bittende soll nicht den Eindruck gewinnen, der Gebetene wolle ihm das Gewünschte nicht geben, sondern er soll ohne Zweifel glauben, dass man ihm das Gewünschte aus sachlichen Gründen nicht geben kann. Das Bestreben, dies glaubhaft zu machen, verführt den Schreiber zu einer Formulierung, die jeden Zweifel, dass die Übermittlung von zwanzig Exemplaren unmöglich ist, ausschließt: »Da diese Broschüre restlos vergriffen ist …«

Gedacht hat der Schreiber ungefähr: Ich kann dem Bittenden bei bestem Willen nicht mehr als zehn Exemplare geben. Und weiter. Ich muss ihn davon wirklich überzeugen. Aus diesen Überlegungen heraus formuliert er den zitierten Satz, aber – und das ist entscheidend – ohne ihn in seiner tatsächlichen Aussage zu denken, das heißt, ohne ihn überhaupt zu denken. Er denkt diesen Satz zum ersten Mal dann, wenn ihn ein anderer auf dessen Unlogik aufmerksam macht. Nein, er versucht es nur, denn indem er es versucht, erkennt er die Unlogik und stellt fest, dass dieser Satz, eben wegen seiner Unlogik, überhaupt nicht denkbar ist.

Es hat den Anschein, dass unlogische Sätze nicht dadurch entstehen, dass sie gedacht werden, sondern dadurch, dass Sätze ausgesprochen und geschrieben werden, die nicht gedacht werden, die etwas anderes darstellen als das, was gedacht worden ist.

Wenn der Schreiber, wie wir annehmen dürfen, etwa gedacht hat: »Ich kann dem Bittenden höchstens zehn Exemplare geben«, und: »Ich muss ihn von der Unmöglichkeit einer Mehrabgabe überzeugen«, so ist sein Denken logisch gewesen. Was dennoch einen unlogischen Satz hervorgerufen hat, ist, dass das Spinnen des Denkfadens beendet wurde, bevor der Faden lang genug war, das Ziel zu erreichen. *Ein* Gedanke hat noch gefehlt, und an dessen Stelle hat der Schreiber eine ungefähr in die Gegend des Sachverhalts zielende sprachliche Wendung gesetzt – ohne sie zu denken.

Zu dieser Praxis trägt das Folgende bei: Wir kennen aus der Geschäftskorrespondenz das Verfahren der Programmierung von Textbausteinen. Zum Beispiel lassen sich in vielen Verkaufsbereichen die Angebote programmieren. Hat man nur einen einzigen Angebotsgegenstand, so genügt oft ein ganzer programmierter Brief. Hat man mehrere oder zahlreiche Angebotsvarianten (Angebotsgegenstände, Sonderwunschausführungen, unterschiedliche Liefer- und Zahlungsbedingungen ...), so lassen sich diese Varianten in der Form von Textbausteinen programmieren, die im Bedarfsfall zu einem auf die Anfrage individuell abgestimmten Brief zu kombinieren sind. Die Zusammenstellung der Bausteine geschieht mit Hilfe von Textbaustein-Bezeichnungen (etwa Kennziffern), die durch Variable, zum Beispiel Namen, Mengen- und Preisangaben, ergänzt werden. Das Wort-für-Wort-Diktat entfällt.

Hinzu kommt die folgende Beobachtung: Immer wieder hören und lesen wir Wendungen wie »so überflüssig wie ein Kropf«, »dumm wie Bohnenstroh«, »frech wie Oskar«, »absolut unmöglich« – und auch Doppelausdrücke wie »bereits schon«, »überwiegende Mehrheit«, »ich wiederhole nochmals« ...

Von diesen Erfahrungen aus ist es nicht weit bis zu der Erkenntnis, dass unser Reden und Schreiben überhaupt zu einem sehr großen Teil aus fest gefügten, fest gespeicherten Bausteinen – aus Minibausteinen besteht, die wir immer wieder ähnlich miteinander verbinden.

Rationalisierungsbemühungen führen dazu, dass wir diese Minitextbausteine nicht nur ständig benutzen, sondern sie auch oberflächlich, gedankenlos benutzen. Wir vergewissern uns nicht mehr mit der Frage: Welchen Sinn hat dieser Baustein, den ich gerade einsetzen will? Und: Passt er zu der Aussageabsicht, die ich verfolge? Die Benutzung geschieht vielmehr fast automatisch, weitgehend ungeprüft.

Ein unlogischer Satz oder ein Satz, der nicht ausdrückt, was er ausdrücken soll, ist zwar im Sinne des Denkens als eines Vorschwebens, nicht aber im Sinne des Wortdenkens gedacht, nach welchem der Gedanke nicht nur Satz, sondern sinnvoller Satz ist.

Die Kluft zwischen dem Denken und dem Gedanken, wie anfangs erkannt, wird dadurch verändert: Es gibt ausnahmsweise Denkakte, die dem Gedanken als einem sinnvollen Satz entsprechen; es gibt aber auch Gedanken, die zwar als Satz, nicht aber als sinnvoller Satz formuliert sind. Der Unterschied zwischen dem eigentlich gedachten und als sinnvollen Satz formulierten Gedanken einerseits und dem scheinbar gedachten, wirklich aber nur vorschwebenden und als Satz formulierten Gedanken andererseits verlangt neue Begriffe: den des Satzgedankens und den des Vor-Satzgedankens, dementsprechend, auf die Quellen verweisend, den des Satzdenkens und den des Vor-Satzdenkens.

Der Vor-Satzgedanke ist im Sinne des Satzgedankens – »Der Gedanke ist der sinnvolle Satz« (Wittgenstein) – nicht denkbar; er ist, nach der gegebenen Definition, lediglich vorsatzdenkbar.

Sicherlich werden sich diese Begriffe – Satzgedanke, Vor-Satzgedanke; Satzdenken, Vor-Satzdenken – nicht in unsere Alltagssprache einführen lassen, sondern wir werden weiterhin nur vom Gedanken und vom Denken sprechen. Aber, wer denkt – also satzdenkt! –, wird sich unter verschiedenen Umständen bei diesen einfachen Begriffen des Gedankens und des Denkens Verschiedenes denken. Der Satz »Denken und Denken ist zweierlei« wird ihm keine Phrase und auch kein vordergründiger Hinweis auf kluges und weniger kluges Denken mehr sein, sondern – ein Allgemeinplatz, dessen Pflaster er aufgerissen hat und von dem er daher weiß, dass er es in sich hat.

Sprachlogik-Geschichtchen

Abgesehen davon ...

In einem lesenswerten Knaur-Taschenbuch mit dem Titel »Gesund ohne Medizin« von Vernon Coleman, Ausgabe 1988, steht der Satz:

> »Abgesehen von der Tatsache, daß kaum eines der Kinder mehr als einen Happen Spinat oder Kohl zu sich genommen hatte, blieben alle gesund.«

Ist es demnach eine Krankheit, wenn Kinder kaum mehr als einen Happen Spinat oder Kohl zu sich nehmen? Wenn auch vielleicht nur eine kleine Krankheit?

Was mag da gemeint sein?

Womöglich dies: Die Kinder hatten ihre Nahrung selbst gewählt. Dabei hatten sie offenbar weitestgehend auf Spinat und Kohl, also gesundheitsfördernde Gemüsesorten, verzichtet. Und trotzdem waren sie gesund geblieben und waren auch nicht mollig oder gar dick geworden. »Sie aßen die richtigen Nahrungsmittel in der richtigen Menge. Und sie blieben völlig gesund.«

Es ist die Einleitung »Abgesehen von der Tatsache, daß«, die irritiert. Hätte man sie durch ein schlichtes »Obwohl« ersetzt, hätten die Lesenden sofort verstanden, was gesagt werden sollte.

An einer anderen Stelle ist zu lesen:

> »Wenn Sie sich schneiden oder irgendwie verletzen ...«

Ja, ist denn eine Schnittwunde *keine* Verletzung? Wie berichtigen?

> Wenn Sie sich schneiden oder irgendwie anders verletzen ...

Das wäre zwar logisch, aber nicht besonders sinnvoll. Besser:

> Wenn Sie sich verletzen, zum Beispiel sich schneiden ...

Wie gesagt, ein lesenswertes Buch! Für uns besonders lesenswert, weil es uns, nebenbei, zwei hübsche Beispiele für falsche Kodierung liefert.

Wer wird zur Anzeige gebracht?

Dr. Uwe Förster, wissenschaftlicher Mitarbeiter der Gesellschaft für deutsche Sprache (GfdS) und Leiter des Sprachberatungsdienstes dieser Gesellschaft, hat in der Frankfurter Allgemeinen Zeitung vom 25. Januar 1997 einen lesenswerten Beitrag veröffentlicht. Titel: »Seifenkistenrennen,

Pferdeschwanz, Elektronengehirn«. Untertitel: »Fünzig Jahre Gesellschaft für deutsche Sprache«.

Wie gesagt, der Beitrag ist lesenswert. In vielem spräche mir der Autor aus der Seele – wenn die Seele nicht längst von Fachleuten abgeschafft worden wäre. Also, wen die Seele in dieser alten Wendung stört, für derart aufgeklärte Zeitgenossinnen und -genossen biete ich den Ausdruck »spricht mir aus dem Kopf« an.

Förster beginnt seinen Artikel mit Beispielen aus der Sprachpraxis, die zeigen, wie schwierig der Sprachgebrauch sein kann, wenn man ihn bedenkt. Im ersten Absatz schildert er einen Bagatellfall: Einführung: »Die Gesellschaft für deutsche Sprache (GfdS) verdammt nicht, sie erklärt.« Fortsetzung: »Jeder Ladendiebstahl wird zur Anzeige gebracht«. Das lese der Kunde im Supermarkt. Dann, wieder wörtlich: »Er fordert, dafür zu sorgen, dass aufgeblähte Sätze vereinfacht werden: Es genüge: ›Jeder Ladendiebstahl wird angezeigt‹.«

Zunächst eine Nebenbei-Frage: Wer ist mit »Er« gemeint? Vorher ist von zwei Handelnden die Rede, von der GdfS und vom Kunden. Demnach kann sich »Er« nur auf den Kunden beziehen. Aber: Dass der Kunde die Vereinfachung aufgeblähter Sätze dieser Art fordert, glaube ich nicht. Er ist so daran gewöhnt, dass sich Firmen und Behörden in dieser Art ausdrücken, dass eine »Streckform« gar nicht mehr auffällt. Viele sind außerdem in Firmen- und Verwaltungsbüros tätig, benutzen solche Ausdrücke also auch ständig selbst. Wenn Förster wirklich der Meinung ist, dass »der Kunde« die Vereinfachung aufgeblähter Sätze fordere, dann kann er diesen Eindruck nur durch Anrufe oder Zuschriften von »Sprachfreunden« gewonnen haben; das aber sind Ausnahmepersonen, gemessen an der Masse derer, die Sprache lesen, schreiben, sprechen. Doch vielleicht meint der Autor gar nicht den Kunden, sondern den im folgenden Satz genannten Sprachberatungsdienst der GdfS, der, wie es dann weiter heißt, »die Bagatelle oft zum Anlass« nehme, »um über den Einzelfall hinaus etwas Allgemeingültiges mitzuteilen«?

Obwohl nur eine Nebenbei-Frage, ist sie doch von Bedeutung: Bezieht sich das »Er«, sprachlich korrekt, auf den Kunden, obwohl die Aussage dann der Praxis widerspricht, so ist Försters folgende Beurteilung eine Kritik, die der Sprachberatungsdienst übt. Bezieht sich das »Er« jedoch, praxisnäher, auf den im folgenden Satz genannten Sprachberatungsdienst, so ist seine folgende Beurteilung eine Kritik am Sprachberatungsdienst, der zwar – wie der Autor selbst schreibt – »in den meisten dieser Fälle Recht hat, aber nicht in allen«.

Im ersten Fall hätte Förster übersehen, dass dem Kunden die Formulierung, die ein solches Schild zeigt, in der Regel schnurzpiepegal ist, solange er auf Anhieb weiß, was gemeint ist. Im zweiten Fall hätte er mit seiner Jubiläumsaussage Mut gezeigt. Lassen wir die Frage offen!

Zu der diskutierten Aussage selbst: Förster klärt darüber auf, dass sich die beiden Formulierungen in ihren Aktionsarten unterscheiden. Der Ausdruck »wird angezeigt« sage nichts über Beginn oder Ende der Handlung aus, sie stehe in der durativen (andauernden) Aktionsart, während »wird zur Anzeige gebracht« den Abschluss einer Handlung mit Nachdruck betone (perfektive Aktionsart). »Es ist also ein Unterschied, ob ich ein Päckchen ›versende‹ oder ›zum Versand bringe‹.«

Das Verb »anzeigen« wird, was den Zeitaspekt betrifft, in doppelter Weise verwendet. Wenn Sie bei einem Radrennen Ihres Heimatvereins »Staublunge« an einer Weggabelung stehen und den heranstürmenden Rennradfahrern mit ausgestrecktem Arm zeigen, dass die Weiterfahrt nach links und nicht nach rechts gehen müsse, so haben sie »anzeigen« als duratives oder imperfektives Verb benutzt, denn Sie stehen wahrscheinlich eine ganze Weile anzeigend dort. Wenn Sie dagegen Ihren Nachbarn, weil seine Ziege immer durch Ihren Garten trabt, bei der Polizei anzeigen, so haben Sie »anzeigen« als punktuelles oder momentanes oder perfektives Verb benutzt.

Welcher Gebrauch liegt in unserem Beispielfall vor? Kein Zweifel: der perfektive Gebrauch. Wenn Sie jemanden erst einmal angezeigt haben, läuft von dem Augenblick an gegen ihn eine Anzeige – die Handlung ist abgeschlossen. Damit ist der Einwand, »anzeigen« weise nicht auf den Abschluss dieser Handlung hin – wie »wird zur Anzeige gebracht« das tue – widerlegt.

Ein anderer, hier nicht vorgebrachter Einwand gegen »wird angezeigt« könnte darauf aufmerksam machen, dass »anzeigen« nicht nur im Sinne von »eine Anzeige erstatten«, sondern in vielen anderen Zusammenhängen gebraucht wird: eine Verlobung anzeigen, ein Ereignis in der Zeitung anzeigen, eine Temperatur anzeigen usw. Doch auch dieser Einwand könnte nicht stechen, weil alle anderen Möglichkeiten durch »Jeder *Ladendiebstahl* wird angezeigt« ausgeschlossen wäre.

Demnach spricht nichts dagegen, die Praxisformulierung »Jeder Ladendiebstahl wird zur Anzeige gebracht« durch die einfachere Fassung »Jeder Ladendiebstahl wird angezeigt« zu ersetzen. Es spricht allerdings auch nichts dagegen, darauf hinzuweisen, dass Streckkonstruktionen (Funktionsverbgefüge) – Beispiel: »zum Ausdruck bringen« statt »ausdrücken« – nicht immer von vornherein schlechter oder auch nur inhaltlich unzutreffender wären als einfache Verben. Wenn der Sprachberatungsdienst der GdfS dies zum Beispiel allen Stiltrainern in Wirtschaft und Verwaltung ins Stammbuch schreibt, so ist das sehr verdienstvoll – verdienstvoll im Sinne der Abwehr von unbedachten, nachgeplapperten Patentrezepten.

Was mich bei der Besprechung der Ladendiebstahl-Formulierung wundert, ist die Fixierung auf die Frage »›wird zur Anzeige gebracht‹ oder ›wird angezeigt‹?« und das Übersehen der Frage, ob man denn einen Ladendiebstahl überhaupt anzeigen oder zur Anzeige bringen kann. Versuchens Sie's mal! Der Beamte wird Sie fragen: »Wer hat Ihnen denn die drei goldenen Uhren gestohlen? Wissen Sie's, oder haben Sie einen Verdacht?« Falls Sie mit einem Ja antworten, wird der Beamte den Namen wissen wollen, damit die Anzeige gegen diese Person erstattet werden kann; falls Sie »nein« sagen müssen, wird Ihnen der Beamte vorschlagen, Anzeige gegen Unbekannt zu erstatten. Auch »Unbekannt« ist eine Person, nur dass man sie leider – noch – nicht kennt.

Mit anderen Worten: Wir können nur eine Person anzeigen, zum Beispiel *wegen* Ladendiebstahls, und ein Richter kann auch nur eine Person verurteilen oder freisprechen. Den Ladendiebstahl selbst können wir zwar melden, aber weder anzeigen noch zur Anzeige bringen.

Eine weitere Frage: Was ist ein Ladendiebstahl? Was ein Juwelendiebstahl ist, wissen wir. Dabei werden Juwelen geklaut. Auf »Ladendiebstahl« angewandt, hieße das, der Laden würde geklaut. Nun darf man natürlich nicht einfach in dieser Weise übertragen. Also versuchen wir es anders: »Ladendiebstahl« bedeutet, dass »im Laden« gestohlen wird. Richtig? Ja. Aber was tut die Geschäftsleitung eines Supermarktes, wenn eine Kundin meldet, dass ihr »im Laden« die Handtasche entwendet worden sei; von wem, das wisse sie nicht; sie habe die Tasche nur eine halbe Minute aus der Hand gelegt, um einen Stoff zu prüfen. Wird die Geschäftsführung wegen dieses »Ladendiebstahls« Anzeige erstatten? Wohl kaum. Nicht jeder in einem »Laden« begangene Diebstahl zieht eine Anzeige nach sich, sondern nur Diebstähle, die das Geschäft betreffen.

Wie wäre es, wenn die Warnung einfach lautete »Warendiebe werden angezeigt«? Oder, für emanzipierte »Dieb*innen*«, die sich davon nicht angesprochen fühlen: »Wer hier Waren stiehlt, wird angezeigt«?

Zum Schluß des ersten Absatzes macht Uwe Förster mit einem weiteren Beispiel noch einmal auf den Unterschied zwischen imperfektiv und perfektiv ausgedrückten Aktionen aufmerksam: »Es ist also ein Unterschied, ob ich Päckchen ›versende‹ oder ›zum Versand bringe‹«, wobei er den vorhergegangenen Ausführungen zufolge die Wendung »zum Versand bringen« vorzieht, weil sie den Abschluß einer Handlung mit Nachdruck betone. Ist dieses Beispiel tauglich? Wenn ein Angestellter seinem Chef sagt »Ich habe das Päckchen vor zwei Stunden versandt« (üblicher: abgeschickt), beschreibt das dann weniger eine abgeschlossene Handlung, als wenn er sagte »Ich habe das Päckchen vor zwei Stunden zum Versand gebracht«? Bestimmt nicht. Im Gegenteil! In den meisten Unternehmen bezeichnet das Wort »Versand« eine Abteilung (Kurzform für »Versandabteilung«). Wenn der Angestellte das Päckchen nun brav, wie er sollte, vor zwei Stunden zum Versand gebracht hat, so ist damit noch keineswegs sicher, dass es auch bereits abgeschickt worden ist. Also sind für solche Fälle Verben wie »versenden« oder »absenden«, »verschicken« oder »abschicken« doch wohl treffender als die fast überall – leider – bevorzugte umständlichere Wendung »zum Versand bringen«.

Übrigens, ich habe nun die Frage der Tauglichkeit von Wendungen wie »zur Anzeige gebracht« und »zum Versand gebracht« nicht betrachtet, sondern »in Betracht gezogen«, und ich habe sie natürlich auch nicht »gesprochen«, sondern »zur Sprache gebracht«.

Bindestrich-Geschichten

Ist in dieser Überschrift ein Bindestrich erforderlich? Nein. Die normale Schreibweise wäre: Bindestrichgeschichten. Der Duden sagt allerdings im ersten Unterpunkt zur Regel R 24: »Zur Hervorhebung einzelner Bestandteile von Zusammensetzungen kann ein Bindestrich gesetzt werden (§ 45 [1]).«

Unter den Beispielen zu dieser Dudenregel wie unter den Beispielen der entsprechenden amtlichen Regel (§ 45 [1]) finden wir allerdings nur Zusammensetzungen wie »Ich-Sucht«, »Hoch-Zeit«, »be-greifen«. Aber müssen wir uns nach den Beispielen zu einer Regel richten? Gewiss nicht; sie dienen nur der Veranschaulichung, sind eben nur – Beispiele. Maßgebend ist für uns allein die Regel. Und wenn ich also die »Geschichten« nicht so halb verschwinden lassen, sondern genauso betont wissen will wie den »Bindestrich«, dann schreibe ich eben – korrekt – »Bindestrich-Geschichten«.

In der Praxis wird diese Freiheit in einem fort ausgenutzt, also: missbraucht. Bindestriche allerorten. Zum Ausgleich fehlen diese Bindestriche dann des Öfteren dort, wo sie nicht nur angebracht wären, sondern sogar stehen müssten.

Die Deutsche Telekom schreibt zwar in einer Informationsschrift richtig

Advantage-Nummern,

aber falsch

Advantage Kunden,
Advantage Team.

Bei »Advantage Team« kann, wer unbedingt will, die falsche Schreibweise immerhin noch verteidigen: »Es ist eine Zusammensetzung aus zwei englischen Wörtern, und im Englischen würden wir auch ohne Bindestrich schreiben.« Allerdings – im Englischen schrieben wir die beiden Wörter klein; hier hat also schon eine Teileindeutschung stattgefunden, welche die Bindestrich-Schreibweise nahe legt.

Manchmal wird eine Bindestrichfrage zu einer Denkfalle. Man meint, man habe doch mit dem Weglassen des Bindestrichs lediglich eine andere Schreibweise gewählt, hat sich jedoch in Wirklichkeit für einen anderen Inhalt entschieden – wenn auch, ohne es zu merken.

3 kg Dosen = eine nicht genannte Zahl von Dosen, die zusammen 3 kg wiegen
3 kg-Dosen = 3 Dosen, von denen jede 1 kg fasst
3-kg-Dosen = Dosen, die je 3 kg fassen

Oder:

3 mm Draht = ein Stück Draht von 3 Millimetern Länge
3-mm-Draht = Draht mit einem Durchmesser von 3 Millimetern

Und wie steht es mit dem folgenden Namen einer politischen Partei?

Naturgesetz Partei

Gemeint war damit im Europa-Wahlkampf die Naturgesetz-Partei, wie es eine Öko-Partei, eine Autofahrer-Partei, eine Rentnerinnen- und Rentner-Partei geben mag. Doch die Bedeutung dieser bindestrichlosen Verbindung ist eine andere, nämlich: Es geht um ein Naturgesetz, das den Namen »Partei« hat. Zu deuten beispielsweise in dem satirischen Sinne: dass Parteien nicht wegzudenken, dass sie wie ein Naturgesetz sind.

Manch eine oder einer mag sich fragen, ob es empfehlenswert sei, einer Partei, die ihren eigenen Namen in deutscher Sprache nicht richtig zu schreiben weiß, unser Geld in der Form von Steuern anzuvertrauen.

Eine Meldung im ZDF:

Steuerfahndung
Ermittlung gegen
Deutsche Bank-Chefs

Da haben also die Steuerfahnder Chefs von deutschen Banken im Visier. Haben die denn alle etwas zu verbergen? Ach nein, gemeint waren nur Chefs der Deutschen Bank, also:

Deutsche-Bank-Chefs

Als einziger kleiner Hinweis auf die beabsichtigte Aussage mag gelten, dass nicht »deutsche Bank-Chefs«, sondern »Deutsche Bank-Chefs« geschrieben wurde. Aber ein sicherer Wink ist das wiederum insofern nicht, als gerade Landeszugehörigkeiten gern mit großem Anfangsbuchstaben geschrieben werden, manchmal richtig, manchmal falsch. Richtig zum Beispiel:

> Deutsche Dogge
> der Deutsche Schäferhund

Warum also nicht auch »Deutsche Bank-Chefs«?

Wörterbuchfehler?

In den meisten Fällen fehlt bei den vorgeführten Praxisbeispielen in diesem Buch die Quellenangabe. Der Grund: Es geht hier nicht darum, diesem oder jener ein schlechtes Zeugnis auszustellen; es geht darum, Fehler und vor allem Fehlertypen zu entdecken, um selbst mit weniger Fehlern »auszukommen«. Mit weniger Fehlern? Ja, denn völlig fehlerfrei schreibt niemand. Auch in diesem Buch werden Sie wahrscheinlich den einen oder anderen Denkfehler finden. »Perfektion ist inhuman.«

Bei einigen wenigen Fehlerbeispielen finden Sie die Quelle genannt. Es sind Quellen, bei denen wir keine Fehler vermuten. Wenn aber auch dort Denkfehler vorkommen, so soll uns das ein gewisser Trost sein: Am Image solcher Quellen kann und soll auch diese kleine Kritik nicht kratzen.

Eine solche Quelle ist der Duden. Auch dort … etwa auch dort Fehler? Das kann nicht sein. Oder doch? Natürlich kann es sein, denn auch in der Dudenredaktion arbeiten Menschen. Dass ich den Duden in diesem Zusammenhang überhaupt erwähne, hat einen einfachen Grund: Obwohl ich noch andere Wörterbücher im Schrank habe, benutze ich fast nur eins – eben den Duden. Also?

Im Duden 1, »Rechtschreibung der deutschen Sprache«, 21. Auflage (»Auf der Grundlage der neuen amtlichen Rechtschreibregeln«), lesen wir unter »Worttrennung (Silbentrennung)« am Ende der Regel R 130 als Unterregel:

> Das frühere Verbot der Trennung von **st** gilt nicht mehr.

Also darf ich, entgegen alter Vorschrift, »Meis-ter«, »belas-ten« und »Os-ten« schreiben. Augenblick mal: Darf ich oder muss ich? Ich darf. Denn die Regel sagt klar, dass ein Verbot aufgehoben worden ist, dass dieses Verbot nicht mehr gilt.

Ein Fall aus der Verbotspraxis zur Veranschaulichung: An einem öffentlichen Park weist ein Schild darauf hin, dass Hunde an der Leine zu führen sind. Die meisten Menschen richten sich danach. Eines schönen – für die Vierbeiner wirklich schönen – Tages wird das Verbot aufgehoben. Die Hunde laufen nun frei umher. Aber in der Verbotszeit haben manche Leute die Erfahrung gemacht, dass die Hundeführung an der Leine – mal an kurzer, mal an langer Leine, je nach Bedarf – eine recht angenehme Sache ist. Keine unangenehmen Zusammenstöße mehr, kein mehr oder weniger erfolgreiches Gerufe, kein Radfahrer- oder Jogger-Nachlauf ... Und wenn sich dabei gezeigt hat, dass der Hund keineswegs leidet, sondern munter und fidel an der Leine geht, warum nicht bei der Leinenführung bleiben? Aber – darf man das denn? Na sicher. Mit der Aufhebung des Leinenzwangs wurde ja keine Freilaufpflicht eingeführt.

Zurück zur Dudenregel: Mit der Aufhebung des st-Trennungsverbots ist nicht gesagt, dass man trennen muss. Wir brauchen »st« nicht mehr zusammenzuschreiben, aber wir dürfen es natürlich.

Denkste! Die Dudenregel sollte nicht nur eine Verbotsaufhebung, sondern ein Verbotsaufhebungszwang sein: Die Buchstabenkombination »st« muss getrennt werden.

Also nicht: *meis- tens* oder *mei- stens*

Sondern nur: *meis- tens*

Die Regel hätte also zum Beispiele lauten können:

> Die Buchstabenkombination »st« wird getrennt.

Die Formulierung in der 21. Dudenauflage wäre höchstens als erläuternder Zusatz sinnvoll gewesen.

> Die Buchstabenkombination »st« wird getrennt; das frühere Verbot der Trennung von »st« gilt nicht mehr.

Nehmen wir's ganz genau, reicht auch diese Neufassung der Regel noch nicht aus. Denn wir trennen doch, auch weiterhin, zum Beispiel:

> Mist- abtransport
> Mindest- einlage
> Last- erhöhung

Die Regel müsste also zusätzlich aussagen, dass sie nur innerhalb einfacher Wörter, nicht aber für zusammengesetzte Wörter an den Wortfugenstellen gilt.

> Zwar: Last- erhöhung
> Aber: Las- tenerhöhung

Also, zum Beispiel:

> Die Buchstabenkombination »st« wird innerhalb einfacher Wörter getrennt; das frühere Verbot der Trennung von »st« gilt nicht mehr.

> Also: meis- tens, belas- ten, Las- tenträger
> Aber: Mindest- einlage, Lust- erlebnis, Höchst- ertrag

Ein anderer Denkfall im Duden-1-Regelteil (R 29):

Die Familie kommt am Montag, dem 5. September, an.

Auch in diesen Fällen kann das schließende Komma entfallen. Steht der Monatstag als selbstständige Zeitangabe im Akkusativ (Wenfall), entfällt das zweite Komma ebenfalls.

Die Familie kommt am Montag, dem 5. September an.
Die Familie kommt Montag, den 5. September an.

Das »ebenfalls« im zweiten Satz ist falsch, denn die Bezugsaussage für »entfällt« heißt »kann ... entfallen«. Da das »kann« auch für den zweiten Fall gilt (»am ... den«), muss es heißen:

... kann das zweite Komma ebenfalls entfallen.

Diese Informationsabsicht lag vor. Wäre es anders, müsste es heißen:

... muss das zweite Komma entfallen.

Dann wäre es allerdings besser gewesen, die beiden ungleichen Fälle nicht in einer Regel zusammenzuspannen, sondern getrennt vorzustellen.

Eine Unsicherheit, die zur Falle werden kann, beschert uns die Dudenregel R 39, siebte Unterregel (roter Punkt):

Ist der erste Bestandteil ein Adjektiv, das gesteigert oder erweitert werden kann, schreibt man getrennt
(§ 34 E3 [3]).

Der Abschied ist uns leicht gefallen (wegen leichter gefallen).

Nun hat jemand das Problem: Schreibe ich »Wir möchten Sie mit unseren Geschäftspartnern aus England bekannt machen?« oder »... bekanntmachen«? Wieso ein Problem?

Im Wörterverzeichnis steht doch klipp und klar: bekannt machen! Ja, aber – er kann mich mit ihm doch weder sehr bekannt noch bekannter machen!? Das Adjektiv »bekannt« ist weder steigerbar noch erweiterbar; und eins davon ist doch Voraussetzung für die Getrenntschreibung!?

In solchen Zweifelsfällen lohnt manchmal ein Blick in den amtlichen Regeltext, der den Wörterbuchregeln zugrunde liegt. Dort heißt es unter § 34 E3 [3], dass Adjektiv + Verb getrennt geschrieben werden,

»wenn das Adjektiv in dieser Verbindung erweiterbar oder steigerbar ist, wenigstens durch *sehr* oder *ganz*«.

Entscheidend ist: in dieser Verbindung. Die Kombination, in der die Verbindung steigerbar oder erweiterbar ist, hat die Bedeutung von »öffentlich bekannt machen«. Je nachdem, wie viele Medienmittel man dafür einsetzt, lässt sich etwas durchaus in unterschiedlichen Graden bekannt machen, mehr oder weniger. Beispiele:

Wir haben den Zusammenschluss sehr bekannt gemacht.
Wir haben die Aufnahme des Verfahrens bekannter gemacht als seine Einstellung.
Wir haben die neue Marke nur eingeschränkt bekannt gemacht, nämlich fast nur auf dem Inlandsmarkt.
Wir haben die neue Marke in kurzer Zeit bekannter gemacht, als die alte es je gewesen ist.

Heißt dies nicht, dass die Getrenntschreibung nur für *eine* Bedeutung von »bekannt machen« gilt? Für die Bedeutung »in der Öffentlichkeit bekannt machen«, nicht aber für »sich mit jemandem bekanntmachen« oder »mit jemandem bekanntgemacht werden«?

Nehmen wir den umgekehrten Fall: klarmachen. Laut Wörterbuch nur Zusammenschreibung. Ist denn »klarmachen« nicht erweiterbar oder steigerbar?

Ich habe ihm klargemacht, was beim Tennisspiel das Wort »Tiebreak« (auch: Tie-Break) bedeutet.

Hier heißt »klarmachen« soviel wie »erklären«. Wie ist es im folgenden Satz?

a) Der Kanzler hat eindeutig klar gemacht, dass er keine Ausnahmen zulassen werde.
b) Sie hat mir das klarer gemacht, als er es je gekonnt hätte.

Sind diese Aussagen nicht sinnvoll? In Satz a bedeutet »eindeutig klar machen« so viel wie »keinen Zweifel lassen«; in Satz b heißt »klarer gemacht« so viel wie »deutlicher gemacht« oder »verständlicher gemacht« oder »besser erklärt«.

Auch in diesem Fall ist wohl der amtliche Text mit seinem Zusatz »in dieser Verbindung« klärend. Dass er in der Dudenregel fehlt, kann zu Wie-ist-das-nun-Fragen führen.

Eine weitere Unsicherheit: Duden R 59, zweiter Unterpunkt. Dort lesen wir:

Auch das erste Wort einer direkten Rede oder eines Ganzsatzes (selbstständigen Satzes) nach einem Doppelpunkt schreibt man groß (§ 54 [1,2]).

Unter den Beispielen:

Das Haus, die Wirtschaftsgebäude, die Scheune und die Stallungen: Alles war den Flammen zum Opfer gefallen.

Der dritte Unterpunkt lautet:

Klein schreibt man dagegen, wenn man die Ausführungen nach dem Doppelpunkt nicht als Ganzsatz auffasst. Das kann zum Beispiel bei einer Aufzählung, bei speziellen Angaben oder Erklärungen der Fall sein.

Er hat alles verspielt: sein Haus, seine Jacht, seine Pferde. Richtig muss es heißen: bei weniger als 5 %. 1.000 DM, in Worten: eintausend DM. Rechnen: sehr gut. Familienstand: verheiratet.

Schön und gut, aber wer würde denn die Beispiel-Satzreste nach dem Doppelpunkt als Ganzsatz (selbstständigen Satz) auffassen? Wie steht es mit folgenden Aussagen?

a) Wenn Sie noch Fragen haben: r(R)ufen Sie uns bitte an!
b) Das Haus, die Wirtschaftsgebäude, die Scheune und die Stallungen: a(A)lles war den Flammen zum Opfer gefallen.

Das sind zweifellos Ganzsätze. Aber sind sie nicht, wenn – wie hier – ein Bedingungssatz oder eine Aufzählung vorausgeht, nur Teil eines größeren Ganzsatzes? Das scheint der Duden, zumindest für Satz b, zu verneinen: indem er ihn als Beispiel für die Großschreibung nimmt und bei der Kleinschreibregel keinen einzigen Satz als Beispiel vorstellt, den man als Ganzsatz (selbstständigen Satz) werten würde.

Doch die Dudenredaktion lässt uns trotzdem nicht im Stich. Im Duden-Taschenbuch 26, Ausgabe 1996, finden wir auf Seite 148 unter K 406:

Wenn auf einen Doppelpunkt ein ganzer Satz folgt, kann man ihn groß- oder kleinschreiben:

Zufrieden schaute er in den Garten: Alles wuchs und gedieh.

Zufrieden schaute er in den Garten: alles wuchs und gedieh.

Hier haben wir nun zweifellos zwei vollständige Sätze (nicht nur eine Aufzählung und einen vollständigen Satz), und trotzdem dürfen wir den Satz nach dem Doppelpunkt auch mit kleinem Anfangsbuchstaben beginnen. – Also: Macht's, wie ihr wollt? Alles erlaubt?

Ob wir nun wirklich so oder so schreiben – nicht gerade überaus wichtig! Aber die Fälle zeigen, wie selbst kleine Ungenauigkeiten zu großen Unsicherheiten führen können.

Dabei sind wir auf eine Fehlerfalle gestoßen, die besonders tückisch ist. Ein Rechtsanwalt diktierte einmal einen sehr langen Schriftsatz. Es ging um einen Zimmerbrand. Er beschrieb glaubwürdig, wie undramatisch der Brand war und wie wenig schuldig der Zimmerbesitzer. Nach langen, langen Ausführungen erschien ein Satz, wonach es gar keinen Brand gegeben habe. Ein kleiner, aber folgenschwerer Irrtum – wenn das Fehlerchen nicht früh genug entdeckt worden wäre.

Es passiert einem leicht, dass man sich in diesem oder jenem Punkt widerspricht, wenn mehrere Aussagen weit voneinander entfernt stehen, unter Umständen sogar in zwei verschiedenen Büchern, die jedoch ein Gesamtwerk bilden.

Einladung zu einem Sprachseminar

Wer Seminare veranstaltet, die sich mit der deutschen Sprache beschäftigen, der muss in der Gestaltung seiner Briefe besonders vorsichtig sein, denn solche Briefe werden von vielen sehr kritischen Augen gelesen.

Wir laden Sie am 1. März zu uns ein.

Da das Seminar am 1. März stattfinden sollte, musste man wohl eine ganze Weile vor dem 1. März dazu einladen – und das tat man auch, am Tag des Briefschreibens nämlich.

Um die Mittagszeit planen wir ein gemeinsames Essen.

Auch das wäre zu spät, es sei denn, man wollte während des Seminars in der Mittagszeit ein Abendessen planen. Natürlich war das nicht beabsichtigt. Gemeint war vielmehr, dass man *für* die Mittagszeit ein gemeinsames Essen plane. Schlichter: Wir planen ein gemeinsames Mittagessen.

Damit die Eingeladenen den Ort des Geschehens auch schnell finden konnten, gab man eine begrüßenswerte Hilfestellung:

Als Anlage finden Sie eine Anfahrtsbeschreibung zu unserem Haus.

Eine Beschreibung zu unserem Haus? Das wird nämlich ausgedrückt, denn die Aussage »zu unserem Haus« bezieht sich auf das Grundwort der Zusammensetzung. Soll sie sich auf das Bestimmungswort beziehen, ist zu schreiben:

Als Anlage finden Sie eine Beschreibung der Anfahrt zu unserem Haus.

Wer diese etwas umständliche Formulierung nicht mag, darf einfacher schreiben:

Wie Sie uns erreichen, zeigt Ihnen die beigefügte Skizze.

Auch in der folgenden gut gemeinten Information ist eine Beziehung wacklig:

Bei weiteren Fragen können Sie mich gerne anrufen.

Ob die Briefempfänger *gerne* anrufen, wird der Briefschreiber nicht wissen können. Vielleicht ruft manch einer geradezu ungern an, weil es Arbeit macht und Geld kostet. Aber selbstverständlich soll auch niemand gerne anrufen. Der Schreiber meint, dass er weitere Fragen gern beantwortet. Also, zum Beispiel:

> Wenn Sie noch Fragen haben, rufen Sie bitte an; ich gebe Ihnen gern weitere Auskünfte.

Das alles stand in einem Brief unter dem Betreff »Seminare zur neuen Rechtschreibreform«. Wie Sie sehen: Auch der Betrefftext misslang. Gemeint war entweder »zur Rechtschreibreform« oder »zur neuen Rechtschreibung«.

Begriffsverwirrung und die Folgen

Überschrift im »Kölner Stadt-Anzeiger«: »Höhere Steuer für Kampfhunde ist rechtens«. Der Beitrag berichtete darüber, dass in Greifswald das Verwaltungsgericht entschieden habe: Die Kleinstadt Wolgast in Vorpommern dürfe für Kampfhunde eine deutlich höhere Steuer als für andere Hunde kassieren. Es ging um 1.200 DM gegenüber 80 DM. Dabei spiele es keine Rolle, ob ein einzelner Hund gutartig sei. Es komme nur darauf an, dass er zu den überdurchschnittlich aggressiven Rassen zähle. Zu diesen aggressiven Rassen gehörten nach Meinung der Richter Pitbull-Terrier und Bullterrier.

Sachverhalt: Die Richter aus Greifswald werden höchstwahrscheinlich niemals in ihrem Leben einen Kampfhund zu Gesicht bekommen. Wenn aber doch, so werden sie feststellen müssen, dass sich der Kampfhund ihnen und anderen Menschen gegenüber besonders freundlich verhält.

Zur ersten Aussage: Kampfhunde sind darauf dressiert, mit Artgenossen (verbotene) Kämpfe auszutragen (sogar in ihrem Heimatland USA verboten). Der unsinnige Sinn der Sache: Nervenkitzel empfinden, wetten, Geld verdienen. So ein ausgebildeter Kampfhund kostet an die 50.000 bis 60.000 DM. Wer ließe eine derart gute Einnahmequelle als Gassengenosse in der Öffentlichkeit umherspazieren?!

Zur zweiten Aussage: Warum die höhere Besteuerung, wenn Kampfhunde – falls sie denn doch einmal in die Öffentlichkeit gerieten – für den Menschen gar keine Gefahr bedeuten?

Gemeint sein kann nur etwas völlig anderes: Es geht überhaupt nicht um »Kampfhunde«, sondern – wie schon immer – um unkontrollierbar bissige Hunde in falschen Händen. Also nicht etwa um einen scharfen Polizeihund, sondern um einen allgemein bissigen Pitbullterrier, Bullterrier, Schäferhund, Rottweiler, Riesenschnauzer … (der dann übrigens deshalb bissig ist, weil er entweder schwer vernachlässigt oder auf Bissigkeit trainiert worden ist).

Medien und Behörden benutzen einen Begriff, der Schrecken verbreitet – Kampfhund –, ohne zu wissen und ohne sich darum zu kümmern, welchen festliegenden Inhalt dieser Begriff hat und dass er für ihre Zwecke ganz und gar untauglich ist. Unverantwortlich: gegenüber den Tieren und auch gegenüber jenen Menschen, die solche Dummheit mit jährlich 1.200 minus 80 = 1.120 DM honorieren sollen.

Kirchensteuer-Argumentation

Dass die Ausdrücke »weißer Schimmel«, »Einzelindividuum«, »zeitliche Verzögerung«, »bereits schon«, »hinzuaddieren« oder »meistbietend versteigern« Doppelbedeutungen enthalten, ist leicht zu entdecken, und dass dies auch für »aufoktroyieren«, »vorprogrammieren« und »zusammenkoppeln« zutrifft, ist leicht zu erklären. Schwieriger wird es, Denkfehler zu erkennen, wenn sie aus mehreren Aussagen bestehen, die manchmal auch noch durch Zwischenaussagen voneinander getrennt auftreten.

Laut »Kölner Stadt-Anzeiger« vom 21. April 1999 wollte die Evangelische Kirche ein Drittel des Einkommens gemeinsam veranlagter Ehepartner besteuern, wenn der Hauptverdienende aus der Kirche ausgetreten, der andere Partner aber Kirchenmitglied geblieben ist. Damit soll – so der Kirchenvertreter – eine Gerechtigkeitslücke geschlossen werden. Der Artikel endete mit dem Hinweis, diese »Neuregelung sei nötig geworden, da Schätzungen zufolge die Evangelische Kirche in den kommenden Jahren bis zu 25 Prozent ihres bisherigen Steueraufkommens verlieren werde«.

Wie passen die beiden Aussagen zueinander? Und: Wollte der Kirchenvertreter die zu Besteuernden darauf aufmerksam machen, dass der eigentliche Grund der neuen Abgabevorschrift keineswegs das Schließen einer Gerechtigkeitslücke, sondern das Schließen einer Finanzlücke im Kirchensäckel sei? Wohl kaum. Er tat es aber – unbedacht und von ihm unbemerkt. Hoffentlich – für ihn – auch von den Betroffenen unbemerkt, denn sonst könnte die schlaue Maßnahme einen Sprung aus der Bratpfanne der Gerechtigkeitslücke ins Feuer einer Glaubwürdigskeitslücke bedeuten.

Zum Glück denkt, wer so denkt – also Widersprüche in der eigenen Rede übersieht – auch sonst oft nicht logisch. In diesem Fall wäre aus Sicht der Kirche zu fragen: Kann eine solche Geldbeschaffung nicht dazu führen, dass eine neue Kirchenaustrittslawine statt des erhofften Geld*zu*flusses einen überkompensierenden Geld*ab*fluss bewirkt? Vom Verlust an Gläubigen ganz zu schweigen?

Etwas Ähnliches zeigte sich im Zusammenhang mit der Kosovo-Krise. – Einer berichtete von einem Erfolg, den er im Gespräch mit M. erzielt habe. M. habe folgende Zugeständnisse gemacht: … Eine Reaktion darauf aus einer amtlichen NATO-Quelle: Man wisse ja nicht, ob M. es ernst meine. Eine am selben Tag zu hörende andere Reaktion aus einer amtlichen NATO-Quelle: Die Zugeständnisse reichten nicht aus.

Wenn die NATO-Verantwortlichen nicht sicher sind, ob M. seine Zugeständnisse ernst meint, müssen sie ihn auf die Probe stellen. Wenn die NATO-Verantwortlichen die Zugeständnisse für nicht ausreichend halten, können und müssen sie – ihrer zu der Zeit geltenden Logik folgend – ohne weiteres mit der Bombardierung fortfahren. Da sie den zweiten Weg wählen, ist anzunehmen, dass ihr erstes Argument – man wisse nicht, ob er's ernst meint – nicht ernst gemeint ist. Vielleicht war man nur ein bisschen überrascht und daher ein bisschen in Verlegenheit. Doch wie dem auch sei: Die beiden Argumente passen schlecht zueinander.

Denkbar?

Im »Kölner Stadt-Anzeiger« war ein kleiner Artikel über »Messies« zu lesen, der den Kerninhalt einer Fernsehsendung wiedergab. Der Anfang des Textes:

> »Messies«, von englisch »mess« (Unordnung), nennt man Menschen, die partout nichts wegwerfen können und in deren Wohnungen folglich ein heilloses Chaos herrscht, und natürlich treffen die sich anonym.

Welchen Denkfehler enthält dieser Satz? Wenn ich sage »Er kann nichts wegwerfen, und in seiner Wohnung herrscht ein heilloses Chaos«, so ist daraus zu schließen, dass er erstens nichts wegwerfen kann und zweitens keine Ordnung herstellen und halten kann. Es wäre aber natürlich auch denkbar, dass er zwar nichts wegwerfen, aber sehr wohl Ordnung herstellen und halten kann. Das bedeutete dann: Er kann nichts wegwerfen und macht sich eine Menge Arbeit mit dem Ordnung-Herstellen und -Halten. Je mehr er zusammenträgt, desto mehr Ordnungsarbeit hat er zu leisten.

(Das geht übrigens vielen Menschen so: Vor allem, wer den Zweiten Weltkrieg erlebt hat, neigt dazu, alles aufzubewahren. Da es im Krieg nicht genug zu essen gab und die meisten anderen Dinge ebenfalls sehr knapp waren, blieb gar nichts weiter übrig, als das, was man ergattern oder durch Zufall bekommen konnte, sorgfältig aufzuheben. Nicht wenige dieser Menschen hatten nach dem Krieg große Mühe damit, diese Praxis aufzugeben; nicht wenigen ergeht es noch heute so; nicht wenige haben diese Verhaltensweise – ja nichts wegwerfen! – erziehend auf ihre Kinder übertragen.)

Zurück zu unserem Satz aus der Zeitung! *Ein* Wort macht die Aussage falsch: folglich. Denn dass einer in seiner Wohnung Chaos veranstaltet, das ist nicht mit Notwendigkeit eine Folge seiner Sammelleidenschaft und seiner Unfähigkeit, etwas wegzuwerfen. In der erwähnten Fernsehsendung wurde zum Beispiel ein Mann gezeigt, der zwar nichts wegwarf, aber den ganzen Krempel mit Kisten und Kästen und mit Hilfe eines PCs so aufbewahrte, dass er jedes Stück – ob einen Schnürsenkel oder einen Bleistiftspitzer – blitzschnell hervorzaubern konnte. Kurios und ein bisschen sinnlos vielleicht, aber ordentlich war und ist dieser Mann schon.

Wie schlecht hier gedacht worden ist, zeigt auch der Schluss des Satzes: »und natürlich treffen die sich anonym«. Davon, dass sich die Messies treffen, war noch gar nicht die Rede; mit dem »und« beginnt ein neuer, ein ganz anderer Gedanke. Es hätte zum Beispiel so weitergehen können:

> Wie andere Süchtige auch, pflegen sich viele Messies regelmäßig zu treffen, natürlich anonym.

Und noch ein Denkfehler, der allerdings nicht dem Journalisten zuzuschreiben ist, sondern denen, die das besprochene Phänomen entdeckt, geprüft, besprochen haben. Es heißt dann nämlich, in der Münchener Uniklinik spreche man »sinnigerweise vom ›Diogenes-Syndrom‹«.

Nun hat der kynische Philosoph Diogenes im alten Griechenland etwas ganz anderes als die Messies gemacht, sogar das Gegenteil. Diogenes – Schüler des Antisthenes – hing dem Prinzip der Bedürfnislosigkeit an. Nichts hat er gesammelt, nichts aufbewahrt. Er wohnte bekanntlich in einer Tonne. Nach einer Anekdote war der einzige Gegenstand, den er besaß, eine Kürbisschale, aus der er trank. Als er jedoch dabei zugesehen hatte, wie ein Hund ohne jegliche Schale getrunken hatte, war ihm klar, dass er auch seine Kürbisschale nicht brauchte. Er warf sie weg. In seiner Tonne war also nichts anderes enthalten als er selbst. In der Wohnung oder im Haus der Messies sind dagegen tausenderlei Dinge vorhanden – von Nahrungsmittelresten bis zu Fahrradschläuchen, alten Zeitungen … Wieso also könnte Diogenes der Patron der Messies sein?

Halten wir fest: Aus der Unfähigkeit, etwas wegzuwerfen, folgt nicht die Unfähigkeit, Ordnung zu halten. Viele Menschen sind gerade deshalb sehr ordentlich, *weil* sie »nichts wegwerfen können«. Die Sammellust fordert geradezu das Ordnunghalten. Dass manche Menschen – aber eben nur manche – beides nicht können (wegwerfen, Ordnung halten), ist ein Sonderfall. Die eine Unfähigkeit darf also keinesfalls mit einem »folglich« an die andere gekettet werden.

Kleine Unterschiede

Auf einem gut gestalteten Plakat, das ich im Wartezimmer eines Arztes las, stand geschrieben:

> Rauchen ist nicht männlich, nicht weiblich und schon gar nicht kindisch.
>
> **Rauchen ist tödlich.**

Als verantwortlich für diese Plakataktion gegen das Rauchen zeichnete die Arbeitsgemeinschaft zur Patienteninformation über Gesundheit und Umwelt e. V., 63087 Rodgau-Dudenhofen.

Eine sicherlich lobenswerte Initiative. Aber ist da nicht ein kleiner Schönheitsfehler?

Wenn das Rauchen nicht kindisch ist, dann muss es ja wohl eine sinnvolle, respektable Genusstätigkeit sein. Wollten die Warner das denn sagen? Bestimmt nicht.

Denkbar wäre – obwohl nur teilweise zutreffend – die Behauptung, *dass* die Gewohnheit des Rauchens kindisch sei. Kindisch zum Beispiel in dem Sinn, dass Jugendliche oft nur rauchen, weil es Gruppenmitglieder auch tun und sie sich nicht ausschließen wollen. Kindisch zum Beispiel, weil es der Vernunft widerspricht. Kindisch zum Beispiel, weil die erwünschte Gemütsaufhellung durch das Rauchen sehr schnell ins Gegenteil umschlägt und auf die Dauer ohnehin immer ein bisschen schwächer ausfällt als zuvor. Und so weiter.

Doch dies alles und einiges mehr könnten wir uns denken, wenn die Patienteninformanten keineswegs gesagt hätten, dass Rauchen *nicht* kindisch sei, sondern – im Gegenteil – *dass* es kindisch sei.

Was ist passiert? Ein kleiner, also ein leichter Fehler: die Verwechslung von »kindisch« mit »kindlich«.

Augenblick! Ist das ein leichter oder ein schwerer Fehler? Bei Tennisveranstaltungen hören wir die meisten Reporter des Öfteren sagen, die Spielerin oder der Spieler X habe einen leichten Fehler gemacht. Sie meinen damit, dass sie oder er einen Ball verschlagen hat, den man fast gar nicht verschlagen kann: weil er so einfach hätte ins Ziel gebracht werden können. Natürlich war das dann kein leichter, sondern ein sehr schwerer Fehler. Ein leichter Fehler wäre zum Beispiel dies: Bei einem schwer zu schlagenden Return hat jemand mit einem Topspin ein kleines bisschen verzogen, so dass der Ball zwei Zentimeter hinter der Linie aufspringt. Der Ball wurde, das ist anzuerkennen, aus schwieriger Situation wirklich hervorragend zurückgespielt. Leider mit einem winzigen, einem ganz leichten Fehler.

Zurück zur Warnung vor dem Rauchen. War es so schwer, zu »männlich« und »weiblich« das zutreffende dritte Wort – nämlich kindlich – zu finden? Gewiss nicht. Es war leicht. Wem außer der Arbeitsgemeinschaft für Patientenreform … passiert das schon! Also war's doch wohl ein schwerer, ein grober Fehler, zumal wenn wir bedenken, dass ja nicht irgendwer diesen Fehler gemacht hat, sondern Werbetextprofis, deren alltägliches Handwerkszeug ihre Muttersprache ist.

Nun wäre es kindisch, wegen dieses Patzers die ganze Plakataktion gegen das Rauchen zu verdammen. Aber ein wenig kindliche Freude dürfen wir uns doch bei dem Gedanken gönnen, dass selbst den Sprachassen der Werbung solche Denkfehler unterlaufen können.

Milch und Eisen?

In dem Buch »Fit fürs Leben« (Harvey und Marilyn Diamond; Goldmann Verlag) gibt es ein Kapitel »Milchprodukte«. Sie werden abgelehnt. Es heißt dann, alle Diskussionen über den Verzehr von Milchprodukten seien nutzlos; man solle sich auf seinen gesunden Menschenverstand verlassen. Und wie? Sehr einfach: Die Autorin werde eine Frage stellen, für deren Beantwortung die Lesenden nur ihren gesunden Menschenverstand gebrauchen sollten. Die Frage:

> Kühe trinken keine Kuhmilch, weshalb sollen dann die Menschen sie trinken?

Später heißt es dann, die Kuhmilch sei nur für einen einzigen Zweck geschaffen, »*nämlich für die Fütterung der arteigenen Nachkommen*«. Wenn die Tiere einmal entwöhnt seien, wollten sie keine Milch mehr trinken.

Zurück zum »gesunden Menschenverstand«! Wenn Kühe keine Kuhmilch trinken, weshalb sollten dann die Menschen sie trinken?

Das klingt so einleuchtend, nicht wahr? Und ist doch alles andere als das. Die schlichteste Antwort des »gesunden Menschenverstandes« könnte sein: »weil Menschen keine Kühe sind«. Wenn ausgewachsene Kühe mit Kuhmilch nichts anfangen können, sie verschmähen, gibt es dafür sicherlich gute Gründe, die in ihrer Natur liegen. Diese Gründe aber brauchen für Menschen nicht zu gelten – eben weil sie ja keine Kühe sind.

Dieser Gedankengang allein reicht schon aus, um nachzuweisen, dass das vorgebrachte Argument brüchig ist. Es will uns zu einem Denkfehler verleiten.

Natürlich lassen sich weitere Gründe dafür finden, dass das auf den ersten Blick so eingängige Argument ein Scheinargument ist. Zum Beispiel: Es heißt, dass Kühe Kuhmilch verschmähen und Gras bevorzugen würden, wenn man ihnen Kuhmilch anböte. Offenbar sagt ihnen ihr Instinkt, dass sie keine Kuhmilch brauchen, vielleicht sogar, dass sie ihnen nicht bekommen würde. Und der Mensch? Er verschmäht die Milch durchaus nicht. Er mag sie. Warum sollte er sie also nicht trinken? Zum Beispiel: Es gibt Menschen, die Kuhmilch schlecht oder gar nicht vertragen. Wenn sie's gemerkt haben oder wenn etwa ein Arzt es festgestellt hat, werden sie wahrscheinlich weitgehend oder ganz auf Milch verzichten. Da dies aber nur für einen Teil der Menschen zutrifft und die Natur bei ihnen offenbar auf dem Weg der Unbekömmlichkeit den richtigen Weg zeigt: Warum sollten die anderen, denen Milch durchaus bekommt, sich dem Verzicht der Milchempfindlichen anschließen?

In dem kenntnisreich und gut geschriebenen Buch »Prost Mahlzeit! Krank durch gesunde Ernährung« (Udo Pollmer, Andrea Fock, Ulrike Gonder, Karin Haug; Kiepenheuer & Witsch) ist zu lesen, es gebe immer wieder das Argument, dass wir zu wenig Eisen bekämen. Besonders werdende Mütter hätten darunter zu leiden; der Eisenpegel nehme während der Schwangerschaft ab. Was also tun? Eisengaben. Ist die Folgerung richtig? Wahrscheinlich ist sie falsch. Denn der Verstand – hier der Fachleuteverstand – hat bei dieser Ernährungstherapie nicht bedacht, dass die Natur etwas Richtiges tun und der Verstand etwas Falsches denken könnte. Die Autoren, zusammengefasst: Was Schwangere am wenigsten gebrauchen können, seien Infektionen; die meisten Krankheitserreger aber benötigten Eisen für ihr Wachstum. Dies erkläre »den so genannten ›Eisenmangel‹ in den letzten Wochen der Schwangerschaft«; er sei eine uralte Versicherung gegen Infektionen bei der Geburt. An anderer Stelle: »Der ›Eisenmangel‹ sichert der Bevölkerung in Entwicklungsländern möglicherweise sogar das Überleben.« Die Autoren haben Recht.

Was ist in dieser »Geschichte« falsch gedacht. Genau genommen ein einziges Wort: Die Schwangeren – andere auch, aber besonders sie – bekämen *zu* wenig Eisen. Sie bekämen wenig Eisen, das wäre richtig gedacht, und dieses »wenig« habe seine Berechtigung, es sei nützlich.

Ich habe diese beiden Einzelheiten aus dem Bereich »Ernährung« nicht nur wegen der Frage »Richtig gedacht?« aufgegriffen, sondern auch deshalb, weil alle, die sich überhaupt Gedanken dazu machen, wieder und wieder mit unterschiedlichen, teilweise entgegengesetzten Erkenntnissen, Positionen und Empfehlungen bedacht werden. Es geht hier, wie auf vielen anderen Gebieten, nicht allein um einen Wissensbereich; es geht um Lebenspraxis. Und da können wir, im eigenen Interesse, gar nicht vorsichtig genug sein.

Gefährliche Redewendung

In der Werbung hat es sich rumgesprochen, dass sich mit treffenden Redewendungen gut arbeiten lässt. Solche Formulierungen schaffen, weil jeder sie kennt, gleich eine vertraute Atmosphäre, und wenn die Wendung dann auch noch »den Nagel auf den Kopf trifft« …

Nun ist »den Nagel auf den Kopf treffen« eine so abgegriffene Formulierung, dass sie für einfallsreiche Textprofis nicht mehr in Frage kommt. Es sei denn … Nehmen wir an, jemand hätte ein »Hammer-Gerät« erfunden, mit dem es nicht passieren kann, dass sich ein unbeholfener

Benutzer auf die Finger schlägt. »Wie Sie schmerzlos jeden Nagel auf den Kopf treffen.«

In einer Immobilienanzeige war zu lesen:

> Sie steigern sich da in was rein

Dann erfuhren die Lesenden, dass Sie ein Einfamilienhaus günstig ersteigern könnten. Gemeint ist also – sehr treffend –: Sie steigern sich günstig in ein Wohnungseigentum rein.

Aber leider haben die Textprofis, als sie diese gute Idee hatten, völlig vergessen, dass »sich in etwas reinsteigern« sonst eine negative Bedeutung hat. Ein verliebter Student mag sich so in eine erwünschte Verbindung hineinsteigern, dass er für nichts anderes mehr Sinn und Augen hat. Ein ungerecht behandelter Bürger kann sich derart in seine Situation, verstärkt durch seine Ohnmacht gegenüber den Ämtern, hineinsteigern, dass er unsinnige Gegenmaßnahmen ergreift, die ihm letztlich nur selbst zusätzlich schaden.

Wenn man diese Grundbedeutung von »sich in etwas hineinsteigern« bedenkt, kann man die Wendung für das erwähnte Immobilienangebot nicht mehr verwenden. Es sei denn, man täte es bewußt und ergänzte zum Beispiel so:

> Sie steigern sich da in was rein …
>
> und Sie tun Recht daran, denn über die Zwangsversteigerung können Sie zu einem Niedrigstpreis ein modernisiertes Einfamilienhaus in besonders guter Lage erwerben.

Wo also sitzt das Problem beim Einsatz gängiger Redewendungen? Wir müssen bedenken, welche Grundbedeutung eine solche Wendung hat und welche Nebenbedeutungen vielleicht noch mitschwingen. Ist das geklärt, lässt sich sogar eine eigentlich unpassende Wendung sinnvoll einsetzen – indem wir sie auf unseren Anwendungsfall zuschneiden.

»Schreibe, wie du sprichst!«

Eine Uralt-Stilregel, die mit Vorsicht zu genießen ist! Sie stand zum Beispiel in Ludwig Reiners' Stilfibel, die 1963 erschien, sie stand in der 18. Auflage von 1981, und sicherlich wird sie auch in der neuesten Auflage zu lesen sein.

Interessant in dem Zusammenhang eine »Sprachlehre mit Wörterbuch« von Emil Vogel und Dr. A. Fischer, deren erste Auflage 1940 erschien. Der Titel: »Sprich und schreibe richtig Deutsch!« Unter »Befehlsform (Imperativ)« finden wir dagegen: »Schreib, Knabe!« Ulkig – im Titel »schreibe«, bei den Beispielen »Schreib«.

In einer »Praktischen Grammatik der deutschen Sprache« mit dem Titel »Richtiges Deutsch« (Langenscheidt), 1988, steht unter »Der Imperativ«: »Geh hinaus! Iß nicht so viel! Schließt die Fenster! Schreib mir doch wieder einmal! Vergeßt nicht, die Blumen zu gießen!«

Zurück zur Überschrift. Im Ernst, wer würde je sagen »Schreibe, wie du sprichst!«? Natürlich niemand. Und warum nehme ich diesen »Fall« hier auf? Weil ein kluger Mann, der Ludwig Reiners, wie manch anderer, eine Regel aufstellt und schon in ihrer Formulierung gegen sie verstößt.

Das ist kein Deutschfehler, in erster Linie keine Stilschwäche, es ist vor allem ein Denkfehler. Ein Einzelfall, ein verzeihlicher Ausrutscher? Verzeihlich allemal, aber ein Einzelfall ist es nicht.

Noch einmal der »Stilpapst« des 20. Jahrhunderts, Ludwig Reiners: Er kämpft für das treffende Wort, meint damit aber das besondere Wort. Mit dem Ausdruck »treffend« hat er also nicht getroffen, was er schreiben wollte. Und weiter: Wörter wie »sind, haben, sich befinden, liegen, machen, sich ereignen, es gibt« nennt er »tote Verben«; sie sind für ihn »ein besonders betrübliches Beispiel allgemeinsten Ausdrucks«. Im selben Kapitel lesen wir: »Wie viele Wörter gibt es für das Ende einer Bewegung!« Und: »Wie viele besondere Ausdrücke gibt es für die Empfindungen der Unlust:(…)« Und: »Es gibt keinen guten Stil ohne den genauen, den treffenden Ausdruck.« Das »besonders betrübliche Beispiel allgemeinsten Ausdrucks«, die »toten Verben« *gibt es* also auch bei ihm – und das nicht gerade selten.

Die Reiners-Regel »Schreibe, wie du sprichst!« haben übrigens in den letzten fünfzig Jahren Dutzende von Sprachpflegern, Stilpädagogen, Korrespondenztrainern usw. von ihm übernommen, fast immer in der Form »Schreibe«.

Was ist daran so bemerkenswert? Erstens: dass es einem geschätzten, erfolgreichen Schriftsteller »gelingt«, gleich in der Formulierung einer Regel gegen diese Regel zu verstoßen, dass er das immer wieder tut und dass zahlreiche Lektoratsmitarbeitende über Jahrzehnte hinweg es nicht merken. Zweitens: dass viele Epigonen des geschätzten Schriftstellers den unfreiwilligen Witz in seiner Formulierung auch nicht merken und die missglückte Formulierung ausdauernd nachkritzeln und nachplappern.

Darstellung und Wirklichkeit

Merkwürdig, dass uns so viele Logikfehler in Werbetexten begegnen! Warum merkwürdig? Weil zunächst anzunehmen ist, dass Werbetextprofis mit der Sprache besonders sorgfältig umgehen. Ist sie nicht ihr wichtigstes Handwerkszeug? Müssen die Profis daher nicht umfangreich und tiefgehend gelernt haben, sinnvoll und wirkungsvoll damit umzugehen? Genau diese Annahme scheint allerdings falsch zu sein.

Ein Beispiel:

> Wie werden Ihre Werbebriefe noch erfolgreicher? Wie können Sie Ihren Rücklauf erhöhen? Indem Sie nicht zu schnell aufgeben.
>
> Auch wenn der Kunde beim ersten Mal nicht reagiert hat. Gründe dafür gibt es viele. Das heißt aber nicht, dass er kein Interesse an Ihrem Angebot hat. Schreiben Sie ihm deshalb ein zweites Mal. Ein solcher Reminder ist immer erfolgreich.

Der erste Absatz – in Ordnung. Ich hätte nur »den Rücklauf« statt »Ihren Rücklauf« geschrieben, weil »Ihren Rücklauf« zweideutig ist.

> Gründe dafür gibt es viele. Das heißt aber nicht, daß er kein Interesse an Ihrem Angebot hat.

Wieso heißt es das nicht? Das kann es durchaus heißen, und in den meisten Fällen heißt es genau das. Gemeint ist:

> Das muss nicht heißen, dass er kein Interesse an Ihrem Angebot hat.

In der Korrektur habe ich das »aber« weggelassen; es hängt gedanklich in der Luft.

> Ein solcher Reminder ist immer erfolgreich.

Auch das ist offensichtlich falsch. Alle wissen: Es stimmt nicht, dass ein Reminder immer erfolgreich ist. Richtig wäre:

> Ein solcher Reminder ist oft erfolgreich.

Was haben sich die Werbetextprofis und ihre Auftraggeber bei diesem Text gedacht? Bestimmt zu wenig.

Merkwürdige Wünsche

Manchmal sind Denkfehler nur zu erkennen, wenn man genau liest, vielleicht sogar mehrfach liest. Oft haben wir beim Lesen eines Textes so ein vages Gefühl, das uns signalisiert: Irgendetwas stimmt hier nicht. Da aber der Text, die Gedankenfolge, schlüssig zu sein scheint, machen wir uns nicht die Mühe, unserem Gefühl nachzuspüren; meistens haben wir auch gar nicht die Zeit dafür. Das heißt, die kritischen Stellen werden überlesen.

Für solche Denkfehler, die oft nicht entdeckt werden, ist die folgende Aussage einer Staatssekretärin ein Beispiel:

> »Wir alle würden uns wünschen, die Steuersätze noch weiter zu senken.«

Wenn die Verantwortlichen niedrigere Steuersätze herbeiwünschen, warum senken sie die Sätze nicht? Weil sie es nicht können. Warum können sie es nicht? Weil die im Wege stehenden Hindernisse – zum Beispiel leere Kassen – zu hoch sind. Das bedeutet, die Staatssekretärin hat gemeint:

> Wir alle würden uns wünschen, dass wir die Steuersätze noch weiter senken könnten.

Noch eine Denkschwäche: Warum *würden* wir es uns wünschen? Unter welchen Umständen wünschten wir es uns denn? Falsch. Wir wünschen es zweifellos selbst unter den jetzigen, den offenbar höchst ungünstigen Umständen. Also:

> Wir alle wünschen uns, die Steuersätze noch weiter senken zu können. Aber zurzeit …

Der Wunsch ist ja auf jeden Fall vorhanden, nur ist es nicht möglich, ihn zu erfüllen.

Das »würden« ist anscheinend aus folgendem Grund hineingerutscht: Wenn es Möglichkeiten der Verwirklichung gäbe, würden wir uns wünschen, dass wir die Steuersätze noch weiter senken könnten. Doch auch das wäre falsch. Wenn die Möglichkeiten zur Senkung der Steuersätze nämlich vorhanden wären, bräuchte nichts gewünscht zu werden, denn man könnte ja handeln, könnte ja die Steuersätze senken.

Oder verrät die Sprache hier indirekt etwas, das nicht gesagt werden sollte? Wenn die Möglichkeiten bestünden, würden wir uns wünschen … Das hieße, auch dann »würden« wir es uns nur wünschen, es tun zu können. Wir täten es aber trotzdem nicht?

Teil 4

Musterbriefe
von A wie Ablehnungen
bis Z wie Zwischenbescheide

Wirksame Geschäftskorrespondenz – einige Vorüberlegungen

Die rasch fortentwickelten Kommunikationstechniken übernehmen und ergänzen einen immer größeren Teil der Geschäftskorrespondenz. Ersetzt das *Kommunizieren* immer mehr das *Korrespondieren?*

So haben vor allem das Telefon, aber auch das Faxgerät gegenüber dem Brief einige Vorteile:

- Sie überbrücken die Entfernung zwischen den Partnern viel schneller als Briefe.
- Man erhält auf Fragen sofort Antworten.
- Man kann Gedanken direkt austauschen, unterschiedliche Standpunkte klären und gemeinsam Lösungen suchen und finden.
- Man kann die Reaktion des Partners unmittelbar wahrnehmen, auf sie eingehen und Missverständnisse sofort beseitigen.

Das Telefon hat aber auch einige Nachteile:

- Man hat oft nicht genug Zeit zum Abwägen aller Argumente.
- Man muss sich »aus dem Stand« entscheiden und kann »festgenagelt« werden.
- Man hat eventuell bei Meinungsverschiedenheiten oder im Streitfall eine unklare Beweislage. (Daher empfiehlt es sich, die Ergebnisse wichtiger Telefonate schriftlich festzuhalten.)

Es bleibt also noch genügend Raum für die geschäftliche Korrespondenz.

Auf die Wirkung kommt es an

Geschäftsbriefe sollen beim Empfänger etwas bewirken. Die Absicht des Absenders kann sein,

- zu informieren oder etwas zu erfahren,
- zuzustimmen oder abzulehnen,
- zu erklären oder richtig zu stellen,
- zu mahnen oder zu reklamieren,
- sich zu entschuldigen oder um Verständnis zu bitten,
- etwas anzufragen,
- etwas anzubieten,
- etwas zu bestellen, abzurufen oder zu kaufen,
- möglichst viel Gewinn zu erzielen oder wenig zu bezahlen,
- zu motivieren oder zu beeinflussen (zu manipulieren),
- einzuladen,
- zuzusagen oder abzusagen,
- zu danken,

- Glück zu wünschen,
- Beileid auszudrücken

und manches andere mehr.

Die erfolgreiche Wirkung eines Geschäftsbriefes besteht darin, dass der Empfänger so reagiert, wie es sich der Verfasser vorgestellt hat. Im Idealfall handelt er im Sinne des Absenders gern und freiwillig, zumindest aber aus Überzeugung oder Einsicht.

Ohne klares Ziel keine sicheren Ergebnisse

Wer nicht genau weiß, wohin er will, braucht sich nicht zu wundern, wenn er irgendwo ankommt. Diese Spruchweisheit gilt auch für die Geschäftskorrespondenz. Wer einfach darauf los schreibt oder diktiert, überlässt es mehr dem Zufall oder dem Empfänger, welche Wirkung sein Brief erzielt. Oft muss der Empfänger herumrätseln, was der Absender wohl gemeint hat. Eine häufige Folge ist, dass er den Brief in seinem Sinne deutet und anders handelt, als es der Absender beabsichtigte. Oder er muss zunächst rückfragen. Das bedeutet für beide Seiten vermeidbare Mehrarbeit.

Bevor Sie also einen Brief formulieren, überlegen Sie, ob Sie *überhaupt* schreiben müssen. (Häufig ist ein Anruf viel billiger und vor allem wirksamer als ein Brief.) Haben Sie sich für das Schreiben eines Briefes entschieden, lautet die nächste wichtige Überlegung: *Was* will ich schreiben? Außerdem sollte Ihnen *der Anlass* Ihres Schreibens klar sein. Bleibt dann nur noch die Frage, *wie* Sie formulieren wollen, um Ihr Ziel zu erreichen.

Nützliche Fragen vor Beginn der Vorbereitung

Ehe Sie mit dem Schreiben beginnen, helfen Ihnen einige Fragen:

- Wer ist mein Korrespondenzpartner? Wen will ich ansprechen (welche Personen, Firmen, Behörden)?
- Welches ist die Interessenlage meines Partners?
- Welchen Nutzen kann ich dem Empfänger bieten, damit er in meinem Sinne handelt?
- Was will ich dem Partner mitteilen?
- Was will ich erreichen (Maximalziel, Minimalziel, Bandbreite, Verhandlungsspielraum)?
- Wie kann ich meine Gedanken, Ideen, Vorstellungen, Vorschläge und Wünsche am besten verständlich machen?
- Was kann ich vortragen, und wie kann ich dies tun, um den Partner in meinem Sinne zu beeinflussen?

Wenn Sie diese Fragen beantwortet haben, können Sie mit dem Formulieren von Routinebriefen beginnen. Die Vorbereitung auf einen wichtigen oder schwierigen Brief kann erheblich mehr Zeit beanspruchen. Die hierbei aufgewendete Zeit ist eine Investition, die in der Regel entsprechend höheren Ertrag abwirft.

Checkliste für die Vorbereitung von Briefen

(Was gehört alles zu einer guten Vorbereitung?)

- Sie studieren bereits vorliegende Korrespondenz. (Was will der Partner?)
- Sie nutzen interne und externe Unterlagen. (Was ist die Sachlage? Worum geht es?)
- Beschaffen Sie sich relevante Unterlagen. (Womit kann ich meinen Standpunkt untermauern?)
- Legen Sie die eigenen Ziele fest. (Was will oder muss ich tatsächlich erreichen?)
- Entwickeln Sie eine Strategie zum Erreichen der eigenen Ziele. (Wie und mit welchen Mitteln will ich mein Ziel erreichen?)
- Beschäftigen Sie sich mit der Interessenlage des Partners. (Was hat der Partner davon, wenn er auf meine Wünsche eingeht? Welchen Nutzen kann ich ihm bieten?)
- Erahnen Sie mögliche Reaktionen des Partners.
- Legen Sie Limits oder Bandbreiten fest, innerhalb derer Sie selbst verhandlungsbereit sind. (Innerhalb welchem Rahmen bin ich verhandlungsbereit? Welche Zugeständnisse kann/will ich machen?)

Von A bis Z

Ablehnungen

Grundsätzliches: Ablehnungen sind in der Regel eher für den Empfänger als für den Absender unangenehm. Dennoch fallen sie auch dem Ablehnenden oft nicht leicht. Wer sagt schon gern anderen etwas Unangenehmes? Die Folge: Häufig werden Ablehnungen umschweifend formuliert; als höflicher Mensch kommt man nicht gleich zur Sache. Oder: Man will das Unangenehme rasch hinter sich bringen und formuliert kurz und knapp – und eventuell sogar unhöflich. Beide Varianten sind nur »zweitbeste« Lösungen.

Ablehnungen sollten so formuliert werden, dass sich der Empfänger nicht vor den Kopf gestoßen fühlt (Ausnahme: Der andere stellt eine unangemessene oder unverschämte Forderung). Er sollte die Ablehnung akzeptieren, zumindest aber nachvollziehen können. Im Geschäftsleben muss es das Ziel sein, Geschäftsverbindungen zu pflegen und nicht zu gefährden.

Tipps

- Überlegen Sie in Ruhe, was Sie erreichen wollen. Formulieren Sie nicht »im ersten Zorn«.
- Prüfen Sie die Rechtslage.
- Schreiben Sie höflich und – soweit möglich – auch freundlich.
- Begründen Sie Ihre Ablehnung stichhaltig und nachvollziehbar.
- Schreiben Sie nicht »um die Sache herum«.
- Zeigen Sie dem Partner andere Lösungen auf.
- Beenden Sie Ihr Schreiben so, dass weitere geschäftliche Beziehungen nicht nachhaltig unter der Ablehnung leiden.

Ablehnung eines Auftrags

Briefkopf

Anschrift Datum

Ihr Auftrag vom 29. April 20..

Sehr geehrter Herr Flemming,

vielen Dank für Ihren Auftrag über die Lieferung von 80 Stühlen. Allerdings weicht Ihre Bestellung in einigen Punkten von Ihren bei Ihrer Nachfrage geäußerten Wünschen und deshalb auch von meinem Angebot ab.

> Sie hatten nach Stühlen mit gepolsterten Stoffsitzen in mittlerer Qualitätsstufe und Preisklasse gefragt, Lieferung innerhalb von 6 Wochen.

Ich hatte Ihnen daraufhin angeboten:

> Stühle in Buche massiv (Beizung in verschiedenen Holztönen möglich), Federkernpolsterung, bezogen mit Stoffen der Gruppe IV, zum Stückpreis von 125 DM. Lieferfrist: 8 Wochen.

Ihr Auftrag lautet nun aber:

> 80 Stühle Buche, auf Eiche gebeizt, mit Binsengeflecht, zum Stückpreis von 110 DM. Lieferfrist: 6 Wochen.

Diesen Auftrag kann ich leider nicht ausführen. Binsensitze in der von Ihnen gewünschten Flechtart sind erheblich teurer als Stoffsitze; außerdem dauert die Herstellung der Flechtsitze mindestens 10 Wochen. Ich könnte also frühestens in 12 Wochen liefern; der Stückpreis beträgt, knapp kalkuliert, 155 DM. So lautet mein neues Angebot, das Ihren veränderten Angaben entspricht. Bei Bestellung ab 100 Stühlen kann ich den Stückpreis auf 145 DM senken.

Wenn Sie an diesem neuen Angebot interessiert sind, bitte ich Sie um rasche Bestellung. Ich werde alles daransetzen, pünktlich zu liefern.

Freundliche Grüße

Ablehnung eines Angebots

Briefkopf

Anschrift

Datum

Ihr Angebot vom 2. Mai 20.. - Gebäudeüberwachung

Sehr geehrte Damen und Herren,

vielen Dank für Ihr Angebot für die Überwachung unseres Betriebsgeländes.

An einem solchen Angebot sind wir zurzeit nicht interessiert. Wir haben bereits ein elektronisches Sicherungssystem installiert. Mit diesem System sind wir bisher durchaus zufrieden. Eine zusätzliche Überwachung durch einen Überwachungsdienst halten wir für unnötig.

Außerdem erscheint uns der von Ihnen genannte Preis viel zu hoch. Uns liegen bereits einige weitaus günstigere Angebote vor.

Mit besten Grüßen

Ablehnung einer Mietpreiserhöhung

Briefkopf

Anschrift Datum

Erhöhung der Miete für Büroräume am Hansaplatz
Ihr Brief vom 1. Januar 20..

Sehr geehrte Damen und Herren,

vor zwei Jahren - erst vor zwei Jahren! - hatten Sie die Miete um 20 Prozent/qm auf 30 DM erhöht. Dabei hatten Sie in Aussicht gestellt, dieses Niveau längere Zeit beizubehalten, und nur wegen dieser Zusage hatten wir die Erhöhung akzeptiert.

Ihre Ankündigung einer erneuten Mietpreiserhöhung um weitere 10 Prozent/qm hat uns deshalb sehr überrascht.

In der City sind zurzeit 35 Prozent der Büroflächen unvermietet - Tendenz steigend. Die Mieten für vergleichbare Objekte liegen bei durchschnittlich 25 DM - Tendenz sinkend.

Wegen dieser Marktentwicklung hatten wir eigentlich eine Mietpreissenkung erwartet und nicht das Gegenteil. Daher bitten wir Sie, Ihre angekündigte Mietpreiserhöhung zurückzunehmen und die bisherige Miete dem ortsüblichen Niveau anzupassen.

Sollten Sie auf Ihrer Mietpreiserhöhung zum 1. Januar 20.. bestehen, werden wir den Mietvertrag zum gleichen Zeitpunkt kündigen.

Mit freundlichem Gruß

Abmahnungen

Grundsätzliches: Abmahnungen sollen dazu dienen, einem Mitarbeiter ein *Fehlverhalten deutlich* zu machen und ihn zur *Änderung* seines *Verhaltens* aufzufordern.

Abgemahnt werden können Schlecht- und Minderleistungen (Qualität, Quantität), schwerwiegende Fehlleistungen (falsche Leistungen oder Ergebnisse), Nichteinhalten der Arbeitszeit (zum Beispiel Zuspätkommen, vorzeitiges Verlassen), unerlaubtes Fernbleiben oder Verlassen des Arbeitsplatzes (zum Beispiel eigenmächtiger Urlaubsantritt), Nichtbeachten der Arbeitsordnung oder von Anordnungen des Vorgesetzten (zum Beispiel Missachten der Unfallverhütungsvorschriften, des Rauchverbots, Arbeitsverweigerung, Verstoß gegen Geheimhaltungsverpflichtungen, grob nachlässiges Behandeln von Firmeneigentum).

Arbeitsrichter fragen bei einer *verhaltensbedingten Kündigung* routinemäßig, ob der Kündigung eine entsprechende Abmahnung vorausgegangen ist. Kann der Arbeitgeber *keine* oder nur eine *inhaltlich* und *formal* nicht einwandfreie Abmahnung vorlegen, ist die Kündigung in vielen Fällen unwirksam.

Abmahnungen sollten nicht länger als zwei Jahre zurückliegen. Ab diesem Zeitpunkt sind sie bei Wiederholung des abgemahnten Verhaltens für eine Kündigung nicht mehr verwendbar.

Für Abmahnungen gelten keine Formvorschriften. Sie können mündlich oder schriftlich erfolgen. Im Vorfeld der Abmahnung sind oft mündliche Ermahnungen, Kritik oder Beanstandungen ausreichend. Wirksamer sind jedoch in der Regel schriftliche Abmahnungen, weil sie eine »Aktenlage« schaffen (Beweispflicht bei Arbeitsgerichtsprozessen).

Tipps

- Mahnen Sie möglichst unmittelbar im Anschluß an das Fehlverhalten ab.
- Mahnen Sie schriftlich ab.
- Lassen Sie sich von einem kompetenten Arbeitsrechtfachmann beraten.
- Beachten Sie den eigentlichen Sinn einer Abmahnung: Information des Mitarbeiters und Veranlassen zu einer Verhaltensänderung (aber: im Interesse des Arbeitgebers auch Vorbereitung einer Kündigung; formale Absicherung für eventuellen Kündigungsschutzprozess).
- Formulieren Sie so klar und eindeutig, dass der Mitarbeiter sein Fehlverhalten und das gewünschte positive Verhalten erkennen kann (Art des Fehlverhaltens, Zeitpunkt, eventuell Zeugen).
- Erklären Sie unmissverständlich, welche Folgen für den Mitarbeiter eintreten werden, wenn er sein Verhalten nicht in der gewünschten

Weise ändert (zum Beispiel disziplinarische Maßnahmen von der Versetzung bis zur Kündigung).

- Verlangen Sie vom Mitarbeiter eine schriftliche Bestätigung, dass er die Abmahnung empfangen und akzeptiert hat (durch Unterschrift auf einer Kopie der Abmahnung).
- Informieren Sie den Betriebsrat mit einer Kopie über die Abmahnung. (Abmahnungen sind zwar nicht mitbestimmungspflichtig, aber eine Information ist sinnvoll, weil der Betriebsrat bei einer späteren Kündigung ein Mitspracherecht hat.)
- Ändert der Mitarbeiter sein Verhalten nicht, sollten Sie die angedrohten Maßnahmen einleiten. (Wiederholte Abmahnungen zum gleichen Sachverhalt ohne die angedrohten Konsequenzen könnten beim Mitarbeiter ein »Gewohnheitsrecht auf Abmahnungen« entstehen lassen.)

Merke: Fehlt bei einer Abmahnung eines der drei Elemente:

- konkrete und detaillierte Beschreibung des Fehlverhaltens oder der Leistungsstörung,
- eine deutliche und unmissverständliche Aufforderung, das vertragswidrige Verhalten einzustellen,
- ein eindeutiger Hinweis, dass im Wiederholungsfall das Arbeitsverhältnis gefährdet ist,

dann ist die Abmahnung unwirksam.

Checkliste für die Formulierung von Abmahnungen

- Schriftform ist zweckmäßig (wegen »Aktenlage« für eventuellen späteren Prozess vor dem Arbeitsgericht)
- Anschrift des Empfängers
- Anschrift des zuständigen Bearbeiters (Personalsachbearbeiter, Vorgesetzter o. a.)
- Genaue Prüfung des Sachverhalts (Was genau ist das Fehlverhalten? Eventuell Befragung von Zeugen)
- Einschaltung des Vorgesetzten
- Genaue Schilderung des Sachverhalts (Fehlverhalten, Ort, Zeit, gegebenenfalls Zeugen)
- Verlangen einer Verhaltensänderung (ebenfalls genau beschreiben)
- Ankündigen von (disziplinarischen) Maßnahmen für den Wiederholungsfall (Eine Kündigung muß nicht angedroht werden, es sollte aber klar zum Ausdruck kommen, dass das Arbeitsverhältnis gefährdet ist.)
- Hinweis auf Information des Betriebsrats
- Eventuell Angebot von Unterstützung (zum Beispiel Schulung bei Schlecht- oder Minderleistung)
- Grußformel
- Unterschrift(en) (zum Beispiel Personalleiter und Vorgesetzter)

Abmahnung wegen Alkoholgenusses in der Arbeitszeit

Briefkopf

Anschrift Datum

Abmahnung wegen Alkoholgenusses in der Arbeitszeit

Sehr geehrter Herr Zecker,

während der letzten Monate sind Sie ihrem Vorgesetzten, Herrn Wolters, aber auch Mitarbeitern und Kunden wegen eines Verhaltens unangenehm aufgefallen, das auf Alkoholkonsum in der Arbeitszeit schließen lässt. Am 15. und am 27. Oktober fanden Mitarbeiterinnen der Reinigungsfirma in Ihrem Papierkorb mehrere kleine leere Schnapsflaschen.

Herr Wolters hat Sie jeweils an den Folgetagen zur Rede gestellt, aber Sie haben jeden Alkoholgenuss heftig abgestritten. Gestern haben uns Kunden informiert, dass Sie am Telefon einen stark alkoholisierten Eindruck gemacht hätten (lallende Aussprache, unmotiviertes Lachen, unsachgemäße Auskünfte).

Nach unserer auch Ihnen ausgehändigten Betriebsordnung ist Alkoholgenuss während der Arbeit strikt untersagt, ebenso wie alkoholisiertes Erscheinen am Arbeitsplatz. Wir mahnen Sie deshalb hiermit nachdrücklich ab, während der Arbeitszeit Alkohol zu trinken oder in alkoholisiertem Zustand zur Arbeit zu erscheinen. Sollten Sie gegen diese Abmahnung verstoßen, behalten wir uns vor, den mit Ihnen abgeschlossenen Arbeitsvertrag zu kündigen.

Falls Sie Probleme haben, die zu Ihrem nicht akzeptierbaren Verhalten führen, laden wir Sie zu einem Gespräch im Personalwesen ein. Auch unser Vertragsarzt und der Vertrauensmann des Betriebsrats werden Sie gern beraten.

Freundliche Grüße

Bitte bestätigen Sie den Erhalt dieser Abmahnung durch Ihre Unterschrift auf der beigefügten Kopie.

Abmahnung wegen Arbeitsverweigerung

Briefkopf

Anschrift Datum

Abmahnung

Sehr geehrter Herr Kurz,

am 18. Dezember haben Sie sich trotz mehrfacher Aufforderung durch Ihren Abteilungsleiter, Herrn Ackermann, geweigert, im Lager auszuhelfen. Zu diesem Zeitpunkt hatten wir wegen des Weihnachtsgeschäfts einen besonders hohen Anfall an ausgehenden Sendungen. Alle irgendwie abkömmlichen Mitarbeiterinnen und Mitarbeiter haben geholfen, diesen Engpass zu beseitigen.

Als Einziger haben Sie dringende andere Arbeiten vorgeschützt und nicht im Lager mitgearbeitet. Kollegen gegenüber haben Sie sich sogar geäußert, Sie dächten gar nicht daran, eine solch untergeordnete Tätigkeit zu verrichten. Sie haben dann pünktlich Ihre Arbeit beendet, während Ihre Kolleginnen und Kollegen Überstunden gemacht haben.

Wir dulden ein solches auch sehr unkollegiales Verhalten nicht. Dabei erinnern wir Sie daran, dass Sie laut Arbeitsvertrag durchaus verpflichtet sind, auf Anordnung Ihres Vorgesetzten auch solche Arbeiten zu verrichten, die nicht unmittelbar zu den Aufgaben Ihres Arbeitsgebietes gehören.

Sollten Sie noch einmal laut Arbeitsvertrag zumutbare Arbeitsleistungen verweigern, werden wir Ihr Arbeitsverhältnis zum nächstmöglichen Termin kündigen.

Mit freundlichen Grüßen

Abmahnung wegen Unpünktlichkeit

Briefkopf

Anschrift Datum

Abmahnung wegen wiederholten Zuspätkommens

Sehr geehrte Frau Winter,

Ihr Vorgesetzter, Herr Klaus, teilte uns mit, dass Sie in letzter Zeit häufig zu spät zur Arbeit erschienen sind. So kamen Sie am 25. März, am 3. und am 8. April jeweils mehr als 10 Minuten zu spät an Ihrem Arbeitsplatz an.

Herr Klaus hat Sie jedes Mal mündlich abgemahnt, und Sie haben jeweils Besserung versprochen. Dennoch haben Sie Ihr Fehlverhalten nicht geändert. Deshalb erhalten Sie heute diese Abmahnung.

Ab sofort haben Sie *täglich pünktlich* an Ihrem Arbeitsplatz zu erscheinen. Sollten Sie wieder verspätet kommen, müssen Sie mit einer Kündigung Ihres Arbeitsvertrages rechnen.
Wir werden den Betriebsrat über diese Abmahnung informieren.

Mit freundlichem Gruß

Absagen

Grundsätzliches: Absagen sind in der Regel unangenehm – zumindest für den Empfänger. Deshalb haben viele Absender Schwierigkeiten beim Formulieren. Wer Unangenehmes sagen muss, nimmt oft Zuflucht zu langatmigen Formulierungen, Entschuldigungen oder Umschreibungen.

Absagen sollten so formuliert werden, dass Geschäftsbeziehungen oder Kontakte nicht gefährdet oder sogar abgebrochen werden.

Die hohe Kunst der Absage besteht darin, das Unangenehme so angenehm wie möglich mitzuteilen. Aber auch beim geschicktesten Formulieren kann man aus einem *Nein* kein *Ja* machen. Man kann aber versuchen, Formen und Wendungen zu finden, die es dem Partner gestatten, ohne Gesichtsverlust oder Niederlage die Absage zur Kenntnis zu nehmen und das Notwendige einzusehen.

Checkliste für Absagen

(Die einzelnen Punkte sind von unterschiedlicher Bedeutung. Beachten Sie, dass Absagen an Personen [zum Beispiel Bewerber] mit besonderem Fingerspitzengefühl behandelt werden müssen.)

Vorüberlegung:

Welche Ziele verfolge ich mit der Absage (zum Beispiel Beendigung der Geschäftsbeziehung oder Fortsetzung)?

Aufbau und Inhalt:

- Anschrift des Empfängers
- Zeichen des Absenders, Ort, Datum
- Bezugszeichen (bei geschäftlichen Absagen)
- Betreff: Kurzhinweis auf Gegenstand der Absage (bei Bewerbern: Stellenangabe)
- Anrede: wie bei anderer Geschäftskorrespondenz (bei Bewerbern: mit Namen)
- Einleitung: Bestätigung des Eingangs und Dank (zum Beispiel bei Angeboten, Bewerbungen)
- Absage mit Begründung
- Anbieten von Lösungsalternativen (bei geschäftlichen Absagen, wenn weitere Beziehungen erwünscht) oder einer anderen Stelle (bei guten Bewerbern, wenn andere Stelle frei und Interesse am Bewerber besteht)
- Schlussformulierungen (zum Beispiel Wunsch auf weitere Geschäftsbeziehungen; gute Wünsche für die Zukunft bei Bewerbern)
- Unterschrift(en)
- Anlagen (zum Beispiel Bewerbungsunterlagen)

Tipps

- Sagen Sie so früh wie möglich ab. Lassen Sie den Empfänger nicht unnötig warten (er muß die Chance bekommen, schnell anders zu disponieren).
- Sagen Sie glaubwürdig ab. Reden Sie nicht »um die Sache herum«.
- Sagen Sie individuell ab. (Das gilt besonders bei Absagen auf Bewerbungen: individuelle, ehrliche Begründung anstelle allgemeiner, eventuell sogar vervielfältigter Absageschreiben; Bewerber lernen von der Nennung der Absagegründe.)
- Begründen Sie geschäftliche Absagen (zum Beispiel auf Anfragen, Angebote oder Bitten).
- Zeigen Sie andere Lösungen auf, oder machen Sie andere Angebote.
- Schließen Sie Ihre Absage mit freundlichen Hinweisen auf mögliche weitere geschäftliche Beziehungen und guten Wünschen für die Zukunft.

Absage auf Bewerbung

Briefkopf

Anschrift | Datum

Ihre Bewerbung als Chefassistentin

Sehr geehrte Frau Köhler,

herzlichen Dank für Ihre Bewerbung und Ihr Interesse an einer Mitarbeit in unserem Unternehmen.

Unser Stellenangebot hatte ein ungewöhnliches Echo gefunden: Es gingen fast 200 Bewerbungen ein. Bei dieser großen Zahl von zum Teil sehr qualifizierten Bewerberinnen ist uns die Wahl schwer gefallen. Wir hatten auch Sie in die engere Wahl gezogen. Schließlich haben wir uns aber für eine Bewerberin entschieden, die von ihrem bisherigen Werdegang her am besten für die angebotene Position geeignet zu sein scheint. Außerdem wohnt diese Bewerberin am Ort und steht kurzfristig zur Verfügung.

Wir halten auch Sie für sehr qualifiziert. Deshalb bedauern wir sehr, Ihnen absagen zu müssen. Wir sind jedoch sicher, dass Sie bald eine Stelle finden werden, die Ihren Vorstellungen entspricht.

Ihre Bewerbungsunterlagen schicken wir Ihnen mit bestem Dank für Ihre Bemühungen zurück. Für Ihre berufliche Zukunft wünschen wir Ihnen alles Gute und viel Erfolg.

Mit freundlichen Grüßen

Anlagen

Absage an Bewerber nach einem Vorstellungsgespräch

Briefkopf

Anschrift　　　　　　　　　　　　　　　　　　　　　Datum

Sehr geehrter Herr Wiesemann,

vielen Dank für Ihre Bewerbung und für Ihren Besuch am 18. November in unserem Hause.

In den Gesprächen mit den Herren Meister und Breiter haben Sie den positiven Eindruck bestätigt, den wir von Ihnen bereits bei der Auswertung Ihrer Bewerbungsunterlagen gewonnen hatten. Wir konnten sie als ausgezeichneten Fachmann und als sehr angenehmen Gesprächspartner kennen lernen.

Wir hatten Ihnen bereits in den Gesprächen mitgeteilt, dass wir noch einen weiteren sehr qualifizierten Bewerber in der engsten Auswahl hatten. Für diesen Bewerber haben wir uns schließlich entschieden. Den Ausschlag gab insbesondere der Umstand, dass er in einem anderen Unternehmen eine ähnliche Aufgabe erfolgreich bewältigt hat.

Wir bedauern sehr, Ihnen absagen zu müssen. Wir hätten auch Sie gern eingestellt, haben aber zurzeit keine Ihren Fähigkeiten entsprechende Stelle zu besetzen. Vielleicht ergibt sich später eine Gelegenheit zu einer Zusammenarbeit.

Für Ihre weitere Stellensuche und Ihre berufliche Zukunft wünschen wir Ihnen alles Gute.

Mit besten Grüßen

Anlagen
Bewerbungsunterlagen

Einen weiteren Musterbrief zu diesem Thema finden Sie unter »Bewerbungen (Reaktionen auf Bewerbungen)«.

Absage auf eine Bitte um Auskunft

Briefkopf

Anschrift Datum

Ihre Bitte um Auskunft über die Firma Breitenmüller & Schmidt

Sehr geehrte Damen und Herren,

Sie hatten uns um Auskunft über die Kreditwürdigkeit der Firma Breitenmüller & Schmidt gebeten. Dieser Bitte können wir nicht entsprechen.

Aus grundsätzlichen Erwägungen erteilen wir Auskünfte über Geschäftspartner nur dann, wenn sie uns ausdrücklich dazu ermächtigen. Dies ist hier nicht der Fall. Wir können nur bestätigen, dass wir seit vielen Jahren mit Breitenmüller & Schmidt zusammenarbeiten.

Bitte haben Sie für unsere Haltung Verständnis.

Mit freundlichen Grüßen

Absage auf geschäftliche Einladung

Briefkopf

Anschrift

Datum

Sehr geehrte Damen und Herren,

vielen Dank für Ihre Einladung zu Ihrer Geschäftseröffnung.

Ich hätte an diesem für Sie so wichtigen Fest gern teilgenommen, weil wir bereits früher gute geschäftliche Beziehungen hatten. Auch interessieren mich Ihre neuen Geschäftsräume und Ihr Warenangebot.

Leider habe ich am gleichen Tag einen für mich sehr wichtigen und nicht aufschiebbaren Termin in Magdeburg. Deshalb muss ich Ihnen zu meinem Bedauern absagen.

Für den Tag der Eröffnung und vor allem für einen guten Start und eine stetige positive Entwicklung wünsche ich Ihnen alles Gute und viel Erfolg. Ich würde mich sehr freuen, wenn ich Ihre neuen Geschäftsräume bald besichtigen und mit Ihnen Erfahrungen austauschen dürfte.

Mit besten Grüßen und Wünschen

Anfragen

Grundsätzliches: Die Anfrage dient der Einleitung eines günstigen Einkaufs. Sie setzt eine gründliche Vorbereitung und Durchführung voraus.

Anfragen sind an keine bestimmte Form gebunden. Um Irrtümer und späteren Ärger zu vermeiden, sind *schriftliche* Anfragen zu empfehlen; *telefonische* Anfragen sollten schriftlich bestätigt werden.

In vielen Fällen ist es ratsam, mehrere Angebote einzuholen. Je präziser die Anfragen formuliert und strukturiert sind, desto besser lassen sich die Angebote miteinander vergleichen.

Wie ausführlich und präzise eine Anfrage ausfällt, hängt vom Ziel des Anfragenden und von Art und Umfang der angefragten Waren oder Dienstleistungen ab. So genügen für eine *allgemeine Anfrage* (zum Beispiel nach T-Shirts) wenige Sätze. Eine *spezifizierte Anfrage* kann auch sehr ins Detail gehen und mehrere Seiten umfassen (zum Beispiel bei Investitionsgütern oder Bauleistungen).

Checkliste für den Aufbau von Anfragen

(Die einzelnen Punkte sind – je nach Art der Anfrage – von unterschiedlicher Bedeutung.)

- Anschrift des Empfängers
- Zeichen des Absenders, Name und Telefonnummer des Bearbeiters, Ort und Datum
- Betreff: Kurzhinweis auf Gegenstand der Anfrage
- Anrede
- Begründung der Anfrage und gegebenenfalls der Wahl des Anbieters (bei neuen Anbietern)
- Eventuell Kurzinformation über das eigene Unternehmen (bei neuen Anbietern)
- Gegenstand der Anfrage (genaue Beschreibung von Zweck, Funktion und Qualität)
- Information über den Bedarf (Menge), den Verwendungszweck, den Bedarfstermin oder Bedarfszeitraum
- Aufforderung zur Preisangabe. Hierbei soll der Anbieter – je nach Marktgepflogenheiten – angeben: Nettopreise, Möglichkeiten weiterer Preisermäßigungen (zum Beispiel Saisonrabatte, Boni, Naturalrabatte u. a.), Verpackungs- und Frachtkosten u. a.
- Preisbasis erfragen (zum Beispiel ab Werk, fob, frei Station, frei Haus)
- Angebote (vor allem bei Dienstleistungen) zu Festpreisen oder auf Stundenlohnbasis nennen lassen
- Angaben zur Abwicklung (zum Beispiel Art der Verpackung, Art des

Versandes, Ort und Zeitpunkt des Gefahrenübergangs, Bestätigung des gewünschten Liefertermins, Lieferflexibilität)
- Zahlungsbedingungen (eigene Bedingungen vorschreiben oder Bedingungen des Lieferanten erfragen)
- Gewährleistungsbedingungen
- Service- und Kundendienstleistungen abfragen (Garantieleistungen, Reparatur- und Wartungsleistungen, Ersatzteilpreise und Sicherstellung von Ersatzteillieferungen für ... Jahre)
- Zeitraum für die Bindung an das Angebot erfragen
- Hinweis auf eigene Einkaufsbedingungen (bestätigen lassen)
- Bitte um kostenfreies Angebot (insbesondere bei hohem Arbeitsaufwand)
- Eventuell weitere Geschäftsbeziehungen in Aussicht stellen
- Dank für Bemühungen (Ausarbeitung des Angebots)
- Gruß
- Anlagen (wenn erforderlich)

Tipps

- Beschaffen Sie sich ausreichende Kenntnisse über die nachgefragten Waren oder Dienstleistungen. (Was brauchen wir genau, und was gibt der Markt her?)
- Berücksichtigen Sie die branchenüblichen Gepflogenheiten wie allgemeine Einkaufs- und Verkaufsbedingungen. (Können Sie Ihre Einkaufsbedingungen durchsetzen, oder müssen Sie die Verkaufsbedingungen des Anbieters akzeptieren?)
- Legen Sie Ihre Anforderungen exakt fest. (Was brauchen Sie in welcher Qualität und Menge zu welchem Zweck und zu welchem Preis zu welchem Zeitpunkt?)
- Wählen Sie den Anbieterkreis gezielt aus. (Kriterien können Preis, Qualität, Zuverlässigkeit, Flexibilität, Kulanz, Service u. a. m. sein.)
- Formulieren Sie die Anfrage präzise. (So ersparen Sie Rückfragen oder ungenaue Angebote.)
- Wählen Sie den richtigen Zeitpunkt. (zum Beispiel für Sie günstige Marktkonstellation)
- Setzen Sie einen (realistischen) Termin für die Abgabe des Angebots.
- Wenn Sie vermeiden wollen, für ein umfangreiches Angebot mit Kosten belastet zu werden, stellen Sie dies in Ihrer Anfrage klar. (»Wir erwarten ein kostenfreies Angebot.«)

Allgemeine Anfrage

Briefkopf

Anschrift Datum

Sportliche Herren-Freizeitkleidung

Sehr geehrte Damen und Herren,

wir sind das führende Sportartikelgeschäft in Oberammergau. Im Zusammenhang mit der Erweiterung unserer Verkaufsfläche im Herbst dieses Jahres wollen wir unser Sortiment um Freizeitkleidung erweitern.

Wir suchen Lieferanten, die sich wie wir dem Grundsatz »hohe Qualität zu fairen Preisen« verpflichtet fühlen. Mit dieser Einstellung konnten wir einen großen Stammkundenkreis aufbauen. Hinzu kommen, nicht zuletzt dank unserer günstigen Lage in einem bekannten Urlaubsort, zahlreiche Touristen.

Unser Prinzip ist auch eine dauerhafte und vertrauensvolle Zusammenarbeit mit unseren Lieferanten.

Bitte schicken Sie uns für eine erste Information ausführliches Prospektmaterial über Ihr Sortiment an sportlicher Herren-Freizeitkleidung im mittleren und gehobenen Segment mit verbindlichen Preisangaben (Netto-Ek).

Bitte nennen Sie uns außerdem:

- Ihre Preisstaffelung bei jeweiligen Umsatzmengen (Stückzahlen),
- Ihre Rabattstaffeln bei jeweiligen Umsatzhöhen (Jahresumsatz in DM),
- die Nebenkosten,
- die Liefertermine,
- Ihre Lieferungs- und Zahlungsbedingungen,
- Ihre Garantie- und Serviceleistungen.

Wir wünschen zu diesem frühen Zeitpunkt noch keinen Vertreterbesuch.

Vielen Dank für Ihre Bemühungen.

Mit freundlichen Grüßen aus Oberammergau

Spezielle Anfrage

Briefkopf

Anschrift Datum

Außendiensttagung

Sehr geehrte Damen und Herren,

wir wollen im nächsten Jahr in der 39. oder 40. Kalenderwoche die Jahrestagung unseres Außendienstes in zentraler Lage durchführen.

Anreise der Teilnehmer zum größten Teil (ca. 70 Personen) am Sonntagabend bis 19:30 Uhr und weiterer ca. 10 Teilnehmer am Montagmorgen bis 8:30 Uhr; Abreise am Mittwoch nach dem Mittagessen (ca. 14:00 Uhr).

Für unsere Arbeitstagung benötigen wir:

- einen ausreichend großen Tagungsraum mit den üblichen technischen Einrichtungen (Arbeitsprojektor mit Projektionsfläche, Pinnwände, Flipchart; Moderationsmaterial bringen wir selbst mit.)
- 8 Gruppenräume mit Pinnwänden oder Flipcharts
- Einzelzimmer oder Doppelzimmer als Einzelzimmer
- Vollpension (bitte jeweils 3 Menüs zur Auswahl, davon 1 vegetarisches)
- am Vor- und Nachmittag je eine Kaffeepause mit kleinem Gebäck
- Parkgelegenheiten für ca. 50 PKWs

Bitte teilen Sie uns mit, über welche Freizeiteinrichtungen Ihr Haus verfügt.

Richten Sie Ihr Angebot bitte an unsere Leitung Außendienst, Herrn Anton Becker, bis spätestens zum 1. Februar 20..

Danke für Ihre Bemühungen.

Mit freundlichen Grüßen

Angebote

Grundsätzliches: Mit einem Angebot gibt der *Anbieter* eine Willenserklärung ab, Waren oder Dienstleistungen zu den im Angebot genannten Bedingungen zu liefern. Der *Empfänger* ist in seiner Entscheidung (Annahme, Ablehnung, Nichtreagieren) frei – auch bei angeforderten Angeboten.

Man unterscheidet *verlangte* und *unverlangte* Angebote. *Verlangte* Angebote sind die Antwort auf eine Anfrage. Sie haben aus Sicht des Anbieters größere Erfolgsaussichten, weil hier ein Nachfrager bereits Interesse bekundet hat. Sie haben auch eine höhere Verbindlichkeit: Der Anbieter verpflichtet sich, eine Ware oder Dienstleistung an einen *bestimmten Empfänger* zu verkaufen (oder zu verleihen, zu vermieten, zu verpachten, zu vermitteln).

Unverlangte Angebote sind für den Anbieter weniger verbindlich. Als unpersönliche Angebote (wie Werbebriefe oder Drucksachen) sind sie *freibleibend*; der Anbieter ist nicht verpflichtet, die Bestellungen anzunehmen. Werbebotschaften, die sich an die Allgemeinheit richten (zum Beispiel Werbeprospekte, Werbeanzeigen, Hauswurfsendungen), sind keine Angebote im Sinne des Vertragsrechts.

Angebote sind an keine bestimmte Form gebunden. Sie sollten so aussagefähig und so vollständig sein, dass der Empfänger ausreichend informiert seine Entscheidung ohne weitere Nachfragen treffen kann.

Checkliste für den Aufbau von Angeboten
(Die einzelnen Punkte sind – je nach Art und Verbindlichkeit des Angebots und den Gepflogenheiten der Branche – von unterschiedlicher Bedeutung.)

- Anschrift des Empfängers: Wenn bekannt – zum Beispiel bei Angeboten auf Anfragen –, den zuständigen Partner anschreiben
- Zeichen des Absenders, Name, Telefonnummer des Bearbeiters, Ort und Datum
- Bezugszeichen (bei Antworten auf Anfragen alle Zeichen des Anfragers übernehmen)
- Betreff: Kurzhinweis auf Gegenstand des Angebots (bei Antworten auf Anfragen: deren Bezug übernehmen)
- Anrede: Wenn Empfänger nicht namentlich bekannt (zum Beispiel bei unverlangten Angeboten), »Sehr geehrte Damen und Herren«; bei verlangten Angeboten unbedingt mit Namen anreden: »Sehr geehrte Frau Schneider«, »Sehr geehrter Herr Müller«
- Dank für Anfrage oder Interesse (bei verlangten Angeboten)
- Gegenstand des Angebots (kurz, aber genau und leicht verständlich)
- Angaben über Nutzen und Zusatznutzen
- Mengenangaben (in den gesetzlichen oder branchenüblichen Maßeinheiten; bei Angeboten ins Ausland gegebenenfalls dessen Maße und Bezeichnungen)

- Preis (in Zusammenhang mit den Mengen, Maßeinheiten etc.; Brutto- und Nettopreise)
- Möglichkeiten von Preisermäßigungen (zum Beispiel Rabatte)
- Zahlungsbedingungen (Genaue Zahlungsziele setzen! Nach Möglichkeit eigene Bedingungen durchsetzen!)
- Gewährleistung, Garantieleistungen, Kundendienst, Service
- Versandart (zum Beispiel durch eigenen Lkw, durch Spedition oder Boten, per Bahn, Post, Luftfracht)
- Lieferzeit
- Erfüllungsort
- Gerichtsstand (in der Regel der eigene Firmensitz)
- Schlussformulierungen
- Gruß
- Unterschrift(en)
- Anlagen (zum Beispiel Prospekte, Kataloge, Muster, Proben; Verkaufs- und Lieferbedingungen)

Tipps

- Formulieren Sie Ihr (unverlangtes) Angebot so, dass der Empfänger das Angebot überhaupt liest.
- Formulieren Sie von der Interessenlage des Empfängers her. (Welches sind seine Wünsche oder Motive? Welchen Nutzen können Sie ihm bieten?)
- Bestehen bereits (erfolgreiche) Geschäftsbeziehungen, gehen Sie darauf ein.
- Beantworten Sie alle Punkte seiner Anfrage. Bieten Sie, wenn möglich, noch Zusatznutzen.
- Berücksichtigen Sie bei Ihren Formulierungen, ob der Interessent fachkundig ist.
- Stellen Sie außer »harten« Fakten (wie technische Daten, Gebrauchseigenschaften, Preise und Konditionen) auch »weiche« Fakten (wie Prestige, Sicherheit, Service) heraus.
- Machen Sie nur Zusicherungen, die Sie auch einhalten können und wollen (zum Beispiel Qualitätszusagen, Preisgarantien, Termine, Umtausch oder Rücknahme, Kundendienst, Kulanz u. a.).
- Erleichtern Sie dem Empfänger das Bestellen (zum Beispiel Bestellformular, Bestellschein/-karte beilegen; Bestellung zur Probe, eventuell mit Rücknahmegarantie bis …).
- Legen Sie deutlich dar, welche Verbindlichkeit Ihr Angebot haben soll (zum Beispiel freibleibend, »solange der Vorrat reicht«; zeitliche Gültigkeit des Angebots; rechtlich: Allgemeine Geschäftsbedingungen).
- Formulieren Sie den Schluss so, dass Sie Ihr Ziel mit hoher Wahrscheinlichkeit erreichen (zum Beispiel Aufforderung/Bitte zu bestellen; Zusicherung zuverlässiger Erfüllung des Auftrags; Freude über ein Zustandekommen einer Geschäftspartnerschaft).

Unverlangtes Angebot

Briefkopf

Anschrift | Datum

Das hat Ihnen noch gefehlt!

Sehr geehrte Dame, sehr geehrter Herr,

kommen Ihre Einbaugeräte in die Jahre? Entsprechen deren Leistung und Energieverbrauch nicht mehr heutigem Standard? Haben Sie auch schon darüber nachgedacht, dass neue, energiesparende Geräte sich gewissermaßen selbst finanzieren?

Unser Vorschlag: Jetzt Einbaugeräte auswechseln!

Unser Angebot:	bisheriger Preis	Aktionspreis
Einbauherd mit Glaskeramik-Kochfeld	1.799 DM	1.599 DM
Geschirrspüler	899 DM	799 DM
Einbau-Cooler (FKW-frei)	499 DM	444 DM

Und wir setzen noch einen drauf: Unser Paketpreis für alle drei Geräte beträgt nur 2.750 DM. Wir liefern frei Haus, einschließlich Montage durch unseren Kundendienst. Und Ihre Altgeräte entsorgen wir - wenn Sie es wünschen - für 75 DM.

Unser Angebot gilt für den ganzen Mai.

Ein chinesisches Sprichwort lautet: »Ein Bild sagt mehr als tausend Worte.« Schauen Sie deshalb in den beiliegenden Prospekt. Außer unserem Mai-Angebot finden Sie dort noch viele andere Dinge, die Ihnen die Arbeit im Haushalt erleichtern können.

Haben Sie noch Fragen? Rufen Sie uns an unter der Nummer 3 30 44 01, oder - noch besser - besuchen Sie uns in einem unserer Verkaufshäuser. Wir freuen uns auf Ihren Besuch.

Mit besten Grüßen

Verlangtes Angebot

Briefkopf

Anschrift Datum

Computer-Lernspiele

Sehr geehrte Frau Zimmermann,

vielen Dank für Ihre Anfrage vom 14. März. Wir freuen uns über Ihr Interesse an unseren Computer-Lernspielen.

Schon seit mehr als 30 Jahren entwickeln wir Lernspiele, die von Pädagogen empfohlen, von Eltern geschätzt und von Kindern begeistert benutzt werden. Diese Erfahrung kam uns auch bei der Entwicklung von Computer-Lernspielen zugute.

Eine Serie von Spielen soll die Kreativität und die Fantasie der Kinder anregen, eine zweite Serie soll die interaktiven Fähigkeiten der Kinder fördern, und eine dritte Serie schließlich soll die Fähigkeiten entwickeln, auf denen der Schulunterricht aufbauen kann.

Manche Spiele sind so angelegt, dass sich die Kinder allein beschäftigen können. Andere wieder sollen zum gemeinsamen Spiel mit anderen Kindern, mit den Eltern oder mit älteren Geschwistern anregen. Dies ist gerade bei Computer-Spielen ein wichtiger Aspekt!

Für eine erste Information schicken wir Ihnen unseren großen Lernspiele-Katalog. Außerdem erhalten Sie 6 Disketten mit typischen Beispielen für die unterschiedlichen Lernziele.

Die Abbildungen und Beschreibungen des Katalogs können den bildenden und erzieherischen Wert und Nutzen unserer Lernspiele nur unvollkommen wiedergeben. Sie müssen sie gesehen und vor allem auch gespielt haben. Deshalb unser Vorschlag: Unser Gebietsbetreuer, Herr Georg Kampmann, sucht Sie einmal mit unserem Spiele-Mobil auf. Dann können Sie besser beurteilen, warum wir so viele zufriedene Kunden haben.

Herr Kampmann wird Sie Anfang nächster Woche wegen eines Besuchstermins anrufen.

Mit freundlichen Grüßen

Angebot für eine neue Position, verbunden mit Ortswechsel

Briefkopf

Anschrift Datum

Angebot für eine neue Position

Sehr geehrte Frau Heinrich,

wir bestätigen das Gespräch zwischen Ihnen und unserem Prokuristen, Herrn Möller. Bei dieser Gelegenheit hatten wir Ihnen die Position einer Abteilungsleiterin Raumausstattung in unserem Kaufhaus in Hannover angeboten. Sie fanden unser Angebot interessant, erbaten sich aber eine Woche Bedenkzeit. Wir können diesen Wunsch gut verstehen, weil mit der Beförderung ein Ortswechsel verbunden wäre.

Außerdem baten Sie uns, unser Angebot etwas genauer darzulegen. Dies wollen wir hiermit tun:

- Sie übernehmen Ihre neue Aufgabe am 1. April 20..
- Ihr Gehalt beträgt während der Einarbeitungsphase (4 Monate) monatlich 4 400 DM.
- Bis zu Ihrem Umzug nach Hannover (spätestens nach 6 Monaten) erhalten Sie einen Mietkostenzuschuss von monatlich 900 DM sowie die Erstattung von 2 Heimfahrten nach Reisekostenordnung.
- Nach der Einarbeitungsphase erhöhen wir Ihr Gehalt auf 4 800 DM. Außerdem erhalten Sie eine umsatzabhängige Prämie nach unserer Prämienordnung.

Bei der Wohnungsbeschaffung sind wir Ihnen behilflich. Hierbei übernehmen wir nach unserer Umzugsordnung die Maklergebühren, die Speditionskosten sowie für eine Übergangszeit von höchstens 3 Monaten die Mietkosten für Ihre bisherige Wohnung in Frankfurt.

Wir freuen uns sehr, wenn Sie unser Angebot annehmen, weil wir glauben, dass Sie für die neue Position alle Voraussetzungen mitbringen.

Bitte bestätigen Sie Ihr Einverständnis auf der beiliegenden Zweitschrift dieses Angebots.

Es grüßt Sie freundlich

Anlage
Zweitschrift des Angebots

Ablehnung eines Angebots

Briefkopf

Anschrift		Datum

Unsere Anfrage nach Bauleistungen - Umbau einer Lagerhalle
Ihr Angebot vom 23. März 20..

Sehr geehrter Herr Lämmermann,

vielen Dank für Ihr fristgerecht bei uns eingegangenes Angebot.

Ihr Vorschlag, die alte Lagerhalle abzureißen und durch einen Neubau in Fertigbauweise zu ersetzen, hat einen gewissen Reiz. Er hat aber auch einige Nachteile: Die Kosten liegen erheblich über dem Limit, das wir uns gesetzt haben. Außerdem müssten wir in der Abbruch- und Neubauphase unser gesamtes Lager auslagern, während wir bei einem »sanften« Umbau wenigstens einen Teil der Halle weiterhin nutzen können.

Wir haben uns deshalb für ein anderes Angebot entschieden, das von den Kosten her weitaus günstiger ist und uns vor allem in unseren Aktivitäten weniger einschränkt.

Da uns Ihr Vorschlag technisch sehr überzeugt hat, werden wir Sie bei einer späteren Erweiterung unserer Lagerkapazität - wir denken in etwa 3 Jahren - bei einer Ausschreibung gern berücksichtigen.

Mit freundlichen Grüßen

Einen weiteren Musterbrief zu diesem Thema finden Sie unter »Dankschreiben«.

Ankündigungen

Grundsätzliches: Ankündigungen dienen dazu, einen Geschäfts- oder Korrespondenzpartner auf bevorstehende Handlungen, Ereignisse und Termine hinzuweisen oder an die Einhaltung von Verabredungen und Verträgen zu erinnern. Sie können für den Empfänger positiv (zum Beispiel Ankündigung einer Lieferung) als auch negativ (zum Beispiel Ankündigung eines Mahnbescheids) sein.

Schriftliche Ankündigungen sind immer dann telefonischen vorzuziehen, wenn für mögliche spätere Auseinandersetzungen eine »Aktenlage« geschaffen werden soll.

Tipps

- Formulieren Sie Ankündigungen kurz, klar und verständlich.
- Schildern Sie den Sachverhalt und eventuelle Folgen (zum Beispiel angedrohter Mahnbescheid).
- Kündigen Sie nur an, was Sie später auch durchführen oder durchsetzen können und wollen. (Wer bellt, sollte auch beißen können.)
- Geben Sie genaue Termine oder Fristen an.
- Sagen Sie genau, was Sie bis wann mit welchen Auswirkungen unternehmen wollen.
- Teilen Sie auch mit, welche Reaktionen Sie vom Empfänger erwarten.
- Formulieren Sie Negatives bestimmt, aber höflich.

Ankündigung einer Geschäftseröffnung

Briefkopf

Anschrift Datum

Eröffnung eines neuen Service-Centers

Sehr geehrte Damen und Herren,

am 2. April ist es so weit: Im Gewerbegebiet an den Karpfenweihern eröffnen wir ein Service-Center für alle Haushaltsgeräte. Wir reparieren weiße und braune Ware aller bekannten Hersteller.

Für die meisten Geräte gilt: Morgens gebracht - abends repariert. Wir kommen selbstverständlich auch gern zu Ihnen ins Haus und reparieren vor Ort. Gegen einen geringen Kostenbeitrag entsorgen wir auch Ihre Altgeräte.

Dürfen wir Ihnen unsere neuen Räume und unser Service-Angebot einmal vorführen? Wir laden Sie zu einem »Tag der offenen Tür« am Dienstag, dem 2. April, ab 9:30 Uhr, ein. Dann warten auf Sie einige Überraschungen.

Auf Ihren Besuch freut sich das Service-Team von
Müller & Janker.

Mit besten Grüßen von den Karpfenweihern

Ankündigung einer Lieferung

Briefkopf

Anschrift Datum

Lieferung von Baumaterialien

Sehr geehrter Herr Braun,

am Montagmorgen wollen wir Ihnen auf die Baustelle Breuer, Talweg 11, die von Ihnen bestellten Baustoffe liefern. Es sind dies im Einzelnen:

12 t Splitt
12 t Schotter
600 St. Porotherm-LZ BL 30
5 cbm Sand
15 Sack Portland-Zement PZ 350 F
15 Sack PM-Binder

Bitte sorgen Sie dafür, dass die Zufahrt zur Baustelle passierbar ist und dass einer Ihrer Mitarbeiter die Lieferung entgegennimmt.

Nochmals vielen Dank für Ihren Auftrag.

Mit freundlichen Grüßen

Einen weiteren Musterbrief zu diesem Thema finden Sie unter »Lieferungen«.

Ankündigung eines Mahnbescheides

Briefkopf

Anschrift | Datum

Unsere Rechnung vom 17. Juni - unsere Lieferung vom 15. Juni
Unsere Erinnerungsschreiben vom 30. Juni und vom 15. Juli

Sehr geehrter Herr Zobel,

wir haben unseren Teil des Kaufvertrages, wie vereinbart, erfüllt. Sie haben unsere Ware pünktlich und in einwandfreiem Zustand erhalten.

Seither liegt es an Ihnen, Ihren Teil des Vertrages zu erfüllen. Dies ist bis heute leider nicht geschehen. Wir setzen Ihnen noch eine letzte Frist bis 5. August. Sollten Sie unsere Rechnung bis dahin nicht bezahlt haben, werden wir Ihnen einen gerichtlichen Mahnbescheid zustellen lassen. Wir gehen davon aus, dass Sie sich den damit verbundenen Ärger und die zusätzlichen Kosten ersparen werden.

Mit freundlichem Gruß

Ankündigung einer Preiserhöhung

Briefkopf

Anschrift | Datum

Die Preise ändern sich.

Sehr geehrte Damen und Herren,

seit fast 3 Jahren liefern wir Ihnen Hygiene-Papiere zu unveränderten Preisen. Obwohl die Weltmarktpreise für Zellstoff in den letzten Jahren um über 10 Prozent gestiegen sind, konnten wir unsere Verkaufspreise dank Rationalisierungsmaßnahmen konstant halten. Das wird leider nicht länger möglich sein: Unsere Lieferanten haben wieder eine Preiserhöhung von rund 7 Prozent angekündigt. Diese Erhöhung können wir nicht mehr in unseren Preisen auffangen.

Am 1. August werden wir deshalb unsere Preise im Schnitt um 6 Prozent erhöhen. Wie sich dies auf die einzelnen Sorten und Qualitäten auswirken wird, entnehmen Sie bitte der beigefügten neuen Preisliste.

Wir glauben, die neuen Preise wieder über eine längere Phase hinweg halten zu können.

Bitte haben Sie für die Preisanpassung Verständnis. Sie können auch in Zukunft auf die Qualität unserer Produkte und auf unsere Zuverlässigkeit bauen.

Unsere Kundenberaterin, Frau Mengerle, wird Sie nach telefonischer Vereinbarung in Kürze aufsuchen, um mit Ihnen über künftige Aufträge zu sprechen.

Mit freundlichen Grüßen

Anteilnahmen/Beileidsbekundungen

Grundsätzliches: Es gehört zu den schwierigsten Aufgaben der Korrespondenz, trauernden Hinterbliebenen in angemessener Weise Beileid und Anteilnahme auszusprechen. Deshalb nehmen viele Menschen Zuflucht zu vorgedruckten Beileidskarten oder zu kurzen, selbst formulierten Standardtexten. Das mag für Beileidsbekundungen an ferner Stehende – und dazu gehören in der Regel die Mehrzahl der Geschäftspartner – ausreichen.

Wer mit dem Verstorbenen oder einem trauernden Geschäftspartner in einer engeren Geschäftsbeziehung oder einer persönlichen Beziehung stand, sollte sein Mitgefühl schon etwas ausführlicher und individueller formulieren. Die Hinterbliebenen sind für ein wenig Trost und für eine gewisse Anerkennung des Verstorbenen sehr empfänglich.

Es genügen bereits wenige Ausführungen über den Charakter, das Wesen oder einige liebenswerte Eigenschaften des Verstorbenen, ein lobender Hinweis auf besondere Leistungen, Taten oder Verdienste oder auf seine Bedeutung für oder seinen Einfluss auf seine Umgebung.

Die Empfänger eines Beileidsbriefes schätzen es besonders, wenn der Kondolierende sein persönliches Verhältnis zu dem Verstorbenen und seine Betroffenheit über den (plötzlichen) Tod darstellt. Trotz solcher Erweiterungen kann ein Beileidsbrief kurz ausfallen.

Bitte grundsätzlich mit der Hand schreiben. Einem viel beschäftigten Menschen billigt man zu, dass er im geschäftlichen Bereich auch Beileidsbekundungen mit Schreibmaschine oder PC schreibt.

Tipps

- Schreiben Sie auf gutes, weißes Briefpapier oder auf weiße Karten. (Karten oder Briefbogen mit schwarzem Trauerrand sind den Hinterbliebenen vorbehalten.)
- Schreiben Sie möglichst sofort. (Je länger Sie das Schreiben hinauszögern, desto unangenehmer wird es und umso schwieriger fällt das Formulieren.)
- Schreiben Sie wenn möglich mit der Hand. (Die Handschrift ist Ausdruck Ihres persönlichen Interesses und Ihrer Verbundenheit mit den Hinterbliebenen.)
- Benutzen Sie nach Möglichkeit einen Füllfederhalter. (Tintenschrift wirkt persönlicher als Kugelschreiberschrift.)
- Wenn Sie das Schreiben diktieren (oder Ihre Sekretärin es verfasst), lassen Sie wenigstens Ihr persönliches Interesse und echte Anteilnahme anklingen.
- Schließen Sie einen maschinengeschriebenen Brief zumindest mit einer handgeschriebenen, persönlichen Schlussformel.

Beileidsbrief an eine Mitarbeiterin

Anschrift (Datum)

Liebe Frau Hansen,

als Sie heute Morgen anriefen und sagten, Sie könnten wegen des Todes Ihres Mannes nicht zur Arbeit kommen, war ich so erschrocken und erschüttert, dass ich fast kein Wort herausbekam. Nun hat also ein tragischer Verkehrsunfall Ihnen Ihren lieben Mann und Ihren Kindern den Vater genommen. Ein solch schreckliches Ereignis macht uns deutlich, wie ohnmächtig wir Menschen gegenüber einem unbegreiflichen Schicksal sind. Wenn ein noch junges Leben plötzlich und viel zu früh endet, stehen wir besonders betroffen da. Und wir werden uns unserer Hilflosigkeit bewusst.

Ich kenne Ihren Mann von einigen Begegnungen und sehr anregenden Gesprächen, die wir miteinander führten. Mehr noch kenne ich ihn von Ihren Schilderungen. Deshalb kann ich ungefähr ermessen, welch schwerer Verlust Sie und Ihre Kinder getroffen hat. Ihr Mann war ein so fröhlicher und unternehmungslustiger Mensch. Er steckte immer voller Ideen und engagierte sich auch stark für andere.

Liebe Frau Hansen, ich weiß keinen Trost. Ich kann Ihnen nur mein Mitgefühl aussprechen und Ihnen zusagen, dass Ihre Kolleginnen und ich uns bemühen werden, Ihnen zu helfen, wo wir können. Nehmen Sie zunächst einmal Sonderurlaub, bis Sie zu Hause alles geregelt haben.

Für die sicher schwersten Stunden und Tage Ihres Lebens wünsche ich Ihnen und Ihren Kindern viel Kraft und Zuversicht. In Gedanken trauere ich mit Ihnen.

Mit herzlicher Anteilnahme

Beileidskarte an Geschäftspartner

Sehr geehrte Familie Trunzer,

gestern Abend erfuhr ich durch Zufall, dass Herr Albrecht Trunzer, der Gründer und Seniorchef Ihres Betriebes, nach längerer Krankheit gestorben ist. Diese Nachricht hat mich tief berührt.

Ihr Vater und Schwiegervater war für mich immer ein Vorbild als Unternehmer und als Bürger. Er hat sich mit großem Engagement für seine Familie, seine Firma, seine Mitarbeiter und auch für die Allgemeinheit eingesetzt. Ich konnte in vielen Gremien und bei zahllosen Gelegenheiten miterleben, mit welch hoher Motivation er die Dinge, die er für wichtig hielt, auch vorantrieb. Wir konnten alle viel von ihm lernen. Sein Werk und sein Wirken werden über seinen Tod hinaus Bestand haben.

In Gedanken trauere ich mit Ihnen

Ihr Walter Dickmann

Bestätigungen

Grundsätzliches: Bestätigungen dienen dazu, einem Geschäftspartner ein Einverständnis zu signalisieren.

Bestätigt werden können beispielsweise Aufträge, Bestellungen, Einladungen, Kontrakte, Termine oder Verabredungen.

Einer Bestätigung geht immer eine Aufforderung oder Willensäußerung der anderen Seite voraus.

Für Bestätigungen gibt es keine Formvorschriften. Sie können in dringenden Fällen durch Anruf oder Fax erfolgen. Schriftliche Bestätigungen haben den Vorteil, später als Beweismittel zu dienen. Oft werden sie vom Geschäftspartner angefordert (zum Beispiel Auftragsbestätigungen, Terminvereinbarungen). In manchen Fällen gilt es auch als höflich, schriftlich zu bestätigen (zum Beispiel bei Einladungen).

Tipps

- Bestätigen Sie möglichst bald.
- Bestätigen Sie dem Partner, was er wissen will (oder was Sie ihm mitteilen wollen).
- Erwähnen Sie alle (vertraglich) relevanten Teile. Weicht Ihre Bestätigung von den Angaben oder Vorschlägen des Partners ab, drücken Sie dies deutlich aus (zum Beispiel bei geänderten Aufträgen oder bei Terminvorschlägen).
- Fassen Sie sich kurz.

Bestätigung eines Auftrags

Briefkopf

Anschrift Datum

Ihre Bestellung über Rasenmäher vom 26. Januar

Sehr geehrte Frau Brückner,

vielen Dank für Ihre Bestellung. Wir freuen uns sehr, auch zu Ihren Lieferanten zählen zu dürfen.

Wir werden Ihnen die Rasenmäher, wie gewünscht, in 3 Partien liefern:

- je 5 Stück Rasenmäher mit Elektromotor und mit Benzinmotor in der 10. KW
- 10 Stück Rasenmäher mit Elektromotor in der 12. KW
- 8 Stück Rasenmäher mit Benzinmotor in der 15. KW

Die Rasenmäher werden durch die Spedition Transsped frei in Ihr Lager in der Güterhallenstraße 33 geliefert.

Wir wünschen Ihnen eine gute Frühjahrssaison.

Mit besten Grüßen

Bestätigung eines Auftrags mit Änderung

Briefkopf

Anschrift Datum

Ihr Auftrag vom 22. April 20..
Büro-Drehstühle »Büro-Plus«

Sehr geehrte Damen und Herren,

vielen Dank für Ihre Bestellung von 26 Büro-Drehstühlen »Büro-Plus«, Polsterung dschungelgrün, zum Einzelpreis von 99 DM.

Bereits in unserem freibleibenden Angebot vom 11. April hatten wir darauf hingewiesen, dass wir nur noch einen kleinen Posten dieses Sonderangebots vorrätig hatten. Diesen Posten konnten wir in der Zwischenzeit vollständig verkaufen.

Es tut uns sehr leid, dass wir Ihnen die gewünschten 26 Stühle nicht mehr liefern können. Wir können Ihnen jedoch ein ebenfalls sehr günstiges Angebot machen: unseren neu entwickelten Büro-Drehstuhl »Büro-Fit 2000«. Er zeichnet sich durch eine noch verbesserte ergonomische Gestaltung und pflegeleichte Bezüge aus. Auch diesen Stuhl können wir Ihnen kurzfristig in Dschungelgrün liefern. Der Preis von 119 DM ist - unter Berücksichtigung der weitaus besseren Qualität - äußerst günstig.

Wir wollen Ihnen entgegenkommen und bieten Ihnen den Büro-Drehstuhl »Büro-Fit 2000« zu einem Sonderpreis von 109 DM an. Bitte teilen Sie uns gleich mit, ob wir Ihnen die 26 Stühle liefern dürfen. Sie erreichen unseren Vertrieb, Frau Kullmann, unter der Durchwahlnummer (02 21) 2 25 32-27.

Mit freundlichen Grüßen

Bestätigung einer Einladung

Briefkopf

Anschrift | Datum

Vielen Dank für Ihre Einladung,

sehr geehrter Herr Pauly. Meine Frau und ich werden gern an der Feier zur Eröffnung Ihrer neuen Ausstellungsräume am 15. September in der Ranckestraße teilnehmen.

Wir beglückwünschen Sie zu der so raschen Fertigstellung des Anbaus an Ihr Hauptgeschäft. Es war sicher nicht einfach, alle Auflagen des Denkmalschutzes zu erfüllen.

Jetzt sind wir schon gespannt, wie Sie die zahlreichen Probleme gelöst haben. Wir freuen uns sehr auf die Möglichkeit einer Besichtigung und auf einen Erfahrungsaustausch.

Bitte grüßen Sie auch Ihre Frau recht herzlich von uns.

Mit kollegialen Grüßen

Bestätigung einer Faxnachricht

Faxbriefkopf

Anschrift | Datum

Terminbestätigung

Sehr geehrter Herr Münster,

mit Ihrem Vorschlag, uns am 28. Juli in Böblingen zu treffen, bin ich einverstanden.

Was halten Sie davon: um 11:00 Uhr im »Schwarzen Ross«? Ich würde dort einen kleinen Besprechungsraum reservieren lassen. Sie können gern Ihren Partner, Herrn Brodmann, mitbringen.

Ich könnte mir auch den Nachmittag bis ca. 16:30 Uhr freihalten.

Wenn ich nichts mehr von Ihnen höre, werde ich Sie im »Schwarzen Ross« erwarten.

Mit besten Grüßen

Bestellungen

Grundsätzliches: Bestellungen können aufgrund *vorliegender Angebote* oder aber auch *frei* (zum Beispiel im Rahmen bestehender Geschäftsbeziehungen) erfolgen.

Die Entscheidung wird in der Regel für das günstigste Angebot getroffen. Ausschlaggebend ist häufig der Preis (insbesondere bei gleichartigen oder gleichwertigen Waren oder Dienstleistungen). Andere Gesichtspunkte können ebenfalls ausschlaggebend sein (zum Beispiel Liefertermin, Flexibilität, guter Ruf oder Zuverlässigkeit des Lieferanten, Zahlungsfristen, fachliche Beratung, Service, gegenseitige Verpflichtung).

Für Bestellungen gibt es keine Formvorschriften. Sie können *mündlich* oder *schriftlich* erfolgen. Es empfiehlt sich, mündliche, telefonische oder telegrafische Bestellungen sofort schriftlich zu bestätigen, um Irrtümer auszuschließen und Beweismittel für eventuelle spätere Meinungsverschiedenheiten oder Auseinandersetzungen zu haben.

Wichtig ist die juristische Seite der Bestellung:

- Bestellungen auf ein *vorliegendes verbindliches* Angebot führen zu einem für beide Seiten *verbindlichen* Kaufvertrag. Dieser Vertrag kann nicht von einer Seite ohne Zustimmung der anderen Seite gelöst werden.

- Wenn an einem vorliegenden Angebot etwas geändert wird (zum Beispiel Qualität, Menge, Preis), gilt die Bestellung als ein *neuer Antrag*. Der Lieferant kann entscheiden, ob er zu den neuen Bedingungen liefern will oder nicht.

- Wer frei oder auf ein freibleibendes Angebot hin bestellt, bindet sich selbst. Der Lieferant kann noch annehmen oder ablehnen.

Tipps

- Beziehen Sie sich auf das Angebot (zum Beispiel schriftliches Angebot, Anzeige, Werbebrief, Vertreterbesuch), und greifen Sie die dort gemachten Aussagen auf.
- Geben Sie genau Art, Qualität, Menge und Preis (gegebenenfalls einschließlich Rabatte, Boni und Nebenkosten) der gewünschten Waren oder Dienstleistungen an.
- Legen Sie Liefertermin, Versandart und Lieferort fest.
- Nennen Sie eventuelle Sonderwünsche (zum Beispiel Teillieferungen an verschiedene Orte).
- Zählen Sie die sonstigen Bedingungen auf (falls sie nicht nach Ihren oder den Allgemeinen Geschäftsbedingungen des Lieferanten festgelegt sind).

- Versuchen Sie, Ihre eigenen Bedingungen durchzusetzen. (Der Bestellung beifügen.)
- Geben Sie an, wie Sie zahlen wollen.
- Verwenden Sie, wenn möglich, Bestellformulare.

Freie Bestellung

Briefkopf

Anschrift Datum

Bestellung von Schreibpapier

Sehr geehrte Damen und Herren,

wir beziehen uns auf Ihren Sonderkatalog »Discount-Super-Niedrig-Preise« und bestellen:

Bestell-Nr.	Menge	Bezeichnung	Stückpreis
01 4552-88	20 Pack	Officeprint Universal weiß	7,99 DM/Pack
01 4553-88	10 Pack	Officeprint Recycling	5,99 DM/Pack
01 4556-88	20 Pack	Recycling-Kopierpapier	6,99 DM/Pack
01 4633-89	5 Pack	Computer-Endlospapier	13,99 DM/Pack
02 3216-91	50 Pack	Briefumschläge DIN lang	19,99 DM/Pack

Bitte liefern Sie bis spätestens 15. März an unsere Filiale in Erlangen, Karlstraße 5.

Wir zahlen innerhalb 30 Tagen mit 2 % Skonto.

Freundliche Grüße

Bestellung nach Muster

Briefkopf

Anschrift Datum

Bestellung von T-Shirts

Sehr geehrte Damen und Herren,

vielen Dank für die uns überlassenen Muster. Sie entsprechen in Form und Qualität unseren Vorstellungen.

Bitte liefern Sie von den weißen und den schwarzen T-Shirts je 100 Stück in den Größen 3 bis 6 und von den Größen 7 bis 8 je 50 Stück.

Liefertermin spätestens 8. Kalenderwoche.
Lieferung frei Haus.
Zahlung innerhalb 14 Tagen mit 2 % Skonto.

Bitte bestätigen Sie unsere Bestellung.

Mit freundlichen Grüßen

Bewerbungen

Grundsätzliches: Die Mehrzahl der Stellensuchenden bewirbt sich auf Stellenanzeigen (passive Bewerbung); ein geringerer Teil gibt selbst Stellenanzeigen auf oder bewirbt sich unaufgefordert (aktive Bewerbung).

Auf Stellenanzeigen gehen oft so viele Bewerbungen ein, dass eine gründliche Auswertung einige Wochen in Anspruch nimmt. Anschließend dauert es meist mehrere Wochen, bis man sich über den bestgeeigneten Bewerber klar geworden ist.

Es wäre unhöflich, die Bewerber so lange völlig im Ungewissen zu lassen. Daher bestätigt man den Bewerbern den Eingang der Bewerbung, gibt eventuell einen Zwischenbericht, lädt die Kandidaten der engeren Wahl zu einem Vorstellungsgespräch ein, bestätigt die Einstellung (mit einem Anstellungsvertrag) oder erteilt Absagen.

Absagen erfordern einiges Fingerspitzengefühl, insbesondere wenn sich der Bewerber große Mühe gegeben hat und wenn er zu einem Vorstellungsgespräch eingeladen worden war, ein anderer aber das Rennen gemacht hat.

Tipps

- Bestätigen Sie zunächst den Eingang der Bewerbung mit einem Dank.
- Teilen Sie mit, wie lange voraussichtlich die Vorauswahl dauern wird.
- Geben Sie, wenn sich die Vorauswahl länger als vorgesehen hinzieht, einen *Zwischenbescheid*. Bitten Sie dabei den Bewerber um Verständnis für eine längere Bearbeitungszeit.
- Erteilen Sie den nicht geeigneten Bewerbern möglichst rasch eine Absage mit Begründung.
- Schreiben Sie so individuell wie möglich. Es ist unhöflich, Bewerber, die sich mit ausführlichen Unterlagen beworben haben, mit einem nichts sagenden, vervielfältigten Text abzuspeisen.
- Bedenken Sie: Bewerber könnten auch Ihre Kunden sein oder es später einmal werden.

Bestätigung des Eingangs einer Bewerbung

Briefkopf

Anschrift Datum

Ihre Bewerbung als Abteilungsleiterin

Sehr geehrte Frau Stein,

vielen Dank für Ihre heute bei uns eingegangene Bewerbung und für Ihr Interesse an einer Mitarbeit in unserem Unternehmen.

Unser Stellenangebot hat ein großes Echo gefunden. Bereits jetzt haben wir weit über hundert Bewerbungen erhalten. Die Vorauswahl wird deshalb mindestens zwei Wochen dauern.

Wir bitten Sie um etwas Geduld, bis wir alle Bewerbungen geprüft und die Kandidatinnen für die engere Wahl ermittelt haben. Sie erhalten so bald wie möglich eine Nachricht, wie wir uns entschieden haben.

Es grüßt Sie freundlich

Anlage
Firmenbroschüre »Wir über uns«

Zwischenbescheid

Briefkopf

Anschrift Datum

Zwischenbescheid
Ihre Bewerbung vom 21. März 20..

Sehr geehrte Frau Stein,

wir hatten es bereits angedeutet: Eine gründliche Auswertung aller Bewerbungen - inzwischen sind es über 200 - bedeutet viel sorgfältige Arbeit; es dauert einige Zeit, bis wir alle geprüft und verglichen haben.

Wir sind stark daran interessiert, allen Bewerbern so bald wie möglich einen Bescheid zu geben. Bitte haben Sie Verständnis dafür, dass dies noch mindestens eine Woche dauern wird.

Mit besten Grüßen

Einladung zu einem Vorstellungsgespräch

Briefkopf

Anschrift   Datum

Ihre Bewerbung als Abteilungsleiterin
Einladung zu einem Vorstellungsgespräch

Sehr geehrte Frau Stein,

Sie haben die erste Hürde genommen: Wir haben Sie in die engere Wahl gezogen.

Jetzt würden wir Sie gern persönlich kennen lernen. Deshalb laden wir Sie zu einem Gespräch in unsere Zentrale in der Berliner Allee 85 - 87 ein. Bitte melden Sie sich dort zunächst bei unserem Personalleiter, Herrn Scheurer.

Als Termin schlagen wir Montag, den 27. April, um 9:30 Uhr vor. Wir empfehlen Ihnen, bereits am Vortag anzureisen und auf unsere Kosten im Hotel Brandenburger Hof zu übernachten. Für die Anreise erstatten wir Ihnen nach unserer Reisekostenordnung die Bahnfahrt 1. Klasse, auch wenn Sie mit eigenem Pkw anreisen, sowie eine Tagespauschale.

Bitte teilen Sie uns mit, ob Ihnen der Termin passt, oder schlagen Sie uns einen anderen vor. Ihren Anruf erwartet Frau Heilmann, Tel.-Nr. (02 21) 9 70 03-15.

Wir freuen uns auf das Gespräch mit Ihnen und wünschen Ihnen eine gute Anreise.

Mit freundlichen Grüßen

Anlagen
Stadtplan
Hotelprospekt

Einstellungsschreiben

Briefkopf

Anschrift Datum

Ihre Einstellung als Abteilungsleiterin

Sehr geehrte Frau Stein,

unser ausführliches Gespräch am 27. April hat uns davon überzeugt, dass Sie die fachlichen und menschlichen Voraussetzungen für die Position einer Abteilungsleiterin besitzen. Deshalb haben wir uns für Sie entschieden. Auch unser Betriebsrat hat Ihrer Einstellung zugestimmt.

Wir bestätigen noch einmal die wichtigsten in unserem Gespräch vereinbarten Bestandteile eines Anstellungsvertrags:

Sie beginnen Ihre Tätigkeit am 1. Juli 20.. Ihre Probezeit beträgt 3 Monate. Ihr Gehalt während der Probezeit beträgt … DM. Nach positivem Abschluss der Probezeit erfolgt eine Gehaltsüberprüfung. Zusätzlich erhalten Sie am Ende des Geschäftsjahres eine leistungs- und ertragsabhängige Sonderzahlung.

Für maximal 6 Monate zahlen wir Ihnen eine Trennungsentschädigung von … DM. Ferner übernehmen wir die Kosten von zwei Familienheimfahrten 1. Klasse Deutsche Bahn AG je Monat.

Für die erste Zeit besorgen wir Ihnen ein möbliertes Zimmer. Bei der späteren Wohnungsbeschaffung sind wir Ihnen behilflich. Wir übernehmen die Maklergebühren und die Umzugskosten nach unseren Richtlinien.

Bitte bestätigen Sie Ihr Einverständnis auf der beiliegenden Zweitschrift. Sie erhalten dann in Kürze Ihren Arbeitsvertrag.

Wir danken Ihnen noch einmal für Ihr Interesse und freuen uns auf eine gute Zusammenarbeit.

Mit besten Grüßen

Absage

Briefkopf

Anschrift Datum

Ihre Bewerbung als Exportsachbearbeiter

Sehr geehrter Herr Maurer,

wir danken Ihnen für Ihre Bewerbung und Ihr Interesse, in unserem Hause mitzuarbeiten.

Bei den vielen, zum Teil sehr qualifizierten Bewerbern ist uns die Wahl nicht leicht gefallen. Wir haben uns nach einer Vorauswahl für einige Kandidaten entschieden, die dem Anforderungsprofil der ausgeschriebenen Stelle voll entsprechen. Sie gehören nicht zu diesem Personenkreis, weil Ihre Fremdsprachenkenntnisse in Spanisch und Portugiesisch leider nicht ausreichen.

Wir sind jedoch überzeugt, dass Sie dank Ihrer guten Fach- und Sprachenkenntnisse in Englisch und Französisch gute Chancen haben, eine Ihren Vorstellungen entsprechende Stelle zu finden. Für Ihre berufliche Zukunft wünschen wir Ihnen viel Erfolg.

Mit freundlichen Grüßen

Einen weiteren Musterbrief zu diesem Thema finden Sie unter »Absagen«.

Absage an eine Bewerberin, die an einem Vorstellungsgespräch teilgenommen hatte

---

Briefkopf

Anschrift Datum

Ihre Bewerbung als Vorstandssekretärin

Sehr geehrte Frau Aufhäuser,

wir danken Ihnen noch einmal für das interessante Gespräch, das unser Personalleiter, Herr Grundmann, mit Ihnen am vergangenen Freitag geführt hatte. Dabei gewannen wir den Eindruck, dass Sie durchaus die geeignete Mitarbeiterin für unseren Personalvorstand sein könnten.

Wie wir Ihnen bereits andeuteten, erwarteten wir nach Ihnen noch einige weitere Bewerberinnen, die ebenfalls nach den eingereichten Unterlagen als sehr geeignet erschienen. Wir haben uns schließlich für eine Bewerberin entschieden, die bereits einige Jahre als Sekretärin eines Personalvorstands gearbeitet und deshalb einschlägige Erfahrung auf dem Personalsektor hat.

Wir bedauern sehr, Ihnen absagen zu müssen. Sie haben nämlich auf uns den Eindruck gemacht, dass Sie grundsätzlich die Qualifikation für die verantwortungsvolle Aufgabe einer Chefassistentin haben. Deshalb glauben wir auch, dass Sie gute Chancen haben, eine Ihren Fähigkeiten und Wünschen entsprechende Position zu finden. Hierfür wünschen wir Ihnen viel Glück und Erfolg.

Mit freundlichen Grüßen

Einen weiteren Musterbrief zu diesem Thema finden Sie unter »Absagen«.

Briefe an Behörden

Grundsätzliches: Briefe an Behörden unterscheiden sich nicht grundsätzlich von Briefen an andere Geschäftspartner. Für den Fall, dass einzelne Behörden noch immer in ihren Schreiben den so genannten Behördenstil pflegen, sollte dies nicht daran hindern, in eigenen Briefen an Behörden zeitgemäß, das heißt höflich, sachlich, klar, verständlich und freundlich zu schreiben.

Wer im Recht ist, kann dieses auch fordern. Besondere Formvorschriften im Schriftverkehr mit Behörden gibt es nicht. Es ist jedoch zweckmäßig, bei Antworten auf Behördenschreiben die *im Betreff* angeführten Angaben (zum Beispiel Aktenzeichen, Vermerke) in gleicher Weise zu übernehmen. Das erleichtert den Behördenmitarbeitern die Bearbeitung.

Tipps

- Regeln Sie mit Behörden wichtige Angelegenheiten schriftlich – dadurch schaffen Sie einen *Vorgang* und eine *Aktenlage.*
- Schreiben Sie so, wie Sie dies in ähnlichen Fällen auch im geschäftlichen Schriftverkehr tun.
- Wenn Sie im Recht sind, verlangen Sie es auch.
- Da Sie in der Regel etwas erreichen wollen, seien Sie genauso freundlich und höflich, wie Sie dies im geschäftlichen Bereich sind.

Anzeige einer baulichen Veränderung

Briefkopf

Anschrift | Datum

Umbau der Geschäftsräume

Sehr geehrte Damen und Herren,

ich habe vor, im März nächsten Jahres meine Geschäftsräume in der Breiten Straße 31 - 33 zu modernisieren. Durch den Umbau gewinne ich mehr Ausstellungsfläche für mein Möbelangebot. Vor allem aber kann ich durch die Vergrößerung der Schaufenster den Kunden einen besseren Einblick in meine Geschäftsräume bieten.

Wie die beiliegenden Bauzeichnungen zeigen, hat der Architekt, Herr Oskar Niemeier, bei der Neugestaltung der Fassade besonders den Charakter des Fachwerkhauses sowie der angrenzenden Häuser berücksichtigt. Da zusammen mit dem Umbau auch die gesamte Fachwerkfassade renoviert werden soll, trägt dieser Umbau wesentlich zur Verschönerung des altstädtischen Straßenbildes bei.

Ich bitte Sie, mir bald die Genehmigung zum Umbau zu erteilen, damit das Haus rechtzeitig zum Altstadtfest fertiggestellt ist. Vielen Dank.

Mit freundlichen Grüßen

Anlagen
Foto der derzeitigen Fassade mit Nachbarhäusern
2 Bauzeichnungen

Einspruch gegen Bußgeldbescheid

Briefkopf

Anschrift Datum

Ihr Bußgeldbescheid vom 17. Mai 20.. wegen Falschparkens
Aktenzeichen 175-033 PZ

Sehr geehrte Damen und Herren,

gegen Ihren Mahnbescheid erheben wir Widerspruch.

Begründung:

Unser Auslieferungsfahrer, Herr Peter Zündel, hatte mit unserem Lieferwagen Fiat Ducato, polizeiliches Kennzeichen ER - DT 351, in der Karlstraße vor dem Haus Nr. 33 in der Parkverbotszone gehalten, um 4 Pakete in der Drogerie Müller abzuladen. Die Prüfung des Inhalts durch eine Mitarbeiterin der Drogerie dauerte ca. 10 Minuten. Nach seiner Rückkehr zum Wagen fand Herr Zündel den Bußgeldbescheid über 40 DM an der Windschutzscheibe vor.

Es war deutlich erkennbar, dass unser Fahrzeug zum Entladen und nicht zum Parken abgestellt war: Die eine hintere Tür zum Laderaum war geöffnet. Der Wagen stand auch nicht länger in der Parkverbotszone, als dies für den Entladevorgang notwendig war. Deshalb bitten wir Sie, den Gebührenbescheid zurückzunehmen. Vielen Dank für Ihr Verständnis.

Mit freundlichen Grüßen

Brief an Deutsche Bahn AG wegen Beraubung einer Frachtsendung

---

Briefkopf

Anschrift Datum

Beraubung unserer Frachtsendung

Sehr geehrte Damen und Herren,

durch die Spedition Schrecker KG erhielten wir gestern eine Kiste mit Modelleisenbahnen aus Nürnberg. Da der Kiste äußerlich nichts anzusehen war, nahmen wir sie vorbehaltlos an. Beim Auspacken bemerkten wir jedoch, dass 5 Lokomotiven fehlten. Wir stellten fest, dass die Bretter am Boden der Kiste offenbar gelöst und später wieder festgenagelt worden waren.

Ein Anruf beim Hersteller der Eisenbahnen ergab, dass die Anzahl der Lokomotiven, die auf dem Packzettel und in der Rechnung angegeben ist, tatsächlich abgeschickt wurde. Jede Sendung, die das Haus unseres Lieferanten verlässt, wird doppelt kontrolliert.

Nachforschungen bei der Spedition Schrecker ergaben ebenfalls keine Hinweise, dass dort am Inhalt der Kisten manipuliert worden wäre. Dies bestärkt uns in der Vermutung, dass die Sendung während des Bahntransportes beraubt wurde.

Wir bitten, den Vorfall zu prüfen, damit wir Ersatz des Schadens fordern können.

Mit freundlichen Grüßen

Anlagen
Kopie des Lieferscheins
Foto der Kistenunterseite

Durchschrift an Lieferanten

Rückgabe unaufgefordert zugesandter Bewerbungsunterlagen

Briefkopf

Anschrift Datum

Rückgabe von Bewerbungsunterlagen

Sehr geehrte Damen und Herren,

am 18. Juli schickten Sie uns die Unterlagen von 5 Bewerbern mit der Bitte zu prüfen, ob wir sie als Büro- beziehungsweise als Verkaufskräfte beschäftigen könnten. Drei Bewerber stellten sich auch persönlich bei uns vor.

Wir schicken Ihnen die Bewerbungsunterlagen mit bestem Dank zurück. Zurzeit haben wir leider keinen Bedarf an solchen Kräften.

Aus derzeitiger Sicht werden wir auch in absehbarer Zeit keine neuen Mitarbeiter einstellen. Deshalb bitten wir Sie, uns vorerst keine weiteren Bewerbungen zu schicken. Sie ersparen sich und uns Arbeitsaufwand und den Bewerbern Enttäuschungen. Sobald wir Bedarf an neuen Mitarbeitern haben, werden wir uns gern an Sie wenden.

Mit freundlichen Grüßen

Meldung einer Schwangerschaft

Briefkopf

Anschrift (Gewerbeaufsichtsamt) Datum

Meldung einer Schwangerschaft

Sehr geehrte Damen und Herren,

Frau Beate Engelmann, geboren am 14. Juni 19.., Wohnanschrift: Tillystraße 9 in 90513 Zirndorf, hat uns mitgeteilt, dass ihr Hausarzt eine Schwangerschaft festgestellt hat.

Als voraussichtlichen Termin der Entbindung hat Herr Dr. Franz Krause den 10. Dezember errechnet.

Frau Engelmann ist seit dem 2. Januar 20.. in unserer Filiale in der Wallensteinstraße 15 als Verkäuferin tätig. Sie muss ihre Tätigkeit überwiegend im Stehen ausüben. Wir wollen sie nach einer entsprechenden Einweisung in den letzten Monaten vor Beginn des Mutterschaftsurlaubs an der Kasse einsetzen.

Mit freundlichen Grüßen

Dankschreiben

Grundsätzliches: Danken ist eine selbstverständliche Form der Höflichkeit. Sie sollte auch im Geschäftsleben gepflegt werden. Danken erhält die (Geschäfts-)Freundschaft.

In vielen Fällen genügt ein freundliches Danken am Beginn eines Geschäftsbriefes (zum Beispiel für eine Anfrage oder ein Angebot). Ist man dem Geschäftspartner jedoch in besonderer Weise verpflichtet, ist ein Dankschreiben angebracht (zum Beispiel bei Einladungen, erfüllten Bitten, freundlichem Entgegenkommen).

Dankschreiben können sehr kurz gefasst werden. Es besteht dabei leicht die Gefahr, in Floskeln und Phrasen zu verfallen. – Aber besser ein floskelhaftes als ein unterlassenes Dankschreiben.

Anmerkungen zu Form und Inhalt von Dankschreiben

- Klären, ob mündlicher oder schriftlicher Dank angemessen.
- Kurzer Dank aus geschäftlichem Anlass auch durch Fax möglich.
- Dankschreiben aus geschäftlichem Anlass auf Geschäftsbriefbogen.
- Bei persönlichen Dankschreiben aus geschäftlichem Anlass persönliche oder neutrale Briefblätter verwenden.
- Bei geschäftlichen Anlässen sind Maschinenschrift oder auch gedruckte Dankschreiben durchaus üblich.
- Bei persönlichen Dankschreiben aus persönlichen Anlässen ist Handschrift angebracht.
- Grundsätzlich dankt der Empfänger von Glückwünschen, Geschenken, Beileidsschreiben oder sonstigen Aufmerksamkeiten. Auch bei Firmen sollte ein persönlicher Absender auftreten (zum Beispiel Mitglied der Firmenleitung, Projektleiter, Mitarbeiter mit persönlicher Beziehung zum Empfänger; bei indirektem Dank ist ein Zusatz angebracht: »im Namen von ...«).
- Der Absender muß eindeutig aus der Unterschrift oder aus dem Briefkopf ersichtlich sein.
- Klären, an wen der Dank gerichtet werden soll (einzelne Person, Firma). Niemanden ausschließen oder vergessen.
- Persönliche Anrede, wenn Absender bekannt.
- Der Inhalt kann sich nach Art, Anlass und Umfang dem empfangenen Schreiben anpassen (zum Beispiel formal-höflich, persönlich, individuell, allgemein, kurz, ausführlich).
- Außer Dank auch – je nach Anlass – ein Lob, eine Anerkennung oder eine persönliche Anmerkung und gute Wünsche aussprechen.
- Schlussformulierung
- Gruß
- Unterschrift

Tipps

- Danken Sie möglichst bald. (Der Anlass sollte dem Adressaten noch in frischer Erinnerung sein.)
- Sagen Sie, wofür Sie sich bedanken (ein allgemeines Dankeschön schwächt die Wirkung ab).
- Verbinden Sie den Dank – wenn möglich – mit einem Lob (zum Beispiel für gute Leistung, rasche Erledigung, Mühen).
- Versuchen Sie, einige persönliche Worte/Formulierungen/Sätze zu finden.
- Verwenden Sie beim Dank für Glückwünsche oder Beileidsbekundungen keine vorgedruckten Dankkarten (das wirkt unpersönlich und gedankenlos).
- Wenn Sie zu Gegenleistungen bereit sind, dann erwähnen Sie es auch.

Dank für Angebot

Briefkopf

Anschrift Datum

Ihr Angebot zu unserer Ausschreibung:
Anlage von Firmenparkplätzen

Sehr geehrte Damen und Herren,

vielen Dank für Ihre Beteiligung an unserer Ausschreibung. Sie haben uns ein sehr ausführliches Angebot unterbreitet, das weitgehend unseren Vorstellungen entspricht. Besonders gut haben uns die Anschaulichkeit der beigefügten Pläne und die detaillierte Kostenaufstellung gefallen. Deshalb kam Ihr Angebot auch in die engste Wahl.

Es fällt uns deshalb schwer, Ihnen dennoch den Auftrag nicht erteilen zu können. Ein anderer Mitbewerber hat uns ein Angebot geschickt, das bei ähnlicher Ausführung rund 20 % unter Ihrem Angebotspreis liegt. Wir werden den Auftrag endgültig am 1. März erteilen. Sollten Sie noch Möglichkeiten einer für uns günstigeren Lösung sehen, sind wir gern zu einem Gespräch bereit. Ihr Ansprechpartner ist Herr Nottebohm, Tel.-Nr. 4 78 93-12.

Mit freundlichen Grüßen

Einen weiteren Musterbrief zu diesem Thema finden Sie unter »Angebote«.

Dank/Danksagung für Anteilnahme

Neutraler Briefbogen

Sehr geehrte Frau Angermann,

für Ihre Anteilnahme und Ihr Mitgefühl anlässlich des plötzlichen Todes unseres Geschäftsführers, Herrn Anton Bruckner, danke ich Ihnen im Namen der Geschäftsleitung und der Belegschaft der Becker-Werke herzlich.

Sie kannten Herrn Bruckner aus jahrelanger geschäftlicher Zusammenarbeit und fanden deshalb besonders anerkennende Worte zur Person und zu den Leistungen des Verstorbenen. Sie können sicher besonders gut ermessen, welch schweren Verlust der Tod unseres Geschäftsführers für uns alle bedeutet.

Mit bestem Dank und freundlichen Grüßen

Neutraler Briefbogen

Sehr geehrter Herr Dr. Stolpe,

für Ihre sehr persönliche Anteilnahme und die Kranzspende zum Heimgang unseres Firmengründers, Herrn Martin Schuhmacher, danke ich Ihnen, auch im Namen der Familie Schuhmacher und der Geschäftsleitung.

Die vielen Beweise der Anteilnahme haben uns gezeigt, welcher Wertschätzung unser Seniorchef sich bei Geschäftspartnern und in der Öffentlichkeit erfreuen durfte. Darauf können wir stolz sein.

Wir werden die Schuhmacher-Handels-GmbH im Sinne ihres Gründers fortführen.

Mit freundlichen Grüßen

Dank für Einladung zur Feier eines Firmenjubiläums

Briefkopf

Anschrift Datum

Sehr geehrter Herr Blanck,

Sie können stolz darauf sein, dass Ihr Unternehmen bereits sein 75-jähriges Bestehen feiern kann. Vielen Dank für Ihre freundliche Einladung zu Ihrer Jubiläumsfeier am 1. Oktober im Festsaal des Rathauses.

Von unserer Geschäftsleitung werden Frau Breuer und Herr Hartmann teilnehmen. Ihren Vorschlag, anstelle von Geschenken eine Spende an das Hilfswerk für minengeschädigte Kinder in aller Welt zu überweisen, werden wir gern befolgen.

Wir freuen uns, mit Ihnen ein solch erfreuliches Jubiläum feiern zu dürfen.

Mit besten Grüßen

Dank an Mitarbeiter für besonderen Einsatz

Briefkopf

Ort und Datum

Wir haben die Hauptsaison wieder einmal erfolgreich gemeistert,

liebe Mitarbeiterinnen und Mitarbeiter,

und das nur dank Ihrem starken Einsatz in den letzten beiden Monaten!

Sie haben in Überstunden und Sonderschichten wieder dafür gesorgt, dass alle Kunden ihre Pakete noch rechtzeitig zu den Feiertagen erhalten haben. So konnten wir unser Versprechen gegenüber unseren Kunden einhalten, dass alle Waren noch zum Weihnachtsfest ausgeliefert würden, sofern die Bestellungen bis zum 20. Dezember bei uns eingingen.

Im Namen des Gesamtvorstandes danke ich Ihnen für Ihren engagierten Einsatz. Unser Dank gilt auch Ihren Familien, die länger und häufiger als üblich auf Sie zu Hause warten mussten.

Als kleines Zeichen der Anerkennung erhalten Sie einen Picknickkorb mit Inhalt, der Sie hoffentlich ein wenig für die Mehrbelastung entschädigt. Nun wünsche ich Ihnen auch noch häufig schönes Wetter, damit Sie und Ihre Angehörigen beim Picknick in der Natur Freude und Entspannung finden.

Mit besten Grüßen und Wünschen für ein erholsames und friedliches Fest

Im Namen des Vorstandes

Dank für Glückwünsche

Persönlicher Brief(kopf)

Anschrift

Datum

Sehr geehrter Herr Miller,

mit Ihren Glückwünschen zu meinem 40-jährigen Dienstjubiläum haben Sie mich sehr erfreut und geehrt. Es tut gut, von Menschen, mit denen man schon lange zusammenarbeitet, so persönlich anerkannt und gelobt zu werden. Deshalb danke ich Ihnen sehr herzlich für Ihre guten Wünsche und aufmunternden Worte, insbesondere soweit sie meine berufliche und private Zukunft betreffen.

Ein ganz großes Dankeschön auch für das großzügige Weinpräsent. Mit den Burgunderweinen haben Sie meinen Geschmack voll getroffen. Hatte ich Ihnen erzählt, dass meine Frau und ich im vorigen Jahr einige Tage in Beaune verbracht und die dortigen guten Tropfen sehr schätzen gelernt hatten? Jetzt können wir bei einem Glas - oder auch bei einigen Gläsern - guten Burgunders in Erinnerungen schwelgen.

Ich freue mich auf die noch folgenden Dienstjahre und hoffe, sie werden mir weitere Gelegenheiten zu einer erfreulichen Zusammenarbeit bringen.

Mit freundlichen Grüßen

Dank für pünktliche Lieferung

Briefkopf

Anschrift Datum

Lieferung von Gehäusen für Elektromotoren

Vielen Dank, lieber Herr Sommer, dass Sie auf unseren »Notruf« nach den Gehäusen für unsere Elektromotoren, Typ Emo SR, so blitzschnell reagiert haben. Die Gehäuse sind gerade bei uns eingetroffen. Unser Dank gilt auch Ihren Mitarbeitern.

Sie haben uns aus einer unangenehmen Situation befreit, in die wir durch einen Dispositionsfehler geraten waren.

Auch in Zukunft werden wir gern wieder bei Ihnen bestellen - allerdings nicht so unter Zeitdruck für beide Seiten.

Mit besten Grüßen

Einladungen

Grundsätzliches: Einladungen sind etwas Positives – im privaten wie im geschäftlichen Bereich. Der Einladende bittet zum Feiern, zur Kommunikation, zu einem Beisammensein.

Einladungen im geschäftlichen Bereich sollen auch immer der Vertiefung geschäftlicher Beziehungen dienen. Deshalb ist es wichtig, die richtigen Anlässe zu wählen, ein ansprechendes Programm zu entwickeln und in geeigneter Form einzuladen. Die Eingeladenen müssen das Gefühl vermittelt bekommen, willkommene Gäste zu sein.

Anlässe zu geschäftlichen Einladungen können sein:

- Ausstellungen und Messen
- Produktpräsentation
- Tag der offenen Tür
- Pressegespräch, Pressekonferenz
- Geschäftseröffnungen, -erweiterungen, -umgestaltungen
- Firmenjubiläen
- »runde« oder »hohe« Geburtstage (Firmeninhaber, obere Führungskräfte u. Ä.)
- Beförderungen (sie sollten aber schon »gewichtig« sein)
- Verabschiedung oder Pensionierung
- Arbeitskreise, Besprechungen, Sitzungen, Tagungen und Konferenzen

Checkliste: Was ist bei Einladungen zu beachten?

- Zu welchem Anlass soll eingeladen werden?
- Wie viel Vorlaufzeit ist nötig? (Terminreservierung bei den Gästen; Organisation der Veranstaltung; Reservierung geeigneter Räumlichkeiten)
- Welche Zeiten sind besonders günstig oder ungünstig für die Veranstaltung?
- Was soll mit der Einladung erreicht werden?
- Wer soll/muss alles eingeladen werden?
- Können andere mitgebracht werden (zum Beispiel [Ehe-]Partner, [Geschäfts-]Freunde)?
- Wer ist der Einladende/der Gastgeber?
- Wo soll die Feier/Veranstaltung stattfinden? (Ort, Lage, Verkehrsanbindung, Parkmöglichkeiten, keine Störungen durch andere, Schlafmöglichkeiten)
- Hinweise für die Anreise geben!
- Wird der Ort dem Anlass, dem Veranstalter und den Gästen gerecht?
- Ist die Veranstaltung »geschlossen« oder »öffentlich« (wegen Einladung der Presse; Nutzung zu PR-Zwecken!)?

- Ist besondere Kleidung erwünscht?
- Welche Programmpunkte sind vorgesehen? (Eventuell Programm beifügen)
- Was soll den Gästen gereicht werden? (Getränke, kleiner Imbiss, festliches Diner usw.)
- Ist eine Antwort auf die Einladung erwünscht? (Zum Beispiel Antwortkarte beifügen)

Tipps

- Laden Sie nur zu wirklich *wichtigen* Veranstaltungen ein. (Es muss sich für die Eingeladenen lohnen, ihre knappe Zeit zu opfern.)
- Laden Sie *rechtzeitig* ein. (Die Eingeladenen haben meist einen vollen Terminkalender und planen langfristig.)
- Laden Sie zu geschäftlichen Veranstaltungen *schriftlich* ein. (Die Eingeladenen können in Ruhe über eine Zu- oder Absage entscheiden.)
- Richten Sie sich in Stil und Form der Einladung nach dem Anlass (zum Beispiel offizieller, geschäftlicher oder privater Anlass).
- Geben Sie in der Einladung die notwendigen Informationen (zum Beispiel über Art, Dauer, Ort, Anreise, Programm, eventuell wichtige andere Gäste und weiteres Wissenswertes).
- Der Hinweis auf eine »Kleiderordnung« ist überflüssig. (In der Regel wissen die Gäste, was sie zu bestimmten Anlässen tragen wollen. Ausnahme: Die Gäste sollen in von den üblichen Gepflogenheiten abweichender Kleidung kommen: zum Beispiel in Freizeitkleidung statt in Abendgarderobe.)
- Verzichten Sie auf die Bitte um Antwort (»u. A. w. g.«). (Bei formellen Einladungen ist eine Antwort [Zu- oder Absage] üblich.)
- Legen Sie Wert auf eine Antwort, dann fügen Sie der Einladung eine Antwortkarte bei.

Einladung zu einer Außendiensttagung (Vorabeinladung)

Briefkopf

Unsere Jahrestagung wirft Ihre Schatten voraus, lieber Herr Hollmann.

In diesem Jahr wollen wir in der Zeit vom 12. bis zum 15. November zusammenkommen.

Hierzu laden wir Sie bereits heute im Auftrag unseres Vertriebsvorstands herzlich ein.

Wie in den Vorjahren werden Sie wichtige Informationen über die Geschäftsentwicklung und die Firmenpolitik erhalten.

Unsere Außendiensttagung wird in einem verkehrsmäßig günstig gelegenen Landhotel in reizvoller Gegend in der Nähe von Kassel stattfinden.

Sie erhalten unsere Einladung so frühzeitig, damit Sie den Termin einplanen können. Wir rechnen fest mit Ihrer Teilnahme. Bitte halten Sie den Termin frei.

Eine endgültige Einladung mit Tagesordnung und Beschreibung der Anfahrtsmöglichkeiten werden Sie etwa 4 Wochen vor Beginn unserer Tagung erhalten.

Mit freundlichen Grüßen

Einladung zu einer Außendiensttagung (endgültige Einladung)

Briefkopf

Anschrift Datum

Außendiensttagung

Sehr geehrter Herr Hollmann,

wir laden Sie noch einmal zu unserer diesjährigen Außendiensttagung ein.

Das sollten Sie wissen:

Wir tagen im Landhotel Habichtswald. Es ist über die B7, Abfahrt Niestetal (77) oder mit der Bundesbahn bis Ihringshausen und weiter mit Bahnbus oder Taxi bequem erreichbar. Ein Hotelprospekt mit Anreiseskizze liegt bei.

Beginn am 13. November um 9:30 Uhr, Ende am 15. gegen 17:00 Uhr.

Für Teilnehmer, die schon am Vorabend anreisen wollen, werden wir bereits für den 12. und 13. ein Zimmer reservieren. Bitte teilen Sie uns Ihren Anreisetag mit.

Wir empfehlen bequeme Freizeitkleidung, weil wir zwar hart in der Sache, aber locker im Stil arbeiten wollen.

Wenn Sie die Freizeit- und Sportmöglichkeiten des Hotels nutzen möchten, bringen Sie bitte Sportkleidung mit. Das Hotel verfügt über Schwimmbad, Fitnessraum, Kegelbahn, Tennisanlagen und Trimmpfad.

Unser diesjähriges Programm sieht eine ausgewogene Mischung von aktueller Information, wichtigen Weichenstellungen für die Zukunft (zum Beispiel eine neue Marketingstrategie), Erfahrungsaustausch und körperlich-geistiger Entspannung vor. Lassen Sie sich überraschen!

Bitte bestätigen Sie Ihre Teilnahme mit beiliegendem Antwortblatt bis zum 10. September an das Sekretariat des Vertriebsvorstands. Vielen Dank.

Zum Schluss eine Bitte: Bilden Sie Fahrgemeinschaften. Eine Liste der Teilnehmer liegt bei.

Wir freuen uns auf Ihre Teilnahme und wünschen Ihnen eine gute Anreise.

Mit freundlichen Grüßen

Anlagen
Teilnehmerliste
Hotelprospekt

Einladung zur Feier eines 40. Berufsjubiläums

Briefkopf

Anschrift　　　　　　　　　　　　　　　　　　　　　　Datum

Unser Prokurist, Herr Heberlein,
feiert 40 Jahre Betriebszugehörigkeit.

Sehr geehrter Herr Dr. Meißner,

schon 40 Jahre arbeitet Herr Heberlein tatkräftig in unserem Unternehmen mit. Als Führungskraft mit der längsten Betriebserfahrung hat er einen wesentlichen Anteil an der Entwicklung unseres Unternehmens.

Wir möchten Herrn Heberlein gebührend danken und seine Verdienste in einer kleinen Feier würdigen. Zu dieser Feier wollen wir außer Kollegen auch einige Geschäftspartner und andere Persönlichkeiten einladen, mit denen Herr Heberlein lange und erfreuliche Kontakte hatte.

Mit Ihnen, sehr geehrter Herr Dr. Meißner, hat Herr Heberlein in vielen Ausschüssen zum Wohle unseres Verbandes und der heimischen Wirtschaft zusammengearbeitet. Deshalb freuen wir uns besonders, wenn Sie an unserer Feier am 3. September teilnehmen.

Die Feier findet in unserem Pressekasino in der Hauptverwaltung statt. Sie beginnt mit einem Empfang ab 11:00 Uhr. Nach einem kleinen Programm mit musikalischen Darbietungen folgt ein Festessen mit anschließendem gemütlichem Beisammensein mit dem Jubilar.

Bitte geben Sie meiner Sekretärin, Frau Kalk, Tel.-Nr. 2 75 00-02, Bescheid, ob wir mit Ihrer Teilnahme rechnen dürfen.

Mit freundlichem Gruß

Einladung zu einer Betriebsfeier

Firmenbriefbogen

Liebe Mitarbeiterinnen und Mitarbeiter,

gute Traditionen soll man auch in schwierigen Zeiten pflegen. Deshalb laden wir Sie in diesem Jahr wieder zu unserer Jahresabschlussfeier sehr herzlich ein.

Am 21. Dezember wollen wir uns um 16:30 Uhr in der Waldschänke, Am Buchenbühl 22, treffen. Ein vorweihnachtliches Programm und ein kalt-warmes Büfett werden für Ihr seelisches und leibliches Wohlbefinden sorgen.

Mit unserer Feier wollen wir Ihnen, liebe Mitarbeiterinnen und Mitarbeiter, eine kleine Freude bereiten und unseren Dank für Ihren Einsatz im ausklingenden Jahr abstatten. Wir würden uns sehr freuen, wenn Sie trotz des vorweihnachtlichen Trubels die Zeit für unser Beisammensein finden könnten. Bitte bestätigen Sie uns Ihre Teilnahme auf der beiliegenden Antwortkarte.

Wir freuen uns auf Ihr Kommen.

Im Namen der Geschäftsleitung grüßt Sie

Einladung zu einer Produktpräsentation

Briefkopf

Anschrift Datum

Die neuen Frühlingsmodelle gehen in die Produktion, liebe Frau Wanderer, und sie lassen einen wunderschönen Modefrühling erwarten!

Wir wollen einem ausgewählten Kreis von Händlern schon jetzt einen Vorgeschmack auf die Frühjahrssaison vermitteln. Vor allem aber wollen wir ihnen die Gelegenheit geben, frühzeitig die Modetrends kennen zu lernen und zu disponieren. - Sie als langjährige Stammkundin gehören auch zu diesem Kreis.

Am 2. Juni werden wir in Düsseldorf in den Rheinhallen frühlingshafte Damenmode vorstellen. Um 10:00 Uhr und um 15:30 Uhr werden Mannequins Mäntel, Kostüme und Kleider sowie Accessoires vorführen. Anschließend haben Sie die Gelegenheit, alle Teile gründlich zu begutachten und auch schon zu disponieren.

Liebe Frau Wanderer, wir laden Sie und Ihre Einkäuferin, Frau Belz, sehr herzlich zu unseren Modeschauen ein. Wann dürfen wir Sie erwarten - am Vormittag oder am Nachmittag? Wir reservieren Ihnen auch gern Hotelzimmer auf unsere Kosten, damit Sie sich Zeit nehmen und in Ruhe aussuchen können. Über Ihren Besuch würden wir uns sehr freuen.

Bitte geben Sie Ihre Wünsche an Frau Hellwig, Durchwahl-Nr. 31 22 05-12, weiter, die Sie auch in Düsseldorf betreuen wird. Wir werden Ihnen dann rechtzeitig alle wichtigen Informationen zusenden.

Mit besten Grüßen

Einsprüche

Grundsätzliches: Die Notwendigkeit, Einsprüche zu formulieren, bringt uns zweifach in eine ungünstige Lage. Erstens: Wir müssen jemandem widersprechen, und wenn die Sache, gegen die wir uns wenden, nicht auf einem Versehen beruht, werden wir der anderen Seite mit unserem Brief kaum Freude bereiten. Zweitens: Meistens hat die andere Seite bereits Fakten geschaffen, so dass der bestehende Zustand zunächst zu ihren Gunsten spricht.

Zusammengefasst: Als Einsprechende befinden wir uns fast immer in der Defensive; wir wollen etwas Geschehenes ändern oder etwas Nachteiliges abwenden.

Bei diesem Versuch sind wir auf Einsicht, Wohlwollen, Entgegenkommen … der anderen Seite angewiesen. Dies bedeutet nun keineswegs, dass wir am besten »windelweich« formulieren sollten. Im Gegenteil: Drücken wir uns in der Sache deutlich aus – das kann auch heißen: hart. Aber Klarheit und sogar Härte brauchen weder mit Unhöflichkeit noch mit Unfreundlichkeit verbunden zu sein. Unmissverständlich in der Sache – verbindlich im Ton!

Tipps

- Kommen Sie schnell zur Sache. Gewundenes Drumherum-Gerede lässt den anderen Unsicherheit vermuten.
- Legen Sie den Sachverhalt in knappen Sätzen genau und vollständig dar. Natürlich muss man dabei auch wiederholen, was beide Seiten schon wissen. Dennoch ist die Darlegung wichtig; sie hat den zusätzlichen Vorteil, dass Missverständnisse offenbar werden können.
- Wenn irgend möglich, zeigen Sie einen Ausweg, der es anderen ermöglicht, »das Gesicht zu wahren«. (Versehen? Irrtum? Unkenntnis wichtiger Umstände?)
- Sagen Sie, welche Möglichkeiten der Situationsrettung Sie sehen. (Oft gibt es nur eine, aber manchmal ist auch eine Art »Vergleich« denkbar, der beiden Seiten hilft.)
- Lassen Sie keinen Zweifel daran, was Sie tun werden, wenn es zu einer Einigung kommt.
- Beenden Sie Ihren Brief mit einem entgegenkommenden Satz – wenn möglich – und »Mit freundlichem Gruß«.

Einspruch gegen Preiserhöhung

Briefkopf

Anschrift　　　　　　　　　　　　　　　　　　　　　Datum

So war es nicht vereinbart, sehr geehrter Herr Sägemüller.

Heute erhielt ich Ihre Rechnung für Ihre letzte Lieferung von 30 Notebooks. Anstelle des in Ihrem Angebot vom 26. Januar und Ihrer Auftragsbestätigung vom 11. Februar genannten Stückpreises von 1 850 DM berechnen Sie jetzt einen Stückpreis von 1 980 DM.

Ich vermute, dass Sie sich beim Schreiben der Rechnung geirrt haben. Deshalb schicke ich Ihnen die Rechnung zurück mit der Bitte, mir eine Rechnung mit dem vereinbarten Preis von 1 850 DM zu schicken.

Sollten Sie inzwischen eine nicht vereinbarte Preiserhöhung vorgenommen haben und auf dem neuen Preis bestehen, können Sie die Notebooks wieder bei mir abholen lassen. Inzwischen habe ich nämlich ein günstigeres Konkurrenzangebot erhalten.

Mit freundlichen Grüßen

Einspruch gegen Mahnschreiben

Briefkopf

Anschrift Datum

Ihr Mahnschreiben wegen nicht bezahlter Rechnung
Rechnung Nr. 99/152 vom 24. März 20..

Sehr geehrte Damen und Herren,

Ihr Mahnschreiben hat uns überrascht.

Am 26. Februar lieferten Sie durch die Spedition Lambertz 30 Aktenvernichter »Paper-shredder HIT 100«. Bei der sofortigen Kontrolle stellten wir fest, dass Sie anstelle der von uns bestellten grauen Aktenvernichter »Paper-shredder HIT 100« schwarze des Modells »HIT 80« geliefert hatten.

Wir baten den Fahrer der Spedition Lambertz, die falschen Aktenvernichter sofort wieder mitzunehmen. Da er sich weigerte, lagerten wir die Ware vorläufig bei uns ein. Leider liegt sie auch heute noch unabgeholt und nimmt uns Lagerfläche weg.

Wir teilten Ihnen die Sachlage sofort telefonisch mit, baten um Lieferung der richtigen und um Abholung der falsch gelieferten Ware. Unseren Anruf bestätigten wir anschließend schriftlich (s. beiliegende Kopie!). Seither geschah von Ihrer Seite nichts – bis auf den Mahnbescheid.

Heute fordern wir Sie letztmalig auf, bis spätestens 6. April die falsch gelieferten Schredder abholen zu lassen und uns im Gegenzug die bestellten 30 Typ »HIT 100« in Grau zu liefern. Sollten Sie dies nicht bis zum gesetzten Termin schaffen, treten wir vom Kaufvertrag zurück.

Mit freundlichem Gruß

Anlagen
Kopie der Bestellung
Mahnschreiben

Einen weiteren Musterbrief zu diesem Thema finden Sie unter »Mahnungen«.

Entschuldigungen

Grundsätzliches: Entschuldigungen gehören zu den eher unerfreulichen Seiten der Korrespondenz. Wem ist es nicht unangenehm, auf eigene Fehler, Pannen oder Versäumnisse hingewiesen zu werden, und wer gibt sie schon gern und freiwillig zu?

Die Folgen: Manche Entschuldigungen werden »auf die lange Bank geschoben« (das macht das Entschuldigen zu einem späteren Zeitpunkt keineswegs leichter!). Oft kommen die Schreiber von Entschuldigungen nur mühsam »zur Sache«; sie umschreiben umständlich den Sachverhalt, erfinden Ausflüchte oder suchen die Schuld bei anderen (»höhere Gewalt« oder Tücken der Technik).

In Anlässen zu Entschuldigungen stecken auch *Chancen:* Wer sich schnell entschuldigt, Fehler zugibt und vor allem dem Partner akzeptable Lösungen anbietet, kann Missstimmungen beheben und sogar Geschäftsbeziehungen festigen.

Tipps

- Enschuldigen Sie sich so rasch wie möglich.
- Entschuldigen Sie sich, sobald Sie selbst den Fehler entdeckt haben oder wenn Sie damit rechnen müssen, dass etwas schief laufen wird. Warten Sie nicht, bis der Partner reklamiert.
- Danken Sie dem Partner für seine Nachricht (auch wenn eine Reklamation unangemessen scharf ausfallen oder in der Sache sogar falsch sein sollte).
- Schlagen Sie bei einem aggressiven Ton nicht mit »gleicher Klinge« zurück (es sei denn, Sie wollen einen Geschäftspartner verlieren).
- Bedauern Sie den Fehler angemessen (keine Übertreibungen, keine Verniedlichungen!).
- Begründen Sie die Ursachen glaubwürdig (keine Ausflüchte, keine Ablenkungsmanöver).
- Wälzen Sie die Schuld nicht auf andere ab. Stehen Sie für den Fehler ein.
- Bieten Sie dem Partner eine ihn befriedigende Lösung an.
- Sichern Sie dem Partner zu, es in Zukunft besser zu machen.

Entschuldigung für Baulärm

Briefkopf

Wir bauen um.

Sehr geehrte Nachbarn,

am 15. April werden bei uns die Bauhandwerker anrollen. Sie werden unsere Ausstellungsräume durch einen Anbau erweitern. Das wird leider nicht ohne einen gewissen Lärm und einigen Staub abgehen. Die Handwerker haben uns jedoch zugesagt, die Belästigungen so gering wie möglich zu halten.

Anfang August sollen die Umbaumaßnahmen beendet sein. Dann werden wir Sie gern einmal durch die neuen Räume führen. Sie erhalten hierzu später noch eine Einladung.

Wir bitten Sie um Verständnis, dass es in den nächsten Wochen in der Mainzer Straße etwas lauter und eventuell auch lebhafter zugehen wird.

Mit nachbarlichen Grüßen

Entschuldigung für verspätete Lieferung

Briefkopf

Anschrift Datum

Ihre Bestellung Wandregale vom 13. März 20..
Ihre Nachricht vom 27. März 20..

Sehr geehrter Herr Held,

vielen Dank für Ihre Nachfrage nach der von uns zum 25. März zugesagten Lieferung. Es ist uns sehr unangenehm, dass wir die Wandregale nicht pünktlich geliefert und dass wir Sie auch nicht über den Lieferverzug rechtzeitig informiert haben.

Wir hatten bis zuletzt gehofft, die Regale noch vor dem Liefertermin herstellen zu können. Leider waren die von Ihnen gewünschten Furniere durch falsche Lagerung beschädigt worden, und wir konnten trotz intensiver Bemühungen nicht schnell genug Ersatz beschaffen. Gestern haben wir endlich passende Furniere erhalten. Jetzt können wir die Wandregale am kommenden Montag fertig stellen. Wir werden sie spätestens am Dienstag durch Express an Sie ausliefern.

Bitte entschuldigen Sie die verspätete Lieferung und die versäumte Information. Wir hoffen jedoch, Sie durch eine besonders gute Qualität versöhnen zu können. (Wir konnten das Furnierverfahren erheblich verbessern.)

Mit freundlichen Grüßen

Entschuldigung für eine verspätete Zahlung

Briefkopf

Anschrift Datum

Ihre Mahnung vom 8. Juli 20..

Sehr geehrte Damen und Herren,

heute erhielten wir Ihre Mahnung. Vielen Dank, dass Sie uns an die Fälligkeit Ihrer Rechnung erinnert haben.

Bitte entschuldigen Sie, dass wir Ihre Rechnung vom 20. Juni bisher nicht bezahlt haben. Auch wir haben das Problem, dass einige Großkunden ihre Rechnungen nur sehr zögernd begleichen. Nachdem wir sie inzwischen gemahnt haben, hoffen wir, auch unsere Lieferantenrechnungen - wenn auch mit geringer Verspätung - begleichen zu können.

Heute überweisen wir auf Ihr Konto Nr. … bei der Commerzbank einen Teilbetrag von 10.000 DM. Wir hoffen, Sie sind damit einverstanden, dass Sie den Restbetrag von 15.750 DM spätestens in 2 Wochen erhalten werden.

Vielen Dank für Ihr Verständnis und Ihr Entgegenkommen.

Mit besten Grüßen

Glückwünsche

Grundsätzliches: Im Geschäftsleben gibt es immer wieder Anlässe zu Glückwunschschreiben. Hierzu gehören vor allem Auszeichnungen, Beförderungen, Geburtstage und Jubiläen (siehe auch unter »Glückwünsche zu Weihnachten und/oder zum Jahreswechsel«).

Glückwunschschreiben bieten die Möglichkeit, ins Geschäftsleben eine persönliche Note zu bringen und damit eine Sympathiebrücke zu schaffen, über die sich Geschäfte leichter und erfolgreicher abwickeln lassen.

Wie persönlich und wie ausführlich Glückwunschschreiben ausfallen, hängt von der Beziehung zu den Geschäftspartnern ab. Ändert sich an den Beziehungen nichts, können auch die Briefe zu gleichen Anlässen in Umfang und Qualität gleich bleiben – nur sollte der Inhalt jedes Mal ein wenig anders sein.

Persönlicher wirken handgeschriebene Glückwünsche. (Das weiß ein Empfänger auch zu schätzen – vorausgesetzt die Handschrift ist entzifferbar.) Die Mehrzahl geschäftlicher Glückwunschschreiben wird jedoch inzwischen mit Schreibmaschine oder PC geschrieben.

Wird ein Geschenk geschickt, sollte im Glückwunschschreiben hierzu ein Bezug hergestellt werden. Das ergibt zugleich einen »Aufhänger« für einige persönliche Aussagen.

Tipps

- Schreiben Sie auf gutes weißes Briefpapier (Firmenbriefkopf ist möglich).
- Schreiben Sie so persönlich, wie es zu Ihren Beziehungen passt (oder wie Sie wünschen, dass sich Ihre Beziehungen entwickeln sollen).
- Schreiben Sie so, dass der Glückwunsch pünktlich zum Ereignis eintrifft.
- Wählen Sie ein Geschenk, an dem der Beschenkte tatsächlich Freude hat und das ihm zeigt, dass Sie sich gedanklich mit ihm beschäftigt haben (steuerliches Limit beachten!).
- Sammeln Sie in günstigen Zeiten Ideen und Informationen für Glückwünsche.
- Formulieren Sie nicht unter Zeitdruck. (Die Termine von Geburtstagen, Jubiläen und hohen Feiertagen stehen lange genug fest.)

Glückwunschschreiben zu einem Dienstjubiläum

Briefkopf

Anschrift Datum

Sehr geehrte Frau Schneider,

zu Ihrem 40-jährigen Betriebsjubiläum in der Firma Zander KG gratuliere ich Ihnen herzlich. Ich freue mich, dass Sie dieses hohe Jubiläum in beneidenswerter Frische begehen. Bei meinem letzten Besuch in Ihrem Hause vor einem Monat hatte ich Sie nach dem Geheimnis Ihrer Fitness gefragt. Ihre Antwort war: täglich etwas Frühsport, Saunabesuche, Joggen und Skilanglauf und im Urlaub Bergwandern oder Schwimmen im Meer. Ebenso wichtig sei das Abschalten nach Arbeitsschluss und Musikhören und Lesen an den Wochenenden und viele gemeinsame Unternehmungen mit Ihrem Mann. Ich habe Ihren Rat befolgt, treibe auch wieder etwas Sport und fühle mich schon bedeutend wohler.

Ihr Jubiläum ist für mich ein willkommener Anlass, Ihnen herzlich für unsere bisher so angenehmen und für beide Seiten so erfolgreichen geschäftlichen Beziehungen zu danken. Ich wünsche mir sehr, dass wir auch in Zukunft so gut zusammenarbeiten werden. Schließlich können unsere beiden Firmen von dieser Zusammenarbeit gerade bei immer schwierigeren Marktverhältnissen nur profitieren.

Zum Schluss wünsche ich Ihnen eine schöne Jubiläumsfeier. Sie werden sicher eine Menge Lob und guter Wünsche über sich ergehen lassen müssen. (Ich weiß, dass Ihnen dies eher unangenehm ist - aber Ehre, wem Ehre gebührt!) Die Kiste mit edlen Tropfen aus Südafrika soll unser Beitrag zum Gelingen Ihrer Feier sein.

Ich wünsche Ihnen auch für die kommenden Jahre bei der Zander KG alles Gute, und ich freue mich schon auf unser nächstes Treffen in Bremen.

Mit besten Grüßen

Ihr Werner Brinkmann

Glückwunschschreiben zum 25-jährigen Firmenbestehen

Briefkopf

Anschrift Datum

Sehr geehrter Herr Winkler,

zum 25-jährigen Bestehen Ihrer Bauschreinerei gratuliere ich Ihnen herzlich.

Mit Stolz und Freude können Sie auf eine stetig erfolgreiche Entwicklung Ihres Betriebes von einem Zweimannbetrieb zu einem mittelständischen Betrieb mit inzwischen 25 Mitarbeitern zurückblicken. Es ist wirklich beeindruckend, was Sie, kräftig unterstützt von Ihrer Frau und jetzt auch von Ihren beiden Söhnen, geleistet haben. Ihr Betrieb hat einen guten Ruf, weit über die Grenzen Ihres Landkreises hinaus.

Ich freue mich natürlich sehr, dass ich von Anfang an zu Ihren Lieferanten gehöre. Ich kann mich noch gut an unsere ersten Verhandlungen über die Ausstattung Ihrer Schreinerei mit Werkzeugen erinnern. Sie verlangten immer Spitzenqualitäten zu Niedrigstpreisen. Irgendwie haben wir uns dann aber auf einer für beide Seiten befriedigenden Basis getroffen.

Ihnen, Ihrer Familie und Ihren Mitarbeitern wünsche ich auch weiterhin Erfolg und gesundes Wachsen Ihres Betriebes. Ich hoffe auch in Zukunft auf eine partnerschaftliche Zusammenarbeit.

Mit freundlichen Grüßen

Glückwünsche zum Geburtstag eines Kunden

Briefkopf

Anschrift Datum

Sehr geehrte Frau Block,

am 21. September feiern Sie Ihren 43. Geburtstag. Dazu gratuliere ich Ihnen herzlich. Wie ich Sie kenne, werden Sie auch an einem solchen Tag voll im Einsatz sein und in Ihrem Geschäft stehen. Ich wünsche Ihnen aber, dass Sie zumindest am Abend im Kreis Ihrer Familie und lieber Freunde gemütlich und froh feiern werden.

Für Ihr neues Lebensjahr alles Gute, vor allem Gesundheit und Schaffensfreude, Energie und Optimismus und natürlich geschäftlichen Erfolg!

Mit besten Grüßen und Wünschen

Ihr Dieter Jungmann

Glückwunsch zu einem runden Geburtstag

Briefkopf

Anschrift

Datum

Sehr geehrter Herr Heinemann,

zu Ihrem runden Geburtstag meine herzlichen Glückwünsche! Meine Geschäftsführerkollegen schließen sich meinen Wünschen an.

Ich musste mich vorher noch einmal vergewissern, ob Sie tatsächlich bereits Ihren 60. Geburtstag feiern. Wer Sie von geschäftlichen Verhandlungen oder von den Tagungen des Hessischen Einzelhandelsverbandes her kennt, hält Sie für bedeutend jünger. Sie sind der beste Beweis dafür, dass aktiver beruflicher Einsatz und etwas Ausgleichssport körperlich und geistig fit halten.

Ich könnte Ihnen wünschen, dass Sie es im neuen Lebensjahr ein wenig ruhiger angehen lassen, aber ich glaube, dass Sie das weder wollen noch können. Deshalb bleibt mir nur, Ihnen auch weiterhin eine gute Gesundheit und viel Befriedigung in Ihrer Arbeit zu wünschen - der Erfolg stellt sich dann zwangsläufig ein. Bewahren Sie sich Ihren erfrischenden Humor und Ihren ansteckenden Optimismus. Dann werden Sie auch die in unserem Geschäftszweig anstehenden Schwierigkeiten sicher meistern.

Ich freue mich schon sehr auf unsere weitere geschäftliche Zusammenarbeit und auf unser nächstes Treffen in Wiesbaden.

Mit besten Grüßen

Ihr Fritz Esser

Glückwünsche zur Hochzeit eines Mitarbeiters

Anschrift | Datum

»In einer friedlichen Familie kommt das Glück von selber«, sagt eine chinesische Weisheit,

lieber Herr Franke,

und in diesem Sinne gratuliere ich Ihnen und Ihrer Frau sehr herzlich zu Ihrer Hochzeit. Meine besten Wünsche gelten der Gründung und noch mehr der Bewährung Ihrer Partnerschaft. Ich wünsche Ihnen Glück, Frieden und Geborgenheit in Ihrer Familie. Und sollte das Glück einmal nicht von selber kommen, dann helfen Sie ruhig etwas nach.

Ich wünsche Ihnen eine gelungene Hochzeitsfeier und eine erinnerungsreiche Hochzeitsreise. Ihre Kolleginnen und Kollegen und ich - wir alle freuen uns schon auf Ihre Rückkehr. Dann werden wir auf das junge Glück und seine Zukunft »ein Fass aufmachen«.

Alles Gute und ein freundliches Wiedersehen!

Glückwunschschreiben zur Verleihung eines Verdienstordens

Briefkopf

Anschrift Datum

Sehr geehrter Herr Obermaier,

in unserer Zeitung las ich gerade, dass Sie den Bayerischen Verdienstorden verliehen bekommen haben. Mit dieser seltenen Auszeichnung wurden Ihr unermüdlicher Einsatz für die Belange des Bayerischen Einzelhandels und insbesondere für Ihre Verdienste um die Berufsausbildung gewürdigt. Gerade die Aus- und Weiterbildung spielen in der heutigen Zeit und für die Zukunft eine immer wichtigere Rolle.

Ich freue mich sehr, dass die Auszeichnung mit Ihnen den Richtigen getroffen hat. Ihr jahrelanges Wirken in vielen Gremien hat endlich auch die verdiente öffentliche Anerkennung gefunden. Aus langer Zusammenarbeit mit Ihnen in zahlreichen Ausschüssen kann ich dies nur bestätigen.

Die hohe Auszeichnung wird für Sie sicher Ansporn sein, sich auch in Zukunft für die Bayerische Wirtschaft und die in ihr arbeitenden Menschen einzusetzen. Hierzu wünsche ich Ihnen viel Freude und Energie.

Mit besten Grüßen

Ihr Eberhard Küster

Glückwünsche zu Weihnachten und/oder zum Jahreswechsel

Grundsätzliches: Zum Weihnachtsfest und zum Jahreswechsel wird den Unternehmen eine Flut von schriftlichen Glückwünschen ins Haus geschwemmt. Dieser Brauch bedeutet eine erhebliche Mehrarbeit – beim Formulieren wie beim Lesen – zu einer Zeit, in der ohnehin genügend Arbeit anfällt. Und das Ergebnis? In der Masse der Schreiben gehen die einzelnen, noch so gut gemeinten Wünsche leicht unter.

Damit sich Zeitaufwand und Kosten lohnen und die Wünsche nicht – mehr oder weniger – unbeachtet im Papierkorb landen, sollte der Absender für diesen Teil seiner Korrespondenz eine Strategie entwickeln. Dazu gehört die Klärung, *wer* überhaupt Glückwünsche erhalten soll:

- alle Geschäftspartner oder nur eine ausgewählte Gruppe?
- nur Kunden oder auch Lieferanten?
- welche sonstigen Personen oder Institutionen?
- nur diejenigen, die in der Vergangenheit auch Glückwünsche geschickt haben?

An diese Personengruppen könnten Sie schreiben:

Kunden	Lieferanten	benachbarte Firmen
Mitarbeiter	Kollegen	Mitgesellschafter, Aufsichtsratsmitglieder
Politiker	Behördenvertreter	Personen in Vereinen und Verbänden

Die nächste strategische Überlegung gilt dem *Ziel* der Glückwunschaktion: Wollen Sie den Empfängern nur eine Freude bereiten und zeigen, dass Sie an sie gedacht haben? Wollen Sie auch für eine gute Zusammenarbeit danken? Wollen Sie auch noch für Ihr Unternehmen werben?

Ein weiteres Problem sind die Texte. Es tauchen immer wieder dieselben gängigen Floskeln auf. Damit kann man zwar nichts verkehrt machen, aber auch keinen nachhaltigen Eindruck hinterlassen.

Vorschläge für den Aufbau von Schreiben zu Weihnachten und zum neuen Jahr

Kurzform:
Einstieg (Hinweis auf Anlass: bevorstehende Feiertage und Jahreswechsel)
Glückwünsche (für Fest, Jahreswechsel und neues Jahr)
Grüße

Erweiterte Form:
Einstieg (eventuell Zitat; Hinweis auf Anlass)
Rückblick (Was hat das vergangene Jahr – dem Partner und uns – gebracht?)

Gemeinsamkeiten (Was haben wir gemeinsam – geschäftlich und privat – erlebt?)
Dank (für geschäftliche Beziehungen, Zusammenarbeit)
Ausblick (Was mag/soll die Zukunft bringen?)
Wünsche (für künftige geschäftliche Beziehungen, Zusammenarbeit)
Glückwünsche (persönliche und geschäftliche für das kommende Jahr)
Grüße

Tipps

- Verschicken Sie Ihre Glückwünsche nicht wahllos breit gestreut.
- Schicken Sie Ihren besten Kunden (VIP-Kunden, 1A-Kunden) individuelle Glückwünsche.
- Schreiben und reden Sie die Empfänger persönlich an.
- Versuchen Sie, auf Ihre beiderseitigen Beziehungen einzugehen.
- Danken Sie für eine gute Zusammenarbeit nur, wenn Sie Ihre Kunden selektieren können (zum Beispiel Kunden mit hohem/aktuellem Umsatz, mit gelegentlichem Umsatz, mit schon länger zurückliegendem Umsatz). Sonst machen Sie sich leicht lächerlich.
- Gehen Sie mit christlichen Symbolen und religiösen Texten vorsichtig um. (In unserer Gesellschaft sind längst nicht [mehr] alle Menschen Anhänger christlicher Konfessionen.)
- Berücksichtigen Sie bei größeren Mengen von Weihnachtspost auch die Kosten.
- Schreiben Sie nach dem Motto: »Lieber ein kurzer Gruß als viele Gemeinplätze«.

Einfache, kurze Glückwunschtexte zu Weihnachten und zum neuen Jahr

Erholsame Feiertage, einen guten Jahreswechsel und viel Glück und Erfolg im neuen Jahr wünschen Ihnen …

Ein recht schönes Weihnachtsfest und ein gesundes neues Jahr wünscht Ihnen und Ihrer Familie …

Ein gesundes, geruhsames Weihnachtsfest und ein glückliches (friedliches) neues Jahr (oder Jahreszahl) wünschen Ihnen, Ihren Angehörigen und Ihren Mitarbeiterinnen und Mitarbeitern …

Ihnen und Ihren Angehörigen und Mitarbeitern ein frohes Fest und alles Gute im neuen Jahr wünschen …

Ein frohes, erholsames Weihnachtsfest, harmonische und erfüllte Stunden im Kreise Ihrer Familie und viel Glück, Gesundheit und Zufriedenheit im neuen Jahr - dies und noch viel mehr wünscht Ihnen das Creativ-Team.

Ein arbeits- und ereignisreiches Jahr, das viele Hoffnungen geweckt und auch erfüllt hat, geht zu Ende. Es macht Mut für das kommende Jahr. Wir wünschen Ihnen und Ihrer Vertriebsmannschaft für das nächste Jahr Optimismus, Teamgeist und Erfolg.

Das ausklingende Jahr war für uns ein erfolgreiches Jahr - dank unseren treuen Kunden, Lieferanten und Partnern. Mit dem beiliegenden kleinen Geschenk danken wir allen, die uns unterstützt haben. Wir wünschen ein friedliches und glückliches Weihnachtsfest und ein wiederum erfolgreiches neues Jahr.

Ein friedliches, stressarmes Weihnachtsfest, einen guten Rutsch ins neue Jahr und alles Gute für … wünschen Ihnen Paul Hartmann und Partner. Wir haben für uns auch einen Wunsch: dass wir im nächsten Jahr wieder für Sie tätig sein dürfen.

Bevor das alte Jahr zu Ende geht, bevor Sie Ihren wohl verdienten Weihnachtsurlaub antreten und sich ganz Ihrer Familie widmen können, danke ich Ihnen herzlich für die gute Mitarbeit und Ihren hohen Einsatz für unsere Firma. Meine besten Wünsche für die Feiertage und ein hoffentlich wieder erfreuliches Jahr der Zusammenarbeit! Mit besten Wünschen, auch an Ihre Familie, Ihr Waldemar Heckel

Glückwunschschreiben zu Weihnachten und zum Jahreswechsel

Briefkopf (Briefbogen für besondere Anlässe)

Anschrift Datum

Glücklich ist nicht, wer anderen so vorkommt,
sondern wer sich selbst dafür hält. (Seneca)

Sehr geehrter Herr Lang,

die bevorstehenden Feiertage und der Jahreswechsel lassen uns ein wenig Zeit und Muße zum Nachdenken: über ein ereignisreiches altes Jahr mit Höhen und Tiefen und über ein neues Jahr, das voller Chancen, Herausforderungen und Risiken steckt. Vielleicht kommen wir dabei zu der Erkenntnis, dass sehr viel an uns selbst liegt, ob wir uns auf der Seite der Gewinner oder der Verlierer sehen.

Im vergangenen Jahr haben wir gemeinsam mehrere Projekte in Angriff genommen. Einige konnten wir zu einem guten Ende führen. Es gab aber auch Rückschläge, aus denen wir für die Zukunft lernen konnten. Insgesamt aber war es doch ein erfolgreiches Jahr.

Bevor wir zu einem neuen Anlauf starten, wünsche ich Ihnen ein erholsames und erfreuliches Weihnachtsfest im Kreise Ihrer Lieben und einen guten Jahreswechsel. Für das neue Jahr wünsche ich Ihnen den Schwung und die Schaffensfreude, die Sie für die bevorstehenden Aufgaben brauchen.

Ich freue mich schon auf die weitere Zusammenarbeit mit Ihnen und Ihrem Team. Lassen Sie uns zu den Glücklichen im Sinne Senecas gehören!

Mit freundschaftlichen Grüßen

Ihr Jens Möller

Glückwünsche zu Weihnachten und zum neuen Jahr an die Mitarbeiter

Briefkopf

Liebe Mitarbeiterinnen und Mitarbeiter,

ein Jahr voller dramatischer Ereignisse und Spannungen liegt hinter uns; ein sehr arbeitsreiches Jahr, das von uns allen äußersten Einsatz verlangt hat.

Das bevorstehende Fest ist uns ein willkommener Anlass,Ihnen zu danken für Ihre Mitarbeit, Ihre Pflichterfüllung und für Ihre Treue zu unserem Haus.

Als Zeichen unseres herzlichen Dankes erhalten Sie Ihre Jahresgratifikation. Sie ist leider geringer ausgefallen als in den vorangegangenen Jahren. Unser diesjähriges Ergebnis lässt jedoch keine höheren Zahlungen zu.

Wir wünschen Ihnen und Ihren Angehörigen ein frohes, gesegnetes Weihnachtsfest und ein friedvolles, gesundes neues Jahr.

Wir haben berechtigte Hoffnung, dass uns das neue Jahr wieder einen Aufschwung bringen wird.

Lassen Sie uns gemeinsam auf Erfolgskurs steuern!

Mit besten Grüßen und Wünschen

Ihre Geschäftsleitung

Kündigungen

Grundsätzliches: Eine Kündigung ist eine *empfangsbedürftige Willenserklärung,* aus der eindeutig hervorgehen muss, dass das Arbeitsverhältnis beendet werden soll. Für Kündigungen bestehen keine Formvorschriften (Ausnahme: Kündigung von Ausbildungsverhältnissen, § 15 BBiG).

Aus einer Kündigungserklärung oder aus den sonstigen Umständen muss sich ergeben, zu welchem Zeitpunkt das Arbeitsverhältnis enden soll und ob eine *ordentliche* (fristgerechte) oder eine *außerordentliche* (fristlose) Kündigung beabsichtigt ist. Eine Kündigung kann von jeder der beiden Vertragsparteien (Arbeitgeber und Arbeitnehmer) ausgesprochen werden.

Kündigungen dürfen formlos sein (mündlich, telefonisch oder schriftlich). Oft ist die Schriftform durch Tarifvertrag oder Betriebsordnung vorgeschrieben. Grundsätzlich ist die Schriftform vorzuziehen (Verhinderung spontaner, übereilter Kündigungen; Erleichterung der Beweisführung, zum Beispiel vor dem Arbeitsgericht).

In Betrieben mit *Betriebsrat* muss der Arbeitgeber den Betriebsrat vor jeder Kündigung ordnungsgemäß anhören (§ 102 BetrVG). Eine Kündigung ohne Anhörung ist unwirksam. Bei *verhaltensbedingten* Kündigungen muss der Arbeitgeber den Betriebsrat über vorhergegangene *Abmahnungen* informieren (s. Abmahnungen).

Da Kündigungsgründe sehr unterschiedlich seien können und (fast) jeder Fall (etwas) anders liegt, ist es nicht sinnvoll, Musterkündigungen einfach abzuschreiben. Die folgenden Beispiele sollen nur zeigen, wie Kündigungen formuliert werden können und worauf jeweils zu achten ist.

Checkliste: Vorbereitung und Durchführung von Kündigungen

Grundlagen/Voraussetzungen ermitteln:
Wo liegen die Gründe? (Im Verhalten, in der Person, in der Betriebssituation)
Welche Genehmigungen müssen eingeholt, welche Pflichten zur Anzeige müssen berücksichtigt werden? (Zum Beispiel Schwerbehinderte, Schwangere, Betriebsratsmitglieder)
Was kostet die Trennung? (Kosten-/Nutzenanalyse: Abfindung, Vergütungsfortzahlung, Karenzentschädigung, Urlaubsabgeltung)
Ist eine Ersatzkraft vorhanden? Muss sie beschafft werden?

Alternativen zur Kündigung prüfen:
Welche Möglichkeiten gibt es anstelle einer Kündigung? (Abmahnung, Versetzung, Teilzeitbeschäftigung, Freistellung, Outplacement, Vorruhestand)

Wahl von Art und Zeitpunkt:
Welche Art (und damit welcher Zeitpunkt) soll gewählt werden? (ordentlich/fristgerecht; außerordentlich/fristlos)

Hilfen bei der Kündigung:
Sind Hilfen nötig oder sinnvoll? (Zum Beispiel Rechtsanwalt, Arbeitgeberverband, Unternehmensberater, Steuerberater)

Fällen der Entscheidung:
Welche Risiken bestehen? (Zum Beispiel Weiterbeschäftigungsanspruch; Mitbestimmung des Betriebsrats)

Kündigungsgespräch:
Wer soll das Gespräch führen? (Vorgesetzter, Personalfachmann; Strategie und Ziel festlegen)
Welches Ziel soll verfolgt werden? (Ausspruch der Kündigung, Aufhebungsvertrag, Regelung von [beiderseitigen] Ansprüchen, Ausgleichsquittung)

Form der Kündigung:
Wie soll die Kündigung ausgesprochen werden? (Mündliche Kündigung; schriftliche Kündigung)
Wie soll eine schriftliche Kündigung zugestellt werden? (Persönliche Übergabe während des Gesprächs; Übergabe durch Boten, Post)

Abwickeln der Folgen:
Welche Papiere müssen übergeben werden? (Arbeitspapiere, Abrechnung, Arbeitsbescheinigung, Zeugnis)
Was fällt noch an? (Rückzahlunganssprüche; Karenzentschädigung/Wettbewerbsverbot; Meldepflicht bei Sozialversicherung)

Tipps

- Prüfen Sie vor einer Kündigung grundsätzlich die Rechts- und »Aktenlage«. Holen Sie notfalls arbeitsrechtlichen Rat ein.
- Vermeiden Sie rechtliche Risiken, indem Sie versuchen, in einem Kündigungsgespräch mit der Mitarbeiterin oder dem Mitarbeiter eine *einvernehmliche Aufhebung* des Arbeitsvertrags zu erreichen.
- Kündigen Sie grundsätzlich schriftlich.
- Bestätigen Sie eine (mündliche) Kündigung eines Mitarbeiters, den Sie gerne loswerden wollen, sofort schriftlich.
- Klären Sie genau, ob die Gründe so schwerwiegend sind, dass sie für eine *außerordentliche (fristlose)* Kündigung ausreichen.
- Sorgen Sie dafür, dass die Kündigung dem Mitarbeiter auch *zugeht.* Lassen Sie sich den Empfang der Kündigung bestätigen (bei Übergabe im Betrieb oder durch Boten zu Hause).

Anhörung des Betriebsrats

Briefkopf

An den Vorsitzenden des Betriebsrats der Werner & Meier AG

Datum

Anhörung wegen fristgerechter Kündigung

Sehr geehrter Herr Sander,

wir wollen Herrn Walther, Bezirksleiter in unserem Vertriebsbezirk Westfalen Mitte, zum 31. Oktober 20.. fristgerecht kündigen.

Herr Walther liegt mit seinen Vertragsabschlüssen bereits seit Mitte vorigen Jahres weit unter dem Durchschnitt seiner Kollegen in vergleichbaren Bezirken (s. beiliegende Vergleichsstatistik).

Wir haben Herrn Walther mehrfach ermahnt, die Zahl seiner Kundenbesuche zu erhöhen und bei seinen Besuchen alle Verkaufshilfen einzusetzen. Außerdem haben wir ihm die Gelegenheit gegeben, an zusätzlichen Verkaufstrainings teilzunehmen.

Trotz unserer Bemühungen und zweier Abmahnungen, über die wir Sie ebenfalls unterrichteten, besucht Herr Walther täglich nur 5 bis 6 Kunden (Schnitt bei 10 Kunden) und liegt weiterhin am Ende unserer Auswertungstabelle.

Wir können es uns nicht länger leisten, den Bezirk Westfalen Mitte so schlecht betreuen zu lassen, und wollen deshalb dort einen neuen, leistungsfähigen Mitarbeiter, nämlich Herrn Kalk, einsetzen.

Wir bitten Sie um Zustimmung zu der beabsichtigten Kündigung.

Mit freundlichen Grüßen

Änderungskündigung

Briefkopf

Anschrift Datum

Kündigung des Arbeitsvertrages vom 2. Januar 1978
Angebot eines neuen Arbeitsvertrages ab 1. August 1999

Sehr geehrter Herr Oslowski,

wir bestätigen die Gespräche Ihres Vorgesetzten, Herrn Glaser, und unseres Personalleiters, Herrn Wilkens, mit Ihnen. Dabei wurde vereinbart, dass wir Ihnen einen anderen Arbeitsplatz anbieten würden, an dem die körperlichen Belastungen für Sie geringer sein werden.

Ihren bisherigen Arbeitsvertrag kündigen wir Ihnen fristgerecht zum 31. Juli 2000. An dessen Stelle bieten wir Ihnen einen neuen Arbeitsvertrag zum 1. August 2000 mit einer auf 30 Wochenstunden verkürzten Arbeitszeit in der Endkontrolle an.

Ihren bisherigen Stundenlohn werden wir so lange weiterbezahlen, bis der an Ihrem neuen Arbeitsplatz niedrigere Stundenlohn infolge von Tariferhöhungen die Höhe Ihres derzeitigen Stundenlohns erreicht haben wird. Anschließend werden Sie an den jeweiligen Tariferhöhungen teilhaben.

Wir hoffen, mit dieser Regelung Ihrem Gesundheitszustand Rechnung getragen und damit einen Beitrag zu Ihrer weiteren Genesung geleistet zu haben.

Bitte bestätigen Sie Ihr Einverständnis mit dieser Änderungskündigung durch Ihre Unterschrift auf beiliegender Kopie dieses Schreibens.

Wir hoffen auf eine gute Zusammenarbeit in Ihrem neuen Aufgabenbereich.

Mit besten Grüßen

Anlage
Briefkopie

Statt Kündigung: Aufhebungsvertrag

Briefkopf

Anschrift Datum

Ihr Ausscheiden zum 30. September 20..

Sehr geehrte Frau Röckelein,

in mehreren Gesprächen unseres Personalleiters mit Ihnen haben wir vereinbart, Ihr Arbeitsverhältnis am 30. September in beiderseitigem Einvernehmen enden zu lassen.

Wir stellen Sie mit Wirkung vom 1. August von der Arbeit frei, damit Sie sich um eine neue Stelle bewerben können. Bis zu diesem Zeitpunkt räumen Sie bitte Ihren Arbeitsplatz und übergeben Sie alle Unterlagen an Ihren Vorgesetzten.

Mit der vorzeitigen Freistellung ist Ihr anteiliger Jahresurlaub abgegolten. Infolge dieser Vereinbarung enden auch alle gegenseitigen Ansprüche.

Zum Ausgleich für den Verlust Ihres Arbeitsplatzes erhalten Sie eine Abfindung von 36.000 DM und eine anteilige Sondervergütung von 950 DM.

Sie erhalten innerhalb einer Woche ein qualifiziertes Zeugnis über Ihre berufliche Entwicklung und Ihre wichtigsten Tätigkeiten in unserem Unternehmen.

Bitte bestätigen Sie Ihr Einverständnis mit den getroffenen Vereinbarungen auf der beiliegenden Zweitschrift dieses Schreibens.

Mit freundlichen Grüßen

Anlage
Zweitschrift

Kündigung eines Aushilfsarbeitsvertrages

Briefkopf

Anschrift Datum

Kündigung Ihres Aushilfsarbeitsverhältnisses

Sehr geehrte Frau Kuhnlau,

wir hatten mit Ihnen einen Arbeitsvertrag für die Dauer der Abwesenheit unserer Mitarbeiterin, Frau Hankel, abgeschlossen. Jetzt hat uns Frau Hankel mitgeteilt, dass Sie ihren Erziehungsurlaub beenden und am 1. Oktober ihre Arbeit bei uns wieder aufnehmen will.

Wie vertraglich vereinbart, kündigen wir deshalb Ihr Arbeitsverhältnis zum 15. Oktober 20.. Wir bitten Sie, während der 15-tägigen Übergangszeit Frau Hankel in den Stand zu setzen, alle dann schwebenden Geschäftsvorfälle zu übernehmen und fortzuführen.

Für Ihren erfolgreichen Einsatz und Ihre engagierte Mitarbeit danken wir Ihnen herzlich. Sie haben erreicht, dass durch die Abwesenheit von Frau Hankel keine Lücke entstand. Wir werden Ihnen ein gutes qualifiziertes Zeugnis ausstellen.

Für Ihre berufliche Zukunft unsere besten Wünsche!

Mit freundlichen Grüßen

Kündigung eines Berufsausbildungsverhältnisses aus wichtigem Grund

---

Briefkopf

Anschrift Datum

Kündigung Ihres Ausbildungsvertrags mit sofortiger Wirkung

Sehr geehrte Frau Weber,

wir kündigen das mit Ihnen abgeschlossene Berufsausbildungsverhältnis fristlos.

Unsere Gründe: Sie haben gegenüber Ihren Ausbildern und anderen Auszubildenden mehrfach deutlich betont, dass Sie nicht an einer Ausbildung zur Verkäuferin interessiert seien. Sie hätten keine Lust, »blöde Kunden« zu bedienen. Auch mache Ihnen weder der Beruf noch die Ausbildung Spaß. Entsprechend desinteressiert haben Sie sich auch bisher während der Ausbildung verhalten. Vielen Kunden gegenüber waren Sie ausgesprochen unhöflich. Erst gestern haben Sie sich gegenüber einer Kundin frech verhalten; sie hat sich daraufhin bei der Geschäftsleitung beschwert.

Trotz mehrfacher Ermahnungen und zweier Abmahnungen haben Sie Ihr Verhalten nicht geändert. Wir sehen deshalb keinen Sinn darin, das Ausbildungsverhältnis mit Ihnen fortzusetzen, zumal Sie selbst offensichtlich kein Interesse an dem von Ihnen gewählten Beruf haben.

Der Betriebsrat hat einer fristlosen Kündigung zugestimmt.

Wir verzichten auf Schadenersatz nach § 16 BBiG wegen vorzeitiger Beendigung des Ausbildungsverhältnisses.

Wir wünschen Ihnen, dass Sie einen Ausbildungsberuf und einen Ausbildungsplatz finden werden, der Ihren Neigungen und Vorstellungen besser entspricht.

Mit freundlichen Grüßen

Fristgerechte Kündigung

Briefkopf

Anschrift Datum

Kündigung des Arbeitsvertrages vom 1. Januar 20..

Sehr geehrte Frau Kleinschmidt,

obwohl Ihre Vorgesetzte, Frau Haber, Sie wiederholt aufgefordert hat und wir Sie am 13. Juli schriftlich abgemahnt haben, sind Sie am 22. Juli erneut zu spät zur Arbeit erschienen. Ihre Verspätung betrug diesmal sogar 23 Minuten.

Wir hatten Ihnen ausdrücklich erklärt, dass wir keine Unpünktlichkeit mehr dulden werden. Dies gilt ganz besonders für Ihren Arbeitsplatz, der wegen des Publikumsverkehrs ab 8:30 Uhr besetzt sein muss.

Weil Sie unsere wiederholten Ermahnungen nicht beachtet haben und auch wenig Bemühen um eine Besserung Ihres Verhaltens erkennen lassen, kündigen wir Ihnen fristgerecht zum 1. Oktober 20..

Unser Betriebsrat wurde über unsere Kündigungsabsicht informiert. Er hat dieser Kündigung zugestimmt.

Bis zu Ihrem Ausscheiden werden wir Sie in der Korrespondenzabteilung einsetzen. Bitte nehmen Sie in dieser Zeit den Ihnen noch zustehenden Jahresurlaub.

Mit freundlichen Grüßen

Fristlose Kündigung

Briefkopf

Anschrift Datum

Fristlose Kündigung

Sehr geehrter Herr Wankel,

am 3. Juni um 11:30 Uhr hat Sie eine Kollegin dabei beobachtet, wie Sie auf der Rampe des Auslieferungslagers ein Autoradio in einem Abfallsack zwischen Papierabfällen verschwinden ließen und diesen Sack im Hof zwischen dem dort lagernden Altpapier versteckten. Sie haben diesen Diebstahl gegenüber unserem Betriebsschutz auch zugegeben.

Wir kündigen Ihren Arbeitsvertrag fristlos wegen Diebstahls. Zugleich erteilen wir Ihnen Hausverbot ab sofort.

Wir haben den Betriebsrat zu dieser Kündigung angehört. Er hat der Kündigung am 4. Juni zugestimmt.

Ihre Arbeitspapiere und ein einfaches Zeugnis erhalten Sie in den nächsten Tagen.

Es grüßt Sie

Bestätigung einer mündlichen Kündigung

Briefkopf

Anschrift Datum

Ihre Kündigung

Sehr geehrter Herr Messer,

heute Morgen sprachen Sie gegenüber Ihrem Vorgesetzten, Herrn Walter Müller, Ihre sofortige Kündigung aus. Wir nehmen Ihre Kündigung zum 31. März 20.. an.

Ihre Papiere und ein qualifiziertes Zeugnis werden wir Ihnen in den nächsten Tagen aushändigen. Wegen Ihrer Urlaubsansprüche wenden Sie sich bitte an die Personalabteilung.

Wir danken Ihnen für Ihre langjährige Mitarbeit und wünschen Ihnen für die Zukunft alles Gute.

Mit freundlichen Grüßen

Lieferungen

Grundsätzliches: Zur Erfüllung eines Kaufvertrages muss der *Lieferant* die Ware oder Dienstleistung zu den vereinbarten Bedingungen *liefern* oder *erbringen.* Der *Besteller* muss die Ware oder Dienstleistung *annehmen* und den Preis – wie vereinbart – *zahlen.* Halten beide Seiten ihre vertraglichen Verpflichtungen ein, dürfte es nur wenige Anlässe für Korrespondenz geben.

So kann der Lieferant den *Liefertermin* durch eine *Liefer-* oder *Versandanzeige* schriftlich ankündigen. Dies ist sinnvoll, wenn nicht sofort geliefert wird, wenn große Mengen oder nur Teile der Gesamtbestellung ausgeliefert werden und/oder sich der Empfänger auf die Lieferung einstellen soll.

Trifft eine Lieferung nicht zum erwarteten, vereinbarten oder handelsüblichen Termin ein, muss der Besteller mahnen. Durch eine *Anmahnung* setzt er den Lieferanten in *Lieferverzug.* Erst anschließend kann der Kunde nach entsprechender *Nachfrist* die rechtlichen *Konsequenzen* ziehen (zum Beispiel *Rücktritt* vom Kaufvertrag, anderweitige Beschaffung der Ware und Belastung des Lieferanten mit den Mehrkosten).

Tipps

- Nennen Sie einen Lieferzeitpunkt, den Sie auch einhalten können (Absendetag oder Tag der Warenankunft).
- Geben Sie die *Versandart* und den *Versandweg* bekannt (zum Beispiel durch Spedition).
- Machen Sie im Falle von Abweichungen Angaben über die Abweichung vom Auftrag (zum Beispiel Teillieferung).
- Weisen Sie auf die Rechnung und auf die Bezahlung hin.
- Erteilen Sie Ihrem Fahrer Inkassovollmacht. (Dadurch erreichen Sie in vielen Fällen, dass Sie Ihr Geld sofort erhalten.)

Lieferanzeige

Briefkopf

Anschrift Datum

Versandanzeige - Ihre Bestellung von Rasenmähern

Sehr geehrte Damen und Herren,

morgen früh werden wir die von Ihnen als besonders dringlich angeforderten Elektro-Rasenmäher durch die Spedition Schenker an Sie abschicken. Uns wurde zugesagt, dass sie bereits gegen 17:00 Uhr bei Ihnen eintreffen werden.

Die Rasenmäher mit Benzinmotor werden wir am Montag, ebenfalls durch die Spedition Schenker, an Sie ausliefern.

Wir wünschen Ihnen einen guten Empfang der Ware.

Mit freundlichen Grüßen

Einen weiteren Musterbrief zu diesem Thema finden Sie unter »Ankündigungen«.

Anmahnung einer Lieferung

Briefkopf

Anschrift Datum

Wo bleiben die Damenmäntel?

Sehr geehrter Herr Freitag,

seit Anfang der Woche warten wir auf die uns fest zugesagte Lieferung der Damenmäntel. Bei der Bestellung hatten wir ausdrücklich darauf hingewiesen, dass wir die Mäntel rechtzeitig zum Saisonbeginn brauchen. Sie hatten uns die Lieferung in der 32. KW fest zugesagt.

Inzwischen ist der Liefertermin verstrichen und die Saison nahe gerückt. Wir fordern Sie deshalb auf, die Mäntel bis spätestens 27. August zu liefern. Uns liegen bereits erste Nachfragen von Kunden vor! Bitte unternehmen Sie alles Notwendige, um noch rechtzeitig zu liefern.

Können wir mit Ihrer Lieferung bis zum 27. August rechnen? Wenn nicht, werden wir unseren Auftrag annullieren und bei anderen Lieferanten kaufen. Die dabei entstehenden Mehrkosten müssen Sie dann tragen.

Mit freundlichen Grüßen

Ankündigung von Lieferverzug

Briefkopf

Anschrift Datum

Ihre Bestellung vom 11. März - dreiteilige Reise-Sets

Sehr geehrte Damen und Herren,

Sie warten gerade vor Beginn der Reisesaison besonders ungeduldig auf die bestellten Reise-Sets. Deshalb ist es uns sehr unangenehm, dass wir Sie in diesem Jahr nicht zum vereinbarten Termin beliefern können.

Leider hat es in unserer Produktion unvorhersehbare Engpässe gegeben. Gegenüber unserer Planung sind wir etwa 3 Wochen in Rückstand geraten. Wir sind jedoch zuversichtlich, dass es uns gelingt, ihn innerhalb der nächsten 2 Wochen durch Zusatzschichten und Überstunden auszugleichen.

Nach heutigem Kenntnisstand können wir Ihnen eine erste Teillieferung von 30 Sets in der ersten Mai-Woche liefern. Weitere 50 Sets erhalten Sie spätestens Ende Mai. Wir hoffen, dass Sie somit Ihre Kunden zufrieden stellen können und keine Umsatzeinbußen haben werden.

Vielen Dank für Ihr Verständnis. In Zukunft werden wir Sie wieder mit der gewohnten Terminzuverlässigkeit beliefern.

Mit besten Grüßen

Einen weiteren Musterbrief zu diesem Thema finden Sie unter »Zwischenbescheide«.

Vorschlag von Teillieferung und Lösungsvorschläge

Briefkopf

Anschrift Datum

Ihre Bestellung Bodenstaubsauger 1300 Watt PK 100

Sehr geehrter Herr Most,

Sie hatten 30 Bodenstaubsauger 1300 Watt PK 100, Preis 149 DM, zur Lieferung am 15. März bestellt. Leider können wir zu diesem Zeitpunkt nicht liefern. Unser Zulieferer für die Gehäuse hat - für uns überraschend - Konkurs angemeldet.

Wir bemühen uns sehr, einen anderen Lieferanten zu finden, und stehen auch bereits mit mehreren Produzenten in Verhandlungen. Bis wir jedoch gleiche Gehäuse bekommen können, dürften noch einige Wochen vergehen.

Deshalb schlagen wir Ihnen als Zwischenlösung vor: Wir liefern Ihnen sofort 10 Bodenstaubsauger 1300 Watt PK 100.

Anstelle der restlichen 20 Staubsauger mit 1300 Watt könnten wir Ihnen sofort liefern:

Bodenstaubsauger	PH 100, 1200 Watt, Preis 139 DM
"	PL 100, 1400 Watt, Preis 153 DM
"	PM 100, 1500 Watt, Preis 158 DM

Diese Staubsauger der P-Serie sind äußerlich dem Modell PK 100 ähnlich (graublaues Gehäuse) und in der Qualität gleich, bei höherer Leistung der Modelle PL und PM. Ihr Vorteil bei der Bestellung dieser Typen wäre, dass Sie Ihren Kunden eine größere Auswahl anbieten könnten.

Bitte geben Sie uns gleich Bescheid, wie Sie sich entschieden haben. Wir werden Sie dann schnellstens beliefern.

Mit bestem Dank für Ihr Verständnis und freundlichen Grüßen

Mängelrügen

Grundsätzliches: Kaufleute sind verpflichtet, empfangene Waren *unverzüglich* – am besten im Beisein des Lieferanten – zu prüfen. Ziel ist es, festzustellen, ob Art, Beschaffenheit und Menge mit der Bestellung übereinstimmen und ob eventuell Beschädigungen (Herstellungsmängel, Transportschäden) vorliegen.

Bei der sofortigen Prüfung können die offenen Mängel festgestellt werden; verdeckte Mängel meist erst bei späterem Gebrauch. In beiden Fällen muss der Käufer unmittelbar nach der Entdeckung von Mängeln rügen. Die Anzeige eines Mangels nennt man Mängelrüge, Beanstandung oder Reklamation.

Ein Käufer hat Anspruch auf eine einwandfreie Ware oder Leistung. Ist der Lieferant nicht sofort bereit, Abhilfe zu schaffen, muss der Empfänger um sein Recht kämpfen. Wegen möglicher späterer Beweisführung empfiehlt sich grundsätzlich eine *schriftliche* Mängelrüge.

Tipps

- Lassen Sie sich die Mängel vom Lieferer (Post, Spedition usw.) schriftlich bestätigen.
- Reklamieren Sie beim Hersteller unverzüglich.
- Beachten Sie die Verjährungsfristen (Gewährleistungsrechte bestehen oft nur sechs Monate!).
- Führen Sie alle Mängel auf.
- Beschreiben Sie den Fehler genau (zum Beispiel an der Verpackung, am Inhalt).
- Legen Sie eine Probe oder ein Foto der beschädigten Ware bei. (Der Lieferant braucht exakte Angaben, damit er die Mängel abstellen oder befriedigende Vorschläge machen kann.)
- Sagen Sie, welche Rechte Sie in Anspruch nehmen wollen.
- Stellen Sie klare und eindeutige Forderungen.
- Setzen Sie Fristen.
- Fügen Sie Belege bei (zum Beispiel Kaufvertrag, Garantieschein).

Bei unverzüglicher Mängelrüge haben Sie folgende Rechte:
- Sie können *Wandlung* verlangen: Rückabwicklung des Kaufes. (Der Verkäufer erhält die Ware zurück, und Sie erhalten Ihr Geld zurück, wenn Sie bereits gezahlt haben.)
- Sie können *Minderung* verlangen: Sie behalten die Ware, wenn der Verkäufer Ihnen einen *Preisnachlass* einräumt.
- Sie können eine *Nachbesserung* verlangen: Hierauf wird der Lieferant häufig selbst bestehen.
- Sie können *Schadenersatz* fordern: Sie verzichten auf die Lieferung ein-

wandfreier Ware und verlangen die Vergütung des Schadens, den Sie durch die Lieferung nicht einwandfreier Ware erlitten haben. Beim Schadenersatz kommt es häufig zu Meinungsverschiedenheiten über die grundsätzliche Berechtigung und über Höhe und Inhalt der Ansprüche.

Forderung einer Ersatzlieferung

Briefkopf

Anschrift Datum

Beanstandung Ihrer Lieferung Freizeitanzüge
vom 14. Februar 20..

Sehr geehrte Damen und Herren,

gestern erhielten wir um 17:00 Uhr durch die Spedition Renken & Co. eine Lieferung Freizeitanzüge. Bei der heutigen Stichprobenkontrolle entdeckten wir, dass manche Nähte unsauber genäht sind. Auch stellten wir beim Farbvergleich von Jacken und Hosen leichte Abweichungen fest. Sie sind offensichtlich aus verschiedenen Partien gefertigt, was bei der Kombination deutlich auffällt.

Bei einer vollständigen Prüfung entdeckten wir bei rund 20 Prozent der Teile schlechte Nähte. Da sich die fehlerfreien Teile nicht kombinieren lassen, reklamieren wir die gesamte Sendung. Damit Sie sich ein Bild von den Fehlern machen können, schicken wir Ihnen durch Express je ein Teil.

Da wir bisher mit Ihren Lieferungen immer zufrieden waren, sind wir über den Ausfall dieser Lieferung sehr überrascht. Wir stellen Ihnen die Ware zur Verfügung.

Bitte teilen Sie uns schnellstens mit, wie Sie das Problem lösen wollen. Wir stehen kurz vor Beginn der Saison und benötigen dringend 80 Stück einwandfreier Freizeitanzüge. Als Termin für die Lieferung setzen wir Ihnen den 28. Februar.

Mit freundlichen Grüßen

Forderung eines Preisnachlasses

Briefkopf

Anschrift Datum

Reklamation Ihrer Lieferung Gartenstühle vom 20. Februar 20..

Sehr geehrte Damen und Herren,

wir hatten Ihnen bereits im Beisein des Fahrers der ausliefernden Spedition Wacker KG telefonisch mitgeteilt, dass die Gartenstühle in der Ausführung von dem uns vorliegenden Muster erheblich abweichen. Der Klappmechanismus ist weniger stabil, und die Farbe ist »dumpf«. Wir vermuten, dass die Nutzungsdauer der Stühle geringer ist als die des Musters. Für diese einfachere Ausführung ist ein Stückpreis von 28,50 DM zu hoch!

Wir glauben, die Stühle nur zu einem erheblich niedrigeren Preis verkaufen zu können. Deshalb dürfte der Einkaufspreis nicht über 19 DM liegen. Bitte machen Sie uns ein Preisangebot. Sollten Sie unsere Wünsche nicht akzeptieren wollen, lassen Sie die Stühle bitte sofort in unserem Lager abholen. Für diesen Fall behalten wir uns rechtliche Schritte vor.

Mit freundlichen Grüßen

Forderung einer Wandlung

Briefkopf

Anschrift Datum

Lieferung eines anderen Kombis

Sehr geehrter Herr Rieger,

mit dem bei Ihnen gekauften Kombi gab es von Anfang an Probleme: Die Lenkung zieht nach links, die Schaltung ist sehr schwergängig und »hakelt«, die Kühlung war nach wenigen Wochen defekt, und bei Geschwindigkeiten über 120 km/h tritt ein unangenehmes Dröhnen auf. Außerdem liegt der Verbrauch mehr als 30 Prozent über den Angaben des Herstellers.

Seit der Auslieferung am 1. März hatten Sie den Kombi bereits fünfmal in Ihrer Werkstatt. Leider ist es Ihnen dabei nicht gelungen, die Fehler - bis auf die Kühlung - endgültig zu beheben. Durch die Werkstattaufenthalte von insgesamt fast 3 Wochen hatte unser Kundendienst erhebliche Probleme, seine Termine einzuhalten.

Unsere Geduld ist erschöpft. Wir sind nicht mehr bereit, uns durch Ihre Zusagen, die Fehler endgültig zu beheben, weiter hinhalten zu lassen. Wir fordern Sie deshalb auf, uns ohne jede Verzögerung einen neuen, mängelfreien Kombi zu liefern. Als Termin setzen wir Ihnen den 15. Juni 20..

Es grüßt Sie

Mahnungen

Grundsätzliches: Mahnungen gehören zum eher unangenehmen Teil der Geschäftskorrespondenz. Sie sollten aber nicht »auf die lange Bank geschoben« werden. Schließlich sollte der Lieferant ebenso daran interessiert sein, pünktlich sein Geld zu bekommen, wie er vorher pünktlich geliefert hat.

Nicht alle Kunden haben es beim Bezahlen so eilig wie beim Bestellen und Empfangen der Ware. Das kann verschiedene Gründe haben: Sie haben nur vergessen zu zahlen. Sie zahlen nicht, weil sie an der Lieferung etwas auszusetzen haben. Sie zahlen grundsätzlich mit Verzögerung. Sie sind zahlungsunfähig.

Es gibt viele Möglichkeiten der Mahnung: von der vorsichtigen und höflichen Erinnerung bis zur energischen Drohung und dem Geldeinzug durch die Post *(außergerichtliches Mahnverfahren).* Das gerichtliche Mahnverfahren umfasst mehrere Stufen: Mahnbescheid, Zwangsvollstreckung, Antrag auf Konkurserklärung, Zivilklage. Diese Maßnahmen verursachen viel Schreibarbeit, Zeitverlust, Kosten und Ärger. Erfolg haben sie nur, wenn bei dem säumigen Schuldner noch etwas zu holen ist.

Es spricht also alles dafür, auf außergerichtlichem Wege so schnell wie möglich zu seinem Geld zu kommen. Die hohe Kunst des Mahnens besteht darin, gute und gutwillige Kunden nicht vor den Kopf zu stoßen, zahlungsunwillige auf Ihre Zahlungspflicht mit Erfolg hinzuweisen. Das Ziel muss lauten: Geld zu bekommen, ohne Kunden zu verlieren.

Tipps

- Mahnen Sie persönlich mit einem auf den Einzelfall zugeschnittenen Brief.
- Lassen Sie Ihren Ärger nicht in den Text einfließen.
- Formulieren Sie nie unhöflich oder grob.
- Nennen Sie Ihre erste Mahnung lieber »Erinnerung«.
- Stimmen Sie den Text Ihrer Erinnerung auf den einzelnen Kunden ab. (Der sonst immer pünktliche Zahler erhält ein freundlich und vorsichtig formuliertes Schreiben. Der lässige Kunde, der häufig erst nach Mahnungen zahlt, erhält eine energische Mahnung.)
- Prüfen Sie, ob ein *klärender Anruf* nicht schneller zum Erfolg führt.
- Setzen Sie konkrete Zahlungsziele (zum Beispiel nach 14 Tagen Eingang auf Ihrem Konto).
- Prüfen Sie vorher, ob der Kunde berechtigte Gründe hat, die Zahlung zu verweigern (zum Beispiel wegen mangelhafter Lieferung, unterschiedlicher Auffassung über Zahlungsbedingungen; vielleicht hat der Kunde bereits gezahlt, und Sie haben dies falsch gebucht).

- Finden Sie heraus, ob wirtschaftliche Gründe vorliegen, dass der Kunde nicht zahlt (zum Beispiel vorübergehende Zahlungsschwierigkeiten, Zahlungseinstellung, Konkurs; der Kunde hat aus irgendwelchen Gründen die Ware nicht angenommen = Annahmeverzug).
- Ein schneller und häufig erfolgreicher Weg ist das Mahnen über ein Faxgerät: Sie erinnern an den überschrittenen Termin und bitten um sofortige Zahlung.
- Schicken Sie an bekannt säumige Zahler eine »Vorab-Erinnerung« durch Fax.

Mahnung durch Fax

Fax-Briefkopf

Fax-Anschrift Datum

Erinnerung

Sehr geehrte Damen und Herren,

am 29. Juli war Ihre Zahlung über 12.580 DM fällig.
Bitte überweisen Sie diesen Betrag ohne weitere Verzögerung auf unser Konto Nr. 421 334 982, BLZ 763 505 40, bei der Handelsbank Nürnberg.

Vielen Dank.

Mit freundlichen Grüßen

Vorabmahnung durch Fax

Fax-Briefkopf

Unsere Lieferung Mikrowellengeräte vom 3. April 20..
Unsere Rechnung vom 3. April über 5.915 DM,
fällig am 3. Mai

Sehr geehrter Herr Angermann,

bitte überweisen Sie den in 3 Tagen fälligen Rechnungsbetrag über 5.915 DM ohne Abzug auf unser Konto bei der Dresdner Bank, Nürnberg, Konto-Nr. 362 478 00, BLZ 760 300 80.

Wir erinnern daran, dass wir Ihnen ein Zahlungsziel von 30 Tagen eingeräumt hatten und dass Sie zugesagt hatten, es auch einzuhalten.

Mit freundlichen Grüßen

Erste Mahnung

Briefkopf

Anschrift

Datum

Unsere Lieferung vom 22. Januar mit Rechnung über 4.040 DM, fällig am 21. Februar

Sehr geehrter Herr Deterlein,

vor 5 Wochen lieferten wir Ihnen:

20 Handwaschbecken	zu je 89 DM	1.780 DM
10 Toilettenspiegel	zu je 58 DM	580 DM
20 Armaturen	zu je 68 DM	1.360 DM
40 Handtuchhalter	zu je 8 DM	320 DM
		4.040 DM
		========

Wir gehen davon aus, dass die Ware gut bei Ihnen eingetroffen ist und dass Sie mit der Qualität zufrieden sind.

Da wir bis heute von Ihnen keine Überweisung erhalten haben, vermuten wir, dass Sie unsere Rechnung verlegt haben. Deshalb senden wir Ihnen heute eine Abschrift.

Bitte überweisen Sie den Rechnungsbetrag von 4.040 DM ohne jeden Abzug auf unser Konto bei der Industrie- und Handelsbank, Köln, Kto.-Nr. 202 433 66, BLZ 417 823 05.

Vielen Dank.

Mit freundlichen Grüßen

Anlage
Rechnungskopie
Überweisungsschein

Zweite Mahnung

Briefkopf

Anschrift Datum

Zweite Mahnung

Sehr geehrter Herr Deterlein,

unsere Erinnerung vom 25. Februar brachte leider nicht den gewünschten Erfolg. Noch immer ist Ihre Zahlung von 4.040 DM nicht bei uns eingetroffen. Da Sie bisher immer pünktlich gezahlt haben, können wir uns Ihr Zögern nicht erklären. Sollte unsere Lieferung nicht bei Ihnen eingetroffen sein, oder waren Sie mit der Qualität nicht zufrieden?

Wir bitten Sie nochmals, den Rechnungsbetrag bis spätestens 8. März auf unser Ihnen bekanntes Konto zu überweisen.

Mit freundlichen Grüßen

Dritte Mahnung

Briefkopf

Einschreiben

Anschrift Datum

Dritte Mahnung

Sehr geehrter Herr Deterlein,

seit unserer zweiten Mahnung sind wieder zwei Wochen vergangen, ohne dass Sie unsere Rechnung bezahlt oder auf unsere Schreiben geantwortet haben.

Wir sind weder bereit noch in der Lage, länger auf Ihre Zahlung zu warten. Auch wir halten unsere Zahlungsverpflichtungen gegenüber unseren Lieferanten pünktlich ein. Deshalb fordern wir Sie heute auf, unsere Rechnung unverzüglich zu begleichen.

Nur ungern würden wir gerichtliche Schritte einleiten, denn zum Ärger für beide Seiten kämen auf Sie erhebliche zusätzliche Kosten zu. Wenn jedoch Ihre Überweisung nicht bis zum 16. März auf unserem Konto eingegangen ist, bleibt uns kein anderer Weg, als einen Mahnbescheid zu beantragen. Lassen Sie es bitte nicht so weit kommen!

Mit freundlichem Gruß

Antwort

Briefkopf

Anschrift Datum

Ihre Mahnung vom 13. März 20..

Sehr geehrter Herr Müller,

heute traf Ihre Mahnung bei mir ein. Sie haben Recht: Ihre Rechnung vom 28. Januar ist noch nicht bezahlt.

Es ist mir sehr unangenehm, dass ich diese Rechnung über 1 528 DM bisher nicht beglichen habe. Sie war - wie ich nach langem Suchen feststellen konnte - unter andere Post geraten und dort abgelegt worden. Bitte entschuldigen Sie mein Versehen.

Ich lege einen Verrechnungsscheck auf die Volksbank Reutlingen bei.

Mit freundlichen Grüßen

Schreinerei Hellwig

Anlage
Verrechnungsscheck

Widerspruch gegen Mahnung

Briefkopf

Anschrift Datum

Widerspruch gegen Ihre Mahnung vom 29. November

Sehr geehrte Damen und Herren,

gerade ist Ihre Mahnung vom 29. November über 1.780,90 DM bei uns eingetroffen.

Wir wundern uns sehr über Ihre Mahnung. Bereits am 18. November hatten wir termingerecht einen Verrechnungsscheck, Scheck Nr. 000009046465, auf die HypoVereinsbank, über 1.745,28 DM (1.780,90 DM - 2 % Skonto = 35,62 DM) an Sie abgeschickt.

Wir hoffen, dass Sie den Scheck inzwischen gefunden haben.

Mit freundlichen Grüßen

Einen weiteren Musterbrief zu diesem Thema finden Sie unter »Einsprüche«.

Nachfassbriefe

Grundsätzliches: Wenn ein erstes Schreiben nicht zum gewünschten Erfolg führt, kann es sich durchaus lohnen nachzufassen. Der Korrespondenzpartner trifft nicht jede Entscheidung sofort und endgültig. Auch bereits getroffene Entscheidungen können manchmal noch umgestoßen werden, wenn neue Erkenntnisse vorliegen oder zusätzliche Argumente nachhelfen.

Ein Hauptgebiet für Nachfassbriefe sind unverlangte und verlangte Angebote sowie Vertreterbesuche und Messebesuche. Aber auch bei anderen Geschäftsvorfällen können nachfassende Schreiben nötig sein, um das angestrebte Ziel zu erreichen (zum Beispiel bei Lieferverzögerungen, Mängelrügen, Reklamationen, Zahlungsverzögerungen).

Es kann viele Gründe geben, warum der Geschäftspartner auf ein erstes Schreiben nicht reagiert hat:

- Das Schreiben ist in der täglich eingehenden Papierflut untergegangen.
- Das Schreiben ist in der falschen Abteilung angekommen und nicht weitergeleitet worden.
- Das Schreiben ist (versehentlich) unbearbeitet abgelegt worden oder im Papierkorb gelandet.
- Der Partner hat mehrere Angebote erhalten und prüft sie noch.
- Es besteht grundsätzliches Interesse, man ist aber noch unentschlossen.
- Der Nutzen des Angebots wurde noch nicht richtig erkannt.
- Beim Partner besteht noch keine Klarheit über »den Ernst der Lage« und die Entschlossenheit des Absenders.

Tipps

- Fassen Sie nach angemessener Zeit nach (zum Beispiel bei kurz befristeten Angeboten innerhalb der angegebenen Frist).
- Fassen Sie grundsätzlich so rechtzeitig nach, dass Entscheidungen und Reaktionen (in Ihrem Sinne) noch möglich sind.
- Bringen Sie zusätzliche Argumente (zum Beispiel zusätzlicher Nutzen, Abwendung drohender Folgen).
- Fragen Sie nach Vorstellungen und Wünschen des Partners (zum Beispiel geändertes oder erweitertes Angebot, Zahlungsaufschub).
- Setzen Sie Termine und bieten Sie Anreize (zum Beispiel Lieferung noch zum alten Preis).

Nachfassbrief auf ein unverlangtes Angebot

Briefkopf

Anschrift Datum

Unsere Aktionspreise gelten noch bis zum 28. Februar,

sehr geehrte Damen und Herren,

dann läuft die Saison an, und damit steigen die Preise für Fahrräder um durchschnittlich 15 Prozent! Nutzen Sie deshalb die zurzeit noch sehr günstigen Bedingungen, um sich für die nächste Saison einzudecken.

Erinnern Sie sich noch an unser Angebot? Wir konnten uns durch langfristige Verträge einen großen Posten Damen-, Herren- und Kinderfahrräder zu Vorjahrespreisen sichern. Besonders attraktiv ist unser Angebot für die ganze Familie: die echten Allrounder-Trekking-Bikes (für Vater, Mutter und Kind im Set, EK 798 DM).

Wir legen noch einmal unseren Aktionskatalog und den Katalog für die nächste Saison mit Preislisten bei. Sie finden dort Marken-Fahrräder für alle Gelegenheiten und Geldbeutel:

- City- und Shopping-Bikes
- Trekking-Bikes
- Mountain-Bikes
- Kinder- und Jugend-Räder
- Power-Bikes für Youngsters
- Elektro-Räder

Sie sehen: Schnell zugreifen bedeutet schnellen Gewinn! Mit unseren Angeboten liegen Sie voll im Trend. Ihre Kunden werden den technischen Standard der Fahrräder und die fairen Preise für Spitzenqualität zu schätzen wissen.

Haben Sie noch Fragen oder Wünsche? Herr Kunter, Tel.-Durchwahl: (09 11) 25 77 03-11, berät Sie gern.

Mit freundlichen Grüßen

Nachfassbrief auf ein verlangtes Angebot

Briefkopf

Anschrift Datum

Einbau neuer Türen und Fenster

Sehr geehrter Herr Bachmann,

am 12. September hatten wir Ihnen auf Ihre Anfrage hin ein Angebot über neue Türen und Fenster für Ihr Büro- und Wohngebäude in der Hamburger Straße unterbreitet.

Wir hatten Ihnen zugesichert, die Fenster noch vor Beginn des Winters einzubauen, dabei aber darauf aufmerksam gemacht, dass wir einen Vorlauf von ca. 6 Wochen brauchen.

Wenn Sie den Einbau noch in diesem Jahr wünschen, bitten wir Sie, uns Ihren Auftrag bis spätestens 15. Oktober zu erteilen. Dann können Sie bereits in der nächsten Heizsaison dank der guten Wärmedämmwirkung der Dreifach-Isolierverglasung erhebliche Kosten einsparen.

Wir legen eine Kopie unseres Angebots bei. Beachten Sie auch, dass wir Ihre alten Fenster und Türen kostenlos entsorgen.

Mit freundlichem Gruß

Anlage
Kopie des Angebots

Nachfassbrief nach Vertreterbesuch

Briefkopf

Anschrift Datum

Unser Gespräch am 8. März

Sehr geehrter Herr Krause,

vielen Dank für die freundliche Aufnahme in Ihrem Hause und das sehr informative Gespräch mit Ihnen und mit Frau Tölle.

Sie interessieren sich vor allem für unsere neuen System-Regale »Multi-Flex« und für Transport-Anlagen. Ich habe während unseres Gesprächs den Eindruck gewonnen, dass wir Ihnen für Ihre Lager- und Transportprobleme eine maßgeschneiderte Lösung zu einem sehr günstigen Preis bieten können. Auch Ihre Terminvorstellungen können wir erfüllen.

Ich schicke Ihnen noch einige Prospekte und Computer-Skizzen, die Ihnen zeigen, wie Ihr neues Zentrallager einzurichten wäre. Noch genauer können Sie sich aber informieren, wenn Sie uns bald einmal besuchen. Dann könnten wir Ihnen an einigen Beispielen zeigen, wie unsere Lager- und Transportsysteme in der Praxis funktionieren.

Wann dürfen wir Ihnen unsere Systeme einmal vorführen?

Ich werde Sie am 15. März gegen 9:30 Uhr anrufen, um mit Ihnen einen Besuchstermin abzustimmen.

Es grüßt Sie freundlich

Nachfassbrief wegen angeforderter Auskunft

Briefkopf

Anschrift Datum

Auskunft über Firma Natter Handels-GmbH

Sehr geehrte Damen und Herren,

wir hatten Sie am 9. August um Auskunft über die Firma Natter Handels-GmbH gebeten. Diese Firma hatte angegeben, dass Sie bereits viele Jahren mit ihr in geschäftlichen Beziehungen stünden und bereit wären, Auskünfte zu erteilen.

Wir sind an einer fairen Auskunft sehr interessiert und bitten Sie daher noch einmal, uns einige Fragen zu beantworten. Damit Sie sehen, dass wir unsere Bitte nicht »hinter dem Rücken« der Natter Handels-GmbH äußern, legen wir die Kopie eines Schreibens bei, in dem uns Natter ausdrücklich Sie als Referenz angegeben hat.

Wie sind die Zahlungsgepflogenheiten von Natter?

In welchem Umfang halten Sie Umsätze und damit die Einräumung von Warenkrediten für vertretbar?

Welche Auskünfte können Sie über die Geschäftstätigkeit von Natter geben?

Dürfen wir mit Ihrer Hilfe rechnen?

Mit freundlichen Grüßen

Widerrufe

Grundsätzliches: Zu widerrufen sind des Öfteren vor allem Angebote. Sie wollen eine Ware oder eine Leistung verkaufen, sind darauf vorbereitet, und überraschend kommt etwas dazwischen, das die Ausführung Ihres Angebots in der vorgesehenen Form oder sogar ganz in Frage stellt oder unmöglich macht.

Das ist zweifellos eine unangenehme Situation. In dreifachem Sinne unangenehm! Erstens: Sie würden ja gern liefern oder leisten, denn Sie hätten natürlich gern die sich daraus ergebende Einnahme. Zweitens: Sie haben mit Ihrem Angebot bereits Arbeit investiert. Drittens: Es ist nicht gerade angenehm, eine Zusage gegenüber einem Kunden oder Interessenten zurückzunehmen.

Bei einem alten Kunden, den Sie immer pünktlich und zu seiner Zufriedenheit beliefert haben, mag das Ganze noch nicht so schlimm sein; er wird Ihnen die Panne verzeihen, vor allem, wenn Sie schuldlos daran sind. Bei einem Neukunden ist die Sache schwieriger. Es kommt also viel darauf an, wie Sie Ihren Widerruf gestalten.

Tipps

- Sagen Sie schon im Betreff eindeutig, worum es geht – um den Widerruf eines Angebots.
- Lassen Sie auf diese Kürzestfassung im ersten Absatz oder in den ersten Absätzen eine ausführliche Fassung folgen.
- Begründen Sie Ihren Widerruf glaubwürdig! Wenn der Fehler oder der Grund für eine Panne außerhalb Ihrer Einflussmöglichkeit liegt (zum Beispiel: Feuerschaden, Konkurs des Lieferanten), formulieren Sie es so eindeutig, dass niemand dahinter eine nur vorgeschobene Schutzbehauptung vermuten kann. Ist in Ihrem eigenen Haus etwas falsch gemacht worden, was nun zur Lieferungs- oder Leistungsunmöglichkeit geführt hat, so geben Sie den Fehler unumwunden zu.
- Bei Ursachen außerhalb Ihrer Einflussmöglichkeiten sagen Sie, was Sie jetzt zu tun gedenken. Zum Beispiel: dass Sie nach einem neuen Lieferanten suchen, dass die Suche höchstwahrscheinlich schon in Kürze erfolgreich sein wird und dass Sie dann sofort ein neues Angebot unterbreiten werden.
- Bitten Sie um Verständnis für den notwendig gewordenen Widerruf Ihres Angebots.

Widerruf eines Angebots durch Brief

Briefkopf

Anschrift | Datum

Widerruf unseres Angebots über Büroausstattungen

Sehr geehrte Frau Meiser,

unser Lieferant hat vor 4 Wochen die Fertigung von Büromöbeln eingestellt, uns dies aber erst gestern mitgeteilt. Deshalb können wir Ihnen die angebotenen Büroausstattungen leider nicht mehr liefern.

Wir widerrufen unser Angebot vom 2. Februar 20..

Zurzeit bemühen wir uns, neue Lieferanten auf der gleichen Qualitäts- und Preisschiene zu finden. Wir sind sicher, dass uns dies kurzfristig gelingen wird. In Kürze werden wir Ihnen ein neues, interessantes Angebot machen können.

Wir hoffen, dass unsere langjährigen guten Geschäftsbeziehungen trotz dieses unerfreulichen Ereignisses auch weiterhin Bestand haben werden.

Mit besten Grüßen

Widerruf eines Angebots durch Telefax

Fax-Briefkopf

Fax-Anschrift Datum

Widerruf unseres Angebots vom 9. Juli

Sehr geehrte Damen und Herren,

gerade stellen wir fest, dass unser gestriges Angebot einen Fehler enthält. Bitte entschuldigen Sie unser Versehen.

Wir widerrufen unser Angebot über die Lieferung von Büroeinrichtungen.

Ein korrigiertes Angebot folgt noch in dieser Woche.

Vielen Dank für Ihr Verständnis und Ihr Entgegenkommen.

Mit freundlichen Grüßen

Widerspruch-Briefe

Grundsätzliches: Zu Widersprüchen kommt es in der Regel, wenn Mündliches schriftlich bestätigt wird. Unterschiede zwischen den mündlichen und den schriftlichen Aussagen können mehrere Gründe haben.

Es mag sein, dass die Empfängerseite als verbindlich aufgefasst hat, was die Senderseite eher als Überlegung gemeint oder als Möglichkeit hinstellen wollte.

Es geschieht gelegentlich, dass der Partner in der Besprechung das Vereinbarte an einen anderen weitergibt und dass dabei – durch Unaufmerksamkeit des einen oder des anderen – Missverständnisse entstehen.

Natürlich ist es auch nicht abwegig anzunehmen, dass jemand sein Angebot zum eigenen Vorteil schriftlich »nachzubessern« versucht.

Da also meistens sowohl ein Versehen als auch Absicht denkbar ist, tun wir wohl am besten daran, zwar deutlich in der Sache, aber zugleich vorsichtig im Ton zu formulieren.

Tipps

- Sagen Sie im ersten Absatz ohne Umschweife, worum es im Zusammenhang mit dem vorliegenden Angebot (Betreff) geht: Abweichung von Besprochenem oder schon fest Vereinbartem.
- Führen Sie alles, was abweicht, genau auf. Für mehrere Punkte jeweils einen eigenen Absatz gestalten. Dann ist die Sache für den Empfänger gut überschaubar, und er kann, falls es um mehrere Beanstandungen geht, die einzelnen Punkte systematisch abarbeiten, ohne dass etwas übersehen werden kann. (Umfangreiche Sätze, die mehrere Abweichungen behandeln, führen leicht dazu, dass in der Antwort etwas ausgelassen wird.) Wenn jeder Punkt einen eigenen Absatz bildet, ist es auch für den Widersprechenden bei der Bearbeitung der Antwort einfacher, zu ermitteln, ob alles behandelt worden ist.
- Sagen Sie am Schluss klipp und klar, dass Sie an dem Angebot grundsätzlich nicht mehr interessiert sind oder dass Sie nur dann interessiert sind, wenn es in der und der Weise korrigiert wird.

Widerspruch zu einem Angebot

Briefkopf

Anschrift | Datum

Granulat XP 2000 - Ihr Angebot vom 30. September

Sehr geehrte Damen und Herren,

vielen Dank für Ihr schriftliches Angebot. Zu unserer Überraschung weicht es erheblich von dem Angebot ab, das Ihr Vertriebsbeauftragter, Herr Cornelissen, uns bei seinem Besuch am 26. September gemacht hat:

Herr Cornelissen hatte uns einen Preis von 380 DM/t bei einer Abnahmemenge von 200 t pro Jahr genannt. Sie nennen jetzt einen Preis von 425 DM/t ohne Abnahmemengen.

Herr Cornelissen hatte Lieferung frei Haus zugesagt. Ihre Lieferungsbedingungen enthalten den Hinweis: Transport- und Versicherungskosten gehen zu Lasten des Bestellers.

Wir hatten Ihnen bei unserer Bestellung einen jährlichen Bedarf von 200 bis 250 t genannt und auf die uns zugesagte Frei-Haus-Lieferung hingewiesen.

Unter den von Ihnen geänderten Bedingungen sind wir an einer Lieferung des Granulats nicht interessiert. Nur zu den von Herrn Cornelissen angebotenen Bedingungen würden wir eine erste Probemenge von 5 t abnehmen.

Ihre Nachricht erwarten wir bis zum 15. Oktober.

Mit freundlichen Grüßen

Zeugnisse

Grundsätzliches: In einem Arbeitszeugnis bestätigt der bisherige Arbeitgeber einem ausscheidenden Mitarbeiter zumindest die *Art und Dauer* seiner Tätigkeit (einfaches Zeugnis). Auf Wunsch des Mitarbeiters kann das Zeugnis um die *Qualifikation*, die *Leistung* und das *Verhalten* erweitert werden (qualifiziertes Zeugnis). Zeugnisse können auch während eines ungekündigten Arbeitsverhältnisses ausgestellt werden (Zwischenzeugnis).

Arbeitgeber haben zwei verschiedene Interessenlagen: Als *Zeugnisaussteller* wollen sie in der Regel ihren Mitarbeitenden Zeugnisse schreiben, die ihr Fortkommen unterstützen oder zumindest nicht erschweren. Als *Stellenanbieter* wünschen sie klare und deutliche Informationen über die fachliche und menschliche Eignung künftiger Mitarbeiterinnen oder Mitarbeiter.

Die Arbeitsgerichte fordern, dass Zeugnisse wahr und zugleich von verständigem Wohlwollen getragen sein sollen und somit das weitere Fortkommen der Arbeitnehmer nicht unnötig erschweren. Dies bedeutet – vor allem bei weniger guten Mitarbeitenden – eine sprachliche Gratwanderung. Als Ergebnis kommen sehr positiv formulierte Zeugnisse bei guten und recht »verklausulierte« Zeugnisse bei weniger guten und schwachen Leuten heraus. Eine Folge der Arbeitsrechtssprechung ist die so genannte *Zeugnissprache,* die von kundigen Zeugnislesern anders interpretiert wird, als der Wortlaut vermuten lässt.

Checkliste für Zeugnisse

Inhalt des einfachen Zeugnisses:

- **Daten zur Person:**
  - Vorname und Familienname (bei verheirateten Frauen kann der Mädchenname angegeben werden); dem Namen des Zeugnisinhabers muss der Zusatz »Herr«, »Frau« und auf Verlangen »Fräulein« vorangestellt werden.
  - Geburtstag und Geburtsort (um Verwechslungen mit gleichnamigen Personen auszuschließen)
  - Akademische und öffentlich-rechtliche Titel, dagegen keine betrieblichen Titel (zum Beispiel Direktor; die Erwähnung betrieblicher Titel ist nicht verboten, macht aber nur Sinn, wenn sie branchenüblich und über die Betriebe hinweg vergleichbar sind.)
- **Daten zur Betriebszugehörigkeit und zur Tätigkeit:**
  - Angaben über die Art und Dauer des Beschäftigungsverhältnisses
  - Berufsbezeichnung
  - Art der Tätigkeiten
  - Kenntnisse, Fähigkeiten und Fertigkeiten

  - Eventuell Angaben über Kompetenzen und Vollmachten
  - Angaben zur Weiterbildung

- **Schluss:**
  - Ausstellungsort und Datum (Tag des Vertragsendes oder Austellungsdatum)
  - Firmenbezeichnung
  - Unterschrift(en)

Zusätzliche Angaben in qualifizierten Zeugnissen:

- Angaben zur Leistung
  - Qualität und Quantität der Leistung
  - Umsetzung der Kenntnisse und Fähigkeiten
  - Arbeitsintensität
  - Arbeitssystematik
  - Interesse und Motivation
  - Belastbarkeit

- Führungsverhalten (nur in Führungspositionen)

- Verhalten
  - allgemeines Verhalten
  - Verhalten gegenüber Vorgesetzten
  - Verhalten gegenüber Kollegen
  - Verhalten gegenüber Kunden
  - Verhalten gegenüber sonstigen außen Stehenden

- Persönlichkeitsbild
  - Vertrauenswürdigkeit
  - Sorgfalt und Zuverlässigkeit
  - Gewissenhaftigkeit
  - Auftreten, Verhandlungsgeschick
  - Teamfähigkeit, Teambereitschaft

- Aussagen über den Grund des Ausscheidens

- Bedauern über das Ausscheiden

- Dank für gute Mitarbeit und Zusammenarbeit

Tipps

- Notieren Sie während der gesamten Zeit der Zusammenarbeit typische Beobachtungen.
- Nutzen Sie die Informationen der Personalakte (zum Beispiel Beurteilungen, Abmahnungen, Anerkennungen u. Ä.)
- Beteiligen Sie den Vorgesetzten bei der Zeugnisformulierung (zumindest wichtige Informationen in Stichworten).

- Fragen Sie die Mitarbeitenden vor der endgültigen Formulierung, auf welche Punkte sie besonderen Wert legen. (Lassen Sie in Stichworten die wichtigsten Aufgaben, Fähigkeiten und Kenntnisse auflisten.)
- Stimmen Sie den Zeugnisinhalt mit der Mitarbeiterin oder dem Mitarbeiter ab.
- Formulieren Sie ein möglichst individuelles Zeugnis. Vermeiden Sie Pauschalurteile und Zeugnisfloskeln (möglichst kein Zeugnisdeutsch!).
- Beurteilen Sie nur für das Aufgabengebiet typische Ergebnisse, Ereignisse und Verhaltensweisen.
- Bedenken Sie: Mit jedem Zeugnis geben Sie ein Dokument Ihrer Menschenkenntnis, Ihrer Anforderungen an Leistung und Verhalten und Ihrer Urteilsfähigkeit ab. Zeugnisse sind Visitenkarten Ihres Unternehmens.

Zeugnisbriefbogen

Ausbildungszeugnis

Frau Sigrid Mainzer, geboren am 12. Januar ... in Gütersloh, wurde vom 1. September ... bis zum 6. Juli ... in unserem Unternehmen als Kauffrau im Einzelhandel ausgebildet.

Frau Mainzer erhielt ihre Ausbildung nach einem festen Ausbildungsplan, der auf dem Berufsbild Kaufmann/Kauffrau im Einzelhandel basiert.

Der Schwerpunkt der Ausbildung lag in den ersten beiden Jahren im Bereich Verkauf und im dritten Ausbildungsjahr im Bereich Verwaltung.

Im Einzelnen lernte Frau Mainzer in den Abteilungen:

- Verkauf "Junge Mode"
- Schmuck und Accessoires
- Einkauf Textil
- Marketing und Werbung
- Finanzbuchhaltung
- Personal

Frau Mainzer zeigte in allen Abteilungen großes Interesse an ihrer Ausbildung und an ihrem Beruf. Sie erfasste die wesentlichen Zusammenhänge rasch und arbeitete sich schnell und gründlich ein. Sie passte sich in die Teams leicht ein. Gegenüber Ausbildern, Kolleginnen und Kollegen zeigte sie sich stets kooperativ, freundlich und aufgeschlossen.

Am 6. Juli 20.. bestand Frau Mainzer die Abschlussprüfung vor der IHK mit der Note sehr gut. Wir übernehmen Frau Mainzer anschließend in ein festes Angestelltenverhältnis.

Wir wünschen Frau Mainzer viel Freude an ihrem Beruf und beiden Seiten eine lange, erfreuliche Zusammenarbeit.

Modehaus Gellert KG

Unterschriften

Anmerkung: Ein sehr gutes Ausbildungszeugnis. Es werden zwar nur die Ausbildungsabteilungen aufgezählt, insgesamt kann der Leser aber aus den Formulierungen herauslesen, dass alle nach dem Berufsbild wichtigen Kenntnisse und Fertigkeiten erworben wurden. – Ausbildungszeugnisse werden grundsätzlich als qualifizierte Zeugnisse formuliert (Ausnahme: eine Verhaltensbeurteilung würde ein späteres Fortkommen des Auszubildenden wesentlich erschweren).

Einfaches vorläufiges Zeugnis für eine gewerbliche Arbeitnehmerin

---

Zeugnisbriefkopf

Vorläufiges Zeugnis

Frau Paula Zindler, geboren am 21. September ... in Ingolstadt, ist am 1. März als Packerin in unserem Versandlager eingetreten. Sie hat in den Abteilungen Wareneingang, Lager und in den letzten 7 Monaten in der Kommissionierung gearbeitet.

Wir haben Frau Zindler nahe gelegt, sich um eine andere Stelle zu bemühen, weil wir wegen Auftragsmangels Personal einsparen müssen.

Nürnberg, den 15. April 20..

Unterschriften

Anmerkung: Dieses vorläufige Zeugnis wurde ausgestellt, um der Mitarbeiterin eine Unterlage für ihre Stellensuche zu geben. Es wird eine plausible Begründung für ihr bevorstehendes Ausscheiden geliefert (nämlich Auftragsmangel); kritische Zeugnisleser könnten jedoch argwöhnen, dass man sich hier von einer eher schwachen Mitarbeiterin trennen will. Es fehlen nämlich positive Aussagen über Arbeitsleistung und Arbeitsverhalten.

Einfaches endgültiges Zeugnis für einen gewerblichen Arbeitnehmer

---

Zeugnisbriefbogen

Zeugnis

Herr Ernst Wallmann, geboren am 19. Februar 19.. in Duisburg, war vom 1. März 20.. bis zum 30. November 20.. als Kranführer in unserem Unternehmen beschäftigt. Seine Aufgabe bestand im Führen und in der Pflege von Baukränen auf Hochbaustellen. Zeitweise setzten wir Herrn Wallmann auch als Baggerfahrer ein.

Das Arbeitsverhältnis endet vereinbarungsgemäß wegen zurückgegangener Bauaufträge bei der zurzeit schlechten Witterung. Wir sind bereit, Herrn Wallmann bei verbesserter Auftragslage wieder einzustellen.

Hoch- und Tiefbau AG

Unterschriften

In einigen Branchen (zum Beispiel Baubranche) werden häufig nur einfache Zeugnisse ausgestellt. Dies gilt vor allem für Hilfskräfte und wenn Mitarbeiter nur für eine Saison eingestellt werden. Auf eine Einstellung auf Zeit lässt der Hinweis »vereinbarungsgemäß« schließen. In diesem Fall wäre die Kündigung eine logische Folge der Vertragsvereinbarungen. Ein qualifiziertes Zeugnis wäre dennoch angemessen gewesen, weil ein Krahnführer eine qualifizierte Tätigkeit ausübt. Da auch ein Dank für die geleistete Mitarbeit und gute Wünsche fehlen, ist zu vermuten, dass man mit diesem Mitarbeiter nicht übermäßig zufrieden war. Positiv hingegen könnte der Hinweis gedeutet werden, dass man den Mitarbeiter eventuell wieder einstellen will. (Dies kann aber auch nur eine Höflichkeitsfloskel sein.)

Qualifiziertes Zeugnis für eine Bezirksleiterin

Zeugnisbriefbogen

Zeugnis

Frau Susanne Worms, geboren am … in Karlsruhe, war in der Zeit vom 1. September … bis zum 31. Dezember … als Leiterin des Bezirks Karlsruhe/Mannheim für unseren Kundenservice tätig. Sie unterstand der Landesdirektion in Mannheim.

Frau Worms arbeitete zunächst im Innendienst in den Abteilungen Außendienststeuerung und Reklamationsbearbeitung. Hierbei zeigte sie besonderes Geschick in der Betreuung unserer Kunden und im Vertreten der Interessen unseres Unternehmens.

Auf ihren Wunsch hin arbeiteten wir Frau Worms für eine Führungsposition im Außendienst ein. Bereits nach einem halben Jahr konnten wir ihr die kommissarische Leitung des Bezirks Freiburg übertragen. Da sie sich in ihrer neuen Aufgabe rasch sehr bewährte, boten wir ihr bereits nach einem weiteren halben Jahr die Stelle als Leiterin des Bezirks Karlsruhe/Mannheim an.

Die Hauptaufgaben von Frau Worms waren:

- Gewinnen von Neukunden, Betreuen von Altkunden und Aktivierung von inaktiven Kunden (Großkunden)
- Führen der Kundenbetreuer (6 bis 8 Mitarbeiterinnen und Mitarbeiter)
- Schulung ihrer Kundenbetreuer/innen
- Einsatz- und Aktionsplanung, Werbemaßnahmen
- Information und Beratung der Innendienstleitung

Frau Worms arbeitete stets mit großem persönlichen Einsatz. Besonders hervorzuheben sind ihr diplomatisches Geschick, ihr organisatorisches Talent, ihre rasche Auffassungsgabe sowie ihre Sorgfalt, Zuverlässigkeit und ihr Verantwortungsbewußtsein.

Frau Worms verläßt uns aus familiären Gründen. Wir bedauern ihr Ausscheiden sehr, weil wir eine unserer besten Bezirksleiterinnen verlieren. Für ihre ausgezeichnete Mitarbeit danken wir ihr. Unsere besten Wünsche gelten ihrem weiteren Lebensweg.

Hamburg, den 31. Dezember ..

ABC-Vertrieb GmbH

Anmerkung: Dies ist ein auf den ersten Blick gutes, qualifiziertes Zeugnis für eine überdurchschnittlich qualifizierte und engagierte Mitarbeiterin. Aufgaben, Kenntnisse, Fähigkeiten und Einsatz werden hinreichend beschrieben und gewürdigt. Es fehlen jedoch Aussagen über das Verhalten gegenüber Vorgesetzten, Kollegen, Mitarbeitern (Führungsverhalten!) und Kunden. Ein kritischer Leser wird vermuten, dass es in der Zusammenarbeit Probleme gegeben hat. (Es ist unwahrscheinlich, dass der Aussteller den wichtigen Bereich des Verhaltens vergessen hat.)

Qualifiziertes Zeugnis für einen qualifizierten Spezialisten

Zeugnisbogen

Zeugnis

Herr Franz Brinkmann, geboren am 5. November … in Aachen, trat am 1. April … als Referent für Arbeits- und Sozialrecht in unser Unternehmen ein.

Zu seinen Aufgaben gehören:

- Beratung der Fachbereiche in arbeits- und tarifrechtlichen Fragen.
- Rechtliche Interpretation der arbeits- und tarifrechtlichen Bestimmungen, in Grundsatzfragen nach vorheriger Absprache mit dem Vorgesetzten.
- Mitwirkung bei Verhandlungen zwischen Fachbereich, Personalwesen und Betriebsrat.
- Beobachtung der Rechtsentwicklung und Absprache erforderlicher Maßnahmen mit den Vorgesetzten.
- Maßgebliche Mitwirkung bei der Umsetzung neuer tarifrechtlicher oder grundsätzlicher arbeitsrechtlicher Regelungen.
- Unterstützung der Personaladministration bei der Lösung schwieriger arbeits-, tarif- und betriebsverfassungsrechtlicher Problemfälle.
- Rechtliche Mitwirkung bei der Gestaltung von Betriebsvereinbarungen, Musterverträgen und der Formulierung von Richtlinien. Darlegung arbeitsrechtlicher Konsequenzen.
- Erteilen von Tarifauskünften.
- Schulung der Führungskräfte in arbeitsrechtlichen Fragen.
- Vertretung der Unternehmensinteressen in Streitfällen vor Arbeits- und Sozialgerichten. Abwägung der Prozessrisiken; Koordination und Betreuung von Einigungsstellenverfahren.
- Betreuung, Steuerung, Information und Unterstützung beauftragter Anwälte bei der Prozessführung.
- Entscheidung über Rechtmäßigkeit anstehender Forderungen gegenüber Arbeitnehmern, Sorge für die arbeitsrechtliche Aufbereitung der gerichtlich zu verfolgenden Forderungen.

Herr Brinkmann ist ein sehr engagierter Mitarbeiter. Er beherrscht seinen umfangreichen Aufgaben- und Verantwortungsbereich sehr sicher und erfüllt seine Aufgaben stets äußerst gründlich und gewissenhaft. Herr Brinkmann setzt sein umfassendes Fachwissen sehr zielstrebig ein.

Hervorzuheben ist Herrn Brinkmanns großes Verhandlungsgeschick. Er vertritt die Firmeninteressen engagiert und erfolgreich. Herr Brinkmann erzielt im Sinne der Firma ausgewogene Ergebnisse, die stets in Einklang mit den Unternehmenszielen stehen.

Herr Brinkmann verhält sich gegenüber seinen Vorgesetzten jederzeit loyal. Sein Verhalten gegenüber anderen Führungskräften, Kollegen und Mitarbeitern führt zu seiner positiven Wertschätzung innerhalb des Unternehmens.

Herr Brinkmann hat seinen Arbeitsvertrag zum … gekündigt, weil er als Partner in eine Beratungsfirma eintreten will. Wir bedauern sein Ausscheiden sehr und danken ihm herzlich für seine lange, ausgezeichnete Mitarbeit. Für seine berufliche und private Zukunft wünschen wir Herrn Brinkmann viel Glück und Erfolg.

Düsseldorf, den …

Unterschriften

Anmerkung: Dies ist ein ausgezeichnetes Zeugnis für einen überdurchschnittlich guten, fachlich hoch qualifizierten Mitarbeiter. Das umfangreiche Aufgabengebiet wurde sehr ausführlich beschrieben, was bei qualifizierten Spezialisten durchaus sinnvoll und nötig ist. Außen stehende Zeugnisleser können sich ein klares Bild von den fachlichen Fähigkeiten des Zeugnisinhabers machen. (Vermutlich wurde bei der Formulierung der Aufgaben die Stellenbeschreibung herangezogen.) Auch die Verhaltensseite wird deutlich beschrieben. Das Bedauern über das Ausscheiden, der Dank für die engagierte Mitarbeit und die guten Wünsche für die Zukunft lassen darauf schließen, dass es sich hier um einen guten Fachmann handelt, den man nur ungern ziehen lässt.

Persönliches Zeugnis

Persönlicher Briefkopf oder Firmenbriefkopf

Liebe Frau Zündel,

mit Ihrer Mitteilung, nach Ihrem Mutterschaftsurlaub nicht zu uns zurückzukehren, sondern sich ganz Ihrer Familie und vor allem Ihrer Tochter Elke zu widmen, haben Sie mich sehr überrascht. Ähnlich wie mir geht es auch Ihren Kolleginnen und Kollegen, denen ich diese Neuigkeit überbrachte. Wir alle können Ihren Entschluss durchaus verstehen, bedauern ihn zugleich aber sehr. Ich verliere meine engste Mitarbeiterin, mit der ich fast ein Jahrzehnt hervorragend zusammengearbeitet habe und um die mich manche Kollegen beneidet haben. Und unser Bereich verliert eine allseits geschätzte Kollegin, die oft als »der gute Geist« des Bereichs bezeichnet wurde.

Sie haben mich als Sekretärin - oder wie man neuerdings sagt als Office Managerin - nicht nur bestens unterstützt und stark entlastet. Sie haben auch einen sehr positiven Einfluss auf Ihre Kolleginnen und Kollegen und damit auf unser Bereichsklima ausgeübt. Dies bestätigen auch immer wieder unsere Kunden und die Führungskräfte und Mitarbeiter unseres Hauses, mit denen wir enger zusammenarbeiten.

Besonders erwähnen möchte ich noch Ihr Mitdenken und Ihre Kreativität. Sie haben in den letzten Jahren immer wieder Verbesserungsvorschläge gemacht, die zu erheblichen Arbeitsvereinfachungen und Kostensenkungen, vor allem aber zu einem verbesserten Kundenservice geführt haben.

Liebe Frau Zündel, ich werde Sie und Ihre Mitarbeit in Zukunft sehr vermissen. Welche Lücke Sie hinterlassen, konnte ich bereits während Ihres Mutterschaftsurlaubs erfahren. Sie hatten Ihre Vertretung zwar gut eingearbeitet, aber eine Mitarbeiterin mit Ihrer Erfahrung, Ihren Kenntnissen des Unternehmens und unserer Kunden und nicht zuletzt Ihrer selbstständigen und verantwortungsvollen Arbeitsweise ist so leicht nicht zu ersetzen.

Heute danke ich Ihnen noch einmal sehr herzlich für Ihren engagierten Einsatz und Ihre absolute Loyalität mir und dem Unternehmen gegenüber. Auch alle Kolleginnen und Kollegen danken Ihnen für Ihre freundliche, kollegiale Art und Ihre Hilfsbereitschaft. Wir alle werden Sie sehr vermissen.

Sie werden zum 30. Juni 20.. noch ein qualifiziertes Zeugnis erhalten, in dem Ihre Aufgaben ausführlich dargestellt und Ihre Leistungen und Ihr Verhalten gewürdigt werden.

Für Ihren weiteren Lebensweg wünsche ich Ihnen alles Gute und viel Glück und Zufriedenheit. Ich würde mich sehr freuen, wenn Sie weiterhin Kontakt zu uns halten mögen. Vielleicht ergibt sich auch die Möglichkeit, dass Sie zeitweise Vertretungen übernehmen oder später sogar wieder voll bei uns mitarbeiten werden.

Mit einem großen Dankeschön und besten Grüßen

Ihr Hartmut Juncker

Anmerkung: Dieser Lob- und Dankesbrief lässt sehr stark die menschliche Seite anklingen. Ein dankbarer Vorgesetzter bedauert das Ausscheiden einer offensichtlich fachlich und menschlich hervorragenden Sekretärin. Die persönliche Anrede, die gewählte Briefform und die überaus positive Charakterisierung der Mitarbeiterin lassen für Leser das Bild einer guten Zusammenarbeit mit einer Spitzenkraft entstehen.
Auch ohne das angekündigte Zeugnis, das sicher ebenfalls sehr positiv ausfallen dürfte, könnte sich die Mitarbeiterin mit diesem Brief jederzeit erfolgreich bewerben.

Praktikantenzeugnis

Zeugnisbriefbogen

Praktikumszeugnis

Herr stud. rer. pol. Jürgen Roth, geb. am 17. Januar … in Kleinostheim, hat während seiner Semesterferien vom 3. Juli bis zum 15. September 20.. ein betriebswirtschaftliches Praktikum in unserer Hauptverwaltung in Hanau abgeleistet.

Wir setzten Herrn Roth je einen Monat in unserer Kundenbuchhaltung und in der Marketingabteilung ein. In beiden Bereichen konnte Herr Roth nach kurzer Einarbeitung einfachere Sachbearbeitungsaufgaben übernehmen. Dabei gewann Herr Roth sowohl praktische Erfahrungen als auch gute Einblicke in betriebswirtschaftliche Zusammenhänge.

In den letzten beiden Wochen hat Herr Roth in einem Arbeitskreis an einer neuen Vertriebskonzeption mitgearbeitet. Dabei konnte er seine im Studium erworbenen theoretischen Kenntnisse einbringen und an realen Bedingungen testen.

Herr Roth war sehr interessiert und engagiert. Er zeigte großes Verständnis für betriebswirtschaftliche Zusammenhänge. Dank seinem freundlichen, aufgeschlossenen Wesen und seiner Hilfsbereitschaft kam er bei Führungskräften, Kollegen und Mitarbeitern gut an.

Für sein weiteres Studium und seine berufliche Zukunft wünschen wir Herrn Roth alles Gute.

Hanau, den 15. September 20..

Chemiewerke AG

Anmerkung: Praktikantenzeugnisse fallen wegen der Kürze des Praktikums in der Regel kurz aus: Es werden die Dauer und das Einsatzgebiet oder die Aufgaben beschrieben (einfaches Praktikantenzeugnis). Hat der Praktikant/die Praktikantin auch menschlich einen guten Eindruck hinterlassen, wird das Zeugnis oft zu einem qualifizierten Zeugnis erweitert. Das kann bei den ersten Bewerbungen (vor allem nach dem Hochschulabschluss) einen Pluspunkt bedeuten.

Zwischenbescheide

Grundsätzliches: Zwischenbescheide kann es für viele Fälle und Situationen geben, und sie können unterschiedliche Aufgaben erfüllen.

Zum Beispiel mag ein Zwischenbescheid eine Art Nachfassbrief sein, indem man versucht, einen vorherigen Brief, etwa ein Angebot, durch zusätzliche positive Einzelheiten zu ergänzen.

Ebenso kann eine Lieferverzögerung einen Zwischenbescheid erforderlich machen. Als Zwischenbescheid ist eine solche Ankündigung einer Lieferverzögerung allerdings nur anzusehen, wenn der Liefertermin nicht zwingend fest vereinbart war und es dem Kunden auf den zunächst ins Auge gefassten Termin nicht so sehr ankommt.

Zwischenbescheide sind meistens dann angebracht, wenn auf eine Reklamation nicht sofort ausreichend geantwortet werden kann. Dies kann mehrere Gründe haben. Zum Beispiel verlangen sorgfältige Prüfungen einen bestimmten Zeitaufwand, etwa Materialprüfungen oder Ablaufuntersuchungen. Zum Beispiel ist es oft notwendig, bestimmte Angaben oder Materialien von der reklamierenden Seite zu erhalten.

In jedem Fall sollen Zwischenbescheide dazu dienen, für die Empfänger deutlich werden zu lassen, dass man sich ihrer Sache ohne Verzögerungen annimmt.

Tipps

- Den Grund oder die Gründe für den Zwischenbescheid nennen.
- Bei Reklamationen ist es meistens sinnvoll, den Inhalt der Beanstandung zu wiederholen. Dies zumal dann, wenn reklamierende Partner die sachliche Beanstandung mit allerlei Unmutsäußerungen verbunden haben. Durch solche Wiederholungen führt man zum einen auf die Sachebene zurück und schließt zum anderen Missverständnisse aus.
- Sagen, wie es weitergehen soll!
- Fragen, ob man auf der anderen Seite mit diesen Überlegungen und Vorschlägen einverstanden ist.
- Rücksprachemöglichkeiten anbieten. Dabei sagen, an wen sich die andere Seite wenden kann (Name, Telefonnummer).

Zwischenbescheid auf eine Anfrage

Briefkopf

Anschrift

Datum

Umbau Ihrer Lagerhalle

Sehr geehrter Herr Kremer,

wir freuen uns, dass Sie uns zur Abgabe eines Angebots aufgefordert haben. Schon heute sichern wir Ihnen eine für Sie besonders günstige Lösung zu.

Damit wir Ihre Vorstellungen bestmöglich umsetzen können, schlagen wir vor, dass unser Bauleiter, Herr. Dipl.-Ing. Hans Glaser, Sie bald aufsucht. Er kann »vor Ort« am besten beurteilen, wie ein Umbau durchzuführen ist, ohne Ihre Betriebsabläufe stark zu beeinträchtigen. Sobald er mit Ihnen die Alternativen durchgesprochen hat und Sie sich für eine Lösung entschieden haben, können wir Ihnen ein verbindliches Angebot machen.

Wenn Sie mit unserem Vorschlag einverstanden sind, rufen Sie uns bitte an. Sie erreichen Herrn Glaser unter der Nummer
55 01 55-21.

Freundlich grüßt Sie

Zwischenbescheid wegen eines späteren Liefertermins

Briefkopf

Anschrift Datum

Neuer Liefertermin

Sehr geehrte Frau Niederhammer,

gerade haben wir erfahren, dass unser Lieferant den von Ihnen ausgesuchten Bezugsstoff für die Polstergarnitur erst in ca. 4 Wochen liefern kann. Er muss erst eine neue Partie weben. Deshalb können wir den Ihnen zugesagten Liefertermin 15. April leider nicht einhalten.

Wir werden Ihre Garnitur sofort nach Erhalt des Stoffs fertig stellen. Spätestens in der 2. Maiwoche können wir die Garnitur an Sie ausliefern. Wir hoffen, dass Ihnen dieser Termin auch passt.

Es grüßt Sie freundlich
Ihr Einrichtungshaus Sutter

Einen weiteren Musterbrief zu diesem Thema finden Sie unter »Lieferungen«.

Zwischenbescheid auf eine Reklamation

Briefkopf

Anschrift

Datum

Ihre Beanstandung vom 13. März 20..

Sehr geehrte Damen und Herren,

vielen Dank für Ihre Mitteilung über die Abweichungen unserer Lieferung vom 10. März gegenüber früheren Lieferungen. Sie beanstanden, dass die Farbpigmente eine geringere Ergiebigkeit aufweisen. Wir können uns dies nur schwer vorstellen, weil die Pigmente aus derselben Charge stammen wie diejenigen aus unserer Lieferung vom 15. Januar. Dies hat unsere sofortige Prüfung ergeben.

Wir sind natürlich stark daran interessiert, Ihnen stets gleichbleibende Qualität zu liefern. Deshalb bitten wir Sie, uns Proben der beiden letzten Lieferungen zu schicken, damit wir vergleichende Tests durchführen können. Außerdem schlagen wir vor, dass Sie prüfen, ob sich an der Qualität oder der Zusammensetzung der anderen von Ihnen verwendeten Komponenten etwas geändert hat.

Unser Anwendungstechniker, Herr Arnold, könnte Sie auch in den nächsten Tagen aufsuchen, um vor Ort mit Ihnen die Ursachen der Abweichungen zu klären.

Wir sind damit einverstanden, dass Sie die Rechnung erst bezahlen, wenn die Angelegenheit bereinigt ist. Bitte informieren Sie uns über die Ergebnisse Ihrer Prüfungen.

Mit freundlichem Gruß